Wien, am 1. Okt. 98

dtv

Lieber Papa!

Ich wünsche Dir alles Gute & Liebe zu Deinem 52. Geburtstag! Ich weiß, Du magst keine stink=normalen Romane und wissen=schaftliche Bücher liest Du auch genug, darum kam nur dieses Buch für Dich in Frage. Was sich dahinter verbirgt, weiß ich nicht (genau), doch ich finde, irgendwie klingt es interessant! Ich hoffe, daß dieses Buch auch Dich in Trance versetzt, und daß ich damit einen guten Griff ge=macht habe! Leicht war es ja nicht, etwas für Dich zu finden! Viel Spaß beim Lesen!

Bussi Dein Katzi Lisa

Lobo Antunes schreibt mit diesem Roman die Geschichte seines Landes fort und erschafft dabei ein ganz eigenes, betörend schönes Universum: »Ein Endlosband, das familiäre Katastrophen und heftigste persönliche Reaktionen versammelt, spult sich nach tollkühnen Prinzipien ab. Zehn Jahre können auf zehn Minuten zusammenschnurren, Tote lebendig werden, Kinder leben, die nie geboren worden sind … Die Schwerkraft einer Erzählung von A bis Z wird durch Antunes entmachtet. Er liebt das Schweben, denn er ist ein Hypnotiseur. Er ›hebt‹ und entführt die gemeinen Worte in Literatur … Wir Leser sitzen in der Falle, und es ist ein großer Genuß!« (Verena Auffermann in der ›Süddeutschen Zeitung‹)

António Lobo Antunes wurde 1942 in Lissabon geboren, studierte Medizin und wurde Chirurg. Nach dem Wehrdienst arbeitete er in der Psychiatrie und lebt heute als freier Schriftsteller. Er veröffentlichte mehrere Romane, die in alle Weltsprachen übersetzt wurden. Für den ›Reigen der Verdammten‹ erhielt er 1986 den Großen Romanpreis des portugiesischen Schriftstellerverbandes. Zuletzt auf deutsch erschienen: ›Das Handbuch der Inquisitoren‹ (dt. 1997).

António Lobo Antunes

Die natürliche Ordnung der Dinge

Roman

Deutsch von
Maralde Meyer-Minnemann

Deutscher Taschenbuch Verlag

Von António Lobo Antunes
sind im Deutschen Taschenbuch Verlag erschienen:
Der Judaskuß (11120)
Die Vögel kommen zurück (12220)
Reigen der Verdammten (12419)

Ungekürzte Ausgabe
Oktober 1998
Deutscher Taschenbuch Verlag GmbH & Co. KG,
München

Titel der portugiesischen Originalausgabe:
›A ordem natural das coisas‹
(Publicações Dom Quixote, Lissabon 1992)

Umschlagkonzept: Balk & Brumshagen
Umschlagfoto: © Tina Deininger/Gerhard Jaugstetter
(mit freundlicher Genehmigung des *ars vivendi verlags*)
Gesamtherstellung: C. H. Beck'sche Buchdruckerei,
Nördlingen
Gedruckt auf säurefreiem, chlorfrei gebleichtem Papier
Printed in Germany · ISBN 3-423-12571-3

Für Isabel Risques, für immer die beste der Freundinnen, der dieses Buch so viel verdankt, mit einem dankbaren Kuß und unendlicher Zärtlichkeit von

António

Erstes Buch:

Süße Düfte, süße Tote

I

Bis ich sechs Jahre alt war, Iolanda, kannte ich weder die Familie meiner Mutter noch den Duft der Kastanienbäume, den der Septemberwind von Buraca herüberwehte mit dem Geruch der Schafe und Ziegen, die, von einem Alten mit Schirmmütze und den Stimmen der Toten vorwärts getrieben, über die Calçada zum aufgelassenen Friedhof hinaufsprangen. Heute noch, meine Liebste, wenn ich, im Bett ausgestreckt, warte, daß das Valium wirkt, geht es mir wie einst an den Sommernachmittagen, wenn ich mich auf der Suche nach Kühle in einer Siedlung zerborstener Grabmäler niederlegte: Ich spüre das Ornament eines Grabes schmerzhaft am Bein, ich höre auf dem Bettuch das Gras der Grabstätten, sehe die Engel und Christusse aus Gips mich mit zerbrochenen Händen bedrohen; eine Frau mit Hut pflanzte Kohl und Rüben in die Wurzeln der Zypressen; das Meckern der Zicklein läutete in der Kapelle ohne Heiligenbilder, von der nur noch drei verkohlte Wände und ein von Rankgewächsen überwucherter Altar mit einem Tüchlein darauf übrig war; und ich beobachtete die Nacht, wie sie von Grabstein zu Grabstein weiter vorrückte und die Segnungen der Heiligen zu düsteren Flecken gerinnen ließ.

Doch gestern zum Beispiel, als ich deinen Körper umschlungen hielt, während ich darauf wartete, daß mich die Barmherzigkeit der Arznei vom Überfall der Erinnerungen befreite, kam mir eine vergangene Dämmerung in den Sinn, aus dem Jahr fünfzig oder einundfünfzig, die Beete im Garten waren frisch gegossen, Senhor Fernando, im Unterhemd, machte auf der Veranda Gymnastik, im Hof vor der Küche wuselten Katzen herum, und ich saß oben auf der Mauer, schnupperte die Brise von Monsanto und hörte die Pferde der besiegten Monarchisten vom Gebirge herunterkommen (wie mir Dona Anita erzählt hatte, die damals ein Mädchen war) auf dem Weg in die Gefängniszellen.

Ich verstehe nicht, warum du dich nie für meine Kindheit interessiert hast, meine Liebste: Wenn ich von mir erzähle, zuckst du immer mit den Schultern, dein Mund verzieht sich, deine Augenlider dehnen sich verächtlich, spöttische Falten entstehen hinter dem Pony aus blondem Haar, so daß ich schließlich beschämt schweige, die Gläser, die Teller für das Mittagessen auf den Tisch stelle und das Besteck dazulege, während deine Tante in der Speisekammer hustet und dein Vater auf der Suche nach dem Gekreische der Telenovela an den Knöpfen des Fernsehers dreht. Und dennoch, Iolanda, sobald du eingeschlafen bist, erhält dein ins Kissen geknautschtes Gesicht wieder die Christkindkrippenunschuld von damals zurück, als ich dich zum erstenmal in der Konditorei an der Ecke des Gymnasiums gesehen habe, als deine tintenfleckigen Finger und deine Schulhefte mich mit sinnlos freudiger Rührung erfüllten,

sobald du eingeschlafen bist und die Fahlheit vogelbevölkerter Ulmen unser Zimmer durchquert, rede ich, über dir schwebend, ohne daß du mich verspottest, mit deinen reglosen Handflächen und deinen ausgelieferten Schenkeln, und das Haus, in dem ich früher mit der Familie meiner Mutter wohnte, tritt aus der Nacht heraus, einem Flecken im Spiegel oder der Schublade einer Kommode entsprungen, in der sich unsere Wäsche mit Mottennestern und Kupfergriffen vermischt, seit du mir vor Monaten befohlen hast, komm, und ich kam, präsentierte mich mit Regenschirm und zwei abgewetzten Koffern in dieser kleinen Wohnung in der Quinta do Jacinto in Alcântara, um zu erklären, daß ich in der Tat einunddreißig Jahre älter sei als du, aber die Anstellung beim Staat, Senhor Oliveira, ist ganz ordentlich, und selbstverständlich würde ich den Strom, die Miete und die Rechnung beim Fleischer zahlen.

Meine Liebste, hör mir zu. Vielleicht verstehst du mich in deinem Schlaf, vielleicht befreit sich dein Körper von der Ironie mir gegenüber und liebt mich, vielleicht erzittern deine nunmehr sanften Augenlider, wenn ich sage, wie gern ich es hätte, wenn du mich berührtest und erlaubtest, daß ich dich berühre, vielleicht lehnst du das Haarbüschel an deinem Bauch an mich, und deine Knie öffnen sich langsam über der feuchten, glatten zarten Grottenweichheit, die meine Begierde in Perlmutterfestigkeit gefangenhält. Doch seit dem Sommer ignorierst du mich, bist in einen Klassenkameraden mit lodernder Akne und sprießendem Bart verliebt, der Unsicherheiten in Geographie oder Mathematik zum Vorwand nimmt, um uns zu besuchen, und mir in grausamer Begrüßung die Finger quetscht, bis die Knochen knacken. Ich bin nur noch ein nicht näher bezeichneter Verwandter, in Weste und Krawatte und mit grauem schütteren Haar, der unfähig ist, einen Handstand zu machen, unfähig, ohne Brille zu lesen, wegen Herzzauderns unfähig, zwanzig Meter zu laufen, kurz, unfähig, gegen diesen pickligen Knaben zu bestehen, der größer ist als ich, keinen Bauch, keine Glatze, keine Schuppen hat, dessen achtzehn Jahre mich vernichten, und ich warte reglos wie eine Tarantel auf die Nacht, wenn dein mit einer Vinaigrette aus Zahnpasta und billigem Parfüm gewürzter Körper sich zusammenrollt, um sich auf der Matratze einzukuscheln, das Auf und Ab deiner Brust verschwiegen wird wie das der Schiffe, wenn deine schmollend im Schlaf aufgeworfenen Lippen einen Kuß hauchen, der nicht mir gilt, ich warte auf die Nacht und messe die Dichte der Dunkelheit an der Schlaflosigkeit deines Vaters und der Bronchitis deiner Tante auf der anderen Seite der Holzwand und greife meine Geschichte bei der Stelle wieder auf, bei der ich stehengeblieben war, kehre wieder in das Haus zurück, Iolanda, in dem ich gelebt habe, bevor ich die Familie meiner Mutter kennenlernte, das Haus mit seinen tausend Korridoren, seinen tausend Schlupfwinkeln, seinen tausend Verstekken, das Haus, das Haus,

das Haus, mein Gott, das von Seeschwalben belagerte Haus über der Steilküste und dem Dunst des Ozeans, mit den Türen, die im Wind schlugen, und den zerschlissenen Vorhängen, mit dem Hinweis »Hotel Central« im Halbkreis an der Fassade und den drei Geheimpolizisten, die, immer in Schwarz, den Arm zum nationalen Gruß erhoben, im kleinen Wohnraum den morgendlichen Muckefuck tranken.

In solchen Augenblicken erinnere ich mich an die Äquinoktialstürme, die die auf dem Gläserbord und auf den Verzierungen des Treppengeländers hockenden Bachstelzen in die Irre geweht hatten, und an die Benommenheit bei Stirnhöhlenentzündungen und an den Sturm, der den kleinen Platz vor der Pension fegte, an dem der Laden eines Antiquitätenhändlers im Dunkeln lag mit seinen spanischen Fächern und geflickten Buddhas, in solchen Augenblicken erinnere ich mich an die Werkstatt des Albinomechanikers, der im Sommer die Autos reparierte, wobei er rücklings zu den Motorenbäuchen robbte. Die Käuzchen, Iolanda, wurden an der Dachluke meines Kabuffs zerdrückt, das neben dem Verschlag der Köchin lag und in dessen WC neben dem Bett ständig die Ebbe gurgelte, und die Bewohner des Hotels waren wir zwei und dazu meine Patentante und die drei Geheimpolizisten, doch wenn der Juli kam, der Strand vom Unrat gereinigt wurde und eine bittere Hitze die Wellen besänftigte, wechselten sich die Köchin und die Alte einander sogleich in der Eingangshalle ab, die Häkelarbeit auf dem Schoß, in der falschen Hoffnung, einem Wundertaxi würde eine Gruppe matter, von der Niedergedrücktheit der Kiefern und den Sprungfedern der Sitze erschlagener Amerikanerinnen entsteigen.

Wenn ich an den kleinen Ort denke, meine Liebste, der über den Klippen und dem Geschrei der Vögel die Balance hielt mit seinem halben Dutzend zusammengestürzter Villen ohne Besitzer, in denen die Spinnen die Verlassenheit zu Fäden zogen, und ihn mit dieser Wohnung in Alcântara neben dem Bahnübergang und den Tejoschiffen, die unsere delphingekrönten Kopfkissen streifen, vergleiche, dann suchen meine Beine, ohne daß ich mir dessen bewußt werde, die

Höhlung deiner Knie, und ich drücke meine Brust gegen deinen Rücken in einem Flehen um Schutz, das mich verwirrt, weil es mir lächerlich erscheint, daß ein Mann von neunundvierzig Jahren Hilfe bei einem achtzehnjährigen Mädchen sucht, das gerade von Erzengeln in Lederjacken auf Mofas träumt, die Gas geben, um sie vor einem harmlosen Alten wie mir zu retten, der vor Schüchternheit und Überraschung den Kopf verloren hat. Und dennoch, Iolanda, glaube nicht, daß mein Leben in einem kleinen Dorf in der Gegend von Ericeira, in dem die Eukalyptusbäume Tränen unheilbarer Enttäuschung tropften, nicht angenehm gewesen wäre: Es war angenehm. Wenn sie nicht gerade der Ischias plagte, der sie leidend auf der Matratze vom Fleische fallen ließ, spielte die Köchin mit mir Karten in dem Raum, in dem der kaputte Heizkessel stand, während die Geheimpolizisten Foltermethoden und Gefängnisse ausheckten und über unseren Köpfen den Dielenboden erzittern ließen. Im Herbst beruhigten sich an manchen Tagen früh am Morgen das Meer und der Wind, und eine Zunge aus Sand war dann zu erkennen, die bald von Umkleidezelten, Picknickkörben, Pantoffelpyramiden und Familien im Bademantel bevölkert wurde. Mimosen sprossen aus den Felsen, und durch die Villen segelten die Öllampen ihrer einstigen Bewohner, bis ein Linienbus die Herden von Sommerfrischlern wieder einsammelte, die scheppernd nach Lissabon fuhren, während die Wellen den Strand verschluckten, der Himmel sich mit Sturmwolken bedeckte, an deren Kanten zwischen den Felsen Möwen schrien, die Wipfel der Bäume Schwärme umnachteter Rotkehlchen freigaben und meine Patin, die der Sturm kaltließ, zu ihrer Häkelnadel griff und von extravaganten Amerikanerinnen träumte, die Sandalen und Panamahüte trugen wie zu einer Expedition in die Tropen.

Ein Zug zerteilte die Nacht lotrecht zu den Laternen der Avenida de Ceuta und parallel zum Fluß, gesäumt von Speichern, Pontons, Kränen, Winden, Containern und Lastern, die auf das Verbenenlicht des Sonnenaufgangs und die Arbeiter warteten, die, in der zögernden Sonne nur schwer erkennbar, zum Tejo hinuntergingen.

Der Zug, meine Liebste, bewegt sich in Richtung Estoril und Cascais (vom Ort aus, an dem wir wohnen, erahne ich in der Ferne Städtchen, die Albatrosse und Passagierdampfer in ihren Fingern halten), und unser erstes Stockwerk in der Quinta do Jacinto erzittert, als zerspalte es ein Wirbel aus Pleuelstangen mit einem Schlag, der die Bären aus Ton und die Elefanten aus Glas, die Stoffclowns und den verchromten Wagner auf den Regalen durchschüttelt und das Emaillekästchen von der Kommode auf den Boden fallen läßt, in dem du die Ringe, die Armbänder und die Ohrringe aus falschem Silber aufbewahrst, die ich dir zu Weihnachten schenke, wenn mir ein bißchen vom zusätzlichen Gehalt übrigbleibt. Der Zug bewegte sich, während Klingeln schrillten und Warnleuchten an- und ausgingen, nach Estoril, er brachte die Häuser in Alcântara durcheinander, und du drehtest dich im Schlaf um, ohne aufzuwachen, bis du dich mir mit einem kindlichen Wimmern zuwandtest. Deine Fußgelenke preßten sich an meine, und ohne mit dem Reden aufzuhören, näherte mein Mund sich deinem, tückisch, verstohlen, vorsichtig: Ich roch deinen Atem, roch dein Haar, roch deinen Hals, roch die Falten an deiner Taille, die Falten an deinem Bauch und wollte gerade deine Scham liebkosen, das Gewebe, aus dem du gemacht bist, als die Katze, von der Raserei meines Freudenausbruchs erschreckt, auf die Matratze sprang und sich dabei in einer Lampe verhedderte, deren Schirm zerbrach und die eine Sekunde lang die Möbel im Zimmer erleuchtete. Und plötzlich bewegten sich deine Ellenbogen, dein Körper wandte sich in einer Drehung der Hüften und der Schulterblätter ab, von denen die Träger sich lösten, und ich war wieder allein, sabberte Bitterkeit, während mich die Zugwaggons in den Schlaf wiegten, die vorbeigaloppierten auf dem Weg zu den Abwasserrohren, den Stränden, den Booten der Küstenstraße, während mich die Wellen des Flusses in den Schlaf wiegten, meine Liebste, und ich mit bittender Geste die Abwesenheit eines sanftgerundeten Hinterns in Händen hielt.

In der Pension, in der ich vor der Zeit der Familie meiner Mutter lebte, Liebste, gab es keine Katzen: Es war zu feucht, zu windig, zu grau, und im Hintergärtchen mit seinem Nebel, seinen Röhrichtfontänen und seinen aufgebrachten Eulen stürzten die ablaufenden und anrollenden Wellen in einem Schaumstrudel in die Zimmer. So daß die Katzen trotz der Bemühungen der Köchin, sie mit Schüsseln voller Meeraal zu verführen, zwischen den Eukalyptusbäumen verschwanden, weil der Wirrwarr des Meeres sie beunruhigte und die an Bruchstücke von Schiffsrudern geklammerten Seemannsleichen, die uns zwischen Hutschachteln von den Schränken her anstarrten.

Es gab keine Katzen, aber wir hatten einen Raben mit gestutzten Flügeln, der wie ein Schiffsjunge schwankte und den Geheimpolizisten, die von der Furcht ergriffen waren, das Hotel könnte bei einem falschen Manöver die Felsen rammen und an den Erkern ein irreparables Leck entstehen, die Breitengrade zurief. Morgens bereits hinkte der Rabe auf der Kommandobrücke des Erdgeschosses herum, überprüfte den Kurs und stellte das Nichtvorhandensein geharnischter Feinde fest, und er war es auch, der,

– Alle Mann Backbord, Rettungsboote zu Wasser lassen,

rief, als er, bei der Inspektion der Eingangshallenkajüte, auf meine Patin stieß, die bäuchlings auf dem Boden lag, in der Hand die Häkelnadel.

Selbstverständlich habe ich die Kommodorestimme gehört, Iolanda, doch im Traum, als gehörte sie zu der Geschichte, in der mich eine Schar Nymphen auf den Gartenwegen verfolgte (die molligen, rosigen, tunikabekleideten Göttinnen von den kleinen Öldrucken im Flur, die einander in einem Wald und einem Bach umschlungen hielten), und selbst als die Köchin an mein Bett kam, um mich zu rufen, wirkte ihre Stimme anfangs wie das Knistern der Büsche, es dauerte, bis sie über Metamorphosen real wurde, die mein Baumleib mitzumachen schien, der unter Rascheln von Rükkenwirbeln wuchs und schrumpfte.

Gewiß ist, daß ich beim Hinuntersteigen, von den Möwen in den offenen Fenstern gestört, den Raben verzweifelt fragen hörte,

– Und wo zum Teufel sind die Schwimmwesten?,

und gleich darauf traf ich auf die Geheimpolizisten, die sich berieten, Notizen machten und aufgrund der Befehle, die sie von niemandem erhielten, es sei denn vom Murmeln der Bäume oder dem Knacken des Tisches, entschlossen waren, den Wind zu erschießen oder die Wolken zu verhaften.

Ich entsinne mich, mit der Deutlichkeit kindlicher Erinnerungen, an die Wipfel der Kiefern jenseits der Häuser am Platz, an die Geißblattranken und die Eukalyptusbäume, die uns die Straße versperrten, und an den Jeep der Guarda Republicana am Eingang der Pension, in dem ein Soldat mit Gewehr saß und rauchte. In der Eingangshalle betrachteten der Hauptmann, der vor meiner Geburt der Köchin den Hof gemacht hatte, und ein weiterer Soldat, den ich nicht kannte, beide in Gamaschen und mit Patronengürtel, das Schiffchen jedoch in der Hand, meine Patin, wagten nicht, sie zu berühren, beteten, daß das Kurbeltelefon funktionieren möge, damit sie den Arzt aus Mafra herbestellen könnten, der mir hin und wieder das Kinn hielt und Halsentzündungen mit einer rabiaten Tinktur kurierte. Der Albino drehte, seine Ferkelwimpern zum Himmel erhoben, beunruhigt im Regen seine Runden,

und der Arzt, Iolanda, kam nach dem Mittagessen, Unheil witternd, im Gummiregenmantel und in Kabeljaufischerstiefeln, in Algen piepsende Seepapageien im Schlepptau. Der Rabe, der sich trotz des Pfeifens der Kiefern am Ufer gegenüber den Wellen wieder beruhigt hatte, stieg, Noniusberechnungen vor sich hin grummelnd, die Treppe zum ersten Stock hinauf. Der Hauptmann zeigte mit dem kleinen Finger auf meine Patin, und der Doktor ging mit kompetenten Augenbrauen in die Hocke, um sie zu untersuchen, und befahl,

– Husten Sie,

und zog aus dem Regenmantel ein Stethoskop, dessen in der unergründlichen Tasche wieder und wieder zusammengerollten Schläuche kein Ende nahmen.

– Da sie nicht hustet, ist sie wahrscheinlich tot, folgerte er mit vorhangdumpfer Stimme, während der Sturm ihm die Silben verwehte wie die Blätter der Akazie im Garten, die wegen des Wassers, des Windes und der in den Zweigen gekreuzigten Tauben nur noch die Struktur anatomisch präparierter Rippen hatte. Die Köchin kratzte ein Augenlid mit dem Schürzenzipfel, der Hauptmann salutierte. Der Soldat entblößte, an die Wand gepreßt, zur Toten hin sein falsches Gebiß: Er und ich waren wohl die einzigen in der Pension, die noch nie eine Leiche gesehen hatten, und die zweite, die ich betrachten konnte, war viele Jahre später die eines Weichenstellers, der auf der Nebenstrecke in der Beira Baixa einen Zug umklammert hielt, in dem ich mit einem Kollegen auf einer Dienstreise saß. Ich erinnere mich an den Selbstmörder auf dem Schotter der Schwellen, meine Liebste, und wie verblüfft ich über sein unversehrtes Gesicht und die friedlichen, gefaßten Züge war: Ich glaube, von diesem Tage an hatte ich keine Angst mehr vor Grippe.

Ich steige aus dem Bett, ziehe die Rolläden etwas hoch, und die Lichter von Alcântara strecken sich, auf der Suche nach Fischen im Schaum, bis hin zu den Docks und zum bootsübersäten Tejo. In diesem Augenblick der Nacht, der vom Untergang und Aufgang der Sonne gleich weit entfernt ist, gibt es auf dem kleinen Platz keinen Verkehr, und die Ampeln, die von Rot zu Grün wechseln, befehligen Schatten. Der Märzdunst verändert die Gebäude, erfüllt sie mit einer Majestät, die sie tagsüber nicht besitzen, und wenn ich daran denke, Iolanda, erfüllt mich das Zimmer mit Ängsten, die ich nicht verstehe, die ähnlich sind wie die, als ich den Arzt aus Mafra hörte, der sein Stethoskop mit den endlosen Schläuchen wieder einpackte und das Mißtrauen des Hauptmanns ausräumte,

– Das ist ganz einfach, wenn sie mir nicht gehorcht, hat sie den Löffel abgegeben, da es keine Einschußlöcher gibt, sagt man dem Pater in Ericeira Bescheid, und das war's.

So kam es, meine Liebste, daß man mir an diesem Nachmittag, oder am nächsten oder am darauffolgenden (seit ich die Vierzig überschritten habe, habe ich Schwierigkeiten mit den Nieren und mit Datumsangaben), während ein Weltuntergangsgewitter über dem Städtchen niederging und der Regen ein Stück Mauer zerfraß, einen Scheitel ins Haar grub, eine schwarze Krawatte umband und mich im Jeep der Guarda Republicana zur Kirche brachte, einen Alptraumweg entlang, auf dem Blitze Zedern und Nußbäume blendeten, Zugvögel in Weidenbüscheln schluchzten, vom Donner erschreckte Hunde mit großen pelzigen Mäulern über Pfade und durch Schlammpfützen die Flucht ergriffen. Emigrantenhäuser erschienen kreiselnd und bohrten sich in die Erde. Ich bin nie wieder nach Ericeira zurückgekehrt, doch da in Portugal, nimmt man einmal mein Altern aus, alles stagniert und zeitlich in der Schwebe bleibt, glaube ich, daß sich seither nichts verändert hat: Alcântara, beispielsweise, wird tausend Jahre so weiterbestehen, wie ich es heute, laut meiner Armbanduhr um drei Uhr morgens, sehe: ein Stadtviertel mit kleinen Betrieben und Autowerkstätten, die sich im Ödland vermehren, und mit dem Wirbel des Hochwassers, das wuchtig und mit einem Tunnelnachhall über den Asphalt bis zur Türschwelle wandert.

Und genauso deutlich wie hier in Alcântara in diesem Augenblick der Nacht, während du, dein Vater und deine Tante in den malträtierten Armenbetten schlafen, genauso wie mir hier die Geschmacklosigkeit der Gegenstände im Wohnzimmer und der Archipel von Feuchtigkeitsflecken an der Wand auffallen, Iolanda, erinnere ich mich auch, während ich auf den nächsten Zug warte, der nach Estoril oder zum Cais do Sodré rumpelt, an die Trauerschleier an der Kirche auf einem Hügel voll Gestrüpp und Apfelbäumen, die dem Nordwind trotzten, an die Heiligenbilder im Leichenhaus und an einen Riß in den Backsteinen, durch den die Wintersee eindrang und durch den man die Schornsteine von Ericeira sah, die sich im Tumult ins Wasser stürzten. Es gab dort einen Jesus aus Kupfer, der am Kreuz hing wie ein Tropfen am Wasserhahn, Reste von schnörkeligen Drapierungen aus vergoldetem Schnitzwerk, eine Amsel, die sich auf einem Dachsparren vom Regen erholte, die Geheimpolizisten auf einem abgenutzten Bänkchen und einen Sakristan, der uns mit Tukanaugen zuzwinkerte. Wahrscheinlich kamen jetzt, da niemand mehr in der Pension wohnte, zig Taxis aus Sintra mit eingeschalteten Scheinwerfern durch die zerzausten Kiefern, um am Hotel Gruppen hundertjähriger Amerikanerinnen auszukippen, die bei arktischen Temperaturen in ihren dekolletierten Kleidern mit den Zähnen klapperten. Zimmer wurden von Koffern und Truhen überschwemmt, stinkender Schlamm pulsierte in den Bidets, Spazierstöcke stolperten treppauf, treppab, Türschlösser sprangen mit rostigem Quietschen auf, jemand hatte den Heizungskessel im Keller repariert, der nun mit duodenaler Gleichgültigkeit arbeitete, energische Hammerschläge zerschmetterten jetzt das obere Stockwerk, und der Rabe, den der Lärm störte, krächzte jetzt auf den Fliesen der Küche nautische Schimpfworte. Vielleicht legte die Ebbe einen Streifen Land zwischen den Felsen frei, vielleicht munterte ein schiefes Licht die Trauerweiden und die Töpfe mit den Magnolien auf, vielleicht gab es Schiffe am Horizont, Tanker, Korvetten, Koggen, die zur Straße Nummer acht der Quinta do Jacinto glitten. Ich saß auf einem kleinen kaputten Thron, begriff nicht, was um mich herum geschah, denn bis zum Alter von acht Jahren hatte mich die Welt mit ihren Geheimnissen verschont, ich hatte nicht einmal die Dame bemerkt, die mich am Ende des Tages mit sich nahm, nachdem sie mit Hilfe der Köchin meine Wäsche in einen aus dem Müll im Keller geholten Seesack gepackt hatte.

Ich lasse die Rolläden wieder herunter, während sich der Zug nähert und die Werbetafeln, die Buchsbäume, die Laternen und Lichter auf dem Fluß zu vibrieren beginnen und das Zimmer über hoffnungslosen Dunkelheiten schmaler wird, ich erreiche das Bett mit vorsichtigen Füßen, um mich nicht an der Kante eines Möbels zu verletzen, und als ich mich neben dich lege, verschiebt sich das Rückenteil, die Matratze gibt nach, und dein Körper seufzt säuselnd wie Zedern. Das ist der Augenblick, Iolanda, in dem ich mir erlaube, dir zu sagen, daß ich dich liebe, in dem ich wage, die Wölbung deiner Gliedmaßen zu liebkosen, indem ich meinen Mund vorneige, um auf der Zungenspitze den Daunengeschmack deines Haars zu spüren. Die Valiumtablette hat meine Gesten welken lassen und meine Gedanken beschlagen, ohne mein Gedächtnis zu lähmen, es ist April, und ich beuge mich zu dir herunter in der Konditorei, in der ich dich zum erstenmal getroffen habe, mit zwei Schulkameradinnen, kichernd und flüsternd und kaugummikauend vor Erdbeershakes, und ich fragte dich, ob du etwas dagegen hättest, daß ich mich mit meinem Erkältungszitronentee an deinen Tisch setzte. Und dort blieb ich eine Stunde lang, verwirrt und beklommen, während ihr euch gegenseitig Fotos von Schauspielern zeigtet, Verehrer und Nagellack erörtertet und gegen die Philosophiearbeit vom Vortage protestiertet, höchst interessiert an einem Mann mit dunklem lockigem Haar, spitzem Bart und spitzen Schuhen, der am Tresen einen Kaffee trank und in der Sportzeitung blätterte.

2

Ehrenwort, ich weiss überhaupt nichts, das ist eine fixe Idee von Ihnen, das heißt, warten Sie doch, gehen Sie nicht, es könnte ja sein, daß ich mich an irgend etwas erinnere, wenn Sie, mein Schriftstellerfreund, einen kleinen Beitrag zur Miete meines Zimmers rausspringen lassen, eines schweineteuren verlausten Kabuffs in einer Nuttenpension an der Praça da Alegria, wo ich wegen der Ohrfeigen der Luden und des Gelächters der Freier nicht zum Schlafen komme, das geht so bis fünf oder sechs Uhr morgens, mein Herr, wenn die Bäume sich entwirren und die Tauben vom Mãe-de-Agua-Wasserdepot herunterkommen und sich in den Beeten um die Überreste von den Festmählern der Bettler streiten. Tagsüber sehe ich die Tauben vom Fenster aus, untätige, lahme Tauben, die ihr Elend in der Sonne ausschwitzen, und nachts sehe ich der Mühsal der Mädchen zu, bei ihrem Auf und Ab dort unten auf dem Boulevard zwischen zwei Eierstockentzündungen und einer Abtreibung bei einer Hebamme in Loures, in einem Keller, wo es nach gegrilltem Fisch riecht, Heiligenbildchen an der Wand hängen und eine Alte in einer Ecke ächzt. Sie glauben mir das etwa nicht, mein Schriftstellerfreund? Gleich nach der Revolution, um nicht weiter auszuholen, wissen Sie, gleich nachdem mich die Armee ein paar Monate lang in Caxias eingesperrt hatte, völlig grundlos übrigens, in dem Flügel gleich am Meer, gegenüber von den Möwen und der Pracht des Sonnenaufgangs, bin ich in meine Mietwohnung im Erdgeschoß in Odivelas zurückgekehrt, die Tür an Tür mit der einer Krankenschwester lag, die den leichten Mädchen Engelchen strickte, im Wohnzimmer neben dem gedeckten Tisch und dem Krankenstuhl der Mutter, die, das Transistorradio ans Ohr gepreßt, immer wieder einnickte. Na, was sagen Sie dazu? Das Problem war, daß mit der Kommunisteninvasion die Frau und die Kranke aus dem

Viertel verschwunden sind, um ihr Handwerk in Paris weiter auszuüben, glaube ich, in den Vierteln der schwarzen Emigranten, der Araber und Spanier, Jugoslawen, Portugiesen, die unglücklich ihre Sonntage auf Steinen sitzend verbringen und sich mit dem Grau des Himmels vollsaugen, na, damals gab es Hunderte von Schwangeren, die, wie Störche auf schwindelhohen Absätzen balancierend, im Vorraum warteten und einander mit den morastigen Lidern ihrer Schlaflosigkeit betrachteten. Ein Polizist trieb sie mit dem Schlagstock wie Weihnachtsgänse zur Haltestelle des Busses nach Lissabon, und die Armen ließen sich widerspruchslos auf den Brutbänken nieder, preßten ihre Aquarellgesichter an die Fensterscheiben. Was meine Wenigkeit betrifft, so hielt ich mich eine Weile in Odivelas auf, blickte hinter den Gardinen zur Feuerwache rüber, hatte keine Arbeit, keine Krankenversicherung, keine Rente und ließ mir einen Schnurrbart wachsen, damit man mich auf den Fotos in den Zeitungen nicht erkannte, bis der Vermieter auftauchte, mich Faschist nannte und, weil ich mit der Miete im Rückstand war, die Möbel und die Heftchen vom Fernkursus für Hypnose konfiszierte und mich rempelnd zum Ausgang bugsierte. Der vom zweiten Stock rechts, der im Fischrestaurant immer Meeresfrüchte mit mir gegessen und mir gratis ein paar kleine Informationen weitergegeben hatte, überschüttete mich plötzlich mit Schimpfworten und Fußtritten an die Schienbeine, die Narben davon habe ich übrigens heute noch, ein Unbekannter stellte sich neben mich und spuckte mir ins Gesicht, Hammer und Sichel wurden an die Wände gemalt, Plakatfetzen lösten sich von den Mauern, Arbeiter mit emporgereckter Faust brüllten, Nieder mit der Diktatur, es lebe der Sozialismus, und ich dachte, Ich bin geliefert, es wird nicht lange dauern, dann stecken mich die Russen in einen Zug und lochen mich in Sibirien ein, wo ich dann in einem Holzhäuschen mit den Zähnen klappere. Nun denn, ich bin darauf zu einem verdienstvollen Mann gegangen, der ärztliche Atteste und Kraftfahrzeugscheine fälscht, und habe mit dem letzten Geld, das ich noch hatte, den Namen im Personalausweis geändert, habe mir eine dunkle Brille besorgt, so eine, wie sie die blinden Akkordeonspieler tragen, habe meine Wangen nicht mehr mit dem Messer geschabt und bekam über einen schmierigen Typen in Hosenträgern den Nuttenverschlag in der Praça da Alegria mit dem sumpfigen Bett und dem Permanganat in einer Ecke, in dem ich jetzt wohne, und da nerven mich nun die Tauben, die mich nicht einmal auf dem Klo am Ende des Korridors in Ruhe lassen, das alle auf meinem Stockwerk benutzen, alle Mädchen und alle Freier, Tauben, die auf der Fensterbank mit dem Kropf gurren, durch die Fenster spähen, das Gefieder putzen, Tauben aus den Nachbargärten, Tauben aus Alcântara oder Chelas, Tauben aus Almada, Tauben aus den verlassenen Speichern, den verfaulten Schiffsleibern und den Palästen am Tejo, Vagabundentauben, unbehauste Tauben, Zigeunertauben, Tauben, mein Schriftstellerfreund, die einen angrinsen und sich auf dem schmalen Fenstersims über einen lustig machen,

andere Tauben als die vom Campo de Santana, diese dicken, feierlichen, würdigen, bischöflichen Tauben, die an den Regenrinnen hängen, auf den Dachfirsten oder den höchsten Zweigen der Bäume hocken, Tauben und Enten, mein Herr, und die Schreie der Pfauen, wenn der Tag im Sterben liegt, einmal ganz abgesehen vom Göpelwerk der Krankenwagen, die zur Konstellation der Krankenhäuser ringsum unterwegs sind, Hospital de São José, Hospital dos Capuchos, Hospital de Arroios, Hospital de Santa Marta, Hospital da Estefânia, und zu den ordensgeschmückten Verrückten des Miguel Bombarda, die durch die Beete spazieren und an den Ampeln Zigaretten schnorren, Irre und Vagabunden, die sich gegen den Nieselregen der Morgenröte in Zeitungen gewickelt haben, von uns beiden einmal ganz abgesehen, von Ihnen, mein Schriftstellerfreund, und mir, die wir dies alles beobachten, jeder mit seinem Erfrischungsgetränk und seiner Untertasse voll gekochter Lupinenkerne in einem Restaurant neben der medizinischen Fakultät, diesem Gebäude mit den

Säulen, von dem ich mir immer vorstelle, daß es von Leichen bewohnt ist, die von Studenten in Kitteln zerschnippelt werden.

Haben Sie sich das nie vorgestellt? Haben Sie sich nie vorgestellt, daß Sie nackt, nach Formol riechend, auf dem Rücken in einer Marmorwanne liegen und darauf warten, daß man Ihnen die Rippen mit einer Riesenschere zerknackt? Seit ich durch die Demokratie meinen Posten als Brigadechef in der Obersten Sicherheitsbehörde verloren habe und meine Suppe in der Armenküche am Beato esse, seit die Kommunisten am Morgen nach dem Staatsstreich das Gebäude in der Rua António Maria Cardoso umstellt haben und wir, im Gebäude eingeschlossen, Papiere verbrannten, durch die Rolläden spähten und, die Pistole in der Faust, ziellos umhertrabten und nicht wußten, was wir tun sollten, weiß ich, daß mich eines Tages die Feuerwehrleute holen werden, in ein Bettuch eingewickelt, von den verblüfften Blicken der Mädchen in Büstenhalter und Slip begleitet, den Flur entlangtragen werden, daß sie mit mir auf einer Segeltuchbahre die Treppe hinuntergehen und mich schließlich auf einem Steintisch zwischen weiteren Steintischen mit verstümmelten Körpern auskippen werden, während Kerle in Gummischürzen mit Sägen und Pinzetten gerade einen Kinderbauch auseinanderpflücken. Manchmal träume ich, bis mich die Tauben wecken, davon, dann höre ich, wie die Zangen meine Knochen zermalmen, und ich rieche den weichen Dunst meiner freigelegten Eingeweide, es gibt Augenblicke, mein lieber Schriftstellerfreund, in denen sie mir Bauch und Brust mit Sackfäden zusticheln, und dann schrecke ich schreiend aus dem Schlaf auf, stehe mitten im Zimmer und brauche Jahrhunderte, um zu begreifen, daß ich lebe, daß ich atme, daß ich, wenn ich wollte, in dieses Straßencafé auf dem Campo de Santana gehen könnte, den Irren zuschauen könnte, die den Nachmittagsschwänen Reden halten. Bekommen Sie von diesem Leichengespräch keinen Durst? Nein, kein Bier, ich trinke keinen Alkohol und rauche auch nicht, bestellen Sie mir lieber ein Mineralwasser ohne Kohlensäure und ein Käsesandwich, denn die Erinnerungen tun weh, und ich habe einen Wahnsinnskloß im Hals.

Aber kommen wir doch zu Ihnen, ich denke, ein kleiner Scheck über zwanzigtausend Escudos würde meinem Gedächtnis wieder auf die Sprünge helfen, denn man kann sich nur schlecht an das erinnern, was vor so vielen Jahren geschehen ist, vor allem, wo ich den Vermieter an den Hacken habe, der mir jede Nacht droht, mich nächste Woche auf die Straße zu setzen, wenn ich nicht zahle, und können Sie sich, mein lieber Schriftstellerfreund, vorstellen, daß ich mit meinen achtundsechzig Jahren und dem Winter vor der Tür auf einer Parkbank schlafe, in irgendeinem Loch in der Burg oder auf den Stufen eines Gebäudes, das Rückgrat zermartert vom unbequemen Holz? Das soll nicht etwa ein Honorar sein, um Gottes willen, nein, das ist geliehenes Geld, geben Sie mir Ihre Adresse, und wenn ich eine Arbeit habe, gebe ich Ihnen die Piepen sofort zurück, ich bin nämlich gerade dabei, einen Fernkurs für Hypnose zu entwickeln, mir fehlt nur noch das Kapital für den Druck des Unterrichtsmaterials, denn die Illustrationen sind teuer, die Leute schicken mir das Geld, und ich schicke ihnen die Lektionen, und wenn sie sich eine Zeitlang abends, einen Turban mit einem Rubin auf dem Kopf, damit beschäftigt haben, mesmerisierende Finten auszuführen und der Familie Befehle zu geben, Wach wieder auf, können sie mit ein bißchen Glück zum Balkon hinausschweben, stellen Sie sich das mal vor, jede Menge Kreaturen fliegen da herum, und die Ehemänner rufen ihnen verzweifelt hinterher, Komm zurück, Alice, während die Ehefrauen in Richtung Spanien entschwinden wie die Enten im Herbst, und ich werde immer mehr Schüler haben, Filialen beispielsweise in Covilhã und in Avintes aufmachen, ganz Viseu wird vom Boden abheben und nach Marokko segeln, stellen Sie sich vor, Portalegre oder Caldas da Rainha kreuzen im Wind nach London, die Hypnose ist das Transportmittel der Zukunft, mein Schriftstellerfreund, und schließlich freuen wir uns doch immer, wenn wir Prospekte in der Post finden, einen Umschlag öffnen und dann auf einen Herrn im Frack stoßen, der, den gestrengen Zeigefinger ausgestreckt, empört fragt, WORAUF WARTEN SIE DENN NOCH, UM GLÜCKLICH ZU SEIN? ICH WURDE DANK DES HYPNOSEKURSES VON PROFESSOR KEOPS EIN ERFOLGREICHER MANN! Und wo wir gerade von Hypnose sprechen, mein Schriftstellerfreund, ein Möhrensüppchen und ein kleines Steak mit Fritten und einem Spiegelei wären nach dem Sandwich genau das richtige, denn mir ist plötzlich ganz flau zumute.

Aber um auf die Sache zurückzukommen, das Gesicht auf dem Foto ist mir nicht ganz unbekannt, wer hätte gedacht, daß zwanzigtausend Escudos und ein Mittagessen das Gedächtnis derart stimulieren, wenn Sie fünfhundert Escudos dazulegen, garantiere ich Ihnen, daß ich ihn ausfindig machen werde, man müßte etwas in der Vergangenheit herumblättern, lassen Sie mal sehen, bei mir ist das wie mit einem Album, man muß nur immer wieder vor- und zurückblättern, und dann findet man die richtige Seite ganz schnell, zeigen Sie mir die Person noch einmal, das muß vor vielen Jahren gewesen sein, verdammt, reichen Sie mir mal den Steckbrief rüber, mein Schriftstellerfreund, in meiner Kindheit kam er nicht vor, was ich da erkenne, ist Odemira, ausgedehnter Strand, August, meine Mutter, die zur Wäscheleine humpelt, den Wäschekorb am Arm, und die Wellen, Mann, die Wellen, das Strahlen der Wellen am Kobalthimmel, meine Mutter, die sich umgekehrt in den Wolken widerspiegelt, wie sie lange Unterhosen aufhängt, meine Schwester im Kinderwagen, mein Vater, eingerahmt auf der Anrichte, mit Krawatte und Mittelscheitel, und eine große Stille über den Feldern bis hin zum Gebirge. Und die Taverne und der Pfarrer und die Häuser im Winter, traurig, tieftraurig im Regen verblassend, Hunde ohne Unterschlupf auf den verlassenen Straßen, als suchten sie, die Nase am Boden, die Jungen, die man ihnen weggenommen hatte, in meiner Kindheit gab es Ihren Kerl da nicht, ich habe nie mit ihm gespielt und habe den Alentejo noch vor dem Schulabschluß verlassen, warten Sie, werden Sie nicht ungeduldig, hier ist jetzt Ruhe angesagt, da haben wir nun jede Menge Postkarten aus der Zeit, als ich nach Marvila gekommen bin und sie mich meinem Onkel übergeben haben, der als Pförtner bei Philips arbeitete, ein dicker, ständig betrunkener Witwer, der mit seiner Hündin in einem fünften Stockwerk gleich neben dem Tejo lebte und das Treppengeländer umarmte, mir aus ersterbender Brust röchelnd befahl, Miß meinen Puls, Junge, miß mir schnell meinen Puls, ich will den Krankenpfleger aus der Poliklinik, denn ich bekomme einen Herzschlag, und rums, das war's.

Marvila, aber im unteren Teil, mein Schriftstellerfreund, damit das klar ist, Straßenbahnschienen, Mauern, kleine Landgüter, alte Männer, die auf dem Bürgersteig Karten spielen, mein Onkel, der, randvoll mit Wein, sauer auf seinen eigenen Schatten ist, Bocksprünge macht, sich im Kreis dreht, um ihm zu entkommen, ihn mit den Schuhen tritt, bittet, Laß mich los, oder aber sich wälzend Dünste wiederaufkochte, während ich in einem Kurzwarengeschäft als Ladenjunge arbeitete, und der Witwer, mein Herr, der behielt mein ganzes Gehalt ein und verpfändete das überflüssige Mobiliar für die Tresterschnäpse in der Kneipe, vereinzelte Möbelstücke, ein paar zusammengeschusterte Tische, ein paar Stühle ohne Sitz, die er, nach hinten ausschlagend, die Treppen hinunterbeförderte, mein Onkel, dessen Gattin ihr Leben dem Spiritismus geweiht hatte und nach ihrem Tod durch eine mystische Krankheit, mit der sie ein Engel angesteckt hatte, durch das Haus wanderte und die Teekannen mit ihrem beklommenen Atem zum Zittern brachte. Es ist durchaus möglich, hier in Marvila auf den vom Foto zu stoßen, wo es damals in den Dreißigern, kurz vor dem Krieg mit den Deutschen, vor ausländischen Spionen mit Hut und im Trenchcoat mit aufgestelltem Kragen nur so wimmelte, die sich in den Gassen gegenseitig erdolchten, das ist durchaus möglich; nur Geduld, ich bin dran, ich werde das Gesicht für

Sie auf den Fotos von den Bällen des Freizeitclubs zwischen Girlanden, spaßigen Spruchbändern und Lampions entdekken oder zwischen dem Lächeln der Gruppe von Ausflüglern, die vor ihrer Abfahrt nach Fátima die Schinkenwurst fürs Mittagessen hochhalten. Wenn Ihr guter Mann nicht eine dieser schwefelschnaubenden gepeinigten Seelen in der Wohnung meines Onkels war, kein englischer Geheimagent ihn an einer Ecke am Tejo umgebracht hat, stolpern wir, ehe wir's uns versehen, über ihn, vielleicht unter einem trüben Lichthof, wie er im Oriental seinen Queue mit Kreide versieht und mit schräggelegtem Kopf das Spiel vorbereitet, oder vielleicht in den Speichern am Hafen, eine Flasche in der Hand, auf ein Faß gestützt zusammen mit den Bettlern, die herabhängende Lotterielose wie eine Harmonika an ihre Rockaufschläge geheftet haben, Bettlern, die sich an Aprilmorgen die Zeit damit vertreiben, Schwalben zu zählen und, die Hosen bis zum Knie hochkrempelt, im Sand von Chelas nach Meeresfrüchten zu suchen. Nein, das bringt nichts, das lohnt sich nicht, dort ist er auch nicht, mein Schriftstellerfreund, wie wär's mit einem Milchreis, um den Geschmack des Schnitzels etwas abzumildern, einen Menschen zu finden ist harte Arbeit, ich hatte noch geglaubt, wir würden im Billardsalon Glück haben, alle, da gab es keine Ausnahme, besuchten dieses verrauchte Zimmer mit den Korbstühlen, in denen die ehemaligen Champions mit ihren von der Gicht gekrümmten Fingern saßen und unter sehnsuchtsvollen Seufzern die Spiele verfolgten, alle legten ihre Zigarette am Rand des Tisches ab, stellten sich auf Zehenspitzen, so daß man die karierten Socken sah, alle reckten sich über das Tuch, um den entscheidenden Stoß zu machen, noch etwas Zimt, bitte, ja danke, das reicht, sind Sie nie dort gewesen? Hat Ihnen nie ein ganz Durchtriebener mit einem unschuldigen Lächeln einen Vorteil von zehn fünfzig angeboten, haben Sie nie den Geruch von Tabak und Filz unter den trüben Lampen eingeatmet? Ich gehe die Gesichter durch und erkenne nicht das, das Sie suchen, man sieht alles ganz unscharf, finden Sie nicht auch? Vielleicht ist es das

Nikotin, vielleicht ist es der Nebel vom Fluß, der fünfhundert Meter von uns entfernt liegt? Die Vitamine einer Banane oder einer Birne wären eine segensreiche Medizin und würden meine Kurzsichtigkeit umgehend kurieren, schauen Sie, bewegen Sie sich nicht, schauen Sie, der dort mit der gestreiften Jacke, der mit einem Alten redet, sieht mir genau wie Ihr Typ aus, nein, weiter hinten, neben der Tür zu den Toiletten, die Nase, der Mund, die Form des Kinns, stimmt's? Sie haben recht, nichts für ungut, dieser hier ist blond, gedrungener, dicker, wenn man sich auf etwas versteift, bringt man alles durcheinander, nicht wahr? Wenn wir auf, na, sagen wir, auf eine Frau warten und sie sich aus irgendeinem Grund verspätet (obwohl Frauen keinen Grund brauchen, um unpünktlich zu sein), ähneln von einem bestimmten Augenblick an alle derjenigen, die wir voll Ungeduld erwarten, wir grüßen Unbekannte, bitten beschämt um Verzeihung, ziehen uns an das Schaufenster des Modegeschäfts zurück, an das wir uns mitleiderregend, lächerlich, verwirrt lehnen, haben zu viele Hände und zu wenige Taschen, und so geht es uns beiden jetzt, Ihnen, mein Schriftstellerfreund, und mir, mit unseren enttäuschten Augen im Billardsalon von Marvila, während der Angestellte an der Bar mit einem schmutzstarrenden Tuch Gläser reinigt und dazu ein blödes Liedchen pfeift.

Jedenfalls, warten Sie ab, diesen Kerl kenne ich irgendwie, den Blonden, der mit dem Alten mit der Weste und dem Hütchen redet, genau, der im Dreiband-Turnier des Sportvereins von Penha de França im Jahre neunzehnhundertdreiundzwanzig mit einer monumentalen Serie von zwölf glatten Stößen den Sieg davongetragen hat, über den man noch heute im Stadtteil voller Respekt spricht, wenn Sie in dieser Gegend geboren wurden, erinnern Sie sich bestimmt noch daran, obwohl Sie jünger sind als ich, ich bin sicher, daß Ihr Vater Ihnen davon erzählt hat, das war ein Ereignis, der Alte, da gibt es natürlich keinen Zweifel, das ist der große Fausto junior höchstpersönlich, der König des Massê, beim anderen allerdings, da bin ich mir nicht so sicher, bei dem, der sich die Nase schneuzt, der seinen kleinen Finger in die Nase steckt, so ein Schweinigel, Sie haben recht, ich esse hier gerade meine Banane, und der Kerl raspelt sich ungehörigerweise die Schleimhaut ab und blickt uns von weitem an, während der große Fausto junior sich über einen komplizierten Stoß ausläßt, dieser Typ da, von dem sich die anderen ängstlich entfernen, mein Schriftstellerfreund, achten Sie auf seinen Clark-Gable-Schnurrbart, der, den man jetzt deutlich am dritten Tisch erkennt, der hat mich zur Politischen Polizei gebracht, einige Monate vor dem Krieg, mein Onkel war vor kurzem an einem Blutsturz gestorben, und ich war wegen der Mißbildung hier an der Hand vom Wehrdienst befreit und wohnte, vom Summen der Gespenster verstört, allein im Haus der Spiritistin. Jetzt spricht der große Fausto junior nicht mehr mit dem mit dem Schnurrbart, sehen Sie, das bin ich, der Dreiband-Champion hat sich auf seinen Stuhl gesetzt und studiert voll Verachtung den Tanz der Spieler, ich habe mich ein bißchen verändert, habe einen Bauch bekommen, habe ein Doppelkinn bekommen, und trotzdem erkennt man gleich, daß ich das bin, ich, ganz still, ich, ganz aufmerksam, ich neben der Anzeigetafel auf einen Queue gestützt, kratze mich mit dem Fußknöchel am anderen Bein und beiße mir auf die Lippen, während der mit dem Schnurrbart zuerst seine Hand auf meine Schulter und dann um meinen Nacken legt und mit mir spricht, mir von der Notwendigkeit, das Vaterland zu verteidigen, ins Ohr spricht, hörst du, die Portugiesen zu verteidigen, hörst du, mich selbst gegen die russischen Invasionen und die Panzer zu verteidigen, die in der Absicht rumpelten, Odemira zu zerstören, die kleinen nordischen Kiefern auf dem Platz niederzuwalzen, alle Leute dazu zu zwingen, Traktor zu fahren und auf den Feldern Steine zu bestellen, unter dem Kommando von Verrätern, die mit Rubeln bezahlt werden und bereits in Kellern konspirieren, die von Mäusen, Wodka, Maschinengewehren, Todeslisten, auf denen auch ich stand, bevölkert waren und von Pamphleten, die die Beerdigung Gottes ankündigten.

Einen Kaffee, mein Herr? Sie hätten doch nichts gegen einen Kaffee zur Beschleunigung der Verdauung, mein Darm ist vom Schweinefraß im Fort von Caxias träge geworden, die Gedärme weigern sich zu arbeiten, manchmal zerreiße ich mich stundenlang, während mich vom Fenster her die Tauben verspotten, auf dem Klo in der Pension, während die Mädchen, die gerade einen Freier abgefertigt haben, vom Drängen der Blase getrieben, mit den Fäusten gegen die Tür trommeln, hinter der ich, mit beiden Händen an die Fliesenbilder gestützt, meinen Bauch anflehe, sich in eine Öffnung zu entleeren, an deren Ende man wie in einer Meeresschnecke das Fermentieren des Flusses hört. Das schlimme an Lissabon, mein Schriftstellerfreund, ist, daß man in jedem Stadtviertel über den Fluß stolpert, wie über einen vergessenen Gegenstand, den Tejo, der uns in jeder Dachluke erscheint, der, während wir schlafen, mit seinem Wiegen unser Bett schaukelt, den Tejo und seine nächtlichen Lichter, die meinen Augen weh taten, wenn ich, in Begleitung des Mannes mit dem Schnurrbärtchen und noch zwei oder drei Kollegen, im Morgengrauen loszog, um in Häuserblöcken, von deren Existenz ich nichts geahnt hatte, Kommunisten festzunehmen, Türen eintrat, bis zu einer Matratze im Dunkeln purzelte, von der eine erschreckte Gestalt aufzustehen versuchte, deren Schlafzimmer, Wohnzimmer, Badezimmer und Toilettenwasserkasten ich nach einem Bündel Waffen oder einer geheimen Druckerei durchsuchte, und wenn ich mich schließlich, während das Opfer seine Unschuld beteuerte und auf dem Treppenabsatz die Familie vor Schmerzen schrie, wieder zu einem kleinen, auf dem Fußweg geparkten Wagen aufmachte, in dem ein Agent mit Schirmmütze sich einen Zigarillo anzündete. Und ob es nun in Campo de Ourique war oder in der Graça, mein Herr, in Benfica, am Cais do Sodré oder in Barreiro, der Tejo war immer da mit seinen Sümpfen, seinen Schiffen, seinen Sturmschwalben und der Geometrie der Masten, atmete bis über die letzte beinahe durchscheinende Häuserreihe hinweg. Ich möchte nicht indiskret sein, aber wo wohnen Sie denn überhaupt, mein Schriftstellerfreund? In der Rua da Madalena, in der Nähe der Martim Moniz, gleich nach dem Laden mit den Prothesen für die Krüppel? Ist Ihnen mal aufgefallen, daß es dort kein Restaurant gibt, wo man das Murmeln des Flusses nicht hört, wo die Schaufenster nicht den Gezeiten entsprechend Wellen schlagen, wo die Läden nicht aufplatzen, weil die Strömungen des Bugio-Leuchtturms dagegen schlagen, wo die Fensterscheiben nicht vom Pulsieren des Leuchtturms hochrot werden? Lissabon ist eine versunkene Stadt, das Wasser schließt sich über unseren Köpfen, die Wolken sind nichts weiter als schwimmende Algenbänke, die Schneiderpuppen sind Meerjungfrauen ohne Köpfe in Uniformen aus Trevira oder Cheviot und an den Stellen mit Kreide unterstrichen, wo Steifleinen hingehört. Und über alldem, mein Bester, unberührt, klar und rein, in einer schwer vorstellbaren, nicht abzuschätzenden Entfernung, über den Korallenriffdächern, den Krebsgrottenstraßen und den Ozeandampferklöstern, dem Geheimnis der Baumalgen und der Muränentiefen der Witwenkeller mit ihrer in das Wachsblumenleichentuch verstorbener Verlobungen gehüllten Traurigkeit, über alldem, ach, auf all das hin, mein Schriftstellerfreund, brauche ich unbedingt ein Tellerchen Pflaumen, um meine Kehle zu erfrischen, die der Kaffee mir verbrüht hat, über alldem schlängelt sich um die Fernsehantennen und die Fabrikschornsteine, um die Ruinen der Burg und die von Kanarienvögeln, Bürodienern und Majoren bewohnten Stadtviertel, ohne sie zu berühren, die Milchstraße, die vor uns flieht, um mit dem Land auf dem Ufer bei Alverca zu verschmelzen, wo der Fluß zu Stahlwerkslohe und Zementfabriken wird.

Nein, protestieren Sie nicht, tadeln Sie mich nicht, Ehrenwort, ich mache alles Menschenmögliche, und dennoch ist es nun einmal so, die Erinnerung hat ihren eigenen Mechanismus, ihren Rhythmus, ihre Gesetze, ihre Launen, wir werden den Kerl dann finden, wenn wir am wenigsten damit rechnen, an irgendeinem Ort der Vergangenheit, vielleicht in einer Dienststelle der PIDE in Damão, wohin man mich versetzt hatte, damit ich im Monsun Kommunisten suchte, aber da gab es nur den Inspektor und ein halbes Dutzend Mulatten, die das Unwetter nicht wegzuschwemmen beschlossen hatte, vielleicht in Póvoa do Varzim, wo ich zum Agenten der zweiten Klasse aufstieg und Berichte abstempelte und dem Regen zuhörte, aber da ist er auch nicht, dort bin ich auf niemanden mit diesem Gesicht gestoßen, weder auf der Straße noch im Kino, noch im Kasino, wo die Rouletteräder sich drehten und sich in den Stalaktiten der Lüster widerspiegelten, aber auch im kleinen Hotel in Ericeira sehe ich ihn nicht, wo man mich mit ein paar Kollegen hingeschickt hatte, damit ich heimlich, als Vertreter verkleidet, einen Albinomechaniker überwachte, der am Streik in Marinha Grande teilgenommen hatte, einen armen Kerl, der sich hinter Öldosen und Reifenhaufen geflüchtet hatte, um sich vor der Sonne zu schützen, ein kleines leeres Hotel, mein Herr, hoch oben über den steilen Felsen, in dem zwei alte Frauen, ein Junge und ein Rabe lebten, der sich für einen Seebären hielt, seine Brust über den Fußboden schleifte und von morgens an aufgebracht, als litte er unter unheilbaren Zahnschmerzen, krächzte, He, Almerinda, du kleine Hure, mach mit diesem Scheißding 'ne Wende nach steuerbord. Sie fragen, wann das war? Also, das muß so, nein, ich weiß es genau, warten Sie, es muß um neunzehnhundertneunundvierzig gewesen sein, neunzehnhundertfünfzig, wenn ich mich nicht irre, ja, neunzehnhundertfünfzig, ich hatte gerade eine kleine Schwierigkeit bei der Polizei hinter mir, weil mir ein Demokrat während des Verhörs gestorben war, ich stellte ganz korrekt meine Fragen, und bums, da lag er plötzlich mitten auf dem Boden, seine Vorderzähne waren kaputt, und aus einem Ohr spritzte Blut, der Krankenpfleger empfahl mir kopfschüttelnd, Nächstes Mal hinterlaß keine Spuren an ihnen, gib ihnen ein paar Elektroschocks in den Mund, das merkt man weniger als Fausthiebe, der stellvertretende Direktor ließ mich in sein Büro kommen, Offen gesagt, Mann, gebrauchen Sie Ihren Grips mal ein bißchen, wenn Sie die alle fertigmachen, werden wir arbeitslos, überlegen Sie mal!, und da sich in der Woche davor ein Sozialist, mit dem ich mich seit drei Tagen unterhalten und den ich so daran gehindert hatte, zu schlafen, aus dem Fenster gestürzt hatte, haben sie mich nach Ericeira verbannt, mich damit beauftragt, den Albino auszukundschaften, ohne ihn auch nur mit dem Finger zu berühren, denn Märtyrer haben wir genug, einen Verrückten, mein Schriftstellerfreund, der gern im Regen spazierenging an den Nachmittagen, an denen die Wellen die Felsen hinaufkletterten und Vögel bis auf die Balkons der Pension spuckten, und wir schrieben, im Zimmer eingeschlossen, ein Memorandum nach dem anderen, Heute hat er den ganzen Tag lang nichts getan, hat nur auf einem Schemel am Eingang der Werkstatt gesessen, Heute um siebzehn Uhr und dreizehn Minuten hat er einen Reifen geflickt und den Vergaser vom Jeep der Guarda Republicana gereinigt, wir hatten vom Raben, vom schlechten Wetter und von den beiden Alten die Nase voll, die in der irrigen Vorstellung lebten, das Hotel mit Touristen füllen und die Zimmer mit Gästen beleben zu können, die sich bei Gewitter aufgescheucht auf den Fluren bewegten, und kümmerten uns nicht um den Jungen, der, falls er noch lebt, heute mindestens so um die vierzig Jahre alt sein muß und sich im Keller mit den Albatrossen die Zeit vertrieb, die die Äquinoktialstürme dort vergessen hatten.

Wer, der kleine Junge? Sind Sie im Ernst an dem kleinen Jungen interessiert, mein Schriftstellerfreund, Sie nehmen mich doch nicht etwa auf den Arm? Denn sehen Sie, der Junge sieht dem Foto kein bißchen ähnlich, ha, das ist ja eine Überraschung, ein Kind, das nicht sprach, ich für meinen Teil habe nie einen Laut von ihm gehört, nach der Beerdigung der Pensionsbesitzerin haben irgendwelche Verwandte ihn mit nach Lissabon genommen, und er ist mir ganz und gar aus dem Sinn gekommen, denn schließlich hat man ja noch Wichtigeres zu tun, und da es sich um ein Kind handelt, mein Herr, wundert es mich nicht, ich erinnere mich, daß er vor allem und jedem Angst hatte, daß er nie lächelte, immer allein aß, ich erinnere mich daran, wie er sich über die Fensterbrüstung zu den auf den Strand gezogenen Fischkuttern lehnte, ein kleiner Junge, mein Freund, ich war mit dem Albino beschäftigt, und Sie, wer hätte das gedacht, interessieren sich für einen kleinen Jungen, und wie sollte Ihr ergebenster Diener, mag er auch ein noch so guter Jagdhund sein, ihn anhand eines Fotos von einem Mann ausfindig machen, das hätte ich doch gern gewußt, bestellen Sie mir doch noch einen Karamelpudding mit viel Sauce, denn damit haben Sie mich, verdammt noch mal, hungrig gemacht, erklären Sie mir, wo der Kerl wohnt, und dieser schlaue Fuchs hier kriegt für einen vernünftigen Preis alles raus, was Sie wissen wollen, der Fernkurs für Hypnose muß noch ein paar Monate auf dem Regal ausharren, wer fliegen will, muß halt noch etwas warten, denn ich habe das Elend wahrlich satt, ich könnte mit Ihrer Knete das Zimmer zahlen, und es würde mir noch etwas Geld für eine halbe Stunde Aufwärmen bei einem der zärtlicheren Mädchen der Pension übrigbleiben, bei einem häßlichen, einem nicht so begehrten, einem duldsamen, es wäre kein Liebesakt, zum Teufel mit der Liebe, die Sache ist die, daß ich unbedingt einen Vorwand zum Weinen brauche, um meine Ängste an ihren Hals lehnen und weinen zu können, um vom Fort von Caxias wegzukommen, vom Quietschen der Riegel und von den Schritten der Soldaten auf der anderen Seite der Tür, um von den Panzern der Revolution wegzukommen, mein Schriftstellerfreund, von den Leuten, die mich ohrfeigten, und von all den Wochen, in denen ich dort schlief, wo es sich gerade ergab, unter Treppen, in Lastwagen, auf den Bänken des Campo de Santana, und den Käfern zuhörte, wie sie aus dem Ei kriechen, und den Schwänen, die wie Kinder im Fieber wehklagen, du gibst mir ein paar Piepen, und ich bring dir die Biographie dieses Heinis, Junge, entschuldige, wenn ich dich Junge nenne, aber du könntest vom Alter her mein Sohn sein, und ich mag keine Förmlichkeiten, Mann, nächste Woche treffen wir uns hier im Restaurant, mach dir keine Sorgen, iß das Steak in Ruhe auf, und ich erzähle dir die Biographie von dem Typ rauf und runter, heute spendier ich dein Moos einer von den Freigebigen in der Pension, ich lass mir das Haar schneiden, den Bart stutzen, dusche in der öffentlichen Badeanstalt bei der Mãe de Agua, kauf ein schikkes Hemd, knöpfe den Kragenknopf zu, und mich nimmt jede, ich muß nur anklopfen und, Hallo, da bist du ja, komm rein, und was dich betrifft, mein Kleiner, iß den Pudding auf, ich habe keinen Appetit mehr, genieß die Tauben vom Hospital de São José, die Tauben vom Leichenschauhaus, genieß die Gebäude dort unten und das Durcheinander der Kräne und Container auf dem Kai über dem Profil des Ufers. Und falls du zufällig einen Verrückten mit Turban vorbeischweben siehst, der nicht auf den Dachtraufen haltmacht, dann sei gewiß, daß er nicht mein Schüler ist: Denen habe ich es nicht beigebracht, Junge, und deshalb ziehen sie wie die Störche und die Enten im Herbst in großen Schwärmen auf dem Weg zur Sonne davon.

3

Manchmal, Iolanda, wenn die Klingel am Bahnübergang endlich schweigt, die Hunde der Quinta do Jacinto, vom Fischgeruch angelockt, im Rudel zum Strand aufbrechen, die Motoren der Fischkutter beim Nahen der Morgenröte verstummen und die tonlose, Spitzenwerk schaffende Arbeit der Holzwürmer in der Stille des Hauses zu hören ist,

manchmal, wenn morgens der erste, von den Tränen der Nacht gepflügte Bernstein der leeren Spiegel in mein Bewußtsein dringt, wenn dein Körper, unter dem Bettuch wie Sessel im August in einem verlassenen Haus, aus dem Dunkel tritt und auf dem Kopfkissen deine Schultern und deine Nase aus dem Schatten sprießen wie tote Blütenkelche,

manchmal, meine Liebste, wenn es endgültig Tag ist, wenn der Wecker klingeln wird, wenn die Pantoffeln deines Vaters über den Fußboden gehen, weil er in der Küche am Spülbecken ein Glas Wasser trinken will, und dabei die Schränke zum Erzittern bringen und deine Tante sich im Zimmer rührt, sich mit Schmetterlingspuppengesten anzieht,

manchmal, wenn ich auf der Matratze verstumme, die Geschichte, die ich erzähle, verfluche, kurz bevor die Klingel der Uhr mich schreiend zu meiner Arbeit beim Staat ruft,

dann hasse ich dich,

verzeih

wie die Nachbarn im Stockwerk über uns einander hassen, ein Rentnerehepaar, das sich brummelnd in einem Pandämonium von Töpfen und Pfannen beschimpft und das ich eines Sonntags nach dem Mittagessen auf Anordnung deiner Tante besuchte, die so solidarisch mit den anderen ist und mir gegenüber so feindselig, um ihnen mit einem Drahthaken die verstopfte Toilette in einer Wohnung zu reparieren, in der es zu viele Dinge gab, wo auf den Kommoden präparierte Wiesel standen und auf dem verglasten Balkon ein Kanarienvogel vor einem Salatblatt trillerte. Als ich, auf den Fliesen hockend und zur Kloschüssel gebeugt, im Schlund nach Algen fischte, spürte ich die Alten hinter mir, die zwischen faulen Zähnen leise Beschimpfungen hervorstießen, und während ich an der Wasserspülung zog, um das Ergebnis meiner Arbeit zu überprüfen, glaubte ich aus dem Augenwinkel Finger zu sehen, die sich ausstreckten, um einen Hals zu erdrosseln, und einen Schraubenschlüssel, der sich, den Stoff des Morgenmantels durchschlagend, in einen Schenkel bohrte. Der Wasserschwall lief in einem explosiven Strudel über, ergoß sich bis zur Auslegeware im Wohnzimmer, und das Ehepaar, das vergessen hatte, sich mit Eiszangen und dem Fischbesteck den Bauch aufzuschlitzen, wandte seine Wut gegen mich, der, die Knie triefnaß, versuchte den Blutsturz der Wasserspülung mit dem kleinen Handtuch des Bidets zu stillen. Ich erinnere mich daran, daß ich auf dem Dielenboden entlangrutschte und in eine immer größer werdende Pfütze fiel, dabei einen Stapel Zeitschriften in Richtung Schlafzimmer mitriß, ich erinnere mich an ein Tischchen voller Zinngegenstände, das wie ein Schiff, das die Launen der Gezeiten hochheben, zu schlingern begann, ich erinnere mich an die Rentner, die bis zu den Hüften in Algen standen und vor Wut die Fassung verloren hatten, und daran, daß ich mit Besenhieben auf den Treppenabsatz gefegt wurde inmitten von Ebbeanschwemmungen (zerlöcherte Körbe, Schuhe ohne Sohle, Flaschenscherben, Konservenbüchsen und faulige Quallen), bis ich an der Schürze deiner Tante vor Anker ging, die mich von dort oben mit gekreuzten Armen anstarrte und angeekelt den Kopf schüttelte. Noch heute, meine Liebste, erzählt man sich in Alcântara die Geschichte vom Hausrat einer Wohnung in der Straße Nummer acht, der eines Sonntagsnachmittags beschlossen hatte, zum Fluß hinunter aufzubrechen, und ein Tafelservice mit chinesischen Landschaften und einen vor Entsetzen strampelnden Beamten mit sich riß, der in wilder Ehe mit einer Gymnasiastin lebte.

In der Villa, in die sie mich nach dem Tod meiner Patin brachten, gab es keine alten Leute, die einander haßten, keinen Nippes aus Zinn oder Stapel alter Zeitschriften. Sie lag an der Nummer drei der Calçada do Tojal, einer steilen Straße, die sich damals zwischen Landgütern und Bienenkörben verlor (Bienengesumm lag in der Luft, und der Tag bewölkte sich mit Flügeln), und die Zweige der Glyzinien, die über die brüchige Mauer quollen, berührten den Fußweg mit ihren Dolden. Dreißig oder vierzig Meter weiter erhob sich die Palme bei der Post, und noch etwas weiter in Richtung des Tores von Benfica (ein paar Spielzeugburgen, die durch von der Zeit zerfressene Wachtürmchen gekrönt wurden) lag die Villa, in der ein bärtiger Mann Geige spielte und dabei das Instrument zu grausamem Gejaule zersägte. Vor einigen Monaten habe ich an irgendeinem Feiertag am Arco do Cego vor dem geschlossenen Kino, hinter dessen Eisengitter das Zuschauerparkett zerfällt, einen Autobus in meine Kindheit genommen und bin durch unbekannte, von gleich aussehenden, undurchsichtigen Gebäuden gesäumte Straßen gereist, unter denen ich nicht eine einzige bekannte Fassade ausmachen konnte, um dann in einem Stadtteil voller Friseursalons und Zahnarztpraxen auszusteigen, an dessen Straßenecken ich mich nicht mehr zurechtfand. Ich habe weder die Palme noch die Glyzinienmauer wiedergefunden, das Bienensummen verdunkelte den Himmel nicht mehr, zehnstöckige Häuser hatten die Landgüter verschluckt oder waren aus den Erdbeerpflanzen und den vom blauen Schleim der Schnecken versilberten Kohlköpfen gewachsen. Ich entdeckte, nachdem ich kilometerweit um Elektrokabelfirmen herumgewandert war, ein an die Wand neben dem Laden einer Damenschneiderin geschraubtes Schild, das Calçada do Tojal verkündete, und dennoch, Iolanda, nicht einmal die Steigung gab es mehr, sie war von riesenhaften Baggern planiert worden: nur verglaste Balkons, Rolläden und Fensterrahmen aus Aluminium und einen alten Mann, der einen kleinen Hund ausführte, der ein Bein zu den Autos am Platz hob. Ich fuhr deshalb zum Kino am Largo do Cego zurück, fühlte mich wie ein Mann ohne Vergangenheit, der als Vierzigjähriger auf einer Sitzbank im Bus geboren wurde und sich selbst die Familie ausdachte, die er nie gehabt hatte in einem Teil der Stadt, den es niemals gegeben hatte. Und daher hatte ich zum Beispiel gestern, als ich dir von meinen Tanten erzählte, das unangenehme Gefühl, dich zu belügen, als ich aus der Verwandten- und Stimmenleere meines verflossenen Lebens heraus zusammenhanglose Handlungen erfand. Und ich sank, von einem Schreckensschwindel erfaßt, aufs Kopfkissen, schämte mich meiner, als ich die Sätze hörte, die du im Gespräch mit einer Realität, die mir nicht gehört, in die Bettücher hauchtest.

Wie dem auch sei, Iolanda, das Haus in der Calçada do Tojal, das ich in der Erinnerung bewahre, während ich nachts in Alcântara zittere, an diesem Fluß, den ich hasse, war ein dreistöckiges Wohnhaus hinter einem Tor aus Lanzen und einem Stückchen Rasen mit Büschen, mit sich hin und her bewegenden speerförmigen kleinen Stempeln, und es war an seiner rückwärtigen Seite mit einer Voliere mit schmiedeeisernen Arabesken in Lotosform versehen, in der ein Fuchs mit leidvollem Blick in namenlos unruhiger Kümmernis umhertrottete. Viele Jahre vor meiner Geburt hatten die Besitzer das Haus in zwei Teile aufgeteilt: Die Familie meiner Mutter wohnte auf der linken Seite, die zur Palme bei der Post gewandt war, und die rechte Seite wurde von einem kinderreichen Zauberkünstler bewohnt, der seine bereits halbwüchsige Nachkommenschaft mit einem Fingerschnippen aus dem Zylinder gezogen hatte. Im August brach der Künstler, im Frack und mit falschen Orden an der Brust, mit einem Zirkus zur Tournee durch die Provinz auf, und ich staunte, als ich auf der Calçada einen Zug von bunten Wohnwagen sah, von Käfigen, aus denen Giraffenhälse ragten und Löwengebrüll erschallte, von Jongleuren, die litzenbesetzte Bälle in die Luft warfen, und von Clowns, die mir mit endlosen Handschuhfingern zuwinkten. Die Frau des Zauberers kam, von Kindern umringt, beim Klang eines Paso doble des Zirkusorchesters zur Mauer, um sich zu verabschieden, und während der Abwesenheit des Zauberers kamen immer mehr Kinder zur Welt, deren Geburt von einem Trommelwirbel untermalt wurde und die aus dem Mutterleib stiegen, um sich zu Fuß, das Einmaleins unter der Achsel, auf den Weg zur Schule zu machen.

Ich habe das Haus des Zauberers nie besucht, Iolanda, das ganz gewiß voll mit Sternchen überzogenen Kästen war, in denen elegante Damen eingeschlossen wurden, die nach einigen mesmerisierenden Finten aus einem danebenstehenden Kasten krabbelten, voll von Zeitungsseiten, die, zu einem Kegel zusammengerollt, alle Fahnen der Welt enthielten, und von Seilen, deren Knoten sich auf eine Handbewegung hin lösten. Das Zusammenleben mit dem Übernatürlichen jagte mir Schrecken ein, und wenn ich allein war, glaubte ich durch die Holzwand hindurch, die die beiden Hälften des Gebäudes voneinander trennte, einen teuflischen Schwefelgeruch zu spüren und den Applaus eines Publikums zu hören, das von irgendeinem Trick überwältigt war, dessen Geheimnis den schlüpfrigen, gefährlichen Saum des Wunders oder der Sünde berührte. Deshalb fühlte ich mich auf der Seite wohler, die die Familie meiner Mutter bewohnte, Zimmer über Zimmer in trockenem Halbschatten, bevölkert von Porträts von Militärs, von Drucken, die galoppierende Pferde darstellten, und Uhren mit Kupferpendeln, die unregelmäßig die Stunden schlugen, als humpelte die Zeit vor Müdigkeit über die ziselierten Zifferblätter.

Was mich anfangs in der Calçada do Tojal beeindruckte, war das Fehlen des Meeres, das vom Geräusch der Bäume und der Kletterpflanzen ersetzt wurde, die die Schellen ihrer Blütenblätter klirren ließen. Eine Stille, die nach Siamkatzen und nach Spitzendeckchen roch, stand in den Korridoren, stieg vom Wasser in den Vasen auf, das niemand wechselte, und Lichtstreifen schienen unter den Türen hindurch und machten die Muster auf dem Läufer im ersten

Stock sichtbar, in dem die Schlafzimmer lagen, ein jedes mit seiner Spiegelkommode und einem Geruch nach Keksen und Lindenblüten. In der Mitte des Korridors gab es eine Treppe, die zum oberen Stockwerk führte, zu dem ich nicht hinaufsteigen durfte, und die Helligkeit des Erdgeschosses erstarb auf den Stufen in diffusen Staubwolken.

Hier in Alcântara, Iolanda, weit entfernt von der Palme bei der Post und den Gärten, die, durch Bretterpalisaden voneinander getrennt, zum Friedhof kletterten, verhindern die Größe der Fenster und der Atem des Flusses, daß die Schatten ihre Drohungen, ihre Geheimnisse und ihr Geraune in den Zimmern einnisten, die auf das Hochwasser warten, um zur Hafeneinfahrt hinunterzugleiten. Doch in dem auf der entgegengesetzten Seite liegenden Teil der Stadt, in dem die Schornsteine der Villen die einzig möglichen Masten waren und sich nur die Stangenbohnen, die der Appetit der Eidechsen verschwinden ließ, in kleinen häuslichen Wellen kräuselten, erschien mir alles riesig und seltsam dicht, fast wie bei Überraschungen und im Traum. Zumindest ist dies, meine Liebste, vierzig Jahre später die Erinnerung an mein Leben, jetzt, da ich erwachsen bin, Falten bekommen habe und mein Mund über deinen Nacken streicht, ohne einen Kuß zu wagen, jetzt, da meine Hände deine Taille umfangen und ich deine Rippen fühle, die sich, deinem Atem folgend, dehnen und zusammenziehen wie die von den Muskeln zusammengehaltenen Stäbe eines Fächers. So erinnere ich mich an mein Leben im Haus der Familie meiner Mutter mit meinen Tanten, meinem Onkel und den Porträts der Militärs mit Reitgerte und Sporen über den Konsoltischchen, die mich mit einer Strenge anstarrten, die zu mildern die Lüster sich zur Aufgabe gemacht hatten. Nach dem Abendessen nahm mich mein Onkel immer in die Konditorei gegenüber der Kirche mit, und ich hörte zu, ein Glas Limonade in der Hand, wie er sich mit der Bronchitis der Freunde unterhielt, die zwischen Kaffeeschlucken ihre Lungen ins Taschentuch spuckten. Die Bierfässer stießen Seufzer aus, in denen der Gasdruck blubberte. Eine Gruppe geschminkter Damen mit falschen Perlohrringen rückten, um eine Teekanne versammelt, ihre Haarsträhnen zurecht, und mein Onkel zwinkerte ihnen zu, die Zigarre im Mund, und plusterte sich in seiner weiten Weste auf wie ein Täuberich. Wir verließen die Konditorei schließlich und folgten der Spur ihres Parfüms, und einmal setzte sich eine, die mit einem Veterinär, der in Santarém arbeitete, verheiratet war, von den anderen ab und spazierte langsam an den Kurzwarenläden und Bäckereien der Estrada de Benfica entlang, während ihre Absätze uns wie Nägel in die verzückte Brust schlugen. Die Zigarre meines Onkels war wie eine Harpune auf ihre Hinterbacken gerichtet, sein Ellenbogen hörte nicht auf, mir die Nieren zu malträtieren, und ich glaube, ich übertreibe nicht, Iolanda, wenn ich sage, daß man von der Calçada do Tojal her den Paso doble des Zirkusorchesters hörte und das Gelächter der Clowns, die aus ihren Wohnwagen den Zauberer riefen, um mit ihren traurigen Giraffen und ihren Plüschlöwen aufzubrechen und in vergessenen Dörfern die Segeltuchkuppel aufzurichten. Die Dame aus der Konditorei trat in das Gebäude vor dem Rathaus, machte das Licht in der Eingangshalle an, mein Onkel zog mich am Ärmel, beschleunigte seine Schritte mit knirschenden Sohlen, der Paso doble wurde unter Posaunendröhnen lauter, und wir befanden uns vor dem Haus, zwinkerten uns zu, wollten gerade die Tür aufstoßen, als der Zug der Artistenlastwagen wenige Meter von uns entfernt die Straße entlangrumpelte, oben auf einem Käfig hockte ein Dompteur mit Strohhut und Peitsche, und kleine Jungen, die auf Einrädern in die Pedale traten, zeichneten anmutige Kreise auf das Dach der Kasse und warfen sich unendlich viele Reifen zu. Der mit Plakaten bedeckte Wagen am Anfang des Zuges, in dem der Direktor reiste, bremste, pfeifende Nieser versprühend, die anderen blieben stehen, ließen Ballons aufsteigen, die sich in den Platanen verfingen oder sich in der Dunkelheit auflösten, die Giraffe tastete die Finsternis mit der Antenne ihres Halses ab, während das Orchester auf einem offenen Laster, von einem Maestro befehligt, der die Klarinetten mit dem Dirigentenstab peitschte, leise einen Liebeswalzer in Angriff nahm. Und da, Iolanda, sprang der Zauberer vom fünften oder sechsten Wohnwagen, ließ Asse und Kaninchen aus seinen Taschen frei, rannte zur Eingangshalle, in der sich mein Onkel und ich befanden, die Frau des Veterinärs bebte zwischen den Blumentöpfen am Eingang, warf unter dem Beifall der Zwerge den Mantel ab und trat fast nackt hervor, der Zauberer stieg, von einem violetten Scheinwerfer angestrahlt, die Treppe hinauf und nahm sie in seine Arme, während sie, über seinen Schultern hängend, die Hand in einer schnörkeligen Bewegung wie ein Trapezkünstler hob, der am Ende seiner Nummer das Publikum grüßt, sie stiegen auf den Wagen der bärtigen Frau und des zahmen Esels, der die Zukunft voraussagte, Zuschauer in Schlafanzügen, die von der Musik geweckt worden waren, warfen Luftschlangen von den Fensterbrüstungen, auf ein Zeichen des Direktors hin setzte sich der Zug unter Raketenzischen, Konfettiregen, Tigergähnen und lauten Rufen der Seiltänzer wieder in Bewegung, der Maestro stimmte, die Noten mit den Fingern formend, einen Militärmarsch an, und die Karawane löste sich in der Nacht auf, bis nichts mehr auf der Straße zurückblieb als die Illusion der Musik und Scheinwerfer, die die Artisten suchten, die es nicht mehr gab, Zuschauer, die die Fenster schlossen, um wieder ins Bett zu gehen und von Jongleuren und gezähmten Hündchen zu träumen, und mein Onkel und ich standen mit offenem Mund allein auf dem Fußweg und schüttelten die Reste von Luftschlangen von uns ab, wie du meine Küsse abschüttelst, wenn ich es wage, deinen Mund in einer Aufwallung von Zärtlichkeit zu berühren. Wir blieben dort ein paar ewige Minuten stehen, während das Universum um uns herum wieder ins Lot kam, die Zirkuslampen, die an den Bäumen hingen wie Äpfel, erstarben langsam, und die Dinge nahmen ihre bescheidene, alltägliche, resignierte übliche Ordnung wieder an. Die Straßenlaternen erstanden wieder, das Emblem der Bäckerei schluchzte in den Neonröhren, die erste Fledermaus stürzte sich auf die Nachtfalter einer Leuchte über einem kleinen Juwelierladen, mein Onkel zündete sich eine neue Zigarre an und erklärte mit einer Stimme, aus der man die bitteren Samen seiner Enttäuschung heraushören konnte,

– Wenn an etwas in der Welt kein Mangel herrscht, dann sind es Frauen,

und wir gingen unter einem lauwarmen Nieselregen zur Calçada do Tojal, bis der Anblick der Bougainvilleen und das Summen der Bienen mich beruhigten, und ich schlief ein, vom Stundenschlag der Uhren gewiegt, träumte von den Militärs in den versilberten Rahmen, genau wie hier in Alcântara, wo ich mich schließlich neben der Verachtung deines Körpers in das Kopfkissen stürze und von unserer Hochzeitsfeier in einem Salon träume, der mit deinen Schulkameradinnen gefüllt ist, die alle einen rosaroten Bubble-gum aufblasen, während der Karatechampion seinen Freunden Hiebe mit der flachen Hand verpaßt und deine Familie sich in einer Ecke zu einer resignierten Traube zusammendrängt.

Ganz anders als mein Onkel weigerten sich meine Tanten, die in der Kirche kleinen Jungen, denen eine Zukunft als Diakon versprochen war, den Katechismus beibrachten, in die Konditorei zu gehen, die sie für eine Art Wartesaal zur Hölle hielten, voller Wüstlinge, die Mineralwasser tranken und über Frauenhintern und Fußball diskutierten. Sie verbrachten ihre Zeit im Hause, waren in das Halbdunkel der Sofas versunken, und hin und wieder wedelten sie den Staub mit kleinen Federwischen von den Möbeln, waren taub für das Gebell des Fuchses, der im Vogelkäfig die Qual seines Schreckens im Kreis herumtrug. Sie waren beide Schwestern meiner Mutter, eine, die Ältere, hieß Dona Maria Teresa und lächelte nie: Lebte sie noch, Iolanda, dann würde sie meine Unvernunft, mit dir zusammenzuleben, tadeln, doch ihre Schwester, Dona Anita, die mich in Ericeira abgeholt hatte und sich um meine Verstopfung sorgte, beim kleinsten Nieser ins Zimmer stürzte, als würde eine Sprungfeder sie vom unteren Stockwerk hochschnellen lassen, sie würde mir vielleicht mit einem Rümpfen ihrer Schildkrötennase verzeihen, die in einem zweigeteilten Knorpel endete. Und vielleicht wäre auch mein Onkel einverstanden, den dein Hyazinthenatem reizen würde, der Atem einer Diabetikerin, die jeden Tag im Badezimmer die Farbe ihres Pipis untersucht. Und dennoch, meine Liebste, ihre Meinung würde nichts an meiner Entscheidung ändern, denn ich liebe dich, ebenso wie mir die Grimassen deiner Freundinnen gleichgültig sind oder der Spott der Kellner im Restaurant, in dem wir sonntags auswärts essen, im Bierlokal am Verkehrskreisel, wo die Krebse und Meeresspinnen, deren Scheren mit Schnüren zusammengebunden sind, sich in einem Aquarium gegenseitig niedertreten und ihre lackledernen Knopfpupillen nach oben verdrehen, so wie Dona Maria Teresa ihre verdrehte, als ich sie, nachdem ich einige Monate in Benfica lebte, eines Nachmittags fragte, als sie mit einem Wäschesprenger die Pflanzen im Wohnzimmer besprühte, was mit meinen Eltern geschehen sei.

Ebenso wie heute deine Krankheit mich überrascht, Iolanda, mit ihrem Zittern, ihren Ohnmachten, ihren Schweißausbrüchen, ihrem Geruch nach zerquetschten Blütenblättern und ihrer unterirdischen, intensiven Kommunikation mit dem Tod, der dich von innen altern läßt, als würden die Organe, das Herz, der Magen, die Leber, sich uralt und verfault wie die Helden in den Krypten unter der siegreichen Jugend deiner Haut zersetzen, so waren während meiner Kindheit, anfangs in Ericeira und später in der Calçada do Tojal, meine Eltern für mich ein vollkommenes Geheimnis. Man erzählte mir nie von ihnen, es gab kein Foto von ihnen zwischen den Porzellanvasen mit Platanenblättern, den Rahmen mit den Militärs und den Silberovalen der Kinder auf Dreirädern vor einem Hintergrund aus Ginster und molligen Urgroßmüttern, und ich stellte mir vor, sie lebten in Afrika oder Macao, inmitten von Chinesen, vor Schiffen mit Segeln aus Pergament, die am Ufer eines Flusses gestrandet waren.

Wenn ich nach dem Abendessen schlaflos im Bett lag und die Hirtenhunde des Spaniers hörte, spürte ich, daß sie mir im Ebbewind ihrer Stimmen Ratschläge zuflüsterten, die ich nicht verstehen konnte. Dona Maria Teresa verdrehte schweigend ihre Langustenaugen, Dona Anita grämte sich über meine Magerkeit und schenkte mir Kekse, die nach Kreide schmeckten, mein Onkel, Senhor Fernando, zwinkerte den Damen zu und redete von seinem älteren Bruder, Senhor Jorge, der, weil er gegen die Regierung konspiriert hatte, in Tavira in einer Kaserne am Strand gefangen saß, in der der Klang der Kornette sich mit Schaum befeuchtete. Es bedrückt mich, daß du, die du im Jahr der Revolution in Moçambique geboren bist, die Zeit meiner Jugend nicht verstehen kannst, in der die Männer am Sonntagmorgen die Uniform der Portugiesischen Legion anzogen und durch die Straßen von Lissabon marschierten, es besorgt mich, denn es entfernt dich von mir, die du die Prozessionen, die Hymnen, die Reden, die Cafés nicht gekannt hast, in denen sich Uniformierte drängten, die, um Cognacgläser versammelt, kriegerische Lieder brüllten, während die Beamten der Politischen Polizei verdächtige Kommunisten in kleine Heftchen notierten. Selbst Senhor Fernando, Sohn eines Brigadiers und Helden der Monarchistenaufstände, senkte seine Stimme und betrachtete die Agenten mit einer Art beklommenem Respekt, vergaß die Damen, die, eine Scheibe Toast in der Hand, mit großen Augen hingerissen die Orden der Patrioten betrachteten. Denn lange bevor du, Iolanda, in einer Stadt voll Wasserschlangen, Missionaren und Schwarzen geboren wurdest, war Lissabon ein Karussell stolzer, unnützer Milizionäre, einer Unmenge von Domherren und Freimaurern, die in den Forts des Staates dahinsiechten, während ich, mit Schiffchen und kurzen Hosen, in den Schulpausen in die Elementargründe der Kriegskunst eingeführt wurde. Lissabon, meine Liebste, das waren die Übertragung von Messen im Radio, kleine Altäre für den heiligen Antonius, Bettler und die Mundharmonikas der Blinden an den Häuserecken, denn ich habe noch nie so viele Blinde getroffen wie in dieser schweren Zeit, Blinde, die an die Gebäude gelehnt standen, Blinde, die sich, ihre Harmonika auf dem Rücken, die Fußwege entlangtasteten, tragische Blinde am Ausgang der Lobpreisungen, blinde Fadosänger, die von kotelettentragenden Schlaumeiern begleitet wurden, die die Almosen in Empfang nahmen, bedrohliche Blinde, die auf dem Kirchplatz Plunder verkauften, stolze Blinde mit hochgerecktem Kinn an den Kreuzungen, blinde Frauen mit blinden Kindern, die niemals weinten, während sie auf ihrem Schoß saßen, betrunkene Blinde, die zwischen Palmzweigen in den Tavernen Bocksprünge machten, Blinde, die, an riesigen Regenschirmen hängend, wie Engel in der Luft schwebten, Blinde, Bettler und Zigeuner in ihren von den Tausenden von Wegen dieser Welt ramponierten Pferdekarren auf der Suche nach einem Stück Brachland für ihr Zelt, doch vor allem Blinde, die mit dem Nebel ihrer Pupillen das Nichts anstarrten, Tausende von Bettlern, die die Gassen, die Gäßchen, die Plätze, die Höfe niedriger Häuschen mit Schuster- oder Schmiedewerkstätten besetzt hielten, Blinde, die Wasser aus den Maultierbrunnen tranken, Blinde, die sich miteinander über ihre Schattenwelt unterhielten, Blinde, Bettler und Zigeuner in den Landgütern des Tojal, die den Honig der Bienen stahlen, Legionäre und Blinde und die Damen in den Konditoreien und Geheimpolizisten und das Gebrüll der Sonntagskrieger, und ich fragte meine Tante, Was ist mit meinen Eltern?, und sie unterbrach ihre Häkelarbeit nicht, verdrehte die Augen, Blinde, die an unser Tor klopften oder auf dem Rasen herumirrten, weil sie an die falsche Adresse geraten waren, und in diesem Augenblick, meine Liebste,

Blinde

hörte ich es zum erstenmal, und es brachte die Gläser, die Blätter der Pflanzen und den Strauch meines Blutes zum Erzittern,

Blinde

das Geräusch von Schritten im oberen Stockwerk.

4

Nein, warten Sie, beruhigen Sie sich, legen Sie doch nicht gleich los, Hand aufs Herz, mein Schriftstellerfreund, sehen Sie mir ins Gesicht, und sagen Sie mir, ob Sie zufällig jemanden mit einem Turban und einem Rubin auf der Stirn über die Dächer Lissabons haben fliegen sehen? Also, wenn Sie niemanden gesehen haben, dann liegt das daran, daß ich die ganze Woche lang unermüdlich Erkundigungen über Ihren Mann eingezogen habe, Fragen gestellt, herumgeschnüffelt habe, unterwegs gewesen bin, Fotos gemacht und darüber den Fernkurs für Hypnose ganz vergessen habe, wann man ein paar kleine eilige Siestas mit einer sympathischen Kleinen in der Pension an der Praça da Alegria einmal ausnimmt, mit einer kleinen Molligen, so wie ich sie gern mag, die sich Mühe gab, mich meine Verbitterung mit ein paar spärlichen Liebkosungen und einer Rückenmassage vergessen zu lassen, und dabei, stellen Sie sich das einmal vor, hockte mindestens ein halbes Dutzend Tauben auf der Fensterbrüstung, die gurrten, als sie sahen, wie ich im Durcheinander der Bettücher zappelte wie ein Thunfisch auf dem Trockenen. Sie heißt Lucília, ihr linkes Auge schielt etwas, sie ist Mulattin, kam in einem Schiff voller armer Teufel hierher, die ohne einen Heller aus Angola vor dem Bürgerkrieg geflohen waren, und sie hat irgendwas, ich weiß nicht, was, vielleicht ist es ihr Geruch, der mich an das Pflügen der Baumwollfelder vor dem Anbruch des Morgens erinnert, wenn der Nebel, der die Hütten bedeckt, auf den Bäumen lastet wie auf der Armlehne eines Sessels und die Sonnenblumen die Stengel zum Licht hin erheben. Wo ich gerade davon spreche, das letztemal, als ich mit ihr zusammmen war, blieb ich ihr die Bezahlung schuldig, weil mein Geld alle war, Lucília, sei mir nicht böse, aber am Montag bezahle ich dich ganz bestimmt, und das Pummelchen, das rauchend auf dem Bett lag, seine verdrehte Pupille an der Wand vergessen und die richtige lächelnd auf mich gerichtet hatte, Machen Sie sich deshalb keine Sorgen, Senhor Portas (ich bin Ernesto da Conceição Portas), das ist doch kein Beinbruch, nun machen Sie mir doch nichts vor, Sie haben irgendwelche Sorgen, deshalb, lieber Schriftstellerfreund, schieben Sie mir mal einen kleinen Zuschuß für diesen Schatz von einem Mädchen rüber, das arme Ding, es wird von einem schwarzen Zuhälter mit Wolkmann ausgebeutet, der hin und wieder, um seine Stellung deutlich zu machen – und das verstehe ich durchaus noch, nur ist das Problem, daß der Blödmann mit seinen Argumenten etwas übertreibt –, der Armen das Gesicht zu Brei schlägt, und dann taucht die Unglückliche mit dicker Backe, Pflastern am Kinn und einer genähten Augenbraue humpelnd zwischen ihren Kolleginnen auf, die auf dem Boulevard anschaffen gehen. Deshalb hatte ich, um Ihnen die Wahrheit zu gestehen, bei der letzten Siesta nicht einmal mehr Lust, mit ihr zu schlafen, denn wenn mir schon ihr Schielen auf die Nerven geht, dann können Sie sich den Rest vorstellen, die Pflaster, die Schwellungen, die blauen Flecken, den Riß am Mund, und da haben wir uns einfach nur über dies und das unterhalten, ohne daß sich Ihr ergebenster Diener auch nur ausgezogen hätte, jeder auf seiner Seite des Bettes, und die Tauben, die überhaupt nicht wußten, was los war, drückten sich die Stirn an der Fensterscheibe platt. Lucília erklärte mir, daß sie, obwohl sie die Erziehung einer Weißen genossen und ein Jahr lang das Gymnasium besucht hatte, in einer Bar in Carmona gearbeitet habe, in der ein schwuler Italiener am Klavier saß, und ich klärte sie ein wenig über die Arbeitsweise der Politischen Polizei auf, darüber, daß wir für einen Apfel und ein Ei unsere Rübe riskierten, um die Sicherheit unseres Vaterlandes zu verteidigen, und über das Unrecht, das mir die Revolution angetan hat, indem sie mich ohne viel Federlesens arbeitslos machte, ohne Rücksicht auf meine Bemühungen, ohne auch nur eine Mickerrente, einmal ganz abgesehen davon, daß Dankbarkeit ein Gefühl ist, an das ich, ehrlich gesagt, nicht glaube und wohl nie glauben werde, man erlebt hier nur Gleichgültigkeit und Egoismus, das Benehmen der Leute mir gegenüber, die mich auf der Straße angreifen, mich beschimpfen, mich Mörder und Gauner nennen, mich bespucken, hin und her geschubst werde ich, habe kein Geld, keine Freunde, bringe meine Möbel ins Pfandhaus, Lucília war gerührt – diese Mädchen sind alle sentimental, man braucht nur an ihr Gefühl zu appellieren, und schon geht's los – und sagte mit tränenfeuchter Stimme, das ist ja wie im Film, und holte ein Fläschchen unter dem Bett hervor, um noch gefühlvoller zu werden, Alkohol verhilft zu Tränen, sie bot mir auch ein Schlückchen von etwas Scharfem an, und ich habe eine halbe Stunde lang geschluchzt und damit die Tauben erschreckt, bis die Tiere das Fenster räumten und die Dächer und die Dachtraufen der Praça da Alegria sichtbar wurden, ich glaubte sogar, einen an Levitation interessierten Vetter von mir gesehen zu haben, der beim Príncipe Real schwamm und dabei nur auf einer kleinen Wolke saß, die Mulattin ließ besorgt ihre Handflächen auf meinen Rücken klatschen und sagte, Aber, aber, Senhor Portas, aber, aber, Senhor Portas, hatte ein Auge auf mich gerichtet und das andere merkwürdig gleichgültig an die Decke geheftet, sie wollte sogar aufstehen, um ihre Freundinnen zu rufen, aber ich bedeutete ihr mit einer Geste, daß dies nicht notwendig sei, Bleib hier, Kleine, wo willst du denn hin, und sie prügelte mich weiter und trank aus der Flasche, um sich zu beruhigen, so daß Lucília nach einer Ewigkeit, als die Schluchzer aufgehört hatten und es mir gelang, normal zu atmen, weil sie zu sehr am Flaschenhals genuckelt hatte, nicht nur Unsinn redete, sondern anfing ein französisches Lied zu singen, und zwar so laut schreiend, daß der schwarze Zuhälter beunruhigt die Tür eintrat, gefolgt von vier oder fünf kraushaarigen, von Messingringen und -armreifen funkelnden Kameraden in Tennisschuhen und bedrucktem Hemd, die, nach dem Staub auf ihren Hosen zu schließen, vermutlich auf dem Bau arbeiteten, woraufhin ich den Hemdkragen zuknöpfte, den Krawattenknoten zurechtrückte, einen letzten Schluchzer ausstieß, den mir die Erinnerung an den Alkohol auf die Zunge holte, und so würdig, wie ich konnte, zur Tür ging, mich, so gut es ging, von den Kapverdiern fernhielt, die mich, an die Wand gelehnt, anschauten, ohne den Mund aufzumachen, und als ich bereits, den Bedrohungen entronnen, auf dem Korridor war, hörte ich die erste saftige pädagogische Ohrfeige, die die verchromten Zähne der Mulattin, die plötzlich verstummte, voll getroffen haben mußte, darauf folgte ein Hagel erzieherischer, von väterlichem Tadel in rudimentärem Portugiesisch begleiteter Fußtritte. Heute nach dem Mittagessen, bevor ich losging, um mich mit Ihnen zu treffen, bin ich der Mulattin im Hof der Pension begegnet: Sie war nicht betrunken, doch ihr Schädel war mit Binden umwickelt, die Nase mit Pflastern bedeckt, um den Hals trug sie eine gepolsterte Krause, ein Arm war in Gips, und sie hatte wegen der Blutergüsse in den Füßen Schwierigkeiten beim Gehen, war auf eine Krücke gestützt, die sich bei jedem Schritt wie ein Bogen krümmte. Sie sah mich nicht an (mir fällt es schwer, zu wissen, wann ein Schielender mich ansieht, und normalerweise wandert mein Blick von einem Augapfel zum anderen, um die Mittellinie der Augen zu finden) und stieg langustengemach zum dritten Stock hinauf. Ich sah, wie sie, ein Bein nachziehend, ohne einen Klagelaut in Begleitung ihres schwarzen Zuhälters verschwand, der sie, die Hände in den Hosentaschen, anzutreiben schien wie ein lahmes Schaf. Dennoch könnte es durchaus sein, daß ich in ein paar Wochen, wenn das Mädchen von seinen Verletzungen genesen ist, wieder in sein Zimmer gehe, um mich, auf seinem Bett liegend, darüber zu unterhalten, was das Leben mit uns gemacht hat, mit ihr, als es sie aus der Bar in Carmona herauswarf, weg von den Gutsbesitzern, die sie begrabschten, und aus der Wohnung, die sie sich mit dem Italiener teilte, der das Bord im Badezimmer mit Flaschen und Tuben zum Haarefärben überlud, und mit mir, der, nachdem er dreißig Jahre lang, immer in Gefahr, angeschossen zu werden, schlecht bezahlt für das Wohl des Landes gerackert hatte, zum Lehrer eines

Fernkurses für Hypnose wurde, dessen Schüler sich kaum je in die Luft erheben und der nun hier mit Ihnen auf einer Caféterrasse am Campo de Santana sitzt, wo die Schwäne beginnen, beim Herannahen der Nacht unruhig zu werden.

Haben Sie schon die Schatten bemerkt, die vom Patriarcado heruntersteigen, die Platanen, die sich, ihre Zweige verschränkend, vereinigen, die Tauben, die in die benachbarten Gärten auswandern, die Veränderung im Tonfall des Heulens der Krankenwagen? Der Sonnenuntergang erschreckt mich, mein Schriftstellerfreund, ich habe mich im Dunkeln nie wohl gefühlt, ich möchte immer alle Lampen anmachen, solange es nicht Tag wird, und wach auf einem Stuhl sitzen bleiben, gegen den Schlaf ankämpfen, weshalb ich mich bei der Polizei für Arbeiten nach Mitternacht anbot, die meine Kollegen nicht machen wollten, Verhöre, Überwachungen, Hausdurchsuchungen, Spätdienst, Telefonabhören, endlose Observierungen mit Tonband und Feldstecher, von Paaren, die Kommuniqués und Flugblätter tippten und Rundschreiben gegen die Regierung vervielfältigten, in denen ein entfremdetes Volk zum bewaffneten Aufstand aufgerufen wurde, das sich auf dem Heimweg von der Arbeit in den Bussen drängelte, in die kleinen, unter Fabrikschloten erstikkenden Städte der Umgebung marschierte, für jede Aufgabe, mein Freund, die mich vor der Dunkelheit mit ihren Geheimnissen bewahrte, die mir seit meiner Kindheit zusetzt und mir den Atem nimmt. Deshalb habe ich im Laufe der Jahre gelernt, tagsüber zu schlafen bei hochgezogenen Rolläden, um das Halbdunkel zu verscheuchen, während die Tauben von der Praça da Alegria in mein Zimmer kommen und sich auf der Kommode und auf den Messingknöpfen des Bettes niederlassen, und ich wache schließlich mit irren Kopfschmerzen auf, auf dem Boden die Vogelkacke und auf meinen Lippen eine letzte Feder, die darauf wartet, daß ich zu atmen aufhöre, um in meinem Mund zu sterben.

Ich weiß wohl, daß Sie es sind, der zahlt, daran brauchen Sie mich nicht zu erinnern, wir kommen gleich dazu, ich werde Ihnen gleich von Ihrem Mann erzählen, wenn Sie glauben, daß ich mich seit unserem gemeinsamen Mittagessen mit anderen Dingen beschäftigt habe, dann irren Sie sich, haben Sie etwa ein Faltblatt des Fernkurses für Hypnose in Ihrem Briefkasten zwischen der Gasrechnung, der unverschämten Propaganda der Parteien und dem Brief eines nach Luxemburg ausgewanderten Vetters gefunden, der sich über seinen tyrannischen Chef beklagt? Natürlich haben Sie keins bekommen, mein Schriftstellerfreund, Sie können unmöglich eins bekommen haben, weil ich niemandem eins geschickt habe, was beweist, falls mein Ehrenwort nicht reicht, daß ich sogar meinen Pflichten als Lehrer nicht nachkomme, seit ich zugesagt habe, für Sie tätig zu sein, ich gehe nicht einmal mehr zum Postfach, um die Zweifelsfragen und die schriftlichen Arbeiten der Schüler abzuholen, machen Sie sich mal klar, was für eine Verantwortung ich da habe, stellen Sie sich vor, ein unvernünftiger Schüler läßt seine Mutter im Wohnzimmer schweben und bekommt sie nicht wieder runter, die Dame ist stocksauer, versucht die Konsoltischchen mit der Krücke des Sonnenschirms zu angeln, verlangt von der Familie, sie da herunterzuholen, und nichts passiert, der Sohn steigt auf eine Leiter, um ihr das Mittagessen zu bringen, eine heimtückische Schwiegertochter macht die Balkontür weit auf in der Hoffnung, die Alte möge entschwinden, die aber protestiert und ruft im herbstlichen Campo de Ourique nach der Polizei, stellen Sie sich mal vor, da ist einer nur von der Taille ab aufwärts hypnotisiert, läuft in Trance herum, kann nicht stehenbleiben und wetzt den Läufer in einem Korridor in Telheiras durch? Lehren ist eine verantwortungsvolle Angelegenheit, mein Herr, vor allem, wenn es um etwas so Schwieriges wie die Hypnose geht, und ich fühle mich, ehrlich gesagt, schuldig, weil ich meine Schüler vergessen habe, um mich um Ihre Angelegenheit zu kümmern, und dabei bekomme ich fast nichts dafür, denn das, was Sie mir geben, reicht nicht einmal für die Ausgaben, und das, mein Schriftstellerfreund, rund um die Uhr, ohne an etwas anderes zu denken, das Dumme war nur, daß mir Ihr Gesicht sympathisch war, Ihr Gesicht war mir sympathisch, nun gut, so was kommt bei mir, das können Sie mir glauben, selten vor, das Gesicht vom Typ auf dem Foto allerdings nicht, man macht sich eine ganz bestimmte Vorstellung, und am Ende kommt alles ganz anders, ein kleiner, glatzköpfiger, schlechtgekleideter Mann mit zu großem Kopf, ohne Hals, der beim Staatlichen Tourismusamt angestellt ist, er kommt um neun und geht um fünf, versieht an einem von Karteikästen umringten Schreibtisch ohne Horizont Fotokopien mit Nummern. Ich denke, er ist immer noch dort, weil man sich nicht mehr an ihn erinnert, er ist so überflüssig, daß man seine Existenz und seinen Namen vergessen hat, er könnte, rums, mit einer Thrombose oder einem Infarkt umkippen, und seine zeitunglesenden Kollegen würden es nicht einmal merken, von ihm sind weder Fehlverhalten noch Abenteuer bekannt, er hatte nicht einmal was mit der Telefonistin der Abteilung, einem platinblonden Prachtweib mit Kopfhörern in der Dauerwelle, um zehn nach fünf räumt er die Akten weg, nimmt die Jacke vom Stuhl und verläßt das Gebäude, ohne je den Fahrstuhl zu benutzen, ohne je irgend jemanden zu grüßen, ohne den vom Nachbartisch zu einem Espresso einzuladen, bevor er in die Metro steigt, und draußen wartet er, die Aktentasche und den Regenschirm unter dem Arm, auf die Straßenbahn nach Alcântara, und ich fuhr mit ihm, ohne daß mich der Typ aus Ericeira wiedererkannte, ich, der die gleichen Püffe, die gleichen Tritte auf die Füße, die gleichen Verkehrsschluchzer erduldete, ich, der ihn bis zur Quinta do Jacinto verfolgte, einem Stadtteil mit kleinen Häuschen vom sozialen Wohnungsbau mit Vorgärten, die numerierte Gassen voneinander trennen, ich, der sah, wie er die Tür unter einem Vordach aufstieß und sich im Inneren auflöste wie ein aufgelutschter Bonbon, ich fragte ich mich, was Sie, einen Mann, der Romane verkauft, der im Fernsehen auftritt, dessen Name in Zeitschriften immer wieder genannt wird, dazu bringt, sich für eine Null wie den da zu interessieren, für einen, der in einem Häuschen in der Straße Nummer acht wohnt, das vom Dunst des Flusses und dem Geruch der Abwässer zerfressen wird, der in den Löchern der Wände auf der Lauer liegt wie ein schicksalloses Tier. Ein Schuppen in der Straße Nummer acht, wie kommst du bloß darauf, eine Rentner- und Dienstmädchenhütte mit herunterbröselndem Putz und Abflußrohren in erbärmlichem Zustand, einer aus den Angeln gesprungenen Gartenpforte, ein paar Jelängerjelieber, die das gleichgültige Meer um Hilfe bitten, mit kleinen Fenstern, einem Waschbecken, in das das Wasser stoßweise spritzt, wozu brauchst du den ganzen Müll, mein Junge, bist du sicher, daß du noch ganz richtig im Kopf bist, was für ein Buch soll denn da rauskommen, wo es doch Trauriges genug in dieser Stadt gibt, gestern bin ich aus der Deckung gekommen, bin am Cais do Sodré in die Straßenbahn gestiegen, habe geklingelt und habe der Frau in der Schürze, die mich von der Fußmatte her musterte, das Eckchen einer Visitenkarte gezeigt und gesagt, ich überprüfte die Sicherheit in den städtischen Wohnungen. Was für Wohnungen? wollte die Frau in der Schürze mißtrauisch wissen, die fürchtete, rausgeworfen zu werden oder eine Strafe bezahlen zu müssen, Städtische, antwortete ich, machte einen Schritt vor, und da rückte die Frau zur Seite, und ich traf auf eine Garderobe mit Perlmuttintarsien, auf einen Kalender von neunzehnhundertfünfundsechzig, der den Wasserzähler verdeckte, mit einer österreichischen Landschaft darauf und noch unberührten Monaten, auf einen kleinen Salon, in dem die Stühle um den Reliquienschrein des Fernsehers herum gruppiert waren, auf Schlafzimmer, in denen man gerade noch die Überdecken der Betten erkannte, und einen kleinen, zwischen zwei Mauern gequetschten Hintergarten mit einem Nußbaum, dessen Früchte melancholisch schepperten, und etwa zehn mutlosen Gemüsepflanzen. Die Frau beobachtete mich, erschnüffelte meinen städtischen Gemütszustand, während ich die Risse in der Decke und den Muff der Wände studierte, während ich, mein Schriftstellerfreund, mit meiner amtlichen Prüferzunge gegen den Gaumen schnalzte und umherspazierte, um die Isolierung der elektrischen Leitungen und die Steckdosen zu überprüfen, und auf Zimmer stieß, die von Schweiß, Drogerieessenzen und Parfüm aus dem Supermarkt gesättigt waren und in denen ich seitwärts gehen mußte, um nicht über Pantoffeln und Nachtgeschirr zu stolpern, und überlegte, was an Geldmangel denn so interessant sein könnte, und mich fragte, was dich dazu gebracht haben könnte, diese verbitterten, von der Angst und vom Groll der Glücklosen erfüllten Menschen unter den Tausenden von verbitterten Menschen in dieser Scheißstadt auszuwählen, in der die Sonne über das Elend einen Paillettenumhang aus Licht breitet. Ich verabschiedete mich von der Frau, die auf der Schwelle stehenblieb und immer wieder nachfragte, Sie haben doch nichts Nachteiliges gefunden, Sie haben doch nichts Nachteiliges gefunden, oder?, und ich verließ die Straße Nummer acht in der Quinta do Jacinto in dem Augenblick, als eine Lokomotive die Grundfesten der Häuser erschütterte, und Alcântara kam mir vor, als wäre es auf das Seidenpapier des Spätnachmittags mit einem Bleistift gezeichnet, der zum Tejo galoppierende Simse übereinandergehäuft hatte. In der Nähe der Avenida de Ceuta kam eine läufige Hündin vorbei, ein vor Verlangen brodelnder Straßenköter, den ein Rudel von Rüden unterschiedlichster Größe und Farbgebung begehrte, die vor Begierde sabbernd übereinandersprangen. Ich habe der Hündin einen Fußtritt versetzt, worauf sie in Begleitung ihrer Prätendenten jaulend verschwand, die nacheinander versuchten, sie zu bespringen, ich sah sie noch auf einer unkrautbewachsenen Böschung, und als ich in der Pensão Residencial vor Anker ging, hatte ich das Gefühl, sie erneut zu sehen, die Tiere, wie sie sich nach Lapa bewegten, voran das Weibchen, gemessenen Schrittes die Bürde ihrer Natur tragend, und dahinter, mit hochgezogenen Lefzen, die anderen, die stehenblieben und gegen eine Parkbank pinkelten, ich hatte das Gefühl, sie zu sehen, wie sie mit verschrumpelten Penissen durch Lissabon trotteten, so wie Sie – verzeihen Sie mir bitte den Vergleich – hinter diesem Blödmann aus Alcântara hertrotten, so wie ich vor dem Zimmer von Lucília auf und ab trotte und das Ohr ans Holz lege, um außer mir vor Eifersucht ihre aufmunternden Seufzer und den Atem der Freier zu hören, um mir die Schauer der Lust vorzustellen, die sie bei den Ohrfeigen des schwarzen Zuhälters empfindet, so wie ich wegen einer Mulattin umgetrieben einhertrabe, deren Füße knotig sind von Hühneraugen, ich, fast siebzig Jahre alt und mit einem Blutdruck, der auf dem Hund ist, so was Lächerliches, rege mich wegen einer Hure auf, die Gefallen daran hat, vom ersten besten geschlagen zu werden, die sich bei einem Faustschlag vor Lust wälzt, die in Orgasmen vergeht, wenn man ihr die Kniescheiben zermalmt, ich, dem es während der Zeit bei der Polizei an Frauen nicht mangelte, ich brauchte nur den Finger auszustrecken, und hopp, ich habe sogar mit einer Kommunistin geschlafen, in einer Zelle bei der PIDE, zwischen zwei kleinen Fragen, und es war nicht mal notwendig, darum zu bitten, ich fragte, Wer sind deine Kontaktleute, Mädchen?, und sie, ganz dreist die Hände in die Hüften gestemmt, lächelte, Komm ein bißchen näher, dann besorg ich's dir, ich, der ich schon alt bin, mein Freund, heutzutage weder scharf darauf noch dazu in Stimmung bin, mache mir um eine Dirne Sorgen, die Terpentin und hochprozentigen Alkohol nuckelt und sich nachts auf der Suche nach einem Freier für zweihundert Escudos pro zehn Minuten die Hakken abläuft, während ich ganz in Ruhe Kreuzworträtsel lösen oder über die Gemeinheiten nachdenken könnte, die mir der Sozialismus angetan hat, ich, der sich um seine Schüler kümmern müßte, die den Turban und die mesmerisierenden Finten vergessen und sich aus diesem Grunde zu einem unglückseligen Erdendasein verdammen, die gehen, wie du gehst, mein Junge, so daß ihnen die Überbeine auf dem Kopfsteinpflaster weh tun, antstatt sich glücklich und schwerelos, den Launen des Windes folgend, fortzubewegen. Wir, mein lieber Schriftstellerfreund, du und ich, da hilft nun mal nichts, wir sind wie die Straßenköter, die mit wackelndem Hintern hinter der Hündin her durch Lissabon streifen, wobei in meinem Fall, verdammt noch mal, immerhin eine Frau, ob sie nun gut ist oder nicht, meine Leidenschaft weckt, während du Himmel und Hölle in Bewegung setzt, um einen Typ kennenzulernen, der nichts wert ist, der nie was wert sein wird und bei dem neunzig Prozent der Leute Geld dafür geben würden, um nicht seine Bekanntschaft machen zu müssen, ein griesgrämiger Fünfzigjähriger, der in der beschissenen Qinta do Jacinto wohnt, in wilder Ehe mit einem diabetischen, sich Insulin spritzenden kleinen Mädchen, das seine Enkelin sein könnte und ihn verabscheut, und den Vater und die Tante mit einem Gehalt durchfüttert, von dem ich mir nicht vorstellen kann, daß es bis zum Monatsende reicht, die Tante, die mir das Haus gezeigt hat, während in der Nachbarwohnung ein Paar, das ich nicht zu sehen bekommen habe, in einem Sturmwind von Beleidigungen stritt, das Haus, den kleinen Garten, den Fluß hinter der Mauer und die Züge aus Estoril und aus Lissabon, die sich auf den Gleisen kreuzen, die Alcântara von der Mauer trennen, ich begriff das überhaupt nicht, dachte darüber nach, mein Schrifstellerfreund, trug Fakten zusammen, legte sie zur Seite, griff sie wieder auf, sagte mir, Ich muß noch etwas übersehen haben, irgendwas stimmt da nicht, was zum Teufel kann an dem auf dem Foto interessant sein und an der Diabetikerin und an der Quinta do Jacinto, und plötzlich, heute morgen, bevor ich mich auf den Weg zu Ihnen machte, ich rasierte mich gerade, begriff ich es und blieb vor dem Spiegel stehen, das heißt vor dem Stückchen Spiegel, das ich da habe, die Hälfte vom Gesicht noch eingeseift, ich begriff, das Rasiermesser in der Luft, daß es deinen Heini gar nicht gibt, wie es auch den Nußbaum, den Vater, die Tante, die Quinta do Jacinto nicht gibt, ebensowenig wie Alcântara oder den Tejo, ich begriff, daß du mich für zwei, drei Scheine an einem merkwürdigen Bluff hast arbeiten lassen, daß du diese Geschichte für deine Kapitel erfunden hast, gib zu, daß du mich gezwungen hast, meine Zeit und die meiner Schüler mit irgendeinem Ammenmärchen zu verlieren, und wer entschädigt mich jetzt für die Probleme, die ich mit den verkehrt Hypnotisierten haben werde, wer verteidigt mich vor Gericht, wenn die Leute plötzlich aus Lissabon verschwinden, ich begriff es und hatte den Wunsch, meine Blase zu entleeren, und ich muß jetzt noch Seife in den Ohren haben, weil ich weder gepinkelt noch mein Gesicht mit dem Handtuch saubergewischt habe wegen der Aufregung über die Entdeckung, daß es keine Tauben gibt, daß es keine Lucília gibt, daß es keine Pensão Residencial an der Praça da Alegria gibt, daß es den schwarzen Zuhälter nicht gibt, daß es die PIDE nicht gibt, daß es keine Kommunisten gab, daß es meine Vergangenheit nicht gegeben hat, kein Damão, kein Haus in Odivelas, daß es mich nicht gegeben hat, daß es das Schinkensandwich mit kaum Schinken drauf nicht gibt, das ich hier kaue, während ich an Ihrem Tisch sitze, daß es auch Sie nicht gibt, mein Schriftstellerfreund, und daß wir beide, nun hören Sie mir mal gut zu, uns nicht auf dem Campo de Santana befinden, den es nie gegeben hat, sondern in einer Art Limbus schwebend über nichts reden, von Dächern und Bäumen und Leuten ohne Substanz umgeben, in einem imaginären Lissabon, das zum Fluß hinunter abfällt, entlang einem Wirrwarr sich überstürzender, erfundener Gassen.

5

GESTERN, IOLANDA, ALS ich mir bei der Arbeit freigenommen habe, um dich zur Sprechstunde des Diabetikerverbandes zu begleiten, und wir sehr früh aufbrachen, um den Arzt nicht zu verpassen

(so früh, daß die Nacht des Flusses mit den Lichtern der Schiffe in den Tag der Stadt einmündete),

gestern, als wir auf der Suche nach einem Taxi zum Verkehrskreisel von Alcântara gingen, spürte ich, daß auf der Mauer am Tejo das milchige Licht und der Schatten sich gegeneinanderstemmten und es nicht undenkbar war, daß auf der Straße ein Fischkutter vorbeiglitt, am Ruder der Steuermann, während die Lampe am Heck helles Licht auf dem Asphalt hinterließ,

ebenso wie es nicht undenkbar war, daß die Häuser der Quinta do Jacinto im Wasser Wurzeln aus Stuck schlagen würden,

und ich liebte dich, weil du mir erlaubtest, mit dir das Wunder eines Sonnenuntergangs und -aufgangs zu erleben, in dem die Bäume Grünalgen zerzausten und die Tanker das Ausmaß von Kathedralen erhielten mit Heiligen, Kerzen und Altären im Laderaum und den Tönen gregorianischer Gesänge, die mit dem Rauch aus den riesigen Schornsteinen aufstiegen. Ich liebte deine schmalen Schultern, deine vom Schnupfen tropfende Nase, deine Stimme, die ungehalten wurde und mich schalt, deine dünnen Beine unter dem Regenmantel, ich liebte die Zerbrechlichkeit deines Körpers und deine Art zu gehen, gebeugt vom leichten Februarwind, und ich liebte

verzeih mir

deine Krankheit, die mir erlaubte, dich im Lissabonner Morgengrauen zu begleiten, als würden wir in den Augen der anderen ein Paar bilden, obwohl du mich für deine

Erkältung und das Ausbleiben der öffentlichen Verkehrsmittel verantwortlich machtest, von mir verlangtest, in diesem Nebel, der die Autos auflöste, ein Taxi zu finden, obwohl du mir zuschriest, daß du mich haßt, und dabei deine Augen über dem Rand des Schals hinweg fiebrig glänzend blinzelten. Ich trottete um den Verkehrskreisel, winkte den Autos zu, konnte nicht hinüber, weil mich die von Süden kommenden Busse daran hinderten, die mit flatternden Flanken die Brücke herunterkamen, und während ich mit den Armen wedelte, erinnerte ich mich an die Bestürzung von Dona Maria Teresa an dem Nachmittag vor vielen Jahren in der Calçada do Tojal

(und die Kindheit kommt an diesem Alcântaramorgen, unbeeindruckt von deinem Zorn, zum Vorschein wie die Knochen der Märtyrer unter den Steinplatten),

als der Fuchs aus der Voliere entwichen war, über den Kiesweg lief und bellend ins Haus kam, Tischchen mit Hahnenfüßen umstieß und die im Krieg in Frankreich fotografierten Hauptleute des Pionierkorps, die ohne einen einzigen Seufzer auf den Boden fielen und uns mit gefrorenem Heroismus in den Augenhöhlen anschauten.

Der Fuchs, der nicht wußte, was er machen sollte, stürmte unaufhörlich winselnd in einem Wirbel aus Fell ins Wohnzimmer, und meine Tanten, die auf den rissigen Sesseln, vom Lichtstrahl beleuchtet, der durch die Vorhänge fiel, Deckchen häkelten, erhoben sich eine nach der anderen, verscheuchten mit ihren Nadeln das Tier, das gegen ein Pendel stieß und dadurch einen Hagelsturm von Glockenschlägen und Kuckucksschluchzern auslöste, und endlich, Iolanda, als du zum drittenmal niestest und dabei Papiertaschentücher aus der Handtasche zogst, tauchte ein grünes Lämpchen auf, segelte hinter einem Leichenwagen im Verkehrskreisel, und ich vergaß im Bestreben, es dir recht zu machen, den Verkehr, begann, von Kotflügeln, von Hupen und Beschimpfungen bedroht, auf dem Teerbelag herumzuspringen, der Fuchs drehte sich um sich selbst, riß dabei ein Stück Kattun vom

Kanapee und eine Porzellanvase herunter, die auf dem Boden zerschellte, das Taxi blieb mit zitternder Kühlerhaube neben uns stehen, während du die Tür aufmachtest und mich Blödmann nanntest, mich für zukünftige Lungenentzündungen verantwortlich machtest, mich wütend warntest, Wage ja nicht, mich zu berühren, und du machtest es dir, während du dich schneuztest, auf dem Polster bequem, Dona Anita lief zum Kanapee, versuchte eine silberne Muschel zu retten und ein Herz aus Kristall, doch sie stolperte über die Schnur der Heizsonne, ergriff einen Stuhl, der seitlich umkippte wie eine bereits steife Leiche, du machtest mich, an deinen Kleidern ziehend, darauf aufmerksam, Du zerknitterst mir mit deinem Hintern den Regenmantel, du Schwachkopf, Lastwagen, die der Nebel in die Länge zog, fuhren unaufhörlich an uns vorbei, die Ampeln oszillierten im Dunst, der Geruch der Siele wuchs aus der Mauer, und man erahnte den Fluß am Muhen der Schiffe, ein zweiter Stuhl kippte auf den Teppich, den der Fuchs aufrollte, die Heizsonne begann einen Vorhang zu verbrennen, der sich, Asche auf den Dielenboden verstreuend, wand. Einen Eimer Wasser, flehte Dona Maria Teresa, aus Furcht, die Majore auf den Kommoden könnten entflammen, Verzeih mir, sagte ich zu dir, mit gelüpftem Hinterteil, während ich noch die Tür schloß, in der mein Mantel hängenblieb, Dona Anita saß auf dem Fußboden und suchte tastend nach ihrer Brille, und der Fuchs machte sich in den ersten Stock davon, sehnte sich nach der Voliere im Garten und nach der Mauer, über der man nachmittags oben auf dem Tojal die Herden sah, gehütet von Hirten, die sich mit den Schafen in einer Sprache aus Pfiffen unterhielten. Hinter uns protestierte eine Autoschlange, und im sich lichtenden Nebel, der Gebäude, Straßen und eine Konditorei freigab, an der die Holzläden abgenommen wurden, machte ich in Richtung Avenida de Ceuta gleichzeitig mit dem Handschuh eines Polizisten das Nebelhorn des Leuchtturms, das Laufen der Motoren und die Pfoten des Fuchses aus, die auf den Stufen ausrutschten.

– Wo soll's denn nun hingehen? fragte ungeduldig der Fahrer und trommelte mit den Fingern auf dem Lenkrad.

– Du hast meinen Rock zerknautscht, großartig, protestiertest du und zeigtest auf ein Stück Stoff, ich werde beim Doktor phantastisch aussehen.

Der Vorhang war jetzt verbrannt, löste sich von den Ringen und schwebte, Kohlestückchenkrümel versprühend, durchs Zimmer, während die Heizsonne den Teppich zu verschlingen begann, auf dem der Eßtisch stand und in dessen Mitte der Präsentierteller voll Bananen und Apfelsinen, die niemand aß und die, wenn wir uns über sie beugten, einen welken Duft verströmten. Dona Maria Teresa lief hinter dem Fuchs her die Treppe hinauf, und Dona Anita, die ihre Brille gefunden hatte, der ein Glas fehlte, betrachtete unendlich traurig die Militärs, nahm die Heizsonne nicht wahr, die ein Teppichmuster nach dem anderen wegknabberte, und lauschte dem Rascheln des von der Abwesenheit des Windes und dem Nahen der Nacht besänftigten Laubes. Hinter unserm Rücken blendeten die Autos ihre Scheinwerfer auf, der Handschuh des Polizisten, der eine Pfeife zwischen Zeigefinger und Daumen hielt, wurde fuchsteufelswild, der Nebel löste sich auf und zeigte neue Straßen, Straßenbahnschienen, einen Hauch Farbe auf den Schornsteinen und auf den Dächern.

– Zum Diabetikerverband, wir müssen um neun Uhr dort sein, informierte ich den Chauffeur, der, weil wir ihm auf den Geist gingen, auf seinem Sitz hin und her rutschte und sich gleichzeitig bei dem Polizisten mit Gesten entschuldigte. Wenn wir die Sprechstunde versäumen, müssen wir im besten Fall zwei Monate warten.

– Zum Glück sind die Fotos von Papa nicht kaputtgegangen, tröstete sich Dona Anita, während sie die Scherben durchstöberte, zum Glück ist den Fotografien von Verdun nichts passiert.

– Zum Diabetikerverband, das hätten Sie doch gleich sagen können, seufzte der Chauffeur, legte einen mutlosen Gang ein und verlor sich im klaren farbenklingenden Morgen, in dem sich eine letzte Wolke nach Algés verzog, im Schwarm der um den Kreisel fahrenden Autos dorthin, wo der Handschuh des Polizisten ihn nicht packen konnte. Wenn ich Ihretwegen einen Strafzettel bekomme, können Sie was erleben.

Die Sonne streifte die Palme bei der Post, eine Spirale der Heizsonne, die erschöpft war vom Wollekauen, zersprang mit einem Knall und verlor ihr Strahlen, Dona Anita, die wegen des einen verbliebenen Brillenglases ihren Kopf zur Seite legte wie ein einäugiger Tukan, durchsuchte die Scherben mit der Schuhspitze, das Galoppieren des Fuchses war zu hören, Hausaltäre stürzten sich auf den Dielenboden, pulverisierten tönerne Märtyrer, und Dona Maria Teresa schrie, Ruft bei der Legion an, Fernando soll schnell kommen, bevor das Tier auf die Idee verfällt, zum Dachboden hinaufzulaufen, doch wir kamen an dem Polizisten vorbei, Iolanda, ohne daß der Handschuh, der mit einem Motorroller zu tun hatte, der quer auf dem Asphalt stand, sich um uns kümmerte, und fuhren zur Praça de Espanha, kehrten den Zügen von Alcântara und den Schiffen des Tejo den Rücken zu, der Klang vom Leuchtturm verstummte, ein Blechhüttenslum tauchte nach ein paar Häusern auf, denen Wände fehlten. Zu beiden Seiten der Straße eingerammte Reklametafeln rutschten auf uns zu, und dein zorniges Profil reiste, ohne mich anzusehen, durch das Elend Lissabons, das sich in Kinos, Läden, Autowerkstätten und schreiend geschmacklosen Gebäuden vor uns auftat. Der Chauffeur wechselte von einer Spur auf die andere, wich, ständig die Verkehrsordnung übertretend, Lastwagen aus, und auf die Worte ihrer Schwester hin ging Dona Anita zum Telefon, das auf dem Telefonbuch und einem Heftchen mit den Nummern des Fleischers, der Näherin und des Bäckers stand, während gleichzeitig ein heiliger Expeditus die Stufen herunterpurzelte und bei jedem Sprung einen Arm oder ein Bein verlor, und ich suchte in mir nach Worten, die mich dafür entschuldigten, daß ich deinen Rock zerknittert, deinen

Regenmantel mit dem Hinterteil zerknautscht hatte, ständig deinem Leben mit meiner Tölpelhaftigkeit Gewalt antat, und es war höchstens eine halbe Stunde vergangen, Iolanda,

als die Sonne durch die Palme glitt und das Haus einer zerbombten Stadt glich, obwohl die Hauptleute sie in den Schützengräben ihrer Rahmen aus Schildpatt und versilbertem Metall verteidigten,

da hörte ich Stiefel auf der Rampe marschieren, die das Tor von der Schwelle des Hauses trennte, da hörte ich Stimmen, Husten, Befehle, einen Schlüssel, der mit dem Schloß kämpfte, und Senhor Fernando, in der Uniform der Legion, mit Schiffchen, Reitstiefeln, Sporen und gezogener Pistole tauchte in Begleitung von etwa zehn Milizionären auf, die das Gewehr schußbereit an den Schulterriemen hängen hatten, Dona Anita begrüßten, die damit beschäftigt war, einen Molière aus Biskuit wieder zusammenzusetzen, und sich dann, auf der Suche nach dem Fuchs unermüdlich um sich schießend, in den Zimmern verteilten. Nachdem er eine Straßenbahn beschimpft hatte, die sich weigerte, weiterzufahren, weil ihr Stromabnehmer sich vom Kabel gelöst hatte, und nun eine Sackgasse versperrte, stellte der Chauffeur die Pfennigzählmaschine aus und stoppte das Taxi vorm Diabetikerverband, an dessen Eingang sich ein Haufen Kranker ballte, die sich in der Kälte die Hände rieben, und ich führte die Finger zum Jackett, um ihn zu bezahlen, spürte nichts, entdeckte, daß ich in der Eile meine Brieftasche in der Quinta do Jacinto vergessen und in der Tasche der Windjacke zwischen Papieren und Streichholzschachteln nur etwas Kleingeld bei mir hatte. Du hieltest den Türgriff, um auszusteigen, der Fahrer wartete, schrieb Notizen auf einen Block, einer der Milizionäre zerfetzte mit einer Kugel den Leuchter im Eßzimmer, der auf dem Boden zerschellte, Senhor Fernando gab den Patrioten den Hinweis, Hört mit dem Aufstand hier auf, das Tier ist dort oben, Wasser sprudelte aus einem Rohr hinter der Portiere, durchnäßte den Teppich und floß auf die Fliesen der Küche zu, und der Chauffeur legte vollkommen ruhig den

Block auf die Sitzbank, verdrehte den Rumpf und fragte mitleidig,

– Sie haben die Brieftasche vergessen, nicht wahr?

Die Diabetiker betraten das Haus des Verbands, das von Gebäuden eingeengt wurde, an denen gebaut wurde, eine Frau in Kittel und Haube lugte aus einem Fenster, und ich stellte mir, während ich erneut den Inhalt meiner Tasche überprüfte, Räume voller Rezeptblöcke, chirurgischer Instrumente und drittklassiger Sekretärinnen vor, mit Menschen vollgestopfte Warteräume, in denen mit Pflaster an einer Korkplatte der Hinweis »Rauchen verboten« befestigt war, Mikroskope, Meerschweinchen, Bunsenbrenner, und überall, in den Behandlungszimmern der Ärzte, im Warteraum, im Laboratorium, im Korridor und vor allem in den Toiletten drang der Chrysanthemenduft der Diabetes durch die schadhaften Stellen im Putz in die Struktur aus Stein und Sand. Und mir fiel ein, daß es Augenblicke gibt, wenn ich nicht bei dir bin, während der Arbeit, während des Mittagessens, im Hof meiner Arbeitsstelle, bei den Fotokopien, die ich abstemple, im Autobus auf dem Heimweg, in denen ich an meinem Körper, meiner Kleidung, meinem Atem den Chrysanthemenduft wiederfinde, den du ausströmst, so daß ich mich dir so nahe fühle, als würde ich dich bewohnen, als wärest du, so wie ich es mir so sehr wünsche, meine einzige Nahrung, meine Heimat, meine Stadt, mein Heim, als erleuchtete dein Blut meine Stimme und als ginge ich in der Quinta do Jacinto vom Weihrauch deiner Augen geleitet einer jungen Brust entgegen, die mich erwartet. Der Chauffeur wurde zu einem unendlich breiten Grinsen,

– Natürlich haben Sie auch keinen Personalausweis mit, nicht wahr?

Und in Augenblicken wie diesem, Iolanda, und nur in diesen Augenblicken, wenn meine fünfzig Jahre von mir abfallen und mich befreien, mich locker, gewandt, sicher und stark machen, ich keine Angst, keine Zweifel mehr habe, erhält mein Dasein eine morgendliche Klarheit, einen Augustgeschmack, eine Struktur, die mich beruhigt, mich reifen läßt und rechtfertigt, indem sie erlaubt, daß sich die Nerven entspannen und ich schlafen kann, nicht im Nest deiner Zärtlichkeit, so weit will ich nicht gehen, doch zumindest in deiner Zustimmung zu mir, ausgestreckt neben dir liegen kann ohne Schmerzen und Qualen, wie unter der Schattendusche der Maulbeerfeigenbäume im Sommer, und den Duft der Chrysanthemen einatme.

– Ich gebe Ihnen meine Adresse, und Sie kommen später, gegen Abend, nach Cabo Ruivo und bringen mir das Fahrgeld, liege ich da richtig? fragte der Chauffeur, der nun auf dem Sitz ganz nach hinten gedreht saß, eine Handfläche auf mein Knie gelegt hatte und mir die Knochen zusammendrückte. Sie haben keine Ausweise dabei, die beweisen, wer Sie sind, aber ich kann ganz beruhigt sein, aber klar doch, denn wenn ich nach Hause komme, wird das erste, was ich sehe, ein Briefumschlag mit dem Geld und dem Trinkgeld im Briefkasten sein, den Sie, mein Freund, denn Sie sind ja der seriöseste Mensch der Welt, dort eingesteckt haben, so ist es doch?

Die Diabetiker gingen weiterhin in das Verbandsgebäude zur Sprechstunde, waren in lange, traurige Umhänge gehüllt, ein Typ mit Fliege beugte sich ins Taxi, um zu fragen, Sind Sie frei?, und die Legionäre, die auf die Terrinen der Ostindischen Kompanie und die Fotografien der Soldaten geschossen hatten, stürzten nun zur Treppe hinter Senhor Fernando her, der brüllte, Laßt ihn nicht auf den Dachboden, laßt ihn nicht auf den Dachboden, während er die Militärpistole gezückt hatte, die ab- und anschwoll, während sie die Stuckrosetten an der Decke pulverisierte.

– Frei sein oder nicht, antwortete der Fahrer, ohne mein Knie loszulassen, das ist eine Frage, die von diesem guten Mann hier abhängt.

Ein Kleiderschrank ging in die Brüche, kam am Bogendurchgang zum Wohnzimmer als ein Haufen aus Brettern und Bügeln aus Draht und Holz zum Stillstand. Jemand hatte das Grammophon aufgezogen, das jetzt, sich in den Tönen irrend, die italienische Nationalhymne anstimmte, Stiefel liefen im oberen Stockwerk umher, ein zweiter Schrank stürzte sich in selbstmörderischem Ungestüm die Treppe hinunter, eine Stimme klagte schreiend, Der verdammte Fuchs hat mich gebissen, und der Chauffeur, der meine Knorpel zermalmte, hörte plötzlich auf zu lächeln.

– Sie haben dreißig Sekunden, um mit diesem albernen Spiel aufzuhören. Und du, mein Mädchen, bist ganz schön still und ruhig, denn ich rede jetzt mit deinem Papa.

– Er ist nicht mein Papa, er ist mein Patenonkel, sagtest du mit einer Mischung aus Wut, Traurigkeit und Scham und strömtest dabei einen Totenwachenatem aus. Ich wurde umgehend kleiner, schrumpfte auf den Sitzpolstern, gekränkt in meiner Liebe zu dir, die ich an die Brust gepreßt hielt wie ein Geschenk, das niemand annehmen will.

– Patenonkel und Patentochter, wie nett, erklärte der Chauffeur und zerquetschte mir die Oberschenkelmuskeln, während er mit der freien Hand das Feuerzeug und die Zigarettenschachtel auf dem Armaturenbrett suchte. Dann hör mal zu, kleiner Blondschopf, wenn dein Alter den Kies nicht rausrückt, gehen wir von hier direkt zur Polizeiwache, und vielleicht verheiratet euch ja der Kommissar auch gleich.

Die Grammophonmusik wurde dermaßen schrill, daß sie die Schreie, die Schüsse, den Ingrimm der Legionäre im Korridor und die Angst meiner Tanten und meines Onkels übertönte, der Fuchs könnte bis zum Dachboden entwischen. Das Haus erzitterte unter dem Dröhnen der Hymne, Dona Anita, deren Dutt sich auflöste, schien sich im Rhythmus der Trommeln fortzubewegen, die Heizsonne verflüssigte eine Bakelitpuppe, ein patriotischer Verstärkungstrupp stürmte zur Tür herein und zerstörte mit dem Bajonett die noch übriggebliebenen Fotos, die Ärzte betrachteten Röntgenaufnahmen und Blutproben, während die Krankenschwestern Insulinspritzen aufzogen, die Patrioten kamen, Granaten am Gürtel, die Treppe herunter, der mit der Fliege tat sich mit dem Chauffeur zusammen und schlug für die Hochzeit das Regierungspräsidium vor, und in diesem Augenblick erschien Senhor Fernando, das Schiffchen im Nacken, im Wohnzimmer und hielt den Fuchs am Schwanz gepackt, und ich wich angesichts des Nichts seiner Augen vor Schreck zurück bis zum Eckbord mit den Wasser- und Weingläsern.

Iolanda, meine Liebste, Sonntag meines Lebens, ich liebe dich. Ich liebe dich und glaube, maße mir an zu glauben, daß ich deine Ungeduld verstehe, deinen plötzlichen Zorn, den Wechsel von Intelligenz und Dummheit, von Hilflosigkeit und Ungestüm, von Unschuld und Durchtriebenheit, daß ich deine Weigerung zu sprechen verstehe, deine kindlichen Anfälle, deinen Ekel vor mir. Mein Alter und meine abgenutzten Bandscheiben stellen sich zwischen uns wie eine Mauer, die dich daran hindert, mich zu achten, wir sind durch Jahre über Jahre von Erfahrungen und Schrecken getrennt, die wir nicht geteilt haben, die wir nicht werden teilen können. Und dennoch, Liebste, verstehe ich sehr gut, wenn dein Gesicht sich abends verdüstert und verschleiert, wenn du dich an den Tisch setzt, um mit schlechten Manieren das Hähnchen oder die Seebrasse deiner Tante zu essen, wenn du die Serviette auf dem Tischtuch liegenläßt, den Hocker zurückschiebst und dich ohne Erklärungen oder Entschuldigungen in deinem Zimmer einschließt, auf den Fluß jenseits der Züge, der Möwen und der klarumrissenen Kräne blickst, wenn die Nacht von Mast zu Mast herannaht.

Iolanda, ich liebe dich. Ich liebe dich, weil es dir unmöglich ist, Süßes zu essen, und du dies zu einer persönlichen Entscheidung machst, zu einem hochmütigen Entschluß, ich liebe deine Pupillen, deren Linsen sich zu trüben beginnen, deine Nieren, die schweigend leiden, den Protest deiner Bauchspeicheldrüse. Ich liebe dich mit der unendlichen, ekstatischen Barmherzigkeit der Leidenschaft, ich liebe dich, wenn du im Schlaf schwitzt, und ich trinke jeden Tropfen von dir, mit der Zunge, die gierig Pore für Pore über dich streicht. Mein Leben mit seinen Ängsten und seinen noch zu klärenden Geheimnissen, mit der Abwesenheit meiner Eltern in meiner Kindheit, mit dem Zauberernachbar, mit dem Dachboden, auf dem Schritte widerhallten, war von dem Augenblick an, als ich dich traf, kein Rätsel mehr, so daß meine Vergangenheit so klar und deutlich vor mir ersteht wie die Episode gestern im Taxi vor dem Diabetikerverband, die damit endete, daß eine Buchhalterin herauskam, die bestätigte, wer wir waren, und uns das Geld für das Taxi lieh, sehr zum Verdruß des Typs mit der Fliege, der auf zerschmetterte Kinnladen und einen Hagel von Kopfnüssen gehofft hatte. Die Vergangenheit ersteht so deutlich vor mir, daß ich nicht einmal die Augen zu schließen brauche, um wieder Senhor Fernando zu sehen, der, den Fuchs am Schwanz gepackt, die Treppe herunterkommt, hinter ihm seine Patriotenbande mit Gewehren, meine Tanten, die vor langer Zeit an nicht entschlüsselbaren Krankheiten gestorben sind, das verwüstete Haus, in dem es kein Licht gab, in dem das Wasser an den Portieren herabrann, das Haus mit Einschußlöchern in den Wänden, das Haus, das einem Schönheitssalon oder einem Metzger Platz gemacht hat, und das Trichtergrammophon ist so real, daß ich immer glaube, du würdest es hören, wenn du plötzlich schweigst und dabei mit dem Löffel über der Suppe innehältst wie ein Flamingo, das Grammophon, das mit Trompetenpomp die Hymne wieder anstimmt und Wogen von Musik über die zerbrochenen Kommoden branden läßt.

6

Was soll ich denn machen, mein Schriftstellerfreund, aber ich hatte diese Woche einfach keine Zeit, was allerdings nicht heißt, daß ich Ihre Angelegenheit aufgegeben habe, glauben Sie mir, ich habe sogar mit dem Gedanken gespielt, mich ihr vierundzwanzig Stunden am Tag zu widmen, und für mich sind vierundzwanzig Stunden am Tag vierundzwanzig Stunden, auch wenn ich schlecht bezahlt werde, wie in diesem Fall, ich habe sogar eine Seniorenmonatskarte gekauft, um den Mann zu verfolgen, einen Kassettenrecorder und einen Film, hier sind die Rechnungen, der Ladenbesitzer sagt, es hat Zeit, hier in der Tasche habe ich die Liste der Nachbarn, die ich ausfragen wollte, denn seine Verwandtschaft hat längst den Löffel abgegeben, ich hatte die besten Absichten, aber dann, das ist nun mal so, dann passierten die verrücktesten Sachen, alle Tauben der Welt sind in mein Zimmer gekommen, nicht etwa fünf, sieben oder zehn, Dutzende und Aberdutzende von Tauben waren in meinem Zimmer, ich machte die Tür auf, mein Herr, und hörte nur Gurren, sah vor lauter Vögeln nicht einmal mehr das Bett, nur Flügel, Schnäbel, Augen, zu Fächern ausgebreitete Schwanzfedern, Füße, Federn, die auf und ab schwebten, ohne daß jemand pustete, ich dachte, Ich hau ab, lasse meinen Koffer, die Zahnbürste, die Wäsche zurück, dreh den Schlüssel im Schloß um, stürze die Treppe runter zur Straße und bleib erst am Terreiro do Paço vor den Fähren nach Cacilhas wieder stehen, aber da rief mich mitten aus den Vögeln heraus eine Frauenstimme bei meinem Namen, und es war sie, mein Schriftstellerfreund, Lucília, die mich von der mit Staub und gefleckten Eiern bedeckten Matratze her anlächelte, der schwarze Zuhälter war auf die Kapverden zur Beerdigung seiner Mutter gefahren, und da war sie nun, allein, wer hätte das gedacht, mußte nachts auf dem Boulevard nicht mehr den

Uterus schwenken, ganz allein, Mann, ganz ruhig, keine Schläge, keine Schelte, kein Geschrei, und trank ihren Drogeriealkohol, Lucília, der Traum dieses Ihres ergebensten Dieners, die ideale Kleine, lag da auf meinen Bettüchern und bot mir die Flasche an, und noch mehr Tauben auf der Fensterbrüstung, noch mehr Tauben auf den Regenrinnen und noch mehr Tauben im Zimmer, weiße, blaue, graue Tauben, andere Tauben als die auf der Praça da Alegria, Tauben spazierten auf dem Fußboden herum, auf dem Sitz des einzigen Stuhls, auf der Platte des einzigen Tisches, Tauben auf der Brust, auf dem Gesicht, auf dem Lächeln, auf den Schenkeln der Mulattin, massenhaft Tauben, mein Schriftstellerfreund, die mich zum Kissen riefen, auf dem ich bei jedem Sonnenaufgang vor Kolitis vergehe, Tauben und Lucília, Mann, die auf mich wartete, mir mit der Flasche winkte, die mir die Zunge rausstreckte, mich mit Grimassen durcheinanderbrachte, mich zärtlich neckte, Lucília, in Sicherheit vor dem Schwarzen, in meiner Reichweite, die mit mir redete, mich anmachte, mit ihrem Daumen bis zu meinem Gürtel wanderte, bis zum Hosenstall, Lucília, die mir die Schuhe auszog, mir das Hemd aufknöpfte, die Gürtelschnalle aufmachte, mich küßte und mich an sich zog und bat,

Komm her, Portas,

die mir über den Rücken strich, über den Hintern, die Kniekehle, und ich, besorgt, während ich einen Taubenschwanz mit der Hand wegschob,

Und wenn nun der Schwarze auftaucht, Lucília?,

und die Kleine, ganz gewiß, während sie am Flaschenhals nuckelte,

Mach dir keine Sorgen, der bleibt mindestens einen Monat weg, auf den Kapverden dauern die Beerdigungen ewig,

und ich, etwas ruhiger, stellte mir Hunderte von Schwarzen vor, die auf einer Insel um einen Sarg herumtanzten, und schlug vor,

Du könntest kurz runter zum Bierlokal neben der

Feuerwehr gehen und einen Käsetoast als Mittagessen für uns holen,

und ich kommandierte sie herum, verstehst du, ich gab ihr Geld aus, ich, der so lange allein gewesen war, Not gelitten hatte, hatte nun eine Frau ganz allein zu meinen Diensten, eine Frau, die mir gehorchte, die mir zu Willen war, mich mit Aufmerksamkeiten überschüttete, so daß es verständlich ist, mein Schriftstellerfreund, daß ich in meinem Alter, wo man nichts mehr erwartet, bei so viel Glück auf einmal den Blödmann vom Foto vernachlässigt habe, die Seniorenmonatskarte vergessen habe, daß ich das Tonbandgerät vergessen habe, daß ich den Film vergessen habe, daß ich die Liste der Nachbarn vergessen habe, daß ich den Pyjama anbehielt, einen schicken Pyjama vom schwarzen Zuhälter, den Lucília mir mitgebracht hatte zusammen mit den Pompon-Pantoffeln aus ihrer Kommode, während die Mulattin die Tauben aus dem Zimmer scheuchte, das Bettuch saubermachte, den Zimmerfußboden saubermachte, die Überdecke vom Vogelkot reinigte, während ihr gutes Auge auf das konzentriert war, was sie machte, und das verkehrte vom Kurs abkam, bis es wieder zum Bett zurückkehrte, und ich aß das Kastenweißbrot, saugte die Käsereste aus den Backenzähnen, lutschte die Krümel und die Margarine von den Fingern und sagte zur Mulattin, so wie jemand, ganz nebenbei,

'ne kleine Limo wär jetzt das größte,

ich nahm jetzt den Platz des Waisenkindes ein, das währenddessen wahrscheinlich inmitten der Kokospalmen, von dreihundert Vettern ersten Grades und vierhundert Cousinen in Strohröckchen umringt, am Strand tanzte und bei den Götzen Fürbitte für die Seele der Mutter einlegte, ich befahl nun, den Mund voller Brot,

Heute nacht arbeitest du bis fünf Uhr auf dem Boulevard, denn ich brauche ein ordentliches Jackett,

bei mir saß jetzt die Hand locker, denn es gibt nichts Besseres als einen Klaps, um eine Frau zu verführen, ein satter Fausthieb, und schon zittern sie vor Leidenschaft. Mein Liebling, mein Schatz, mein Dickerchen, all dieser Schwachsinn, und noch mehr Zärtlichkeiten und noch mehr Geschenke und noch mehr zärtliche Knüffe und noch mal wieder das Knie zwischen meinen Knien, und die Tauben hackten mit den Schnäbeln gegen die Scheiben, konnten nicht hinein, denn ich hatte das Fenster zugemacht, die Tauben, die nach Lucília suchen, die einen alten Herrn im hinteren Zimmer empfängt oder von der Avenida zurückkommt und sich denen anbietet, die um sechs Uhr Feierabend haben, wie sollte ich, wo ich mit der Mulattin so viel um die Ohren hatte, Zeit für Ihre Arbeit finden, mein Schriftstellerfreund, manchmal stolperte ich zufällig über den Fotoapparat, und dann fiel mir ein,

Ich habe noch immer nicht mit den Nachbarn gesprochen, so was Dummes, morgen kümmer ich mich ganz bestimmt darum,

und schließlich habe ich den Film aufgebraucht, als ich mich und die Mulattin im Zoo aufgenommen habe, wir standen vor dem Löwenkäfig, baten einen Unbekannten,

Kannst du mal ein Foto von uns machen, man muß nur auf den Knopf drücken,

und wir umarmten uns lächelnd, an die Gitterstäbe gelehnt, wenn Sie wollen, zeige ich Ihnen Lucília, wie sie den Walrössern Fischchen und den Gorillas Erdnüsse gibt, dann zeig ich Ihnen, wie Lucília und ich dem Elefanten eine Zehn-Escudo-Münze hinhalten, Lucília und ich, wie wir im Straßencafé bei den Kinderrutschen verdünnten Kaffeesirup zur Vesper tranken, ich vergaß darüber sogar die PIDE, ich vergaß sogar das Gefängnis, ich vergaß sogar die Kommunisten, ich vergaß sogar, was soll's, ich vergaß Sie, es waren Tage reinster Ekstase, reinen Wunders, vollkommenen Glücks, ich konnte in Frieden sterben, denn ich hatte das Paradies erreicht, ich dachte sogar daran, der Mulattin die Ehe anzutragen, mit dem, was das Mädchen mit seiner Arbeit, plus dem, was der Fernkurs für Hypnose brachte, eine Wohnung in Birre zu mieten, zwei Zimmer mit Terrazzoboden, von dem aus man Dutzende von Zweizimmerwohnungen mit Terrazzoboden sieht, stellte sie einem Bruder von mir vor, der einen Tabakladen in Cacém hat, Montag vormittag sind wir mit dem Bus dorthin gefahren, ich mit Schlips und Lucília in einer Bluse aus Tigerfellimitation, das die Männer im Schaum der Begierde ertränkte, den ihre Spur auf den Bürgersteigen hinterließ, wir traten Hand in Hand in den Laden voller Zeitungen, Zeitschriften, Feuerzeugen, verschiedenen Nutzlosigkeiten und Schulartikeln, und ich sah sofort Augusto, der, einen Bleistift hinters Ohr geklemmt, mir ähnlich, aber kahlköpfiger, hinter dem Tresen eine Kundin abfertigte, wir gingen durch den Laden, und mein Bruder bemerkte uns nicht, wir bauten uns vor ihm auf, ich räusperte mich und zwitscherte,

Hallo Augusto,

und mein Bruder, den ich nicht mehr besucht hatte, seit sich die Demokratie in diesem Land installiert hatte, hob das Kinn zu meiner Stimme hin und riß die Augen auf, um fasziniert Lucílias Drüsenwunder zu betrachten, die der Tiger und ein Korselett verdoppelten, betrachtete die phantastische Dünung ihrer Schenkel, die Ohrgehänge, die Ananasse imitierten, und ihr gefärbtes Kraushaar, die Mulattin seufzte, um das Dekolleté zu weiten, während die Kundin des Tabakladens, die klein und häßlich war und Stützstrümpfe trug, sie voll neidischer Entrüstung ansah, ein paar Jungen im Gymnasiastenalter linsten mit Ferngläsern auf Lucílias Gesäß, mein Bruder, dem der Bleistift überm Ohr zitterte, sah mich, und die Linie seiner Lippen verhärtete sich, plötzlich

Falls du gekommen bist, um um Geld zu bitten, sage ich dir, um Streitereien zu vermeiden, gleich, daß ich keins habe

sprengten die Brüste der Mulattin, die ein Spiegelchen aus der Handtasche zog und ihre Lippen lila färbte, die Haken der Bluse einen nach dem anderen, ihr zum Lippenstift gespitzter Mund schloß die Welt in ein Versprechen von Lust mit ein, das meinen Bruder, mich und die Zuschauer am Eingang des Tabakladens überflutete und sich über Cacém ausbreitete, wo es die Mechaniker der Werkstätten von Rio Mouro erregte und die Arbeiter und Schichtleiter der kleinen Fabriken von Mem Martins, die ein Sehnen ergriff, dessen Grund oder Ursprung sie nicht kannten,

Ich wollte dich nicht um Geld bitten, Augusto, ich wollte dich einladen,

sagte ich,

Du bist der einzige aus der Familie, der mir noch übriggeblieben ist,

und da war es nicht nur die Bluse, mein Schriftstellerfreund, es war der Rock, der zu bersten drohte, die Fülle der Hüften nicht mehr halten, die geschluchtete Erhebung ihres Schamhügels nicht mehr fassen konnte, und ich stellte mir Lucílias von Sternchenstrümpfen bedeckte Beine vor, die den Tabakladen von Cacém verschlangen, stellte mir meinen Bruder vor, wie er in Panik, mit ausgestreckten Händen, in den hinteren Teil des Ladens zurückwich, stellte mir vor, wie er flehte,

Nein nein nein,

stellte mir die Schüler vor, die von Schrecken erfaßt ihre Schultaschen wegwarfen und in Richtig Carcavelos davongaloppierten, Augusto nahm den Bleistift vom Ohr und legte ihn auf den Tresen,

Eine Einladung, das soll wohl ein Witz sein?,

Lucília, die im Dunklen weniger zu schielen schien, packte den Lippenstift und das runde Spiegelchen mit dem Emblem des Fußballclubs Belenenses auf der Rückseite in die Handtasche,

Eine Einladung?

wiederholte Augusto kopfschüttelnd,

Und wieviel kostet deine Einladung, raus mit der Sprache?,

und da, mein Schriftstellerfreund, ich wollte, sie hätten das gesehen, ich war selbst ganz überrascht über die heftige Reaktion einer so sanften Person, stellte sich das Kraushaar der Mulattin wie der Schopf eines Kakadus auf, die

Brüste richteten sich spitz auf meinen Bruder, der eilig versuchte, die Frage mit einer Art Lächeln zu versüßen,

Wenn Sie glauben, daß wir Sie anpumpen wollten, dann gehen Sie doch zum Teufel, komm mit, Portas, dieser Blödmann ekelt mich an,

ihre Hüften zitterten, ihre Nasenflügel zitterten, das Drahthaar zitterte, die Ananasse an ihren Ohrringen lokkerten sich, ich beruhigte sie, die Hand auf ihrer Schulter,

Na, na, Mädchen, na, na, Mädchen, Augusto wollte nicht ausfallend sein, der Junge weiß noch nichts von unseren Plänen, das ist alles,

und Lucília, die sich um meinen Rat nicht kümmerte, fegte einen Stapel Zeitungen und Zeitschriften vom Tresen und sagte immer wieder,

Sie Rindvieh, Sie Rindvieh, Sie Rindvieh,

um dann Augusto zu ohrfeigen in diesem kleinen Tabakladen, in dem man keine Luft bekam, diesem Stadtteilladen mit Pappspiegeleiern im Schaufenster, du weißt sicher, was ich meine, ein kleiner mieser Laden, den mein Bruder und seine Frau vom Schwiegervater geerbt haben und den er später von seiner Frau erbte, nachdem das Wesen an einem Aneurysma gestorben war, als es gerade Fisch auf dem Markt einkaufte, die Sardinen verteilten sich auf dem nassen Boden, der kinderlose Augusto hat dann allein in der Vivenda Gomes in Cacém gewohnt, und die Mulattin, deren gutes Auge vor Haß fast überlief und deren schlechtes in engelhaftem Ausdruck gerundet war, beschimpfte ihn,

Sie Hornochse,

bis ich, dem die Techniken des schwarzen Zuhälters einfielen, ihr einen Fußtritt gegen die Schienbeine gab, mich zwischen beide warf und schrie,

Hör damit auf, Lucília, sonst kriegst du eins in die Fresse,

die sanfte Pupille glitt an mir vorbei, ohne mich zu sehen, das Haßauge blickte mich einen Moment lang an und erlosch, Augusto, nunmehr frei, versicherte sich, daß er keinen seiner Perlmuttmanschettenknöpfe verloren hatte, kniete nieder, um die Zeitungen und Zeitschriften vom Boden aufzusammeln, und fragte, das Gesicht auf der Höhe meiner Fußknöchel,

Wieviel brauchst du denn, nun sag schon,

und mir, mein Schriftstellerfreund, fiel sofort die Villa Gomes neben der Vivenda O Nosso Lar und der Vivenda Antunes ein, mein Bruder, der in der Küche Tabletten gegen Magenschmerzen einnahm, sein Leben, das genauso armselig war wie meines, und daraufhin, mein Junge, erweichte eine gefühlvolle Solidarität meine Seele, und ich beugte mich gerührt hinunter, um ihm voller Zuneigung, voller Freundschaft, voll Zärtlichkeit zuzuflüstern,

Eigentlich hatte ich gar nicht daran gedacht, Augusto, aber wo du schon mal davon redest, gib mir das Geld, das du da in der Kasse hast.

Hast du die Schönheit des Abends bemerkt, mein Schriftstellerfreund, den Frieden der Maulbeerbäume, die zwischen den Blumentöpfen ausgestreckten Katzen? Selbst die Tauben haben sich heute beruhigt, interessierten sich nicht für die Vogelscheuchenmützen, die Zigarettenstummel und die abgewetzten Jacken der Rentner. Ein toller Abend für diese Zeit im Jahr, ein toller Abend für die Verrückten vom Hospital Miguel Bombarda, die an der Ampel des Largo do Mitelo die Hände zu den Lastwagenfahrern hinstrecken, ein toller Abend natürlich auch für uns beide, die wir unser Rheuma vor der Medizinischen Fakultät und dem großen Autopsieschuppen wärmen, wo die Verstorbenen in den Schubladen liegen und auf die Zerlegemesser warten, und wir sind gesund, wir sind heil und ganz, wir sind lebendig, welch eine Genugtuung, wir kauen mit falschen Zähnen und spüren diesen Frühlingsgeschmack, diese Maibrise, diese Flussesfrische. Ein wunderbarer Abend, Mann, fast so schön wie der vorgestern, einer von denen, die Krankheiten wegwischen und unseren Körper zu einer Art Zeppelin drehen, ein Abend wie der, an dem ich, im Pyjama des Schwarzen, beschloß, mit

Lucília im Bett zu bleiben, mir die Nägel zu schneiden und Radio zu hören, nicht in meinem Zimmer, das noch immer voller Taubendreck war, sondern im Lustgemach der Mulattin, das mit Spiegeln ausgekleidet war, die die Fähigkeit verloren hatten, die Welt wiederherzustellen. Lucília trank, meinen Bauchnabel umarmend, aus der kleinen Flasche, und ich döste vor mich hin und fühlte an meiner Flanke die dicke, fette Flanke der Schielenden, in der Urwaldblut pulsierte. Die Türen der Kabuffs der Pensão Residencial, die fast alle von verdienstvollen Damen belegt waren, schnappten zu wie Kuckucksuhrenfenster, die Stimme des Besitzers schimpfte im Stockwerk darunter, die Glocke der Feuerwehr rief Edelmütige mit Helmen zu irgendeinem Unglück zur Hilfe. Die Radiomusik betäubte mich, mein Bauch wog schwer von den Kroassangs aus der Konditorei, ich hatte Augustos kleine Gefälligkeit zur Bank gebracht, wo sie, fest angelegt, Rendite abwarf, und mit einem Dutzend neuer Hemden und der für die Pension gezahlten Miete glaubte ich mich glücklich, unverletzlich, reich und sicher vor allen Katastrophen der Welt, als ein Finger leise anklopfte, ich bat,

Treten Sie ein,

und dachte, es sei eine der Kolleginnen der Schielenden, die Elisabeth oder die Mafalda, die in den anliegenden Zimmern arbeiteten und manchmal vorbeikamen, um einen Rock zu zeigen oder sich über die Ansprüche der Freier zu beschweren, der Knauf drehte sich, und der schwarze Zuhälter, der sich dort in den Negerhütten auf der Insel einen Schnurrbart hatte wachsen lassen, erschien auf der Schwelle und starrte uns teilnahmslos wie üblich an. Die Mulattin ließ das Fläschchen los und sprang aus dem Bett, die schiefe Pupille noch mehr als sonst nach außen gekehrt, und flehte,

Verzeih mir, Alcides, verzeih mir, Alcides, der Typ hat gezahlt, ehrlich,

ich trat auf ein Kalbsfell, suchte eilig nach der Unterhose, um meine Scham zu bedecken, die anderen Schwarzen tauchten in ihren Arbeitshosen hinter dem Zuhälter auf und lehnten sich an die Wand, ich zog Socken und Schuhe an, fand aber das Hemd nicht, mein Bauch fing an weh zu tun, und ich hätte mich, ich weiß nicht, warum, gern übergeben, der schwarze Zuhälter fegte Lucília mit einer Ohrfeige von sich weg, die Mulattin fiel auf den Rücken und seufzte,

Verlaß mich nicht, Alcides, verlaß mich nicht,

einer der Freunde des Zuhälters zündet sich eine Zigarette an, und seine Züge verbargen sich für wenige Augenblicke hinter dem Rauch, ich ging auf den Flur, mir war schwindlig und übel vor Angst, ich stützte den Bauch mit den Händen, um mir im Waschbecken die Seele aus dem Leib zu kotzen, und hörte hinter mir die Liebesschreie Lucílias, die vom Waisenkind an den Haaren aufs Bett gezogen wurde.

Wirklich, für diese Zeit im Jahr ein toller Abend, mein Schriftstellerfreund, welch ein Friede bei den Toten im großen Leichenschauhaus, und wir genießen hier in aller Ruhe die Sonne, sind rundum zufrieden, na ja, noch eine Brause, noch ein Sandwich, ein Tellerchen Schnecken oder Kürbiskerne, die wir beide hier zusammen bei einem Schwätzchen essen, fehlen noch zum vollkommenen Glück, während dein Heini, im Regenmantel, die Tasche unterm Arm, zur Verachtung der Diabetikerin nach Alcântara zurückkehrt, da haben wir ihn, da sitzt er im Bus, da geht er gerade im Verkehrskreisel über die Straße, da steigt er die Anhöhe zur Quinta do Jacinto hinauf, da schüttelt er auf der Suche nach den Schlüsseln das Kleingeld in der Jackentasche, da tritt er ins Haus ein, begrüßt die Tante und den Vater des Mädchens, die nicht einmal sein Lächeln beantworten, da ist er, nimmt Kurs aufs Schlafzimmer, wo die Diabetikerin mit einem Schulkameraden, der ihr einen Arm um die Schultern gelegt hat, in das Geschichtsbuch versunken ist, da stellt er die Aktentasche neben das Bett, starrt die Kranke an und den anderen, ohne zu bemerken, wie sich die Hände mit den abgekauten Nägeln auf dem offenen Heft berühren, da haben wir ihn, mein Schriftstellerfreund, wie er sich in den Garten hinter dem Haus mit der Steinbank längs der Mauer und einem Nußbaum begibt, dessen Äste sich zum Boden neigen, da haben wir ihn, wie er den Sitz mit dem Taschentuch säubert, da ist er, und um ihn herum wächst die Nacht von Lissabon, da ist er, eins mit der Mauer, wie meine Stimme eins wird mit dem ersten Pfauenschrei im Campo de Santana, da ist er und erwartet nichts, denkt an nichts, fühlt nichts, schweigt nur, schweigt, gealtert, benommen, so benommen, daß er nicht einmal den Zug nach Cascais bemerkt, der über die Mickergärten der Quinta do Jacinto springt, seinen Körper durchquert und in der Fensterreihe der Waggons die Stummheit ohne Träume mit sich forträgt, aus der er besteht.

7

Nimm es mir nicht übel, Iolanda, denn ich liebe dich doch, aber hin und wieder, vor allem im Winter und vor dem Ferienmonat, wenn ich durch das Haus gähne, nichts zu tun habe, während du mit deinen Schulfreundinnen nach Caparica an den Strand fährst und am späten Nachmittag, von der Sonne gerötet, mit einem Strohkorb voller Cremes, Handtücher und Meereskiesel zurückkehrst,

hin und wieder, wenn ich mich noch müder, noch angespannter, noch kraftloser und ausgelaugter fühle als sonst, wenn das Geld, das ich verdiene, nicht ausreicht, um die Haushaltskosten zu bezahlen, und ich in der Buchhaltung Wechsel auf den Tresen lege, dann kommt es vor, daß ich daran denke, den Koffer zu packen und aus der Quinta do Jacinto zu verschwinden, ohne daß jemand etwas merkt, um ein neues Leben anzufangen (wie sonderbar doch dieser Ausdruck »ein neues Leben anfangen« klingt, wenn man ihn mit fünfzig benutzt), irgendwo anders in dieser Stadt, weit weg vom Fluß, weit weg von den Zügen, weit weg von deiner störrischen Schroffheit, weit weg vom zornigen Mund deines Vaters, weit weg von den Schimpftiraden und dem Fehlen von Zärtlichkeit, die mich bedrücken und zur Verzweiflung bringen, ein neues Leben in Campo de Ourique, in Campolide, in Alvalade, in Portela anzufangen, mich durch Cafés zu schleppen, die ich nicht kenne, in Bierlokalen zu Abend zu essen, deren Speisekarte ich nicht kenne, auf Heiratsanzeigen in der Zeitung zu antworten und mich, eine Nelke in der Hand, mit Frauen zu treffen, die ebenso einsam sind wie ich, um nach dem Standesamt unser Unglück in Betten zu vereinen, deren Bretter beim leisesten Seufzer protestieren und die Empörung der Nachbarn wecken, deren molièresche Schläge unseren Altersküssen als Vorspiel dienen.

Ich denke daran, im August den Koffer zu packen,

Iolanda, wie ich es schon diesen ganzen endlosen, brennendheißen Sommer lang gedacht habe, der wie ein Angstschrei war

(meine Angst, dich zu verlieren, meine Angst, du könntest sterben, in meinen Fingern pulsierend wie das Herz eines Vogels),

als ich, nachdem ich es satt hatte, mich morgens und nachmittags, mit einem Stapel Zeitschriften versehen, in die Konditorei Paraíso de Pedrouços zu setzen, den Angestellten zu beobachten, der das Sägemehl vom Boden in einen Eimer fegt, schwitzend zwischen jungen Leuten in Bermudas in dieser Plage von einem Jackett nach Caparica gereist und, um dich zu suchen, von Strand zu Strand gelaufen bin, die Socken in den Schuhen und die Schuhe über die Finger gehängt, auf das Meer zu meiner Rechten und die Restaurants und die Pinienwälder geschaut habe, die sich zu meiner Linken verdichteten, dich in jeder Silhouette zu erkennen glaubte, in jedem Mädchen, das aus dem Wasser auftauchte oder sich neben einem Surfbrett einölte, in jedem von der Sonne gerundeten Torso mit den nackten Brüsten von Galionsfiguren. Den Kopf mit einem an den vier Ecken zusammengeknoteten Taschentuch geschützt, die Hosenbeine bis zu den Knien hochgerollt, um das Trevira nicht naß werden zu lassen, habe ich mich noch nie so fremd gefühlt wie in diesem heftigen Exzeß von Farben, der die Schmach meiner Kleidung vor Hunderten gebräunter Götter zu Schau stellte. Ich habe mich schließlich auf einen Stein am Straßenrand gesetzt und mit der Schuhhand den zur Stadt vorbeifahrenden Kleinlastern zugewinkt, um mitgenommen zu werden. Als mir, der ich in meiner Agonie schon resigniert hatte, das Kinn zum Asphalt hing, sammelte mich Halbtoten ein Wagen mit ausländischer Nummer auf, in dem Deutsche in Sandalen energische Balladen brüllten, und setzte mich mit wackligen Beinen und dem Taschentuch auf dem Kopf im Verkehrskreisel von Alcântara vor den Wurzeln der Brücke und einem Tanker ab, der wie ein Schwan vorüberglitt und zur Mündung hin symmetrische

Flügel erhob. Ich kam wieder in die Quinta do Jacinto zurück, wo mir der Zorn des Schneiders folgte, der von seiner Ladentür aus gegen die schon am hellichten Tage Betrunkenen murrte, die der Weingenuß zum Überschnappen bringt und die schamlos den guten Ruf des Viertels aufs Spiel setzen.

Ganz unter uns, meine Liebste, muß ich dir gestehen, daß ich noch zwei- oder dreimal nach Caparica zurückgekehrt bin, in meinem Anzug und mit meinem Taschentuch, und daß ich erneut, von meinen Lackschuhschwimmflossen behindert, im Rollschuhschritt den Sand durchpflügte. Ich habe dich nie gefunden. Im übrigen erwartete ich auch nicht, dich zu finden, und im Grund meiner Seele wünschte ich es nicht einmal. Ich wollte nur die Wellen wieder aufsuchen, die an den Rändern der Straßen die Krämerläden, die Statuen und die Prozessionen zurücklassen, aus denen unser Land gemacht ist. Ich wollte mein Land wieder aus der Ebbe erstehen sehen mit seinen resignierten Frauen und seinen fernen Hähnen, seinen Waggons voll Emigranten und den Goldketten um ihren braunen Hals. Ich wollte die Stimmen hören, die zusammen mit den Wolken, den Feigenbäumen, den Spatzen, den Buchen und den Akazien aus dem Meer zu uns aufsteigen, dessen Pollen sich über den Strand ergießen und die Schiffe und das Blutgeheimnis in den feinen Adern des Marmors sprießen lassen. Ich wollte meine Eltern sehen. Ehrlich, ich wollte meine Eltern sehen, denn jetzt, wo meine Blase nicht mehr mitmacht, fehlen sie mir, Iolanda, wo ich neben dir liege und nicht wage, dich zu berühren, wünsche ich mir, sie wären bei mir, um meinen Kummer mit der Gelassenheit von Erwachsenen zu lindern, bis ich einschlafe, von ihren Umrissen beschützt, die noch morgens dort sein und mir aus der vertrauten, süßen Nähe der Zärtlichkeit heraus zulächeln würden.

Und so kommt es, Iolanda (nimm es mir nicht übel, denn ich liebe dich), daß ich hin und wieder Lust habe, nach Campo de Ourique oder Campolide, nach Alvalade oder Portela abzuhauen, wie als Kind, als ich im Haus in der Calçada do Tojal, verdammt dazu, tagein, tagaus meinen

Tanten beim Häkeln zuzusehen, davon träumte, wegzulaufen zum Stützpunkt der Legion in Amadora und kriegerische Märsche gegen die kommunistische Bedrohung anzustimmen. Senhor Fernando kam an den Wochenenden, vor Patriotismus und Anisschnaps strahlend, von diesen Haßexerzitien zurück, setzte sich an den Tisch, klemmte sich die Serviette an den Hals, brüllte nach der Suppe, und ich hielt ihn

(und wenn ich daran denke, wie er den Damen in der Konditorei zuzwinkerte, auch heut noch)

für fähig, allein eine ganze Kolonne russischer Panzerwagen auf ihrem Weg zu den Lissabonner Ministerien aufzuhalten.

Der Stützpunkt der Legion, mein Liebes, wo die Welt verteidigt wurde, war ein gewöhnliches kleines Gebäude in einer gewöhnlichen Straße in der Nähe eines Kohlenladens, in dem junge Männer, schwarz wie Schornsteinfeger, Briketts in Säcke packten, fast gegenüber vom Sitz des Freizeitvereins »Die fünf Vereinigten vom Briol-Wein«, aus dessen Fenstern Fetzen von Billardkarambolagen und Diskussionen Betrunkener drangen. Die Laufburschen der Kohlenhandlung, die Drei-Band-Alkoholiker und die Milizionäre mit den patronenlosen Waffen, die nicht schießen konnten, begegneten einander auf dem Bürgersteig, und es kam häufiger vor, daß ein Freizeitler mit seinem Queue in den Stützpunkt stürmte, Helden anrempelnd die Treppe hinaufstieg, im Zimmer des Kommandanten landete, der auf dem Schreibtisch vor dem sinnlosen Generalstab Karten ausbreitete, daß er den Queue mit Kreide einrieb und, unbeeindruckt von den mit Stecknadeln markierten strategischen Punkten von Carrazeda de Anciães, mit einem sicheren Stoß einen Papierbeschwerer zu Boden beförderte.

Und ich riß aus zum Stützpunkt der Legion, Iolanda, sehnte mich nach Fanfaren, Trommelwirbeln, rettenden Kavallerieangriffen, während die Formen und Klänge der frühen Morgenstunden von der Stadt Besitz ergriffen, so wie jetzt, in dem Augenblick, in dem ich zu dir spreche, wo der

Appell des ersten Zuges an der Küste von Cascais die Nacht zerreißt, ich ließ Pedralvas hinter mir und ging durch Venda Nova, während der Duft der Kamelien über die Mauern hinweg anschwoll, hörte Kriegsgeschrei und militärische Befehle. Mein Blut pochte im Takt der Uhren von Tojal, und ich stellte mir vor, daß die Russen in Leixões an Land gingen, danach lechzten, Friedhöfe zu schänden, mit Gewehrkolbenhieben gipserne Engel umzustoßen, wie dein Vater Stühle umstößt, wenn er, vom Klo zurückkehrend, im Dunkeln mit den Knien das Bett sucht und du im Schlaf deine Stellung änderst, dich von mir entfernst und den Haarschopf in das Kopfkissen tauchst.

Ich kam nach Amadora, Liebste, sehnte mich bereits nach meinen Tanten, war bereits besorgt wegen ihrer Aufregung um mich, wegen ihrer Anrufe auf der Suche nach mir bei der Polizei, der Guarda Republicana, bei den Krankenhäusern, fürchtete die letzten Hunde und die ersten Hähne, und da verblaßte der Mond, während sich auf der dem Ozean gegenüberliegenden Seite zwischen den Pappeln die Sonne ausdehnte und aus den Schatten, die gewiß von Kommunisten mit Maschinengewehren bevölkert waren, die hinter den Ecken versteckt bereitstanden, um auf mich zu schießen, eine kleine öffentliche Anlage mit ihren Schaukeln und ihrer Einfriedung hervorzog und eine Kuppel mit einem Stern als Wetterfahne, der im Licht glitzerte. Genau wie heute in Alcântara, Iolanda, wo ich mich ständig verlaufe, wanderte ich im Kreis, kam an diesem Freitag morgen immer wieder zur Anlage mit den Schaukeln zurück, fand den Stützpunkt der Legion nicht in diesen Straßen von Amadora, deren Läden sich einer nach dem anderen öffneten mit ihren Angestellten, die sich auf der Schwelle reckten und den Mund aufrissen, Traumreste von sich abschüttelten, die klebrig auf der Haut haftenblieben. Leute mit Regenschirmen auf dem Weg zur Arbeit trotteten zu den Autobushaltestellen, Wolken, die von Mafra oder von Sintra hergesegelt kamen, ballten sich im Osten, die Russen errichteten Barrikaden auf der Straße nach Lissabon, richteten die Kanonen aus und kommunizierten über Feldtelefone miteinander, und ich, der zum zehntenmal vor einer Drogerie vorbeikam, die noch nicht aufgemacht hatte und in deren Schaufenster Terpentinflaschen standen, wartete darauf, daß ein mit Bajonetten und Revolvern bewaffneter, Kampflieder singender Trupp Milizionäre angerannt käme und die Kommunisten zu den Feldern von Amadora zurückschlagen würde, wo die Nacht sich trotzig behauptete, indem sie Dunkelheit in die Bodensenken legte, in denen vom Fehlen der Dunkelheit verschreckte Käuzchen sich beruhigten, wie ich in der Quinta do Jacinto, meine Liebste, wenn ich schließlich, von der Unbarmherzigkeit des Lichtes besiegt, von dir lasse und schweigend auf meiner Hälfte der Matratze Platz suche, um meine schmerzenden Muskeln zu dehnen, und du mich sofort, auf dem Bettuch sitzend, schüttelst, protestierst, weil ich schnarche, und mich die Insulinampulle für die erste Spritze aus der Schublade holen läßt. In diesen Augenblicken, wenn ich die Spritze aufziehe und deinen sarkastischen Bemerkungen zuhöre, denke ich daran, den Koffer zu packen und dich zu verlassen, dann fällt mir ein, daß ich sogar im Winter, im Januarnieselregen, die Strände in Caparica entlangwandern, ohne Müdigkeit, ohne Eile, ohne Kummer über den Sand gehen möchte bis zu den Hütten in Fonte da Telha, wo sich zwischen den Trauerweiden Bettlerclans herumtreiben und Petroleumkocher anzünden, auf die sie rostige Blechdosen stellen.

Ich habe schließlich doch noch den Stützpunkt der Legion gefunden, weil ich einem der Laufburschen der Kohlenhandlung gefolgt bin, der den Brikettstaub eines irdischen Engels absonderte, wie die Bäcker, die auf den Treppenabsätzen einen Mondhof aus Mehl hinterlassen, der aussieht wie Sternenstaub, und da waren sie, im Neunuhrfrieden, das kleine dreistöckige Gebäude mit der Fahnenstange an der Fassade, der Sitz des Freizeitvereins »Die fünf Vereinigten vom Briol-Wein« und am Eingang mit einem prähistorischen Gewehr ein Wachposten, dessen Schiffchen ihm die Augenbrauen bedeckte wie die Tolle eines Pudels. Man hörte das Aneinanderklickern der Billardkugeln und die Gespräche der Betrunkenen, man hörte die Tonleiter der Hirtenflöte eines Scherenschleifers, man hörte einen Papagei auf seiner Stange sprechen, meine Tanten wanderten auf der Suche nach den Nummern der Krankenhäuser durchs Telefonbuch, die Russen nahmen in der Anlage mit den Schaukeln Aufstellung, um das Land einzunehmen, Unterseebote patrouillierten an der Küste, Panzerkreuzer und Flugzeugträger landeten in Arrábida und nahmen die unglücklichen Leute in Panamahüten fest, die auf den Klippen Krebse fischten, Hier gibt es niemanden mit diesem Namen, antwortete der Krankenpfleger, haben Sie es schon mal im Leichenschauhaus versucht?, der Scherenschleifer schob, auf der Flöte blasend, seinen Karren zum Stützpunkt, die Sonne, die jetzt vertikal stand, enthüllte die Schäden an den Giebeln. Das Leichenschauhaus, beharrte der Krankenpfleger, versuchen Sie es im Leichenschauhaus, gnädige Frau, denn die wir hier haben, leben alle, und in diesem Augenblick schlüpfte ein Kommunist durch die Küchentür und schnitt Dona Anita die Kehle mit dem Tranchiermesser durch, die Schritte auf dem Dachboden wurden erschreckt und eilig, Dona Maria Teresa ließ das Telefon los und starrte, die Hände vorm Mund, ihre Schwester an, Das Leichenschauhaus, riet der Krankenpfleger, geben Sie das Leichenschauhaus nicht auf, lassen Sie sich von den Typen nicht abwimmeln, beschreiben Sie ihnen Ihren Neffen, drohen Sie mit der Zeitung, da gibt es mehr als sechshundert Leichen, auf die niemand Anspruch erhebt, haben Sie sich mal vorgestellt, was das bedeutet, sechshundert Leichen in einem Schrank?, ein weiterer Kommunist schleuderte die chinesische Familienvase auf meine übriggebliebene Tante, und bevor das Porzellan auf ihrem Haupt zerschellte, rannte ich zum Wachposten (obwohl es mir schwerfiel, Vertrauen in eine Kaserne von nur vier Zimmern, Küche und Bad zu haben) und schrie,

Die Russen bringen gerade meine Tanten um, die Russen bringen gerade meine Tanten um, und zwar so verzweifelt, daß der Scherenschleifer zu pfeifen aufhörte und vergaß, während er mich ansah, auf das Pedal zu treten, das das Schleifrad antrieb.

Doch selbst wenn ich es wollte, und ich schwöre, ich will es nicht, könnte ich nicht aus der Quinta do Jacinto weggehen, könnte ich dich, deinen Vater und deine Tante nicht verlassen, die dann die Dahlien im Garten essen müßten, weil sie wegen ihrer elenden Renten kein Geld haben, ich könnte nicht erlauben, daß du die Schule aufgibst, um eine Anstellung an der Kasse eines Supermarkts oder am Ladentisch einer Boutique anzunehmen, damit ihr mittwochs Sardinen und sonntags gekochtes Fleisch essen könnt, damit du alle sechs Monate beim Ausverkauf in der Calçada do Combro neue Schuhe kaufen kannst, daß du für die Wasser-, die Strom-, die Gasrechnung einen Putzjob am Samstag annimmst, einmal ganz abgesehen vom Hausbesitzer, der wütend auf euch wird und wegen der zu spät gezahlten Miete zum Gericht rennt. Ich kann nicht weggehen: Ich bin an dich gefesselt wie eine Fledermaus an die Nacht, ich kreise in sinnlosen Ellipsen um deinen Körper und zahle das Wasser und zahle den Strom und zahle das Gas, bezahle deine Kleidung, bezahle das Roastbeef, bezahle Schellfisch und Butter, verständige mich mit dem Vermieter wegen der Miete, verspreche die Spüle zu reparieren und die Wände zu streichen, verspreche, daß du das Radio leiser stellen wirst, um die Nachbarschaft nicht zu stören, verspreche, daß dein Vater die Witwe aus dem unteren Stockwerk nicht mehr beschimpfen wird, weil sie sich darüber beschwert, daß unsere Wäsche auf sie tropft, ich verspreche und zahle, Iolanda, ich zahle und verspreche aus Freude darüber, mit dir zusammenzuleben, das heißt, damit du an meiner Seite im Chrysanthemenduft einbalsamiert einschläfst und aufwachst, meinem Körper mit deinem ausweichst, gereizt bist wegen meiner Macken, des Klangs meiner Stimme, meiner Art, mich auszuziehen und zu niesen, wegen meiner Brille, meines Krawattenknotens, meiner Art zu essen, meiner Hemden und meiner abgewetzten

Hosen, denn mir bleibt nicht einmal mehr Geld für den Zigeunermarkt am Verkehrskreisel beim Flughafen. Ich kann dich ebensowenig die Dahlien im Garten essen lassen, wie der Legionär meinen Arm nicht losließ, um mich durch einen Tunnel aus getippten Seiten die Treppe zum Büro des Kommandaten hinaufzuführen, wo ein Typ in aufgeknöpfter Militärjacke, die Ellenbogen auf einen mit Akten, Telegrammen und Zeitungsausschnitten übersäten Schreibtisch gestützt, mit idyllischem Lächeln,

Mein Schnuckelchen,

ins Telefon säuselte.

Verzeihung, mein Kommandant, rechtfertigte sich die Wache, entschuldigen Sie bitte, daß ich Ihre Arbeit unterbreche, aber dieser Junge hier ist gerade ins Quartier gekommen und behauptet steif und fest, die Russen würden seine Familie umbringen.

Der andere flüsterte, aus der Fassung gebracht, in den Hörer,

Geh nicht aus dem Haus, nicht einmal zum Frisör, ich rufe dich wieder an, Schnuckelchen, es gibt einen Notfall,

knöpfte, um Zeit zu gewinnen, die Militärjacke zu, sah ein oder zwei Telegramme an, versicherte sich, daß er die Pistole an der Hüfte trug, lehnte sich mit der Ruhe der Tapferen zurück,

Die Russen? Was ist denn das fürn Quatsch mit den Russen, Saramago?

Ein Lastwagen verkorkte die Straße, schüttete Kohlensäcke auf den Bürgersteig, und der Steinkohlenstaub, der durchs Fenster drang, tanzte auf der Suche nach einer Oberfläche, auf der er sein Glimmerglitzern absetzen konnte, zwischen den Möbeln. Ein Billardspieler, der sich auf seinen Queue gestützt hatte wie auf einen Hirtenstock, sang im ersten Stock des Freizeitvereins, den ich mir mit Spucknäpfen aus Emaille und einer Branntweingalerie dekoriert vorstellte, die Kommunisten schraubten Mörser und Artilleriegeschütze an den Ecken der Fahrbahn zusammen, auf deren

Teerbelag, den Einkaufskorb neben sich, tote Hausfrauen lagen, und daher warnte ich den Kommandanten,

Sie sind nicht einmal mehr zweihundert Meter weit entfernt, in Venda Nova ist wegen der Panzer der Verkehr zusammengebrochen, wenn Sie nichts unternehmen, stekken die mich, meine Tanten und denjenigen, der da auf dem Dachboden rumläuft, in einen Viehwagen in Richtung Sibirien,

und da wandte sich der Kommandant, durchsichtig vor Angst, an den Legionär, Iolanda, und befahl mit einem unsicheren Flüstern,

Rufen Sie den Wachhabenden,

und während der ebenfalls käsige Patriot auf den Flur ging und,

He, Viégas, he, Viégas,

schrie, reckte sich der Held zum Telefon, wählte eine Nummer, wählte noch einmal und hauchte wie ein ersterbendes Echo,

Schließ dich in der Wohnung ein, Schnuckelchen, die Russen morden wahllos herum, das Rathaus haben sie schon eingenommen.

Ehrlich gesagt, Iolanda, habe ich keine Lust, wegzugehen. Das mit Campo de Ourique, das mit Campolide habe ich dir nur aus Spaß gesagt, wie sollte ich denn mit einer sechzigjährigen Frau in Portela leben, einer Witwe, die mir immer nur gefallen will, mich ständig fragt,

Was möchtest du zu Mittag essen, Schatzi?,

die immer eifersüchtig ist, mir ständig neue Kleidung kauft, immer mit mir einer Meinung ist, so daß ihre Unterwürfigkeit mich nervös machen würde, die sonntäglichen Spazierfahrten mit ihr mich vor Ungeduld zum Brüllen bringen würden, mir Lust machen würden, mit dem Wagenheber auf sie loszugehen, ihr einen Schraubenschlüssel in den Bauch zu rammen, ihr den Hals umzudrehen, so daß allein der Gedanke, ihre wortreiche Dienstbeflissenheit ins Kino zu begleiten, mich in den Selbstmord mit Pillen treiben, mich den Kopf in den Gasherd stecken lassen würde. Ich habe keine Lust, aufsteigende Wechseljahrehitzen mit Eierstockzysten zu heiraten, deren Hände von Altersflecken übersät sind und deren Freundinnen in verzwickte Romanzen mit Herzschrittmacher tragenden Notaren verwickelt sind, bei denen unterm Unterhemd elektrische Leidenschaften rasseln. Laß mich hier in Alcântara in einer Ecke deines Bettes bleiben wie ein ungefährliches Tier, laß mich mit deinem Schlaf reden, laß mich aus Liebe zu dir sterben, wie die Legionäre, die mit ihren Gewehren ohne Verschluß und ihren Karnevalspistolen gegen die Russen marschierten und vor Angst in Ohnmacht fielen, für das Vaterland sterben wollten, während der Kommandant, der den Schreibtisch vor die Tür geschoben hatte, ans Telefon gekrallt auf dem Fußboden sitzend jammerte und Beruhigungsmittel schluckte,

Ich kann wegen der Kommunisten nicht in unser Liebesnest kommen, Schnuckelchen, ich habe mich um ganz Portugal zu kümmern, stell dir die Verantwortung vor, sobald ich Stalin festgenommen habe, bin ich bei dir, aber einstweilen schließ dich für alle Fälle in die Speisekammer ein, und versteck das Geld und die Ringe, die ich dir geschenkt habe, in der Geschirrspülmaschine.

Zweites Buch:
Die Argonauten

I

Es gibt die, die in der Luft fliegen, und die, die unter der Erde fliegen und noch nicht tot sind, und ich gehöre zu letzteren, Tochter, deshalb flog ich in dreihundert Meter Tiefe, eine Leuchte an der Stirn, in den Tunneln des Bergwerks von Johannesburg zwischen den Negern, schob kleine Erzloren an den schwitzenden Wänden entlang, und manchmal, wenn ich beim Mittagessen, auf der Schiene sitzend, Konservenessen kaute, hörte ich die Verstorbenen in ihren Hochzeitsanzügen und mit ihren tieftraurigen Blumen über mir fast an der Sonne schweben, vom Tag nur durch die steinernen Grabplatten und Kreuze getrennt, die Toten, die nicht wagten, so tief hinunterzusteigen wie wir, aber auch nicht wagten, mit uns zusammen im Förderkorb hinaufzufahren, der uns auf der Oberfläche absetzte, wo wir, die Spitzhacke in der Hand, ins Taschentuch husteten, uns das Gummiband der Brille vom Nacken rissen und plötzlich statt der Lampen der Schattenhöhlen und der Nässeflecken in den Korridoren des Bergwerks die Bäume sahen und die Häuser mit dem einen Zimmer und der Dusche, die man uns zum Schlafen gab in der Siedlung, durch deren Straßen eine Meute Hunde strich.

Es war in Johannesburg, wo ich anfangs darüber verblüfft war, als ich mitten in einem Schwarm von Negern, ein jeder mit seiner Spitzhacke und seiner Lampe am Helm, unter der Erde flog, daß die Leichen den Fahrstuhl der Mine nicht nutzen, um, den Arm voller Narden und in ihren Hochzeitskleidern, in die Stadt zurückzukehren, in der sie geboren waren, nicht zur Küchentür hineingingen und den Deckel von den Töpfen mit dem Abendessen abnahmen. Es war in Johannesburg, wo ich mich darüber wunderte, daß sie zum Schlafen nicht in ihre ungemachten Betten zurückkehrten, daß sie nicht wieder in den Tonwarenfabriken oder Brauereien arbeiteten, nicht im Hochzeitsstaat zwischen den Kollegen herumtänzeln wollten, die nicht einmal ihr Lächeln beachteten, bis ich die Angst der Toten davor begriff, Tochter, daß ihre Familie sie jetzt nicht wieder aufnehmen würde, die sich bereits mit ihrer Abwesenheit abgefunden, in ihrer Sehnsucht nach ihnen, der Erleichterung über das Ende ihrer Krankheit eingerichtet hatte, jetzt, wo sie die Möbel und das Geld untereinander aufgeteilt hatten, in die Intimsphäre der Briefe eingedrungen waren, daß es die Angst davor war, die Familie würde sich weigern, den Tadel ihres Schweigens entgegenzunehmen, und vielleicht reist aus dieser Art Scham, dieser Art Angst heraus deine Mutter in Lourenço Marques nicht von ihrem Stückchen Land hierher zu deiner Tante und zu mir und zu dem Blödmann, der unsere Rechnung beim Krämer bezahlt, der uns die Miete bezahlt, um zuzusehen, wie die Töpfe an den Nägeln zittern, die die Züge von Alcântara herausreißen.

In Johannesburg, im Jahre neunzehnhundertsechsunddreißig, flog ich unter die Erde, und sonntags vergaß ich, daß ich ein Vogel war, setzte mich, um Monção zu vergessen, mit einem Dutzend Bierflaschen auf einen Stuhl auf die Veranda der Kantine und hörte den Insekten zu, die im Gras siedeten, und sah den Wolken zu, die vom Meer her kamen, während die Kinder in der Strohhüttensiedlung, in der berittene Polizei patrouillierte, auf Blechdosen schlugen, und der Minho war in meiner Erinnerung eine Weihnachtskrippe aus Ton mit einem Fluß zwischen Weidensäumen, der mich von Spanien trennte, kleine Dörfer, Fenstergitter steinerner Häuser mit Wappen, die in der Sonne glänzten, und Ochsen, deren Flanken unter der Augusthitze brannten, auf den zum Pflügen bereiten Feldern, während die Bierflaschen sich leerten, löschte die Nacht Afrikas meine Kindheit aus, und ich erhob mich vom Stuhl, stolperte über die Dosen, stolperte über die Pferde der Polizei, stolperte über den Müll und den Gestank im Negercamp, auf der Suche nach der Baracke einer Mulattin aus dem Senegal, die älter war als ich (in einer Zeit, in der es Menschen gab, die älter waren als ich),

ein Geschöpf, das bei der Bergwerksverwaltung saubermachte und das mich auf der von Öldochten umgebenen Matte empfing, mich mit den Handflächen vor der Sehnsucht nach Monção, den Gewittern und den Leberschmerzen schützte.

Ich flog zehn Jahre unter der Erde, unter den Wurzeln der Mangobäume, den Sonntagsanzügen und den Stiefeln der Verstorbenen, die nah am Grabmälerhimmel schwebten, der mir die Sterne verbarg, und da rief mich ein Vetter, der Lageraufseher beim Zoll war, aus Moçambique an, ich sollte Schauermann im Hafen von Lourenço Marques werden, Obstkisten, Maschinenteile, Pinguineier und Zwergprostituierte laden und löschen, die für die Bars der Kolonisten in der Nähe des Strandes bestimmt waren, wo der Gin ins Wasser floß und die Fische schwindlig machte. Ich bin nie wieder in Johannesburg unter der Erde geflogen, doch manchmal, wenn ich nach dem Mittagessen im Wohnzimmer einschlafe, dann kommt es noch vor, daß ich die Toten höre, die nicht wagten, an die Oberfläche aufzusteigen.

Ich bin nie wieder unter der Erde geflogen, denn ich lernte deine Mutter an einem Sonntag im November bei einer Armeleutetotenwache kennen, während wir in einem kleinen Haus auf der Insel um einen Sarg herum Martini tranken, der Verstorbene hatte die Hände auf dem Bauch und eine Rose zwischen den Fingern, und die in Flanell ertrunkenen Leute ringsherum ließen die Flasche kreisen und redeten, schauten durch die offene Tür auf die Affenbrotbäume, die aus der Ebbe wuchsen, und auf die von den Wellen freigegebenen und verborgenen Blumen, die Tau von ihren Stengeln tropften. Eine Woche später heiratete ich die Tochter des Leichnams, die ihre Zeit damit verbrachte, vom Fenster aus die Fischkutter und Frachter auf dem Indischen Ozean und den verirrten Wal zu betrachten, der aufgrund einer Fehlberechnung des Azimuts an der Küste gelandet war und sich in eine

Konstruktion aus Zähnen und Knochen verwandelte. Tagein, tagaus betrachtete sie die Fischkutter und die Frachter, sie redete nicht mit mir, redete mit niemandem, antwortete nicht auf Fragen, interessierte sich für überhaupt nichts, sie hatte vergessen zu essen, sich zu waschen, sich zu kämmen, ihr Hemd zu wechseln, das Haus zu fegen, sie hatte dich vergessen, die du in deiner Wiege schriest, und die Nuckelflaschen, die sich auf dem Fußboden verteilten, sie hatte meine Bedürfnisse als Mann vergessen, bis die Krankenpfleger kamen und sie in eine Irrenanstalt am Nordrand der Stadt brachten, mit Verrückten im Nachthemd, die an Pfähle gepflockt waren wie die Ziegenböcke im Minho. Ich habe sie drei- oder viermal besucht, freitags auf dem Rückweg vom Hafen, und eine Nonne führte mich in einen Keller, in dem deine Mutter durch die Risse in der Mauer das Meer betrachtete, die Fischkutter und die Frachter auf dem Indischen Ozean, die sich nach Timor oder nach Japan entfernten, sie schaute hinaus aufs Meer aus einer Grotte für Kranke, denen hinter faltbaren Paravents Schröpfköpfe appliziert wurden. Sie fragte mich nicht nach dir, sie fragte mich nicht nach mir, sie protestierte gegen nichts, sagte nichts, wandte nicht einmal den Blick ab, als ich mich vor sie hinstellte, und jetzt, wo ich alt bin, mir der Tod die Wirbelsäule auszackt und mir die Arterien verhärtet, fällt mir, wenn ich zufällig an sie denke, ein, daß jeder fliegt, wie er kann, Mädchen, jeder wirklich so, wie er kann, ich unter der Erde in Johannesburg, wenn ich Loren durch die Stollen schob, und deine Mutter in der Irrenanstalt, wenn sie die Mauern mit den Blicken durchbohrte, um die Fischkutter sehen zu können, du in der Levkojenwolke deiner Krankheit und der Blödmann, der bei uns wohnt, wenn er hinten im Garten die Kohlköpfe mit der Fußspitze durcheinanderbringt und mit seinem Idiotenlächeln in die Nacht schnuppert.

Jeder fliegt, wie er kann, und mir, der ich meine Beine so schlecht bewegen kann, daß ich das Haus nicht mehr verlasse, mir, den es kilometerweite Anstrengungen kostet, vom Schlafzimmer zur Toilette und von der Toilette zum Schlafzimmer zu reisen, mir, den kein Freund besucht, kein Patenkind, kein alter Kollege, kein Vetter, mir, der ich den ganzen lieben langen Tag mit meiner Schwester streite, um mich zu versichern, daß ich atme, um mich zu versichern, daß ich spreche, um mich zu versichern, daß ich noch lebe, mir scheint, daß jeder so fliegt, wie er kann, und deine Mutter fliegt vielleicht dort in Afrika weiter, seit wir sie zurückgelassen haben, als wir in den Wirren der Unabhängigkeit nach Lissabon zurückkehrten, vielleicht fliegt sie weiter zwischen den Frachtern vom Indischen Ozean, vielleicht hat der Bürgerkrieg das Krankenhaus am Nordrand der Stadt und die wie die Ziegenböcke des Minho an Pflöcke gebundenen Kranken verschont, vielleicht gibt es noch die Knochen und Zähne des Wales am Strand,

des Wales, von dem ich manchmal nach der Suppe vor dem Fernsehapparat träume, wenn ich mir die Wellen von Lourenço Marques und das Häuschen auf der Insel vorstelle, wenn ich mir deinen Großvater vorstelle, der die Hände auf dem Bauch hat, eine Rose zwischen den Fingern, und die Leute ringsum, in Flanell ertrunken, die die Flasche rumgehen lassen und sich unterhalten, die Leute, die durch die offene Tür die Affenbrotbäume betrachten, die aus der Ebbe wachsen, hockende Frauen unter den Palmen und die Weite des Sonnenuntergangs,

denn manchmal träume ich von den Affenbrotbäumen, so wie ich auch manchmal von den Weiden von Monção träume, Tochter, während die Gesichter und das Gesprochene auf dem Fernsehschirm kollidieren und ich höre, wenn dich im Schlafzimmer die Wut auf unseren Hausclown packt,

ebenso wie ich mich manchmal daran erinnere, wie ich mich am Tag vor der Abfahrt des Passagierschiffes nach Lissabon von deiner Mutter verabschiedete, mich daran erinnere, wie ich mit dem Taxi durch das geplünderte Lourenço Marques fuhr, in dem Möbel auf den Straßen standen, und ich saß gleichgültig auf dem Rücksitz, denn ich habe Moçambique nie gemocht, habe die vielen Neger nie gemocht, die viele Hitze, den vielen Regen, die Geckos, die Schlangen, die Stille nach den Gewittern, sie konnten Bomben werfen, wohin sie wollten, auch auf den Hafen, auch auf mein Stadtviertel, auch auf das, was mir gehörte, kein Nerv zuckte vor Trauer zusammen, zum Teufel mit Moçambique, zum Teufel mit den Mangobäumen, zum Teufel mit den Siedlern, zum Teufel mit alldem,

und kurz darauf trat ich in die Krankenstation und überlegte hochzufrieden, Es wird nicht lange dauern, dann ist Schluß mit Afrika, wie schön, bald wird es mit einem Knall von der Landkarte verschwinden, die Nonne in Sandalen holte mich am Empfang ab, ich näherte mich deiner Mutter, die die Zeit hatte mager werden lassen und die jetzt weiße Strähnen im Haar hatte,

ich näherte mich deiner Mutter und wiederholte im Geiste, Es wird nicht lange dauern, dann ist Schluß mit Afrika, wie schön, die Nonne schimpfte auf spanisch mit einer Alten, die in die Bettücher uriniert hatte, man hörte Granaten im Stadtzentrum, die Lourenço Marques in eine Trümmerlandschaft verwandelten, die an eine Sauerstoffflasche angeschlossene Alte atmete unter Mühen, und ich zu deiner Mutter, Ich gehe weg nach Portugal, Noémia, und sie betrachtete, den Blick auf die Wand gerichtet, die Fischkutter mit einem Interesse, mit dem sie mich nie betrachtet hatte,

und ich zu deiner Mutter, Ich habe das Haus verkauft, ich nehme die Kleine mit, Noémia, die Alte bäumte sich wieder auf, schüttelte sich unter Schluchzern, beruhigte sich, die Nonne stellte den Sauerstoff ab, eine Verrückte auf allen vieren versuchte die Matratze zu zerfetzen, und ich zu deiner Mutter, Ich sehe dich jetzt zum letztenmal, Noémia,

ein Kanonenschuß flog pfeifend über das Krankenhaus hinweg, die Lampe an der Decke ging aus, Jetzt ist es soweit, jubelte ich, jetzt löst sich Moçambique in Luft auf, und währenddessen hatte man die Alte schon aus dem Keller transportiert, und währenddessen schalt die Nonne bereits eine zweite Verrückte, die wieherte, und weder deine Mutter noch ich waren traurig über die Trennung, sie war mit dem Meer beschäftigt und ich heilfroh, von hier wegzukommen, ich habe noch den Arm ausgestreckt, um ihre Hand zu drükken oder ihre Schulter zu streicheln, ich habe noch daran gedacht, ihr einen Kuß zu geben, das kostet ja schließlich nichts, ein Kuß, immerhin haben wir zwölf Jahre zusammengelebt, und wahrscheinlich ist sie immer noch da in Afrika, Tochter, wahrscheinlich schimpft man jetzt mit ihr, weil sie ins Bettuch uriniert hat, wahrscheinlich stellen sie ihr jetzt den Sauerstoff ab, ich habe ihre Hand nicht gedrückt, ich habe ihre Schulter nicht gestreichelt, ich habe sie nicht geküßt, ich ging zum Ausgang, ohne Sehnsucht, ohne schlechtes Gewissen, ich drehte mich auf der ersten Stufe um, warum, weiß ich nicht, und deine Mutter starrte wie gewöhnlich auf die Wand, zählte die Fischkutter am Kai zusammen.

Jeder fliegt, wie er kann, behaupte ich, und deshalb bin ich nach Portugal zurückgekommen, um unter der Erde zu fliegen, allerdings gibt es im Minho keine Stollen, in denen man Erzloren schieben kann, es gibt weder Kantinen noch Arbeiterviertel, noch das Geräusch der Dosen am Sonntag, nur kleine Bauernhöfe mit Zwiebeln, Koriander und Tomaten, nur das Wasser, das im Moos murmelt. Weder im Minho noch in Trás-os-Montes, noch in Lissabon, noch in der Algarve, denn in diesem Land gibt es keinen Ort, an dem man unter Statuen und unter Brücken fliegen kann, und dennoch, nach langem Suchen habe ich in der Beira einen Fahrstuhl zum Mittelpunkt der Erde gefunden, mit rostigen Flaschenzügen und Seilen, und da habe ich den Helm aufgesetzt, den Hebel runtergedrückt und bin in einem lichtlosen Schacht bis zu einer Plattform hinuntergefahren, auf der meine Sohlen wie in einem verlassenen Theater klangen. Die Leuchte an der Stirn legte Werkzeug, Drahtrollen, Stücke von Schienen frei, einen umgekippten Grubenhund, der in der Fahlheit eines gefrorenen Morgens die Beine in die Luft streckte. Am Eingang der Tunnel warteten Wolframsteine unbeirrbar auf die Schaufel, die sie wegbewegte, die Wände waren mit den Bartflechten seelenloser Stollen bevölkert, und ein Vorarbeiter versperrte einen zweiten Fahrstuhl, in dem sich Bündel und Säcke stapelten. Am Fliegen gehindert, stieg ich, von den Schreien der Fledermäuse gequält, die meine Leuchte erschreckte, von einem kranken Mechanismus ruckartig bewegt, zur Oberfläche auf und landete auf einem freien Feld mit Olivenbäumen, die sich zu einem Dorf ohne Kapelle und mit Gassen aus Granit zwischen den Häusern neigten. Auf einem Feldweg verwitterten die Reste eines Lastwagens, ein Fasan verschwand in einem Wald, Wolken reisten nach Spanien, ein Junge hütete Kälber zwischen Disteln, ein regloser Gänsegeier ließ das Aluminium seiner Flügel aufblitzen. Dort unten fand ich eine Taverne mit zwei Fässern und einer Tafel mit Kreidestrichen, die Weinschulden anzeigten, eine Dorfkneipe, in der sich Bauern wortlos betranken, ich kaufte dem Männlein an der Theke, das damit beschäftigt war, eine Maus mit dem Besen zu zerquetschen, einen Liter Cognac ab, stieg erneut den Hang hinauf und lehnte am Eingang zum Bergwerk den Rücken an den Kotflügel des Lastwagens. Die Kälber näherten sich asthmaschwitzend, ein Trecker knurrte an der anderen Seite des Berges, der Gänsegeier stürzte sich plötzlich auf eine Schar verschreckter Hühner. Ich leerte die Flasche, warf sie in die Tasche, erreichte die Tür, setzte den Helm auf, machte die Leuchte an, sprang ohne Spitzhacke und ohne Seile um die Taille auf die Plattform des Fahrstuhls und tauchte entschlossen in den Schacht, um, komme, was da wolle, unter der Erde zu fliegen.

2

Mein Bruder lässt sich nicht davon abbringen, in Alcântara so zu fliegen, wie er dort in Afrika im Bergwerk von Johannesburg geflogen ist, und als ich den Kassenarzt wegen meiner Nieren aufsuchte und das Problem ansprach,

Das ist vielleicht ein Theater, Herr Doktor, manchmal schnappt er sich eine Schaufel und will den Teppichboden im Wohnzimmer durchbohren und sich wie ein Maulwurf in die Erde buddeln,

sagte er, indem er das Hämmerchen, mit dem man aufs Knie schlägt, und das Stethoskop, mit dem man die Herzenstränen hört, zur Seite legte,

Machen Sie sich keine Sorgen, Dona Orquídea, ihn hat die Arteriosklerose in der Mangel, er glaubt, ein Vogel zu sein, das ist noch gar nichts, haben Sie sich mal vorgestellt, was das für ein Aufstand wäre, wenn er glaubte, ein Nilpferd zu sein, immer in der Badewanne läge und bündelweise Rüben mampfte?,

und ich, voll Sorgen wegen des Hauses, denn die Rente langt nicht für neue Teppiche,

Wenn es das nur wäre, diese Macke mit den Löchern, das ginge ja noch, meinetwegen auch, daß ich ihn nachts im Garten erwische, wo er, den Helm auf dem Kopf, beim Nußbaum gräbt, aber das Problem ist, daß er der Nachbarschaft den Schlaf raubt, wenn er mit der Hacke auf den Boden einschlägt, jeden Monat erscheint der Hauswirt und macht uns klar, daß er keinen Mieter will, der einen so tiefen Schacht gräbt und plötzlich auf der anderen Seite des Planeten wieder rausfällt,

und der Doktor, während er mir das Rezept für die Tabletten ausstellte,

Geben Sie ihm diese Pillen zum Mittagessen und zum Abendessen, Dona Orquídea, und ihm vergeht garantiert die Lust darauf, eine Amsel zu sein, er wird im Wohnzimmer sitzen und keinen Finger mehr rühren, mucksmäuschenstill wie eine Katze aus Ton,

und ich, bereits im Stehen, während ich mir das Kleid glattstrich und nach dem Regenschirm suchte, den ich immer vergesse, wenn ich aus dem Haus gehe,

Er will nicht nur fliegen, er hat sich außerdem in den Kopf gesetzt, daß seine Frau noch lebt, in einem Irrenhaus in Lourenço Marques Fregatten zählt, wo doch jeder weiß, daß sie mit Zucker im Blut am Tag nach der Geburt meiner Nichte gestorben ist,

und der Arzt, der die Röntgenaufnahmen in einen Umschlag steckte und auf der Karteikarte Notizen machte,

Lassen Sie sich am Schalter einen Termin in drei Wochen geben, Dona Orquídea, die Nieren funktionieren großartig, das Schlimmste, was Ihnen passieren könnte, ist, daß Sie ein Steinchen urinieren, und ärgern Sie sich nicht über Ihren Bruder, denn eine Frau, die Fregatten zählt, wäre genau das, was ich gern hätte, denn die, die mit mir in Miraflores lebt, macht mich die ganze Zeit dermaßen verrückt, daß ich am Ende in den Mond gucke und Schiffe sehe,

und so war ich etwas beruhigter, als ich die Kassenarztpraxis verließ, und legte in der Apotheke das Rezept für meine Ampullen und die Pillen gegen die Vögel vor, zu denen eine so lange Gebrauchsanweisung gehörte und die so teuer waren, daß sie sicher gut sind, und als ich in der Quinta do Jacinto ankam, mit aufgespanntem Schirm für den Fall, daß es anfangen würde zu regnen, traf ich meinen Bruder, der das Steinpflaster vor dem Haus aufhackte, unsichtbaren Negern Befehle gab und mir von weitem zubrüllte,

Bis ich nicht dreihundert Meter tief unten bin, höre ich nicht auf, Schwesterherz, hörst du nicht die Loren da unten?,

dabei hörte ich allerhöchstens den Fußweg vom Pfeifen der Züge erzittern, den Tejo, der Kiesel kullerte, und das Piepsen der Möwen, dabei hörte ich allerhöchstens die

Ammoniakkristalle in meiner Blase gegeneinanderklirren und dieses Summen in den Ohren, gegen das kein Facharzt, selbst der mit der Privatpraxis in Belas, etwas ausrichten kann, und mein Bruder, der die Taucherbrille aufsetzte und den Teerbelag aufhackte,

Dreihundert Meter, Schwesterherz, nur lächerliche dreihundert Meter, wenn ich Hilfe hätte, wäre ich im Nu bei den Stollen,

und da schauten bereits Leute aus dem Fenster, da lachten bereits Leute über ihn, da zeichneten bereits Kinder Kreuze auf den Asphalt und rieten ihm hilfsbereit,

Nicht da, Senhor Oliveira, hier, mich kitzeln die Stimmen der Bergleute schon unter den Füßen, ich fühle schon jedesmal ein Kribbeln in den Knien, wenn einer von ihnen hustet,

und mein Bruder hackte die Straße rauf und runter, versuchte es an einer Ecke, an einem Haustor und unter einem Auto, je nachdem, was ihm die Kinder rieten, ein Nierenstein blieb mir plötzlich in der Harnröhre stecken, lähmte meinen Schenkel, ich blieb stehen, stützte, die Hand im Rücken, den Schmerz, und die Kinder zeigten hierhin, dahin und noch woandershin,

Auf geht's, Senhor Oliveira, auf geht's, denn da liegt ein Verletzter auf einer Trage,

der Besitzer des Fischladens, der den Geruch des ganzen Ozeans in seinem Kittel mitbrachte, kam aus dem Laden und blieb auf der Schwelle stehen, schaute verblüfft meinem Bruder zu, der, bis zur Taille in den Asphalt getaucht, den Anweisungen der Lausbuben folgend, im Graben hackte, und ich stocksauer,

Wart mal 'nen Moment, Domingos, wart mal 'nen Moment, Domingos, ich hol dir ein Glas Wasser, damit du erst mal eine Pille vom Doktor schluckst, da ist nur Kalzium und Eisen drin, Ehrenwort, da sind nur Affendrüsen aus Indonesien zur Kräftigung der Muskeln drin,

und in dem Augenblick, als man nur noch den

Helm und den Hals meines Bruders sah, schlug das Blatt der Hacke auf ein Rohr, schlug noch einmal beharrlich drauf, der vom Fischladen trat einen Schritt zurück und warnte,

Vorsicht,

mit einem Schrei, dem Oktopus- und Krebsaroma entströmte, die Zuschauer in den Fenstern hängten sich weiter heraus, der Stein in der Harnröhre löste sich in meinem Blut auf, ich flehte,

Domingos,

suchte nach den Pillen, ich weiß nicht, ob nach meinen oder seinen, als das Rohr zerbarst und eine Fontäne aus Exkrementen, Abfall und Urin aus den Eingeweiden der Straße schoß, die Dächer, die Schornsteine, die Veranden, die Dahlien vor den Häusern bespritzte und sich wie ein Lavastrom durch die Quinta do Jacinto ergoß, der den Lieferwagen des Schlachters, den Zementmixer einer Baustelle, die Stühle vom Café zum Tejo schob, während mein Bruder weiter in Richtung Alcântara zu den Bergwerksloren entschwand, die nur er hörte, und zu dem verletzten Arbeiter, den die Schulkinder erfunden hatten.

Die Stadtverwaltung hat vierzehn Tage lang gebraucht, um die Sielleitungen mit einem Riesenaufgebot von Architekten und Ingenieuren zu reparieren, die der halben Stadt die Elektrizität und das Telefon abstellten und den Zügen nach Cascais den Strom abdrehten, die Nachbarschaft hat sich beim Gericht über meinen Bruder beschwert, doch der Kassenarzt, der bei seiner Gattin in den Mond guckte, unterzeichnete eine Erklärung, in der er bei seiner Ehre versicherte, daß jemand, der unter der Erde flog, krank sei, er leistete einen Eid darauf, daß unterirdische Vögel, selbst wenn sie menschliche Gestalt hätten, etwas noch nicht Existierendes seien, die Nachbarschaft, die nicht mehr mit mir sprach, war nicht einverstanden, drängte den Richter, beklagte sich darüber, daß selbst von den Parfümflakons ein Kackeduft ausging und daß sie wegen des Stromausfalls in den Fernsehern hätten Petroleumlampen anzünden müssen, um ihre Lieblingsserie sehen zu können, mein Bruder, der sechs Pillen pro Tag schluckte, besabberte sich die ganze Zeit lang im Bett, redete nur Unsinn, Sätze über Förderkörbe und Gold und Spitzhacken, über Bergarbeitersiedlungen und Kantinen und eine Mulattin aus dem Senegal, die in jeder Pore einen Mund besaß, der ihn küßte, und der Arzt, der vor sich hin pfiff, die Säurekristalle betrachtete, die ich ihm in einem Fläschchen mitgebracht hatte, und die Röntgenaufnahme in ein Milchglasquadrat spannte, sagte daraufhin zu mir,

Beruhigen Sie sich, Dona Orquídea, ärgern Sie sich nicht darüber, das ist das Ergebnis der Behandlung, sobald sie damit anfangen, von Mulattinnen zu reden, dauert es noch zwei oder drei Tage, und sie sind wiederhergestellt,

und ich, die das Papier gelesen hatte, das um die Verpackung gewickelt war, und es mir bis hin zu den Nebenwirkungen wie Nagelausfall und Mikrozephalie gemerkt hatte,

Aber das steht nicht auf der Verpackung, Herr Doktor, da steht, daß der Kopf der Patienten schrumpft,

und er, während er mit dem Rücken zu mir am Negativ meiner Eingeweide interessiert den Weg der Harnröhre mit einem Bleistift nachzeichnete,

Das ist in Frankreich so, die Franzosen neigen wegen nichts und wieder nichts zum Hirnmassenschwund, in Portugal ist der Appetit auf Mulattinnen das erste Besserungssymptom, wen Mulattinnen nicht interessieren, der stirbt, und wo wir gerade von Mulattinnen sprechen, Ihre linke Niere ist ein ziemlich düsteres Kapitel, die sieht aus, als hätte sich der ganze Marmor aus Estremoz dort angesammelt,

und ich tastete mir nervös die Taille ab,

Und jetzt?,

und der Doktor, der das Röntgenbild gegen ein anderes auswechselte, einen Bericht entzifferte und die Umrisse der Eierstöcke mit dem Bleistift unterstrich,

Da gibt's nur eins, Dona Orquídea, entweder finden Sie eine Anstellung als Tischplatte, oder wir operieren

Sie, und Sie werden durch den Verkauf des Gerölls aus Ihrem Bauch zur Millionärin, die andere Niere übrigens, die dieser nicht nachstehen will, sieht schlimmer aus als ein Nachtwächter am Mittag, ehrlich gesagt, weiß ich nicht, mit welcher ich anfangen soll,

und ich, der die Seele in Fetzen hing, tastete mir beide Seiten ab,

Und bringt eine Operation das wieder in Ordnung?,

und er zuckte mit den Schultern, rief über das Haustelefon einen Kollegen an,

Hallo Aires, komm mal rüber und guck dir ein paar Nieren an, die nicht einmal mehr für eine Autopsie taugen,

er blätterte in Laborberichten, maß meinen Blutdruck, gab mir einen Klaps auf die Schulter,

Trotzdem ist der Gedanke doch tröstlich, daß wir alle an irgendwas sterben müssen, nicht wahr?,

und so verließ ich die Kassenpraxis, dachte an Todeskämpfe, an Galleerbrechen, an Schläuche in der Nase und im Mund, an herzzerreißendes, mit christlicher Resignation ertragenes Leiden, war genauso blaß wie die Angestellten am Schalter, und die, die darauf warteten dranzukommen, wichen erschrocken vor mir zurück, und als ich in die Quinta do Jacinto zurückkam und daran dachte, daß niemand zu meiner Beerdigung kommen würde, daß sie sogar nicht einmal darauf kommen würden, meinen Namen und mein Bild in die Zeitung zu setzen, das aus dem Personalausweis, auf dem ich jünger aussehe, als ich zur Quinta do Jacinto zurückkam, mir vorstellte, daß es keine Blumen geben würde und nur ein einziges Taxi, das mit kaputtem Auspuff hinter dem Leichenwagen herknatterte, stieß ich auf einen Polizisten in Zivil, der mich aufforderte,

Unterzeichnen Sie hier,

denn morgen sollte die Gerichtsverhandlung gegen meinen Bruder sein, der angeklagt war, die Stadt angebohrt zu haben, gegen meinen Bruder, der, von der Wirkung der

Tabletten übermannt, im Bett vor sich hin sabberte und den Kleiderschrank anflehte,

Massier meinen Rücken, Solange, heute hat mir das Bergwerk den Rest gegeben, massier mich, den ganzen Tag lang habe ich Loren geschoben,

und ich nahm trotz meines eigenen drohenden, vom Kassenarzt angekündigten Todes den Polizisten zu meinem Bruder mit, der die Empfangsbescheinigung unterschreiben sollte, und der vom Gericht näherte sich dem Bett, suchte in der Tasche der Uniform nach einem Stift,

Ein kleiner Federstrich,

und Domingos, der den Kopf nicht aus dem Kissen hob, dem die Spucke in den Pyjamakragen tropfte, fragte mich mühsam,

Ist das der Vorarbeiter aus Johannesburg, Schwesterherz?,

und der Polizist, der einen Stift gefunden hatte und ihm diesen und die schreibmaschinengeschriebenen Seiten des Gerichts hinstreckte,

Setzen Sie da Ihr Kürzel hin, und machen Sie kein Theater, ich hab nämlich heute nachmittag noch einundzwanzig abzuliefern und habe um sechs Dienstschluß,

und mein Bruder, der gegen die Pillen kämpfte, richtete seine schläfrigen Pupillen auf den anderen und suchte mich mit Blicken im Zimmer, sah den Polizisten an, während sein Gesicht eine Sekunde lang leuchtete, wie ich es von ihm als Junge kannte, in Monção, beim Samstagabendtanz, und antwortete verächtlich mit einer Stimme, die das Haus mit dem Gewicht seiner Autorität erfüllte,

Wenn ich Ihnen was raten darf, dann stecken Sie sich das Kürzel in den Hals,

und am nächsten Tag standen wir in Boa Hora vor dem Richter, meine Nichte, die Arme, der Nichtsnutz, der mit ihr schläft, ich, von meinen Lackschuhen gefoltert, in Gedanken bei meiner Operation, das Fläschchen mit den Steinen in der Handtasche, und mein Bruder mit Seilen um die Taille, den Helm mit brennender Leuchte auf dem Kopf, den wir alle wegen der pillenbedingten Schwäche stützten, die ihn am Fliegen hinderte, am nächsten Tag standen wir in einem Saal mit einem Tisch oben auf einem Podium und aufgereihten Bänken wie im Wanderkino in Esposende, in dem Film und Meer ineinander übergingen und die Stimmen der Schauspieler einen aquatischen Tonfall hatten, und da befahl ein Herr in langem schwarzem Talar einem Herrn in kurzem Talar,

Lassen Sie den ersten Zeugen eintraten, Tavares.

In Esposende, im Kino neben dem Strand, waren Film und Meer ein und dasselbe, das gleiche Geräusch hinter der Segeltuchwand, und nicht nur der Film und das Meer, sondern auch die Kiefern und die Trauerweiden, die Hütten der Bademeister und der Wind, ich vergaß die Nacht und den Wind, die Fischerboote und den Schaum im Sand, ich vergaß die Kälte im August vor sechsunddreißig Jahren, als mein Liebster sich auf mich legte, meinen Rock hochschob und ich seine Hände fühlte, die mich suchten, Gummibänder zerrisschen, mein Fleisch kniffen, mir weh taten, ich spürte die Hände, die mich fanden, die mich weiteten, die den Kanal meines Leibes erforschten, ich spürte seinen Atem am Hals, ich hörte die Stimme, die meinen Namen wiederholte, ich fühlte, wie ein Saft aus mir auf die Zistrosen herauslief und sein Geruch sich um mich herum verbreitete, und während die Bilder auf der Leinwand gerannen, dem Meer in Esposende glichen, dem Wind und den Trauerweiden und den Kiefern und der Nacht, während sie auf der Leinwand gerannen, die so schwarz war wie die Boote der Bademeister, so schwarz wie sein Gesicht, als er sich von mir erhob, mir zum Abschied mit der Hand winkte, lag ich da, gegen die Wand aus Segeltuch gelehnt, gevierteilt, innerlich nackt, ohne Worte, hatte nur, weiß ich, warum, das absurde Bedürfnis zu weinen. Ich sah ihn drei Wochen später im Laden meines Vaters wieder, und er lächelte mir weder zu, noch sprach er mich an, er ließ das Geld auf dem Tresen zurück, nahm die

Schachtel Zigaretten mit, verschwand, und ich dort in Esposende, nah bei den tausend Geheimnissen des Wassers, dachte an das, was der Besitzer des Kinos mir genommen hatte und das nur etwas wert war, weil es nicht mehr existierte, ich dort hörte den Wellen zu, hörte dem Klang des Wellenschlags gegen die Schiffsrümpfe zu, hörte den Trauerweiden zu, ich dort, vor sechsunddreißig Jahren, so nackt vor meinen eigenen Augen wie niemals zuvor oder danach, und ich vorgestern, schon alt, an der Krankheit meiner Nieren sterbend, hörte zu, wie die Nachbarn aus der Quinta do Jacinto dem Richter erklärten, daß mein Bruder den ganzen Nachmittag lang, in der Absicht, dem Stadtviertel zu schaden, den Asphalt mit der Hacke bearbeitet habe, mal neben diesem Haus, mal neben jenem Haus, bis er die Abwasserleitungen traf und uns mit Müll überflutete, den sie bis heute, man möge sich das vor Augen führen, nicht ganz und gar aus den Schränken bekommen haben und der sogar in die Panzerschränke gedrungen ist und Erspartes und Liebesbriefe verschlammt hat, Ich habe einen Schaden von mindestens dreihundertfünfzigtausend Escudos nur für Maler- und Putzarbeiten, einmal ganz abgesehen vom kaputten Wasserboiler und dem Ofen, der nicht mehr funktioniert, und was ist man denn schon ohne Ofen?, Bei mir ist es das Teeservice meiner Großeltern, das stinkt, ich kann die Kanne nicht benutzen, wenn ich eine Grippe bekomme oder mein Patensohn, der Ingenieur, mich Ostern mit seiner Familie und einem Päckchen Butterkekse besucht, wenn er heute zu mir käme, würde er entsetzt verschwinden, und ich, dem nur dieser eine Zahn geblieben ist, würde nie wieder Kuchen essen, mein Herr, Bei mir ist das Problem, daß ich mich meiner Frau nicht mehr nähern kann, ohne sofort einen Latrinenduft zu riechen, daher schlafe ich allein auf dem Sofa im Wohnzimmer und habe davon diese Wirbelsäulenverkrümmung bekommen, die mich keine Nacht mehr ruhen läßt, Bei mir ist es das abgestellte Wasser, das mich umbringt, ich verbringe den ganzen Tag damit, mit zwei Eimern zum öffentlichen Brunnen von Alcântara zu gehen wie ein Idiot, ich, der ich Hauptmann bin und Verpflichtungen habe, wie soll ich beispielsweise erfahren, wenn die Spanier uns überfallen, Bei mir ist es das Telefon, das mit dem Wasser und dem Strom macht mir nichts aus, aber wie soll ich ohne Telefon dem Wunschkonzertprogramm meine Plattenwünsche durchgeben?, und ich erinnerte mich an Esposende, und der Richter nickte, blätterte in einem Gesetzeswerk, und nach Dutzenden von Klagen und einem ganzen Nachmittag voller Proteste und Empörungen reckte der Beamte in dem kurzen Talar den Hals und brüllte, zu uns hinschauend,

Der Angeklagte möge sich erheben,

und ich stieß meinen Bruder, der die Leuchtturmlampe seines Helms an- und ausmachte, mit dem Ellenbogen an,

Du bist dran, Domingos,

und er rührte sich nicht von der Bank, rückte die Bergarbeiterbrille zurecht,

Heute habe ich keine Lust zu arbeiten, Schwesterherz, was soll's, dann müssen die Neger eben allein unter der Erde fliegen,

und der Richter beugte sich vom Schreibtisch herunter und erregte sich in schwarzem Krepp,

Wie bitte?,

und mein Bruder, der die Seile von der Taille wickelte,

Heute mache ich keine Überstunden, was ich heute brauche, ist eine Siesta im Bett von Solange,

und der Richter, der wütend Urteile kritzelte,

Solange?,

und mein Bruder, wie jemand, der einem Mongoloiden etwas allgemein Bekanntes erklärt,

Von Solange, der Mulattin, die Putzfrau ist, die im einzigen Ziegelhaus am äußersten Ende des Stacheldrahts beim Röhrichtfeld wohnt, eine Große, die eher dünn als dick ist, die von mir schwanger ist und die anderen Neger nicht besucht, weil ich es verboten habe, und der Richter, die Hand ums Ohr gewölbt,

Was?,

und mein Bruder, die brennende Grubenlampe zur Decke gerichtet,

Was gibt's daran zu zweifeln, Mann, hast du mal gesehen, wie schlampig die Typen sind, wie die stinken?,

und der mit dem kurzen Talar machte sich Sorgen um den Richter, der sich, am Rande eines Herzinfarkts, die Stirn trockenwischte,

Darum geht es nicht, mein Freund, vergessen Sie die Schwarzen, vergessen Sie den Geruch der Schwarzen, wir beschäftigen uns gerade mit den Rohren, die Sie in Alcântara kaputtgemacht haben, die von der Quinta do Jacinto wollen sieben Millionen Escudos Entschädigung,

und sie reden darüber, und ich bin in Esposende vor sechsunddreißig Jahren, Freitag nacht, das Wasser ist vier oder fünf Meter von mir entfernt, und der Film vermischt sich mit dem Meer und den Trauerweiden und den Kiefern und dem Wind, dem Wind von Esposende, der in den Dünen Sand gegen die Fischerboote treibt, ich liege in Esposende,

in Esposende

mit offenem Leib, fließendem Blut, schaukele im Rhythmus der Gezeiten, ich zittere vor Kälte und vor Hitze mit dem Mann über mir, der in mein Ohr flüstert,

Mein Gott,

und ich im Laden meines Vaters

in Esposende

räume die Stoffe auf, antworte nicht auf die Fragen meiner Stiefmutter, winke ja mit den Wangen, winke nein mit den Wangen, schüttle die Wangen, Ja, schüttle die Wangen, Nein, sehe, wie das Segeltuch und die Bänke des Wanderkinos abgebaut werden, wie sie auf einen Lastwagen gestapelt werden und frühmorgens nach Povoa abfahren, ich sehe die Filmdosen und den Projektor, in Sackleinen gewickelt, ich sehe ihn mit einer Mütze neben dem Fahrer, wie er hinter der ersten Ecke der kleinen Stadt verschwindet, ich schaue auf das freie Stück Sand, das das Kino zurückgelassen hat und auf dem das Gras wieder wachsen wird, bis es die Schmach dessen bedeckt, was ich nicht mehr habe, und mein Bruder, der die Lampe auf dem Helm zu dem mit dem kurzen Talar wendete,

Was für Rohre, was für eine Entschädigung,

Die Abwasserleitung, die Sie in der Quinta do Jacinto kaputtgemacht haben, den Regen von Exkrementen, den Sie überall ausgelöst haben,

und der Doktor zog mich strahlend am Ärmel und klopfte mit dem Bleistift auf einen helleren Bereich der Röntgenaufnahme,

Hier, Dona Orquídea, ein Stein, mindestens so groß wie ein Mühlstein, ich weiß gar nicht, wie Sie mit so was in sich drin herumlaufen können,

und der mit dem kurzen Talar hüpfte wie ein Spatz auf dem Podium,

Die Zeugen sagten aus, daß der Kot das Weinlager von Poço do Bispo beschädigt hat, die Feuerwehrleute sagten aus, daß der Kot erst in Ajuda zum Stillstand gekommen ist,

und der Doktor, der mir die Stirn hinunterdrückt, bis sie dicht an der Niere ist,

Ein Mühlstein, Dona Orquídea, herzlichen Glückwunsch, das einzige, was ich nicht verstehe, ist, wieso Sie noch leben,

und der Richter, der nicht einmal mehr die Kraft hat, den Daumen mit Speichel zu netzen,

Ein zerstörtes Weinlager, zwei verschlammte Kirchen, ein Kinderhort, in dem der Müll den Kinderschwestern bis zur Taille reichte, auf dem halben Prazeres-Friedhof schwimmen die Verstorbenen, Witwen haben keinen Zutritt mehr, die Ampeln am Cais do Sodré spielen verrückt, das Rathaus verlangt einhundertvierzig Millionen Escudos für die Schäden,

und der Arzt, der mir Pralinen anbot, mir Zigaretten anbot,

Ich werde Ihnen einen Vertragsentwurf zeigen, seit

einem Monat geht mir das nicht mehr aus dem Sinn, ich könnte die Krankheiten aufgeben und mich mit Ihnen zusammentun, ich würde fünfzehn Prozent vom Gewinn erhalten, und wir würden Ihre Nieren in einem Zelt zeigen, Sonderpreise für Taufen, goldene Hochzeiten und Weihnachtsveranstaltungen für Gelähmte, Orquídea, die Frau aus Marmor, und nach einem Jahr, falls Sie die Mühlen überleben, hat jeder von uns bereits sein Haus mit Swimmingpool, seine Yacht und seinen van Gogh,

und mein Bruder, der das Licht der Laterne auf dem Helm herunterschraubte,

Einhundertvierzig Millionen Escudos, das ist 'ne Menge Geld, ich hätte nie gedacht, daß Scheiße so teuer ist,

und ich fühlte einen kleinen Kiesel in der Blase und dachte an Esposende und an das Meer und an den Sand und an die Gräser, die die Flüssigkeit meines an das Segeltuch des Kinos gelehnten Körpers tranken, die das Blut von etwas tranken, von dem man erst in dem Augenblick, in dem man es verliert, weiß, daß man es hat, ich dachte an Esposende und an die Kiefern und an den Wind und an den Mann, der aufstand, die Kiefernnadeln abschüttelte, eine Zigarette anzündete, wegging, und beschloß auf dem Rückweg nach Alcântara, daß ich, ohne jemandem etwas zu sagen, ohne daß es jemand merkt, ohne daß es jemand ahnt, die Spitzhacke, den Helm und die Leuchte und die Seile aus dem Zimmer meines Bruders holen, in den Garten hinter dem Haus gehen, in dem der Nußbaum scheppert, und anfangen würde, ein Beet bis in dreihundert Meter Tiefe zu bohren, wo die Loren auf den Schienen quietschen, um zwischen den Negern unter der Erde bis zu den Wellen zu fliegen, um das wiederzubekommen, was mir an einem Freitag vor sechsunddreißig Jahren geraubt worden war.

3

Ich hatte gerade beschlossen, mich wieder nach Johannesburg einzuschiffen, weil ich Portugal nicht mag, weil ich Lissabon nicht mag, weil ich Alcântara nicht mag, weil ich die Quinta do Jacinto nicht mag, weil ich nicht mag, daß es keine Bergwerksstollen und Kantinen und Erzloren gibt, hatte mich entschlossen, mich wieder nach Johannesburg einzuschiffen, weil Solange mir fehlt und das Öllämpchen, das ihr Gesicht vergrößerte, mir die Träume verwirrt und die zärtlichen Gesten bis zum Morgengrauen ausdehnt, als jemand klingelte und ein Mann, der sich ein Tonbandgerät umgehängt hatte und nicht fliegen konnte, mir von der Fußmatte her sagte, Ich war Agent der Politischen Polizei, Senhor Oliveira, ich habe nur ein halbes Dutzend Fragen zu Ihrer Tochter und Ihrem Schwiegersohn, und dann störe ich Sie nicht weiter.

Hier zu Haus lasse ich, sobald ich nach dem Mittagessen allein bin, denn meine Schwester, die ständig eine Laborflasche Pipi im Arm hält, bringt ihre Tage mit Nierenuntersuchungen beim Arzt zu, die Rolläden herunter, hänge Decken vor die Scheiben, setze mir den Helm auf, rüste mich mit der Spitzhacke aus, setze mich im Dunkeln auf meinen Stuhl und stelle mir die Geräusche dort unter der Erde vor. Wenn sonst niemand im Haus ist, versuche ich einen Vorarbeiter herauszuhören, der, schrille Befehle fiepsend, mit ausgebreiteten Armen herumschwebt. Doch das Licht von Lissabon, diese maßlose Sonne, die mich die ganze Nacht lang nicht schlafen läßt, und der Fluß, der an der Decke tanzt, beide verwehren mir die Reise zum Mittelpunkt der Erde, verhindern, daß ich Gold in Loren schiebe oder mich, die Mittagskonserve essend, auf einer Stufe niederlasse. Also reiße ich schließlich die Decken wieder von den Fensterrahmen, ziehe die Rolläden wieder hoch und sitze, besiegt von diesem Licht, das mich haßt, im Wohnzimmer und höre dem Tejo zu. Wie in Monção, wie in Esposende, wie in der Beira, wie überall in diesem Land, in dem sich alles zum Meer hin neigt, in dem man die Wellen im Haar der Ähren spürt, und dann frage ich mich, wie man an einem Ort leben kann, der nur nutzloses Strandgut der Ebbe ist, die Wellen zogen sich zurück und hinterließen auf dem Sand ein Kloster, die Wellen zogen sich zurück und hinterließen ein Bukett aus Straßen, einen Pranger und einen Platz, die Wellen zogen sich zurück und hinterließen ein Hotel, ein Gefängnis, einen Stadtteil, einen Feldgottesdienst, eine Totenwache, die Wellen zogen sich zurück und hinterließen uns, abends bei Brunnenkresse und Schellfisch am Tisch sitzend, die Wellen zogen sich zurück und hinterließen mich, der Johannesburg sucht im leeren Haus, die sonntägliche Kantine sucht und das Bier, das mich an die Kindheit erinnert, mich an die Zistrosen erinnert, an die Trauerweiden und die Tonochsen aus dem Minho, die Wellen zogen sich zurück und hinterließen einen Mann mit umgehängtem Tonbandgerät, der nicht fliegen konnte und mich bat, Fragen stellen zu dürfen, von der Fußmatte her mißtrauisch auf den Helm und die Spitzhacke schaute, und ich, der ich es leid war, niemanden zu haben, dem ich dies alles erzählen konnte, der die Sonne leid war und den es danach drängte, endlich zu sagen, Mein Lieber, ich werde im Schiff nach Johannesburg, zu Solange, in das Bergwerk zurückkehren, in der Ladeluke versteckt wie beim erstenmal, ich werde zu den Loren zurückkehren, die dreihundert Meter unter der Erde das Geröll transportieren, ich bat ihn, Kommen Sie doch herein, führte ihn ins Wohnzimmer, bot ihm den Sessel an, setzte mich selbst aufs Sofa, glaubte durch das Fenster den Besitzer der Kantine zu sehen, der mir eine Flasche hinstreckte, und sagte, während ich mit der Spitze des Werkzeugs auf den Teppich schlug, Finden Sie nicht, daß es einfach zu viel Meer gibt, finden Sie nicht auch, daß Portugal eine einzige Wasserverschwendung ist?

Beim erstenmal auf dem Schiff nach Johannesburg

haben wir, ich und der Vetter eines Vetters, nicht einmal den Atlantik gesehen, wir haben nicht einmal die Tümmler gesehen, hielten uns versteckt voller Angst, ein Seemann könnte uns zwischen den Kisten finden, wir unterdrückten den Husten, unterdrückten das Niesen, unterdrückten die Übelkeit und das Erbrechen, wir haben nicht einmal die Wellen gesehen, denn am fünften oder sechsten Tag tippte uns der Erste Offizier auf die Schulter und forderte uns auf, Jetzt kommt mal rauf, ihr Hornochsen, man führte uns über Treppen im Innern in ein bullaugenloses Kabuff, das noch mehr schwankte als das ganze Schiff und in das uns ein Schiffsjunge den Blumenkohl vom Mittagessen und vom Abendessen stellte und wo wir für den Rest der Reise Strünke in Emaillewannen kotzten. Eines Morgens stieß der Schiffsrumpf gegen ächzende Balken, die Maschinen hörten auf zu arbeiten, und man beförderte uns mit einem Fußtritt raus auf den Kai, Verschwindet, ihr Idioten, uns, die wir uns kaum auf den Beinen halten konnten, durch ein Chaos aus Containern, Papageienkäfigen und Negern, vor allem Negern, stolperten, uns, die wir von Zollagenten, Schauerleuten und Passagieren zu den indischen Vierteln der Vororte einer Stadt geschoben wurden, die wir nicht kannten, einer Stadt, die noch weit von Johannesburg und den Bergwerksstollen entfernt war, in denen ich jahrelang fliegen sollte, Sie bei der Politischen Polizei und ich dreihundert Meter unter der Erde, und der Mann mit dem umgehängten Tonbandgerät antwortete, Was sich da in der Tiefe abspielt, davon weiß ich nichts, aber ich lasse jeden Schüler höher als die Dächer aufsteigen, ich bin Lehrer eines Fernkurses für Hypnose.

Natürlich hat er keine Ahnung, dachte ich, über den Bäumen und den Häusern fliegen ist ein Kinderspiel, auch Spatzen fliegen, man muß nur drei Schritte laufen, ein Stück weit hochspringen, einen Windhauch ergreifen, und das ist es schon, dann klettert man die Wolken zum Himmel hinauf, dort im Norden zum Beispiel flogen alle Leute, am Tag der Prozession flog die Blaskapelle hinter den Tragegerüsten mit den Heiligen und dem Pater her, die Brüder vom Allerheiligsten flogen vom Wein gebläht zwischen den Balkonen mit den Bettüberwürfen und den Blumen, die Engelchen mit den falschen Flügeln und die barfüßigen Büßer stiegen mit gefalteten Händen auf, entschwanden sogar wie Luftballons im Juni nachmittags um drei Uhr, über den Bäumen und den Häusern fliegen ist ein Kinderspiel, im Minho flogen die Schafe und die Ziegen, und die Kühe weideten, fraßen schwebend den Rauch des auf dem Dreschplatz verbrannten Unkrauts, im Minho gab meine Großmutter, als ich klein war, den Hühnern Mais, und ihr Rock befand sich dabei auf der Höhe der Pflaumenbaumwipfel, über den Bäumen und über den Häusern fliegen ist ein Kinderspiel, ich kann mich daran erinnern, wie meine Schwester, selbst wenn es keinen Film gab, in Esposende um die Segeltuchplane des Wanderkinos am Strand herumflog, der, der an der Maschine arbeitete, kam, eine Zigarette im Mund, heraus, um mit ihr zu sprechen, sie setzten sich vor den Nebel, denn in Esposende schien nie die Sonne, es herrschte dort eine Art uniformgrauer Mondschein, und meine Schwester und der Besitzer des Kinos lagen in einem Zistrosendickicht, meine Tanten tuschelten, meine Stiefmutter tuschelte, und mein Vater entfaltete, den Bleistift überm Ohr, im Laden Stoffballen, und meine Schwester, die sich nicht darum kümmerte, flog um das Segeltuchzelt herum, in dem der Schauspieler die Schauspielerin küßte, die Künstler bewegten die Lippen, und zehn Minuten später kam der Ton, als das Kino fortzog und die Lautsprecher verstummten, sprang das Meer weiterhin an den Felsen hoch, die Bachstelzen hockten sich weiterhin auf die Klippen, die Fischkutter liefen, vom Nebel verschluckt, ein und aus, und meine Schwester legte sich in die Zistrosen oberhalb des Wassers, es waren Zistrosen, ja, es waren Zistrosen, Zistrosen Zistrosen Zistrosen, und sie mit bloßen Schenkeln, als würde der mit der Zigarette aus dem Projektorkabuff herauskommen, das schon nicht mehr dastand, um ihre Brust zu berühren, um ihren Bauch zu berühren,

Zistrosen

als würde der mit der Zigarette sich neben sie legen und ihr sein drängendes Verlangen ins Ohr flüstern, als würde der mit der Zigarette, auf Knien zwischen Wurzeln und Blättern, seine Hose aufknöpfen, damit sie mit eigenen Fingern meine Begierde nach dir fühlen konnte, meine Liebste, mach, daß ich in deiner Hand wachse, mach, daß ich gegen deine Brust wachse, deinen Hals, dein Kinn, deine Augen, verlaß mich nicht in diesem Zustand, Liebste, mach, daß ich mich wie ein Mann fühle, während mein Vater im Laden die Stoffe auseinanderfaltete und ich sie heimlich beobachtete, mir ebenfalls die Hose aufknöpfte, mit zusammengebissenen Zähnen hinter einem Mauerrest oder einem Kiefernstamm,

Zistrosen

umarmte meine Schwester ihn, und ich umarmte mich beim Zusehen selber, meine Schwester seufzte schluchzend, und ich schwieg beim Zusehen, und deshalb fühlte ich mich, als das Kino, die Segeltuchplane, die Bänke, die Filmdosen und der mit der Zigarette nach Povoa aufbrachen, genauso verwaist und allein wie sie, witterten wir beide die Zistrosen Zistrosen Zistrosen, witterten wir beide das Meer, witterten wir beide die Fischkutter auf der Suche nach einem Rest Tabak, einem Stück Mütze, einem Schatten, der sich in der Nacht erhob, den Anker lichtete, Zweige und Kiefernnadeln von der Hose schüttelte, um die Filmrolle zu wechseln, um die vom Klang ihrer Schritte und ihrer Stimme losgelösten Gestalten auf der Leinwand erscheinen zu lassen, wir beide waren verwaist in der Kälte von Esposende, hörten dem heiseren Heulen des Seenotrettungsbootes, dem heiseren Heulen des Leuchtturms zu, nebeneinander auf dem Sand sitzend, sahen wir beide der Verzweiflung der Wellen zu, wenn ich mich hinter dem Mauerrest, hinter dem Kiefernstamm versteckte, würde ich nur die verlassenen Trauerweiden, die Lichter der Fischkutter und den Strand sehen, über den Bäumen und den Häusern fliegen ist ein Kinderspiel, argumentierte ich, auch die Amseln, die Eulen und die Raben fliegen, auch die Brüder vom Allerheiligsten fliegen, aber unter der

Erde, mein Bester, ohne einen Knochen an einem Grat an den Wänden zu zerbrechen, das können nur die Neger von Johannesburg und ich, Solange kann das bezeugen, die läßt nicht zu, daß ich lüge, der Vetter meines Vetters hat nicht einmal die erste Stunde

Zistrosen

überstanden, die mußten ihn Hals über Kopf wieder hochfahren, ihm Sauerstoff geben, ihn in die Krankenstation des Bergwerks einliefern, mit ihrem halben Dutzend Betten, in denen die gescheiterten Vögel mit dem Tode rangen, den Helm auf dem Kopf, die Spitzhacke auf der Brust wie die Kruzifixe der Toten, und wo er endlos delirierte, immer wieder sagte, Ich will kein Spatz sein, ich will kein Spatz sein, ich will kein Spatz sein, ich will Apothekerpraktikant in Valença sein, und der Mann von der PIDE mit dem umgehängten Tonbandgerät, der Leuten, die vor Tunneln Angst hatten, mit Heftchen Hypnose beibrachte, protestierte, Das bilden Sie sich ein, Senhor Oliveira, das zeigt, daß Sie nichts von Parapsychologie verstehen, machen Sie meinen Kurs, wenn Sie wollen, schicke ich ihn Ihnen mit der Post zu, per Nachnahme, zweihundert Escudos pro Lehreinheit und für je zwölf Lehreinheiten ein kleines Gratisgeschenk, versuchen Sie sich einen Rubin an die Stirn zu heften, und dann reden wir wieder.

Aber da gab es überhaupt nichts zu reden, wie zum Teufel soll man mit jemandem reden,

Zistrosen, vergiß die Zistrosen

der nie im Bett von Solange war und ihre Zärtlichkeit über sich ergehen ließ, sich ihrer Autorität unterordnete, daher erhob ich mich vom Sofa, holte ein paar eiskalte Bierchen zur Erinnerung an Johannesburg, die der Blödmann, der die Miete zahlt, mir hin und wieder spendiert, damit ich ihm erlaube, mit meiner Tochter zu schlafen, ich öffnete eins für mich, und Schaumtränen rannen den Flaschenhals hinunter, ich öffnete ein zweites für den Lehrer mesmerisierender Tricks, der ablehnend die Hand erhob. Ich trinke weder

Alkohol, noch rauche ich, ich antwortete, Außer meiner Tochter wegen ihrem Blutzucker trinken hier im Haus alle, ich betrachtete das Bierglas im Gegenlicht, um die Bläschen zu sehen, die sich vom Glas lösten, der Polizist zögerte, ich zerfetzte mit der Spitzhacke, was vom Teppichrand übrig war, um ihm Mut zu machen, wie es der Vorarbeiter in Johannesburg immer machte, wenn die Neger vor dem Förderkorb Angst hatten, ich nahm einen Schluck, und wie üblich kehrte ich sofort zu den Sonntagen vor fünfundzwanzig Jahren in der Kantine von Südafrika zurück, blickte auf den grasbewachsenen Boden, blickte auf die Arbeiterhütten aus geknetetem Gips und Lehm, bevor ich meine Frau kennenlernte, die während der Totenwache für ihren Vater, aus dem Fenster gelehnt, im Häuschen auf der Insel Fregatten zählte, und durch die sich überlagernden, lichtablenkenden, dichten Zeitschichten dieser fünfundzwanzig Jahre sah ich den Spiritisten, dem die Spitzhacke angst machte, das Glas ergreifen, ängstlich einen Schluck nehmen, einen Rülpser unterdrükken, noch einen Schluck probieren, scharlachrot werden, die Augen aufreißen, kreideweiß werden, größer werden, die Flasche leeren, sich des Restes in meiner Flasche bemächtigen, hörte ihn fragen, ob drinnen noch mehr sei, denn ein Bierchen hilft, man braucht sich nicht zu bewegen, Schonen Sie Ihre Kniescheiben, ich gehe schon selber, der Kühlschrank ist doch dort, nicht wahr?, und er argumentierte mit einer Stimme, die an Autorität und Dichte gewann, Wenn Sie nach Marokko fliegen könnten, Senhor Oliveira, über den Alentejo hinweg, dabei die Landschaft genießen wie die Enten im Herbst, versichere ich Ihnen, daß Sie sich zur Hypnose per Fernkurs bekehren würden, Sie würden einen Turban kaufen und mir recht geben, unter der Erde, wo alles dunkel, alles eng, alles feucht ist, nicht wahr, da kommt man sich doch vor wie in einer seit Jahrhunderten verschlossenen Truhe, da hat man doch keinen Horizont!

Zur selben Zeit in der Kantine in Johannesburg, noch jung, das Bein noch nicht kaputt, mit brennender Stirnleuchte in Erwartung der Dunkelheit, um Solange zu besuchen, und in der Quinta do Jacinto, gereizt von der Gegenwart des Flusses und vom Übermaß an Sonne, den Blick auf die Hügel gewandt, die Gebäude und die Fabriken am anderen Ufer, den Blick auf Montijo oder Alcochete oder Almada gewandt, die sich im Wasser verdoppelt hatten, zum Fenster gewandt und dann vom Fenster zu den Sielen und zu den Zügen nach Cascais, die den Fußboden erzittern lassen, Terrinen herunterstürzen und die Rahmen an ihren Nägeln schiefrücken, zur heißhungrigen Dummheit der Möwen gewandt, die so gierig sind, daß sie im Kielwasser der Schiffe kreischend ihren eigenen Schatten verschlingen, zum Fenster gewandt, von schwarzen Bergleuten umgeben, deren Stirnleuchten ebenfalls brannten, deren Branntweinhumpen wie schweflige Monde den Dunst des Nieselregens gelb färbten, zum Fenster gewandt, dem Rhythmus der Dosentrommeln der Kinder zuhörend, der Hundemeute und dem Wiehern der Pferde der Wache im Arbeiterviertel, dachte ich, Von wegen alles dunkel, von wegen alles eng, von wegen alles feucht, von wegen keine Luft zum Atmen, von wegen wir alle in einer Truhe, so ein Quatsch, die Landschaft genießen, so ein Blödsinn, man merkt gleich, daß Sie so reden, weil Sie nie unter der Erde waren, nicht mal fünf Meter, geschweige denn dreihundert, dreihundert, mein Lieber, dreihundert, stellen Sie sich mal die Last auf der Seele vor, stellen Sie sich mal die Ausmaße der Stollen vor, von denen man nicht weiß, ob sie enden, wo sie enden, weshalb sie enden, denn möglicherweise enden sie nicht einmal, Stollen, die an andere anschließen, die sich in unendlichen Tunnelverzweigungen ausdehnen, in denen Loren hallen, die niemand schiebt, Spitzhacken, die niemand benutzt, Befehle von Vorarbeitern, an die sich niemand erinnern kann, und der Polizist, der immer beharrlicher wurde, Nach der Revolution haben mich die Kommunisten, die Vaterlandslosen, die Geschmierten, die die Macht ergriffen haben, in Caxias eingesperrt, mein einziges Verbrechen war, daß ich mein Land liebte, und während dieser Monate bei

Brot und Wasser, Senhor Oliveira, im wahrsten Sinne des Wortes bei Brot und Wasser, da habe ich gelernt, was es heißt, unter der Erde zu wohnen, und ich versichere Ihnen, es ist dunkel, es ist eng, man bekommt keine Luft, es ist feucht, während dieser Monate um Monate, in denen ich kalte Suppe und angegorene Kartoffeln aß und das Geräusch von Türen in Fluren und Schächten hörte, die möglicherweise mit denen von Ihnen verbunden waren, die möglicherweise Portugal und Johannesburg und das Gefängnis und Ihr Negerbergwerk miteinander verbanden, kamen möglicherweise, während ich schlief, die Neger mit ihren Helmen, breit lächelnd und vollkommen dreckig, aus den Fliesen am Boden heraus, und ich versichere Ihnen, daß ich mir nicht wünschte, unter der Erde zu fliegen, ich wollte über der Erde fliegen, wollte, daß sie mir das Tor öffneten, obwohl ich keine Arbeit hatte, keine Rente, keine Krankenversorgung, Sie wissen ja, wie die Demokraten sind, nur um endlich da wegzukommen.

Und ich entkorkte Flaschen, füllte Gläser, wischte mit dem Hemdsärmel das verschüttete Bier von der Tischplatte, Ein Labyrinth, mein Bester, ein Labyrinth, stellen Sie sich mal die Überraschungen vor, die ein Labyrinth für uns bereithält, es gab sogar Baumwurzeln, die Bäume sind schlimmer als die Zähne im Zahnfleisch, die sich bis zu den Schläfen und in den Nacken hinziehen, man schaut einen Baumstamm an und ahnt nicht einmal, daß er die Verstorbenen sucht und die Stille der Welt, die als Frucht aus ihnen sprießt,

und der Polizist, der das umgehängte Tonbandgerät vergessen hatte, die Fragen nach meiner Tochter vergessen hatte und nach dem, der unsere Miete bezahlt, Ich bin auf diesen Fernkurs für Hypnose gekommen, weil die mich als Beamten entlassen hatten, mein Freund, mich, der der Schrecken der Bulgaren war, und dann fand ich, daß es eine schöne Arbeit ist, die Leute in der Stadt herumfliegen zu lassen, mit einem Turban und einigen magischen Sätzen über den Dächern schweben, das mag doch jeder,

und ich, dem das Bein nicht mehr so weh tat, dachte

wegen der Lichter, die in der Siedlung der Bergleute angingen, daß es jetzt Zeit war, die Kantine zu verlassen und Solange in der Backsteinhütte am äußersten Ende des Stacheldrahtes zu besuchen, ich sagte bereitwillig, Schön und einfach, mein Bester, schön und ganz einfach, wenn ich wollte, könnte ich ja trotz der Schwierigkeiten mit meiner Hüfte rausgehen und über Lissabon fliegen,

und der Polizist, der mich von der anderen Seite des von einer Pflanzung leerer Flaschen bedeckten Tisches her anstarrte, Ach so, es ist also ganz einfach, ach so, es ist also ganz einfach für jemanden, der keinen Unterricht als Medium gehabt hat? Dann lassen Sie uns rausgehen und diese Begabung mal ausprobieren,

und ich erhob mich, ging im Zickzack zur Tür, ich hielt mich an den Wänden fest, die plötzlich glitschig waren, die Wellen schlugen und zurückwichen, ich, ärgerlich, Um was wollen wir wetten, mein Bester, was zahlen Sie, wenn Sie verlieren?,

und der Polizist, der sich wegen des Biersturmes mit beiden Händen an einer Kommode festhielt, Eine Nacht mit Lucília, mein Freund, eine Nacht für Sie, für die Kleine und die Tauben, die sie das miese Leben in der Pension an der Praça da Alegria vergessen läßt,

und ich, der ich Lucília nicht kenne, ich, auf den Solange besorgt wartete, die Arme, ich, dessen Abendessen in der Baracke in Johannesburg kalt wurde, ich, der ich die Hunde und den Rhythmus der Dosentrommeln der Kinder hörte, ich, der ich es haßte, mühelos irgendwelche Wetten zu gewinnen, Vergessen Sie Lucília, vergessen Sie die Tauben, mein Bester, Frauen habe ich mehr als genug, eine zählt in einem Irrenhaus in Lourenço Marques Fregatten, und die andere macht mir in fünf Minuten was zu essen, stützen Sie sich auf meine Schulter, wir müssen nur noch die Treppe runter, und dann sind wir auf dem Bürgersteig,

und der Polizist schwamm auf mich zu wie ein Froschmann in einem Ozean mit Kommodenkorallen und

Stuhlriffen, in den sich das Wohnzimmer verwandelt hatte, Die Garderobe, Oliveira, mein Freund, wenn wir es bis zur Garderobe schaffen, sind wir gerettet,

und ich hatte mich, trotz des Bierschwindels, bereits des Türgriffs bemächtigt, den Schlüssel umgedreht, die Klinke hinuntergedrückt, ich rückte den Helm auf dem Kopf zurecht, spürte die Frische der Dämmerung im Nacken, sah im Zwielicht die Girlande der Autoscheinwerfer auf der Brücke, Schnell, bevor meine Tochter aus der Schule kommt, bevor meine Schwester vom Arzt zurückkommt und mir das Fliegen verbietet,

und der Polizist, der die toten Dahlien in den Beeten zermalmte, Was halten Sie davon, wenn ich mich erst einmal übergebe, Oliveira, mein Freund, wenn ich erst einmal uriniere und ein wenig Bier rauslasse, um den Ballast zu vermindern?,

und ich machte, noch immer auf die Hacke gestützt, das Gartentor auf, hielt nach den Gestalten meiner Schwester und meiner Tochter am Hang der Quinta Ausschau, ich sehnte mich nach Monção wie jedesmal, wenn ich aus der Kantine komme, Na, dann zeigen Sie mir mal, was Sie können, mein Bester, dann wollen wir mal sehen, wer höher aufsteigt,

und da breiteten wir die Arme aus um sechs Uhr in Alcântara, um sechs Uhr in Johannesburg machten wir einen kleinen Satz und stiegen ganz allmählich in den Abend auf bis zu den Fenstern, den Balkons, den Fernsehantennen, den Schornsteinen, wir erschreckten Möwen, erfühlten die Windrichtung und schwebten dann über dem Verkehrskreisel, er hatte meinen Hals gepackt und sagte immer wieder, indem er mir Alkohol in die Nase pustete, Na, ist es nun besser, unter der Erde zu fliegen, Oliveira, mein Freund, raus mit der Sprache, ist es besser oder nicht?

Wir stiegen zum Fluß auf, Lissabon wurde unter unseren Storchenbäuchen kleiner, und als wir uns gerade anschickten, nach Süden zu fliegen, entdeckte ich dort unten, im Regenmantel, die Aktentasche in der Hand, im Autostrudel von Alcântara den Blödmann, der uns die Miete und die Gasrechnung zahlt, wie er von der Arbeit zurückkam, auf dem Weg nach Haus wie ein verflohter Straßenköter. Ich schlug etwas langsamer mit den Armen, zeigte ihn dem Polizisten, rief, Dort geht mein Schwiegersohn, mein Bester, wollten Sie mir nicht Fragen über ihn stellen?, und der Lehrer für Hypnose im Fernstudium, der seinen Körper auf eine Seite neigte, um einer Wolke auszuweichen, Das hat Zeit, mein Freund, das hat Zeit, erst mal fliegen wir nach Odemira und fressen Mais mit den anderen Tauben, und morgen früh, wenn wir wieder in Lissabon sind und ich mit Lucília gesprochen habe, sehen wir weiter.

4

Der Arzt gab mir die Laborergebnisse kopfschüttelnd und nicht gerade begeistert zurück,

Leider geht es Ihren Nieren besser, Dona Orquídea, die linke funktioniert, und der Mühlstein hat begonnen sich aufzulösen,

und ich, die ich nett zu ihm sein wollte, schämte mich wegen seiner enttäuschten Stimme und der von meiner Gesundheit frustrierten Krankenschwester, ich schämte mich für die Traurigkeit auf ihren Gesichtern, weil die Autopsie nun aufgeschoben war, und meinte, um sie aufzuheitern,

Ich habe ständig mehr Schmerzen, Herr Doktor, ich kann nur noch mit Tabletten schlafen, ich nehme nachts sogar die von meinem Bruder, die gegen die Vögel, so sieht's aus,

während der Arzt, der noch immer den Kopf schüttelte, ein Rezept ausschrieb, die Krankenschwester schweigend meine Besserung mißbilligte und man auf dem Flur Stimmen und Schritte hörte, das Meeresgeraune der Kranken im Wartezimmer klagend anschwoll und verebbte und die Sonne die Gegenstände im Untersuchungszimmer beschien (das Stethoskop, die Waage, ein Bild mit kleiner werdenden Buchstaben, die zur Bewertung der Kurzsichtigkeit sinnlose Wörter bildeten), sie ihres Geheimnisses entkleidete und das Chrom der Unheilswerkzeuge funkeln ließ.

Die Steine, die Sie in sich haben, leichtfertig zerstören, Dona Orquídea, schalt der Arzt mit einem Quentchen von Verletztheit in seiner Stimme, das ist genauso, als würde jemand mit einer Riesenbegabung fürs Piano geboren und sich dann aus Boshaftigkeit weigern, Klavier zu spielen.

Und so verließ ich die kassenärztliche Praxis voll Schuldgefühl, dem Arzt mißfallen zu haben, und schwor, mir Felsenklippen in meinem Bauch wachsen zu lassen, von einer kurzen, hartnäckigen Grasnarbe bedeckte Felsenklippen wie die in Viana, Felsenklippen wie am Douro, mit Weinstöcken auf Terrassen und tief unten dem glitzernden Fluß, und ich gelobte mir auf dem Weg nach Haus, mich in Schieferkordilleren, in Schichtgestein, in Basaltarchitekturen zu verwandeln, versprach, daß sie mich in weniger als einem Monat, fast im Koma, von Chirurgen umringt, an die Blutfiltermaschine des Krankenhauses würden anschließen können, in dem ich vor sieben Jahren wegen einem Ikterus der Blase in der Nähe des Fensters gelegen habe und in dem eine zur Einfriedung gehörende Platane ihre Blätter über meine matte Haut ausschüttete. Bevor ich zum Hang der Quinta do Jacinto kam, auf dem noch keine Spur von Nacht lag, fühlte ich ein Stechen in der Taille, und der Schenkel verhärtete sich, als würde

welch ein Glück

mir ein Kalkkristall die Harnröhre verkorken. Ich beschleunigte meine Schritte in der Hoffnung, ein Glimmerplättchen oder einen tröstlichen Granitpflasterstein im Klobecken abzulagern, und da merkte ich, daß die Haustür offenstand, der Garderobenständer umgefallen war, die Möbel im Wohnzimmer unter dem zerfetzten Vorhang drunter und drüber lagen, der Tisch mit Bierflaschen bedeckt war und mein Bruder, in Helm und mit Spitzhacke, zusammen mit einem etwa gleichaltrigen Unbekannten auf dem Teppichboden saß und beide sich gegenseitig, vollgesabbert mit Erbrochenem, herausfordernd fragten, Wollen Sie, daß ich noch höher fliege, mein Bester? Wollen Sie, daß ich noch höher fliege, mein lieber Oliveira?, Beachten Sie den Blick auf Odemira von hier oben, und kommen Sie ein paar Maiskörner im Musikpavillon essen, ich schwöre Ihnen, unter der Erde ist das viel schwieriger.

Anfangs dachte ich, als ich sie da so zusammen sitzen sah, wie sie die Arme vor- und zurückbewegten und dabei meine kleinen Keramikvasen umwarfen, Das kommt vom Alkohol, das ist der elende Wein, der meinen Vater in Esposende verwandelte und ihn dazu brachte, mitten zwischen den Stoffballen mit angelegter Jagdflinte kopflos zu brüllen, Entweder schafft ihr die Eidechsen und Spinnen aus dem Laden, oder ich schieße euch alle übern Haufen, meine Stiefmutter rief, in Tränen aufgelöst, die Feuerwehrleute, die, weil sie nicht einzutreten wagten, von der Schwelle aus flehten, Übergeben Sie uns die Waffe, Senhor Oliveira, und mein Vater, Zurück mit euch, ihr Betrüger, zurück, ihr Spitzbuben, während er zwei Patronen auf einmal abschoß und den Laden mit Pulver überschwemmte, das Gewehr lud, den Strand entlangging und auf die Fenster zielte. Geht von den Scheiben zurück, Kastilier, das ganze Spanierpack soll zurück nach Madrid, und ich, auf allen vieren hinter dem Ladentisch, stellte mir, von Panik ergriffen, vor, Wenn er den vom Kino zu fassen kriegt, dann zeigen sie keine Filme mehr in Esposende, romantische Geschichten, Zorro, der sich vom Pferd herunterbeugt, um die Gräfin zu küssen, wenn er den vom Kino zu fassen kriegt, dann bleibt nichts mehr, was sich mit dem Meer vermischt. Wenn er keine Patronen mehr hatte, wurde mein Vater plötzlich friedlich, bat schluchzend, indem er das Hosenbein hochzog, Hilf mir, Orquídea, bevor mich die Mäuse fressen, guck mal, diese da klettert schon an meinem Bein rauf, ich hob den Kopf ein paar Zentimeter über den Ladentisch, die Feuerwehrleute stürzten sich in einem Wirbel von Beschimpfungen und kleinen blitzenden Beilen von hinten auf ihn, und der Hauptmann verkündete siegreich, Du kriegst schon noch deine Mäuse, Kamerad, du kriegst schon noch deine Mäuse, du wirst die Nacht mit den Wanzen auf der Wache verbringen, deinen Rausch ausschlafen, und morgen wird dich der Richter, der alle verurteilt, seit seine Frau ihm abgehauen ist, nur dann nicht in die Verbannung nach Afrika schicken, falls das nicht in den Gesetzesbüchern steht.

Also dachte ich anfangs, als ich die leeren Flaschen sah und mein Bruder und der andere vom Musikpavillon sprachen und, das Kinn auf dem Teppich, den Tauben von Odemira den Mais wegpickten, daß es sich um die Folgen des

Alkohols wie einst bei meinem Vater handelte, nur daß sie, statt sich Geckos, Spinnen und Mäuse auszudenken, auf Körner und Brotkrumen gekommen waren, doch dann, als ich hörte, wie sie von Winden und Wolken sprachen, und davon, daß sie eine Stunde über den Feldern von Grândola geschwebt waren, begann ich an mir selbst zu zweifeln und die Wand zu berühren, um mich zu versichern, daß ich mich nicht auch wie sie auf den Bäumchen am Platz niedergelassen hatte, bis mein Bruder mich neben der Kommode stehen sah und den anderen mit dem Ellenbogen anstieß und mit den Armen wedelte, Lassen Sie uns schnell verschwinden, mein Bester, fliegen wir los, denn meine Schwester ist gekommen.

Das kann nicht der Alkohol sein, dachte ich, kein Säufer interessiert sich für Musikpavillons, Säufer machen sich Sorgen wegen Ameisen und Taranteln, die ihnen in den Kleidern herumwuseln, und wegen der Gespenster, mit denen sie die ganze Nacht lang kämpfen, sonntags nach der Matinee schluckte der Besitzer vom Kino einen Liter Mandarinenlikör, und das einzige, worauf er Lust hatte, war, mich zu schlagen, ohne daß ich begriff, weshalb, wenn ich da zum Beispiel auf den dummen Gedanken gekommen wäre, von Störchen zu sprechen, hätte es einen halben Weltuntergang gegeben, Wie bitte, Störche, was soll denn der Quatsch mit den Störchen, du Schwachkopf? Ich rede hier ganz ernsthaft, und du kommst mir mit Vögeln, um mich abzulenken, und daher dachte ich, das, was sie da sagen, ist wahrscheinlich gar nicht erfunden, und sie fliegen wirklich in der Luft herum, und der, der bei meinem Bruder war, den Mund dicht über dem Teppichboden, Wie soll das denn funktionieren, mein lieber Oliveira, wir sind im Alentejo und Ihre Schwester in Alcântara, wie kann sie uns da treffen, erklären Sie mir das mal!,

und mein Bruder, der mit der Spitzhacke auf mich zeigte, Wie sie hierhergekommen ist, weiß ich nicht, aber wer garantiert Ihnen, daß sie nicht fliegt wie wir, wer garantiert Ihnen, daß sie nicht ein Fernstudium für Hypnose macht, was ich Ihnen aber versichern kann, ist, daß es Orquídea ist, jawohl, ich kenne ihr Gesicht, seit meiner Geburt,

und der andere, der mich mit zwinkernden Bekassinenaugen suchte und beim Foto meiner Mutter an der Vitrine mit den Portweingläsern hängenblieb, Wer ist denn Ihre Schwester, mein lieber Oliveira, diese weißhaarige Alte da drüben, die uns Maisbrotkrumen gibt?,

und ich blickte meinen Bruder an, war wütend auf ihn, empört, weil er strohdumme Freunde mit nach Hause brachte, denn meine Mutter war höchstens neunundzwanzig Jahre alt, als sie dort im Minho gestorben ist, wir spielten auf dem Dreschplatz, es war an einem Augustmorgen, mein Onkel Aurélio kam, den Hut in der Hand, zu den Stufen, die zur Küche führten, und rief uns, auf den Weinpergolen tschilpten zig und zig Spatzen, die Sonne vergoldete den Weizenstaub auf den Backsteinen, und der kleinen Hündin mit einer Wunde auf dem Rücken waren die Kaninchen hinter dem Drahtgeflecht gleichgültig, und drinnen im Haus hatten sie meiner Mutter das Kinn mit einem Tuch festgebunden, hatten sie gezwungen, sich angezogen auf die Tagesdecke zu legen, und ich war überrascht, daß sie keine Pantoffeln, sondern die braun-blauen Prozessionsschuhe meines Vaters anhatte, und da stieß ich beunruhigt meine Patentante an, ging näher heran und sagte, Mutter, und nichts, ich sagte, Mutter, ich habe Hunger, und nichts, ich schrie, Mutter, gib mir ein Stück Brot, und nichts, Mutter, brüllte ich, wenn Sie nicht aufwachen, mache ich die kleine Heiligenstatue mit dem Talglicht kaputt, und meine Mutter schlief ganz ruhig, den Nacken auf einem Kopfkissenbezug aus Spitze, und mein Onkel Aurélio kam von hinten und kniff mich in den Hals, Ruhe, Mädchen, Ruhe, Mädchen, gleich kommt der Herr Abt hier zu uns rein, und ich, an den Rock geklammert, den meine Mutter immer zur Messe trug, Sie Miststück, Sie Riesenmiststück, das sich nicht um die eigene Tochter kümmert, und am folgenden Tag,

Zistrosen, so viele Zistrosen, meine Liebe, Leidenschaft meines Lebens, ich liebe dich während ich sie noch immer beschimpfte, weinte und immer wieder, Sie Miststück, Sie Miststück, sagte, ich will blind sein, wenn ich jemals wieder mit Ihnen spreche, verschlossen sie sie in einem Sarg, und sie sagte nicht nein, und wir folgten ihr zu Fuß zum Friedhof von Monção, und selbst heute höre ich noch die Glocken, wenn ich mich daran erinnere, noch heute sehe ich meine Cousine Afonsina, die nicht geheiratet hat, weil sie mit einem Buckel zur Welt kam, wie sie mir den Kopf mit einem Schleier bedeckte, um mich vor der Sonne zu schützen, und ich legte mein Ohr an den Sarg, damit meine Mutter zu mir sagte, Setz die Mütze deines Vaters auf, Tochter, es ist heiß, selbst heute erinnere ich mich an die Totengräber und den Abt, der die Kreuze unter den Weiden segnete, sie kippten meine Mutter in ein Loch, und ich, Scheißkerle, hört damit auf, ihr Scheißkerle, auf den Deckel schütteten sie ein Säckchen Kalk, der als Wolke lange zwischen den Grabsteinen und den Blumenkränzen tanzte,

es waren keine Zistrosen, es war Ginster, es waren Blumen, Blumen, rote, lila, weiße Blumen, ich glaube, Magnolien, ich glaube, Stiefmütterchen, ich glaube, Margeriten, Blumen, Blumen, Schleifen und Bänder mit silbernen und goldenen Buchstaben, Blumen, Blumen, so groß, wie ich noch nie welche gesehen habe, Blumen, die Zistrosen kamen später, in Esposende, die Zistrosen waren am Meer im Februar, als das Wanderkino kam, in dem der Film sich mit den Wellen vermischte und dein Körper sich, eine Zigarette im Mund, von meinem erhob, Bis bald

der Pater schloß das Buch, übergab dem Gehilfen das Weihwassergefäß, legte die Stola ab, und der Schweiß lief ihm von den Schläfen herab, mein Vater ging mit uns in unser Haus, das mir immer winzig vorgekommen war, ohne Luft zum Atmen, ohne Platz, und das jedoch während unserer Abwesenheit gewachsen war mit den Möbeln, die an endlosen Wänden standen, und als das Mittagessen zu Ende war, ohne daß sich meine Mutter um meine Magerkeit gesorgt, mich gezwungen hätte, die Suppe zu schlucken, zu kauen, ging ich wieder die Steigung zum Friedhof hinauf, suchte sie zwischen den Grabplatten, teilte ihr rachsüchtig mit, Mutter, ich habe seit heute morgen nichts gegessen, lehnte mich gegen ihre Abwesenheit auf, gegen ihr Schweigen, gegen ihre Nichtachtung, und mein Bruder, der sich einen kleinen Augenblick lang vergaß und auf dem Dreschplatz mit dem Hündchen mit der Wunde hinter Schmetterlingen herrannte, starrte die Fotografie eine Sekunde lang an, bevor er wieder seine Lippen in den Teppich tauchte, Die Alte kenne ich nicht, mein Bester, das ist sicher ein hiesiges Bauerntrampel, meine Schwester ist ein brünettes Mädchen, das im Sand hockt und auf das Meer von Esposende schaut.

Also konnte es nicht der Alkohol sein, dachte ich, sie schimpfen nicht, sie sehen keine Viecher, sie erzürnen sich nicht, sie wollen mich nicht schlagen, man muß nicht die Feuerwehr anrufen, weil sie im Laden mit dem Jagdgewehr herumballern, sie sind beide ruhig, machen keinen Radau, essen Mais vom Fußboden, das kann nicht der Alkohol sein, denn Alkohol macht wütend, das dachte ich, bis der Kumpel meines Bruders eine Satinschärpe aus der Hosentasche zog, sie sich wie einen Verband um den Kopf zu wickeln begann und ankündigte, Sobald ich den Turban angelegt habe, mein lieber Oliveira, und ein Bierchen weggenuckelt habe, ich habe nämlich einen Höllendurst, verlassen wir Odemira und gukken auf einen Sprung in Nordafrika vorbei, denn ich habe seit mindestens einem Monat weder Strauße noch Kamele gesehen.

Während der Kumpel meines Bruders den Turban im Nacken mit einem Pflasterrechteck festklebte und einen untertassengroßen Rubin zwischen die Augen heftete, versuchte ich die Flaschen auf dem Tisch zu zählen, ich kam auf achtundzwanzig, gab es dann aber auf, weil ich mich zwischen den Flaschenhälsen verlor, und mir kam der Verdacht, daß es doch der Alkohol sein könnte, jawohl, denn es gibt Leute, auf die der Alkohol eine zähmende, seltsame Wirkung hat, Leute, die Tresterschnaps beruhigt, als ich anfing zu arbeiten, in Lissabon als Dienstmädchen im Haus eines Schweden, verbrachte mein Arbeitgeber die Wochenenden mit einer Batterie Whiskyflaschen vor einem Spiegel sitzend, er bat um nichts, störte niemanden, sondern sang hochzufrieden die Fandangos und Chulas seines Heimatlandes, montags brachte ich ihm dann eine Sprudeltablette in einer Tasse, er nahm die Tablette, rasierte sich, sagte mit vollkommen normaler Stimme, Orquídea, heute hätte ich gern ein Soufflé zum Abendessen, fuhr mit dem Wagen ins Büro, verschwand so schnell, daß ich ihn, wenn ich zum Spiegel gegangen wäre, dort hätte verrückte Volkslieder anstimmen sehen können, denn jedermann weiß ja, daß die Bilder der Betrunkenen erst nach Stunden wieder verschwinden, sie sind schon wer weiß wie lange weg und sehen einen immer noch von den polierten Oberflächen, von der Teekanne her dick, vom Besteck her dünn an, es gibt Menschen, auf die der Wein zähmend und seltsam wirkt, glückliche Menschen, die leise wie Essigfliegen fermentieren, und vielleicht war das ja bei meinem Bruder und bei dem mit den Kamelen der Fall, vielleicht gehörten ja beide zur Rasse des Schweden, der gewiß noch in den Spiegeln der Häuser, die er bewohnt hat, weiterhin seine Balladen singt, so daß ich mir Sorgen machte, sie könnten nachts reisen, ohne jemanden zu haben, der ihnen half, ohne jemanden, der sich um sie kümmerte, und daher erklärte ich, trotz der Steine in der Harnröhre und den Nieren und trotz des Kristallsandes in der Blase, Mein Bruder, dessen Bein in miserablem Zustand ist und der noch eine Tochter großzuziehen hat, verläßt die Quinta do Jacinto nicht ohne mich, wenn ihr aufbrechen wollt, besorgt mir einen Platz im Bus,

denn es ist immer einfacher, einem Alkoholiker zuzustimmen, als ihm zu widersprechen, wenn mein Vater sich beispielsweise über die Mäuse beklagte, fuhr ich wortlos mit dem Besen über die Fliesen auf dem Boden, wenn mein Vater mir befahl, Hol mir die Eidechsen und die Heuschrekken von den Kleidern, bürstete ich seine Jacke ab, wenn der

Besitzer des Kinos, sagen wir, zufällig gefragt hätte, He, das mit den Störchen, was soll das heißen, du Dummkopf?, hätte ich ihm sofort geantwortet, Störche, habe ich was von Störchen gesagt? Ich war wohl etwas zerstreut, vergiß es, Störche, was für ein Unsinn, und der Beweis dafür, daß ich recht hatte, war, daß der mit dem Turban mich unter dem Rubin her ansah und sich an meinen Bruder wandte, Sieh mal einer an, da steht eine Frau, genau so, wie ich sie mag, ich möchte wetten, daß die gnädige Frau die beste Schülerin meines Fernkurses für Hypnose ist, haben Sie schon die letzte illustrierte Broschüre gelesen, in der den Anfängern beigebracht wird, rückwärts zu fliegen wie Kolibris?,

und ich, der schwer der Mühlstein im Leib wog, Es gibt keinen Zweifel, sie sind verrückt geworden, sie haben sich über das Bier hergemacht und sind verrückt geworden, wie mein Vater nach einem Oktopusabendessen am Geburtstag meiner Stiefmutter verrückt geworden ist, er hatte den Reis aufgegessen, war erstarrt, hatte die Arme über den Kopf gehoben und behauptet, So, ich bin eine Akazie, Wie bitte? wunderte sich mein Onkel, der als Kastrierer arbeitete, Ich bin eine Akazie, beharrte mein Vater und stieg aufs Tischtuch, wenn es Mai wird, werfe ich Kügelchen von den Zweigen, Mein Mann hat die Manie, daß er ein Baum ist, sagte meine Schwiegermutter zum Apotheker, verkaufen Sie nicht Spritzen gegen Bäume?, und ich, Er hat den Laden sich selbst überlassen, kümmert sich nicht um Stoffe, verbringt die Tage oben auf einem Tisch und fleht, Beschneidet mich nicht, beschneidet mich nicht, denn dieser Zweig ist gesund, und der Apotheker, Gegen Bäume kenne ich nichts, haben Sie es schon mal in Porto versucht?, und mein Vater, der Wurzeln in das Tischtuch schlug, Zweige zur Deckenlampe schießen ließ, dem Pollen aus dem Haar rieselten, mein Vater bat uns, das Fenster aufzumachen, weil er die leichte Abendbrise vermißte, doch nach einer Woche mußten wir die Fensterläden verriegeln, Entschuldige, Vater, denn nachts lösten sich Fledermäuse aus den Höhlungen im Stamm, und dann, als sein

Atem nur noch ein Nordwindhauch war, sägten sie ihn in der Mitte durch, damit er in den Krankenwagen paßte, und meine Stiefmutter zur Familie, während sie sich die Augen schneuzte, Akazie sein ist eine furchtbare Krankheit, der Arzt rief uns zur Seite, Vielleicht geht es ihm wieder besser, wenn wir ihn im Garten einpflanzen und vorsichtig düngen, und mein Bruder zu dem mit dem Turban, während er mit der Spitzhacke auf den Teppich einschlug, Vergessen Sie die Kolibris, mein Bester, vergessen Sie diesen Blödsinn, daß es ein Kinderspiel ist, mit Hilfe des Bieres zu fliegen, ich würde gleich nach dem zweiten Schluck in Johannesburgzeit in den Minho fliegen, schwierig ist es, wie der Bergarbeiter und die Toten in der Erde drin zu gehen,

und ich stimmte zu, Natürlich, und dachte an meine Mutter, die in Monção unter den Pappeln flog, allein im Dunkeln, wie jemand, der frühmorgens aufwacht und kein Gefühl mehr für die Richtung hat, nicht weiß, wie spät es ist, nicht weiß, auf welcher Seite der Wecker steht, meine Mutter, die wie alle Verstorbenen auch auf den Fotos gestorben ist, denn wenn man ein Bild ansieht, dann weiß man sofort, ob der Fotografierte verstorben ist oder noch lebt, das Gesicht ist so anders, der Blick ist so anders, ferner, vager, trauriger, ich hatte nie den Mut, nach Esposende zurückzukehren, und noch viel weniger in den Minho, um nicht meine Mutter hören zu müssen, die mich fragt, ob ich dünner geworden bin, ob ich mit der Zugluft aufpasse, ob ich meine Suppe gegessen habe, und wenn ich nach Esposende zurückkehre, dann nur, um mich vor den Februarwellen an den Mann mit der Mütze und der Zigarette zu erinnern, der gestorben ist, das weiß ich, denn seine Augenlider auf dem Foto sind verwelkt, fragen Sie nicht weiter, erschrecken Sie nicht, fragen Sie mich nicht, woher ich das weiß, ich weiß es, ich weiß es, weil das Lächeln gewelkt ist, in das ich meine Zärtlichkeit tunkte, wie man ein Stück Brot in den Morgenkaffee tunkt, ich weiß es, weiß es, weil seine Pupillen jetzt voller Angst sind,

Zistrosen Zistrosen Zistrosen Zistrosen Zistrosen

Zistrosen Zistrosen, der Saft der Schenkel, das Blut der Schenkel in den Zistrosen

weil das Foto mich bat, Hilf mir, weil er mich zum erstenmal bat, Geh nicht, Orquídea, und ich, die ich seinen Namen nicht kannte, die niemals den Mut gehabt hatte, ihn danach zu fragen, antwortete,

und die Dünen, wie von den Dünen sprechen, in denen am Abend ein Rudel Hunde heulte?

Ich gehe nicht, ich schwöre dir, ich gehe nicht, ich setze mich auf einen Stein und rede mit dir, während das Nebelhorn des Seenotrettungsbootes zum Wasser hinuntersteigt, und der Hypnoselehrer, während er seinen Turban zurechtrückte, zu meinem Bruder, Wer über den Wolken fliegt, kann genauso drinnen in der Erde wie die Neger fliegen, wenn es in Odemira ein Bergwerk gäbe, würde ich es sofort machen,

und mein Bruder zu mir, Hol ein Bier, Schwesterherz, ich habe die Nase voll davon, eine Taube zu sein, guck im Schrank nach, ich habe Flaschen hinter der Schuhcreme versteckt,

und der andere, Drinnen in der Erde, mein lieber Oliveira, egal, ob in zweihundert oder dreihundert Meter Tiefe, und ich brauche nicht einmal einen Förderkorb, ich steige flügelschlagend hinab und komme im Nu bei den Stollen an, kehre nach oben zurück, bin wieder in den Stollen und schiebe noch ein Dutzend Loren auf den Schienen,

und mein Bruder, der sich, auf die Möbel gestützt, erhob, Das möchte ich, bitte sehr, sehen, diese Basophobie möchte ich gern sehen,

und das Medium, das ein letztes Korn aufpickte, erhob sich ebenfalls, Es ist weder zu spät noch zu früh, mein lieber Oliveira, leihen Sie mir diese Spitzhacke, damit ich buddeln kann,

und unversehens kletterten die Zistrosen mit den Kiefern und dem Wind und dem Meer den Verkehrskreisel von Alcântara hinauf, den Hang zur Quinta do Jacinto, man hörte den Motor der Fischkutter, der Wind und die Zistrosen passierten die Treppe, die Fußmatte, den Garderobenständer auf der Diele, ein Fischer in Gummistiefeln stürmte durchs Fenster, die Wellen schäumten gegen das Sofa, und im Wohnzimmer ballte sich ein Nebel, der so dicht war, daß ich meinen Bruder und den anderen kaum erkennen konnte, wie sie mir zum Abschied zuwinkten, während sie im Fußboden verschwanden.

Drittes Buch:
Die Reise nach China

I

Seit Ewigkeiten bin ich hier schon nahe am Strand und habe das Meer noch nie gehört, so wie ich auch die Schritte derer auf den Kieseln im Garten nicht gehört habe, die mich holen kamen, eines Sonntags nach dem Mittagessen. Sie klingelten, und meine Schwester Maria Teresa sah von der Häkelarbeit auf und fragte, Wer kann denn das um diese Zeit schon sein? Mein Bruder, der Karten zu einer Patience legte, ließ Kartenspiel und Zigarette liegen und ging zur Tür, wobei er sagte, Irgendein Bettler, ich habe kein Kleingeld, es klingelte erneut, gleichzeitig mit dem Telefon, ich nahm den Hörer ab, und die Stimme von Hauptmann Gomes jaulte, Verschwinden Sie schnell, Valadas, sie dürften gleich dasein, um Sie festzunehmen, und im selben Augenblick standen drei Soldaten und ein Zivilist mit einer Pistole in der Hand an der Wohnzimmertür, Begleiten Sie uns bitte, Herr Major, draußen wartet ein Wagen auf Sie.

Ich hatte immer schon gedacht, daß die Dinge schieflaufen könnten, aber nicht so schnell, nicht auf diese Art. Wir waren noch nicht über die vorbereitenden Treffen hinaus, wir hatten noch nicht beschlossen, mit welchen Einheiten wir Kontakt aufnehmen sollten, wir waren elf Offiziere, die sich mal im Hause des einen, mal im Hause des anderen trafen, der Kommodore Capelo versicherte uns, der Chef des Generalstabs sei auf dem laufenden und einverstanden, die Regimenter wurden mit allergrößter Vorsicht angesprochen, keine Politik, keine Feindseligkeiten gegen den Präsidenten des Ministerrates, nur die eine oder andere militärische Forderung, nur der Wunsch, eine wichtigere Rolle innerhalb der Staatsmaschinerie zu spielen, Wir haben schließlich das Jahr neunzehnhundertfünfzig, Mann, haben wir nun in diesem Staat ein Wort mitzureden oder nicht, mein Brigadier?, und wir warteten nur auf ein Zeichen von Interesse, eine Antwort, unsere Vorstellung war, die Truppe zusammenzuschließen, den Einheiten auf den Puls zu fühlen, doch irgendein Ehrgeizling hat uns beim Ministerium oder bei der Polizei in der Hoffnung verpfiffen, mit Auszeichnung befördert zu werden und das Wohlwollen des Regimes zu erwerben, möglicherweise der Kommodore Capelo, möglicherweise sogar Oberst Gomes selbst, der ins Telefon schrie, Verschwinden Sie, Valadas, verdünnisieren Sie sich, wir haben einen Vertrauensmann in Penafiel, der Sie nach Spanien bringt, sie haben bereits Barrela gefaßt, sie haben bereits Monteiro gefaßt, und der Zivilist, Nun, Herr Major, legen Sie den Hörer auf, es ist jetzt nicht der Moment für Liebesgeflüster, mir scheint fast, meine Aufforderung hat Sie erschreckt.

Meine Schwester Anita begann zu weinen, meine Schwester Maria Teresa empörte sich, während sie die Masche mit dem Fingernagel markierte, Was soll das alles heißen?, und der Leutnant, der die beiden Soldaten befehligte, teilte ihr sehr höflich mit, Nichts Besonderes, gnädige Frau, wir brauchen nur unseren Major für ein Gespräch unter Freunden, heute abend haben Sie ihn schon wieder zurück, frisch wie ein Salatblatt, es scheint, als gäbe es da ein paar Neunmalkluge, die das Regime umstürzen wollten, und mein Bruder, der als Dummkopf geboren wurde und nur an die Ärsche von Maniküren denkt, streckte seinen Bauch vor und rezitierte, Ich gehöre der Legion an, wenn Sie Jorge nicht in Ruhe lassen, gehe ich nach Amadora und hetze augenblicklich den ganzen Verein auf.

Ich war noch ganz mit den Gedanken beschäftigt, wer uns verraten hatte und wer nicht, daher bemerkte ich überhaupt nicht, daß der Zivilist sich mir näherte, den Telefonhörer ergriff und ein bißchen zuhörte und fast mitleidig antwortete, Kuckuck, Herr Oberst, wir sind schon da, wir haben den Vogel schon in der Hand, seien Sie unbesorgt, der in Penafiel arbeitet für uns, und wenn ich Sie wäre, würde ich mal vom Balkon gucken, ob da auf dem Bürgersteig nicht schon Besucher für Sie stehen. Der Hörer wurde sofort aufgelegt, und der Zivilist, der mit der Pistole wedelte, Ziehen Sie sich den Mantel an, es ist kalt, Herr Major, ich habe noch nie ein trügerischeres Frühjahr als dieses erlebt, meine Frau zum Beispiel gurgelt ständig und hört überhaupt nicht mehr auf zu niesen, die Arme, Sie können sich nicht vorstellen, was ich für eine ruhige Nacht geben würde.

Der Leutnant und die Soldaten öffneten und schlossen Schubladen, brachten Tischtücher durcheinander, brachten Geschirr durcheinander, brachten mit Schnüren zusammengebundene Briefe durcheinander, und ich erinnerte mich, während ich die Tränen meiner Schwester Anita beobachtete, an das letzte Treffen in der Garage eines Flugzeugpiloten der Reserve. Wenn es nicht Gomes war, war es dann Alexandre? Ich habe nie an Alexandres Ehrlichkeit geglaubt, sein Onkel ist ein enger Freund von Salazar, es war der Kommodore, der darauf bestanden hatte, daß es wichtig sei, ihn bei uns zu haben, sollte es der Kommodore gewesen sein?, und mein Bruder, Legen Sie die Briefe weg, das sind Sachen meines Vaters, zerknittern Sie nicht die Blumen, die da drin liegen, und der Leutnant, der mit einer Gabel Löcher in die Erde eines Blumentopfes bohrte, Immer mit der Ruhe, immer mit der Ruhe, das hier ist eine Routinedurchsuchung, seien Sie unbesorgt, niemand macht Ihre Habseligkeiten kaputt.

Das Telefon klingelte erneut, und der Zivilist bedeutete uns mit einem Zeichen, abzuwarten, indem er die geöffnete Hand erhob, meine Schwester Maria Teresa, die noch immer den Fingernagel in der Masche hatte, trotzig, Was soll das alles heißen? sagte und sich den Soldaten ohne Angst vor den Gewehren näherte, blieb, einen Schuh in der Luft, reglos stehen, der Zivilist wartete auf das fünfte Klingelzeichen, um dann den Hörer von der Gabel zu nehmen, und knurrte in die Sprechmuschel, Ja, genau, es gab überhaupt keinen Widerstand, das Spatzenhirn von Oberst hat hier angerufen, sobald ich die Durchsuchung beendet habe, machen wir weiter, sagen Sie bitte Hauptmann Alexandre, daß ihm die Polizei dankbarer nicht sein könnte und daß er auf uns zählen kann, wann immer er es braucht, meine Empfehlungen, Herr Kommodore, Sie hören in den nächsten Tagen von mir.

Beide, der Kommodore und Alexandre, das geht zu weit, dachte ich, wie dumm ich doch war, ich hätte der ganzen Geschichte von der Zustimmung des Generalstabschefs mißtrauen sollen, hätte den Treffen im Strandhaus von Capelo in Caparica mißtrauen sollen, alles ganz ungezwungen, keine Vorsichtsmaßnahmen, die Tochter servierte Wermut und Knabbereien, der Vater jovial, selbstsicher in Sandalen und offenem Hemd, Dann werden wir mal mit den Faschisten Schluß machen, ha, wir werden der Diktatur in Portugal ein Ende bereiten, jetzt sind es fünf Jahre her, seit Hitler sich umgebracht hat, dieses Wunder muß gefeiert werden, meiner Meinung nach ist das Land trotz allem reif für die Demokratie, finden Sie nicht auch? Alexandre stimmte zu, indem er den Kopf wiegte, Monteiro stimmte zu, in die Betrachtung der Beine des Mädchens mit dem Wermut versunken, Oberst Gomes versuchte den Kommodore zu bremsen, Halt deine Zunge im Zaum, João, trink nicht mehr, sonst verlierst du die Kontrolle, ich sah, über eine Veranda mit Pelargonien gelehnt, auf das Meer, und der Kommodore, Ich schwör dir, Carlinhos, wir werden Salazar stürzen, ich schwöre dir, ich werde im Handumdrehn drei Schiffe vor den Terreiro do Paço postieren, und die Ehefrau, eine sympathische Dame, schob eine Glastür auf und streckte uns ein Lächeln hin, Guten Tag, bleiben Sie sitzen, möchten Sie einen Langustensalat?

Ich hätte sofort mißtrauisch sein sollen, ich hätte es den Kameraden sagen sollen, ich hätte in Alfeite erscheinen und sagen müssen, Hören Sie, Kommodore, das war ein Hinterhalt, um herauszubekommen, wer die Regierung unterstützt, noch heute werden wir dem Staatssekretär von Ihnen berichten, hätte ihn erbleichen sehen, mit der Hand über die Stirn streichen, zögern, schließlich stottern sehen müssen, Also hören Sie mal, ich habe nie etwas ohne die Zustimmung des Ministers gemacht, und ich hätte zur Tür gehen sollen, Nun ja, Kommodore, Sie können mir glauben, daß ich mich darüber freue, daß Sie genauso ein Patriot sind wie wir. Ich hätte privat mit Oberst Gomes sprechen sollen, Es fällt mit schwer, Sie zu enttäuschen, aber Ihr Kindheitsfreund ist ein Maulwurf, mein Oberst, gerade eben ist in Alfeite das und das passiert, und Oberst Gomes möge die anderen warnen, einen Brief vorbereiten, in dem er dem Regime seine Loyalität schwor und vorschlug, ohne Namen zu nennen, die Feinde des Korporativismus aus den Streitkräften zu entlassen, während wir gleichzeitig in den Kasernen hätten durchblicken lassen sollen, daß es Offiziere gebe, die den Gedanken der Demokratie bei geheimen Nachmittagsimbissen an der Costa da Caparica verteidigten, doch die Begeisterung des Kommodores war ansteckend, doch die Beine der Kleinen waren schön gewesen, und im Sommer erscheint alles immer einfacher, Keine Förmlichkeiten, hier sind wir alle Kadetten, verkündete der Alte, der, ein Glas Weißwein in der Hand, als erster die Langusten in Angriff nahm, und ich war blöd genug gewesen, das zu glauben, dem Lächeln der Ehefrau zu glauben, der Tochter zu glauben, und jetzt schlug der Soldat mit Gewehrkolbenhieben auf den Schreibtisch meines Großvaters ein, wühlte in Rechnungen, wühlte in Heften, toten Erinnerungen, bleichen Sehnsüchten, im Staub der Vergangenheit, und mein Bruder zum Zivilisten, Was zum Teufel haben Ihnen die Verstorbenen getan, mein Herr, daß Sie hier alles zerstören?, und der andere, der ihm die Pistole auf den Bauch drückte und ihn wegschob, Lehnen Sie sich an die Wand und nerven Sie nicht, wenn ich einen Bauch wie Ihren hätte, würde ich nicht vor einer Waffe herumkaspern.

Sogar der Fuchs in seinem Käfig wurde unruhig, sprang gegen die Gitterstäbe, und ich bekam nur einen Schrecken, als der Leutnant vom Müll der Großeltern abließ und horchend innehielt, Ich glaube, ich habe dort oben

Schritte gehört, und da sah ich aus dem Augenwinkel, daß meine Schwester Maria Teresa eilig das Bambi meiner Patentante umstieß, das auf dem Backgammonbrett zerschellte, der Klang der Schritte erstarb, und der Zivilist, der mich mit der Pistole in den Garten trieb, Nun übertreiben Sie mal nicht, Lázaro, es ist unwahrscheinlich, daß sich Lenin bei denen auf dem Dachboden verschanzt hat, kommen Sie in die Gänge, denn in der Rua António Maria Cardoso wartet man schon sehnsüchtig auf die vertraulichen Mitteilungen des Majors.

Ich erinnere mich daran, wie die Soldaten meine Familie daran hinderten, sich von mir zu verabschieden, ich erinnere mich daran, daß das Telefon ohne Unterlaß klingelte, immer leiser wurde, während wir die Auffahrt zum Gartentor hinuntergingen, ich erinnere mich an das Zigarillo des Zivilisten, der auf der vorderen Sitzbank des Ford Platz genommen hatte und dem Leutnant haarklein von der Erkältung seiner Frau erzählte, den Taschentüchern, den Zitronentees, den Leinsamenbreis, den Aspirintabletten, ich erinnere mich daran, daß wir vor dem Gebäude in der Rua António Maria Cardoso hielten und man mir befahl, Steigen Sie aus, und zur selben Zeit besänftigte meine Schwester Maria Teresa die Schritte auf dem Dachboden, Es war nichts, es ist nichts passiert, leg dich ein wenig hin, sieh zu, daß du dich ausruhst, mein Bruder stieg in den Bus nach Amadora, um den Kollegen zuzubrüllen, Sie haben Jorge festgenommen, wir leben in einem Land voller Verrückter, und ich setzte mich nach Fluren und Treppen und Sekretariaten an einen Tisch, auf dessen anderer Seite ein Glatzkopf, von einem Inder mit Kropf sekundiert, mit dem Kugelschreiber auf die Platte klopfte und ausrief, Na endlich, Herr Major, herzlich willkommen, ich wollte Sie schon lange einmal kennenlernen.

Der Kommandant der Kaserne der Legion, der ins Telefon flüsterte, Natürlich mag ich dich, Schnuckelchen, aber natürlich mag ich dich, kümmerte sich um meinen Bruder, Ruhig, Valadas, nimm die Akten da weg und entspann dich auf dem Sofa, meine Schwestern fuhren im Taxi herum auf der Suche nach einem Vetter, der Behördenleiter war und mich vielleicht retten konnte, mein Bruder, dessen Schnurrbart in Panik flatterte, Sie haben Jorge in den Bau gesteckt, Frederico, du bist ein einflußreicher Mann, du kennst einen Abgeordneten, was willst du dagegen unternehmen?, der Vetter Behördenleiter breitete die Arme aus, Im Prinzip kann ich nichts versprechen, Teresinha, es hat eine Regierungsumbildung gegeben, ich weiß nicht, wer jetzt im Innenministerium ist, aber ich werde versuchen, herauszubekommen, was da los ist, und der Glatzkopf, der seinen Kugelschreiber eingehend betrachtete, Vaterlandsverrat, Verführung von Angehörigen des Militärs, Versuch des Sturzes des Präsidenten des Ministerrates, das ist äußerst schwerwiegend, Herr Major, es gibt Länder, in denen man für weniger erschossen wird, angesichts dieser Tatsachen könnte ich Ihnen, selbst wenn ich mich für Sie verwenden würde, nicht helfen,

und das stundenlang, ich weiß nicht genau, wie viele Stunden, denn sie hatten mir die Uhr weggenommen, und die Lampe an der Decke machte die Zeit endlos, er fragte, ich antwortete grummelnd, versuchte zu erraten, was er dachte, ich hatte Lust zu urinieren, hatte Lust zu essen, hatte Lust auf die Beine der Tochter von Kommodore Capelo und auf den Langustensalat auf der Terrasse in Caparica, ich hatte Lust auf die Offiziersmesse in Tomar mit Margarida, Morgen melde ich mich, morgen kann ich Ihnen vielleicht eine gute Nachricht geben, versprach der Vetter, indem er meine Schwestern in das Vestibül fegte, und in diesem Augenblick ließ der Glatzkopf von seinem Kugelschreiber ab und bellte zum Inder mit dem Kropf hin, Gib ihm eins auf die Mütze, Nicolau, das Miststück weigert sich mitzumachen.

Der mit dem Kropf gab dem Stuhl einen ersten Fußtritt und mir einen zweiten, der mir die Lende zerriß, die Position der Lampe veränderte sich, der Tisch flog auf mich zu und wich wieder zurück, und an Stelle von Schmerz spürte ich einen seltsamen Frieden, während meine Schwester Anita zur gleichen Zeit auf dem Treppenabsatz fragte, Um drei, Luís Filipe, können wir dich um drei Uhr noch einmal stören?, und der Behördenleiter antwortete, Um drei? Ja, falls ich nicht da bin, laßt eine Nachricht da, entschuldigt bitte die Eile, aber ich habe die Familie meines Schwiegersohnes da drinnen, Nicolau massakrierte meine Schultern, die Knie, die Brust, Du Scheißkerl vergiftest das Heer,

und ich, weit weg von dort, auf einem Liegestuhl auf der Terrasse des Kommodores, saugte den Inhalt einer Langustenschere aus und redete mit dem Mädchen, während ich sein Gesicht fast mit den Fingern berührte, hatte nichts mit dem Kommandanten der Legion zu tun, der ins Feld führte, Es wird schon nichts sein, diese Dinge sind lösbar, es ist eine Verwechslung, hatte nichts mit den Fragen des Glatzkopfes zu tun, mit der Wut von Nicolau, während ich in einen Abgrund von Glückseligkeit, von Süße, von Unschuld tauchte, in dem mir meine Mutter wie einst zulächelte, mir wortlos versicherte, daß niemand von uns jemals sterben würde.

Und so kommt es, daß ich seit Ewigkeiten hier bin, nahe am Strand, und noch nie das Meer gehört habe. Nahe am Strand wegen des Geschreis der Möwen, wegen der jodfarbenen Luft, die ich einatme, wegen der Motoren der Fischkutter, die ich nachts in dieser Kaserne, die ich bewohne, zu hören glaube, die Kaserne in der Algarve, die Kaserne von Tavira, der Stadt, deren Brücke und deren einen bestimmten Platz, Fatinha, ich so sehr liebte, als ich Fähnrich war. Ewigkeiten ohne Besuche, ohne Post, ohne Zeitungen, keine Ahnung vom Weltgeschehen, Ewigkeiten lang der Oberstleutnant, der hin und wieder die Tür öffnete, Nun, Herr Major, ist der Hotelservice anständig?, und ich, der dachte, Mir fehlt die Tochter des Kommodores, mir fehlt die Costa da Caparica, mir fehlt der Langustensalat, was ist wohl mit Oberst Gomes, mit Barrela, mit Monteiro passiert, der Arzt in der Rua António Maria Cardoso entließ mich mit sechs gebrochenen Rippen, zerfetzten Augenbrauen und zwei verschobenen Rückenwirbeln ins Fort von Caxias, ich hörte, einen

Meter von mir entfernt, die Stimme des Glatzkopfes, der dem Doktor erklärte, Nicolau hat sich dermaßen begeistert, ich hätte gern mehr Agenten von diesem Schrot und Korn, mein Bruder ließ beim Legionär nicht locker, Ich war immer regimetreu, Frederico, ich habe die Demokraten immer gehaßt, der Jorge, der dasselbe Blut wie ich hat und fünfzehn Monate in Timor war, ist unfähig zu konspirieren, der Vetter Behördenleiter war nie zu Hause, obwohl sein Auto vor der Tür stand, das Dienstmädchen sagte zu meinen Schwestern, Der Herr Ingenieur ist zu einem Treffen am Terreiro do Paço gegangen, der Herr Ingenieur ist bei einem Abendessen in der uruguayischen Botschaft, der Herr Ingenieur ist dienstlich in Italien, versuchen Sie es nächste Woche wieder, versuchen Sie es in vierzehn Tagen wieder, versuchen Sie es in einem Monat wieder, man brachte mich auf einer Trage in den Innenhof, wo eine Gruppe Polizisten Ball spielte, und steckte mich dann in einen Krankenwagen des Heeres, mein Rücken brannte, meine Zähne brannten, in meinem Zahnfleisch gab es schwammige Höhlen, als wir anfuhren, fragte ich, Wohin geht es jetzt?, und ein Unteroffizier, der meinen Blutdruck maß, Die Reise geht nach China, Kamerad, hat man dir nicht gesagt, daß du nach China reist?, es dauert ziemlich lange, bis man dort ankommt.

Auch Caxias lag am Strand, wie Tavira, doch ohne den Atem Afrikas in der Nacht, nur mit dem Geruch der Siele und dem Fluß, der zum Meer wird, im Bett rechts von meinem verweigerte ein Alter die Suppe, verweigerte die Kapsel, sie gaben ihm gewaltsam, zwischen Ohrfeigen, durch den Pyjama hindurch Spritzen, und ich, mit einem Metallkragen im Nacken, lernte die Inseln an der Decke auswendig, die so etwas wie die Landkarte eines wahnsinnigen Entdeckers bildeten, und sobald ich mich aufsetzen konnte, befahlen sie mir, Zieh dich an, und schleppten mich wieder in die Rua António Maria Cardoso in das Büro des Glatzkopfes, der immer noch, vom Inder mit dem Kropf sekundiert, mit dem Kugelschreiber auf den Tisch klopfte, Nun ja, wie gut, daß Sie Ihre Grippe auskuriert haben, Herr Major, gestehen Sie uns die Namen der Offiziere, mit denen Sie Kontakt aufgenommen haben,

nur daß diesmal neben ihm, jetzt nicht im offenen Hemd und in Sandalen, der Kommodore höchstpersönlich, ernst, in Uniform mit drei Reihen Orden Platz nahm, Wie tief sind Sie gesunken, Valadas, welch eine Liederlichkeit, welch eine Verwahrlosung, welch eine Schande für das Militär,

und der Glatzkopf, Sie haben vollkommen recht, mein Kommodore, dies ist kein vorzeigbarer Offizier, sehen Sie sich bloß seine Kleider an, sehen Sie sich bloß die Narben in seinem Gesicht an, und der Kommodore Capelo, So sehen Verirrte und Verrückte aus, wenn ich daran denke, daß ich ihm gutgläubig meine Frau und meine Tochter vorgestellt habe,

die Tochter habe ich eines Samstags im Kino mit ihren Freundinnen getroffen, und sie verweilte so lange am Ausgang, daß ich sie am Arm packen konnte, um sie zu fragen, ob sie nicht zufällig einen Tee mit mir trinken wolle, und so haben wir am darauffolgenden Samstag eine amerikanische Komödie angesehen, ich habe Karten für die letzte Reihe gekauft, und nach der Pause, kaum daß es im Saal dunkel wurde, habe ich ihre Hand gehalten, sie hieß Alice, ihre Haut fühlte sich durch den Stoff des Rockes hindurch heiß an, wenn ich an meinen Handflächen schnuppere, rieche ich den Duft, wenn ich die Augen schließe, spüre ich, wie ihre Schulter dem Druck meiner Schulter nachgibt, sie studierte Pharmazie, ging mit einem Offiziersanwärter, wollte mich heiraten,

und der Glatzkopf, der den Rhythmus seines Kugelschreibers auf dem Tisch beschleunigte, Das ist wahrlich ein Problem, Kommodore, ein Wüstling, der Ihnen Ihr Heim beschmutzt,

Alice hat ein Wochenende auf dem Landgut einer Kommilitonin vorgeschoben, und wir haben in Buarcos geschlafen, sie war beim Frisör gewesen, hatte die Nägel manikürt, sie war wunderschön, erinnerst du dich an die Pension, erinnerst du dich an das Meer, das den ganzen Nachmittag lang die Steine gemahlen hat?,

wir haben eine kranke Sturmschwalbe gesehen, die auf den Felsen humpelte, du liefst zu ihr hin, sie verschwand,

und der Kommodore Capelo, Ein Riesenproblem, wir wollen das Beste für unsere Familienangehörigen, und dann bringt man so einen Abschaum ins Haus,

und Nicolau zerquetschte meine Geschlechtsteile mit der Schuhsohle, Die Namen, du Hornochse, schnell die Namen, und der Legionär zu meinem Bruder, In jeder Familie gibt es ein schwarzes Schaf, warum zum Teufel sollte deine eine Ausnahme sein?,

und du schliefst in Buarcos mit dem Daumen im Mund ein, deine Knöchel zwischen meinen,

die Sturmschwalbe fiel in eine Felsenritze, wir fanden sie im Todeskampf, von Krebsen umringt, in einer Pfütze,

meine Schwestern trafen den Vetter Behördenleiter, der doch nicht zur Erledigung von Staatsangelegenheiten nach Italien gefahren war, nach Lotion stinkend im Fahrstuhl, nachdem sie, ohne zu essen, auf den Stufen hockend auf ihn gewartet hatten, und er, Ich habe wahnsinnig viel zu tun, ich hatte keine Zeit, mich mit Jorge zu befassen, geht mir aus den Augen, falls ich euch hier noch einmal antreffe, rufe ich die Polizei,

ein Stiefellecker, dem mein Vater, als er seine Ausbildung beendet hatte, eine Arbeit vermittelte, ein Spitzbube, der das, was er war, meinem Alten verdankte,

Schämst du dich nicht, schimpfte der Glatzkopf, die Ehefrau und die Tochter des Herrn Kommodore zu belästigen?,

und Nicolau, Nun mal raus mit den Namen, die der Herr Kommodore nicht weiß, nun mal raus mit den Namen, bevor ich dich ganz platt mache,

Ich war nie verliebt in ihn, ich höre auf, mit ihm zu

gehen, schwor Alice, das Taschentuch zerknüllt in der Hand, möglicherweise bin ich schwanger, du kannst mich nicht verlassen,

und gewiß ist, daß an diesem Tag, als wir wieder zu den Felsen gingen, das Meer die Sturmschwalbe fortgetragen hatte und die Krebse mit sahnigem Schaum bedeckte,

und ich liebkoste ihren Nacken, Was für ein Unsinn, hab keine Angst, ich verlasse dich nicht, warum sollte ich dich verlassen?,

und Buarcos nachts, Alice, und der Hauch des Meeres und dein Speichel, der glänzte, wenn du mich anlächeltest,

Ich liebe dich,

Die Damen, fuhr der Glatzkopf fort, wird nicht einmal den Damen Respekt gezollt?,

Die Menstruation ist ausgeblieben, jammerte Alice, die nicht zum Frisör gegangen war und auch die Nägel nicht manikürt hatte, als wir uns an der Ecke der Straße trafen, in der ihre Eltern wohnten, was machen wir nun, Jorge?,

und ich, der ich an diesem Morgen die Nachricht von meiner Versetzung nach Chaves erhalten hatte und bei dem Gedanken verzweifelte, im Norden alt zu werden, Eine Abtreibung,

Wir wollten nur wissen, wo er ist, entgegnete meine Schwester Anita mit einem demütigen Hauchen, wir wollten nur, daß du uns hilfst, ihn zu finden, keine von uns beiden will dich belästigen,

Der Kommodore Capelo, stotterte ich mühsam, und eine Wolke aus Schmerz löste meine Stimme auf, während die Schuhsohle von Nicolau mich zermalmte

und zermalmte

und meine Geschlechtsteile zermalmte, der Kommodore Capelo hat an der Verschwörung teilgenommen, ich habe unentwegt an der Costa da Caparica konspiriert,

und der Glatzkopf, Der Herr Kommodore Capelo hat mit unserem Einverständnis gehandelt und uns monatlich Berichte geschickt, er tat so, als ob er ein Demokrat sei, und hat euren Blödsinn aus Liebe zum Regime ertragen, der Herr Minister hat dem Präsidenten des Ministerrates bereits seine Beförderung zum Admiral vorgeschlagen, der dies wohlwollend aufgenommen hat,

Eine Abtreibung? sagte Alice, du willst, daß ich eine Abtreibung mache, Jorge?,

du trugst einen Strohhut mit Blumen und Kirschen, es war heiß, es war Sommer,

und der Vetter Behördenleiter, Ihr wolltet mich nicht belästigen, aber ihr belästigt mich, ich habe eure Anrufe satt, die Billetts, die ihr mir schickt, habe es satt, daß ihr mit dem Dienstmädchen redet, ums Haus streicht,

es war heiß, und es war Sommer, und ich ging nach Chaves und wollte nicht heiraten trotz deiner Beine, deines Körpers, deiner Zunge in meinem Ohr, deiner arglosen neunzehn Jahre, ich habe inzwischen Margarida bei einer Tombola kennengelernt, und es ist nun einmal so, daß ich aufgehört habe, dich zu mögen, dich zu lieben,

Margarida? fragte Alice, wer ist Margarida?,

Dem Herrn Kommodore habe ich die Tochter geschwängert, dieses Flittchen, seufzte ich unter dem Schuh von Nicolau, ich hab nur seine Gattin nicht gevögelt, weil sie ein Fettkloß ist,

Alle haben wir schwarze Schafe, dozierte der Legionär, mein Neffe hat neulich gestanden, daß er Freimaurer sei, mein Schwager hat gelobt, zu Fuß nach Fátima zu laufen, wenn der Junge wieder zu Verstand kommt,

Buarcos, die Gassen von Buarcos, das Meer von Buarcos, gibt es Buarcos noch, wie sieht Buarcos jetzt wohl aus?

Buarcos Buarcos

Von hier nach Fátima, zu Fuß, überschlug der Legionär die Entfernung, das ist ein gewaltig langer Weg, da kannst du dir vorstellen, was der Mann durchmacht,

Und Jorge? fragte mein Bruder, denkt niemand an das, was Jorge durchmacht?,

Wie bitte? rief der Kommodore Capelo dem Glatzkopf zu, Sie lassen zu, daß dieses Miststück mich beleidigt?,

Ich bin nicht in der Lage, Babys zu unterhalten, sagte ich, indem ich einem Taxi winkte, mach dir keine Sorgen, ich finde schon eine Hebamme, die uns die Sache im Handumdrehen regelt,

Wir sind hierhergekommen, weil wir sonst niemanden kennen, sagte meine Schwester Anita resigniert, wir gehen ja schon, Luís Filipe,

Alice ist nicht zur Hebamme gegangen und hat den Offiziersanwärter geheiratet, ich habe in Chaves Fotos in der Zeitung gesehen, die Brautleute unter den Schwertern, als sie aus der Kirche kamen, die Rosenblütenblätter, die Reiskörner, die Blumen, es wird noch immer Krebse in Buarcos geben, was für tote Sturmschwalben reißt das Meer jetzt mit sich, was für Engländer bewohnen jetzt das Zimmer, in dem wir waren?,

der Glatzkopf stand auf, ging um den Tisch herum, befahl, Schluß, Nicolau, und der Schuh des Kropfkranken minderte den Druck,

Margarida, dachte ich, sobald das hier vorbei ist, nimmst du den Zug nach Chaves, doch ich bin allein in Tavira, seit Ewigkeiten allein in Tavira, nahe dem Strand und höre nicht einmal das Meer, höre die Fischkutter und die Trompeten der Kaserne, höre den Mund des Glatzkopfs brüllen, Bitte um Vergebung, verflucht noch mal, bitte um Vergebung, oder ich bringe dich um wie einen Hund, höre das Lachen Alices in Buarcos in Buarcos in Buarcos, das sich mit den Albatrossen, dem Siphon des Windes in den Felsen und dem Krachen meiner Knorpel vermischt, höre das Telefon in der Calçada do Tojal und Oberst Gomes, Verschwinden Sie schnell, Valadas, sie dürften gleich dasein, um Sie festzunehmen,

Bitte um Vergebung, zum Teufel, wahrscheinlich bin ich schwanger, in jeder Familie gibt es ein schwarzes Schaf, ich bringe dich hier um, oder wir gehen nach Buarcos, Margarida, ich kenne da ein Restaurant am Strand, hast du schon die Höhlen in der Felsenküste gesehen, hast du die Algen gesehen, hast du die Feigenbäume über dem Meer gesehen, den Duft der Blätter, die dicke Milch der Früchte?,

weiße Milch, Milch wie mein Blut, wie die Freude, wie die Angst, die ich verspüre, weiß, weiß, lassen Sie es zu, nein, ich lasse es nicht zu, Herr Kommodore, daß dieses Miststück, ein Vertrauensmann in Penafiel wird Sie nach Spanien bringen, mich beleidigt,

sie haben bereits Barrela geschnappt, sie haben bereits Monteiro geschnappt, nun, Herr Major, legen Sie den Hörer auf, es ist jetzt nicht der Moment für Liebesgeflüster, und dieses Fehlen von Schmerz und diese Berufung zum Vogel oder zur Wolke, die Tochter, dieses Flittchen, keine Babys, ich schwebe, höre Stimmen in meinem Kopf wie auf dem Dachboden in der Calçada do Tojal, doch man darf nicht darüber reden, sagte meine Schwester Maria Teresa, niemand darf es wissen, wenn sie mich noch weiter schlagen, werde ich es erzählen, Wohin geht es jetzt? fragte ich im Krankenwagen den Blutdruckunteroffizier, und er hob den Blick vom Quecksilberstreifen, die Reise geht nach China, Kamerad, hat man dir nicht gesagt, daß du nach China reist? Natürlich fährst du nach China, das Ding ist nur, daß es einige Monate dauert, bis man dort ankommt.

2

Als sie Jorge festnahmen, war das schwierigste, die Unruhe ihrer Schritte auf dem Dachboden zu beschwichtigen, deren Auf und Ab so lebhaft war, daß sich ein Stück Stuck von der Decke im Schlafzimmer meiner Schwester Anita löste und ein Mäusenest in einem Holzbalken freilegte. Teresinha stieg alle fünf Minuten die Treppe hinauf, um sie zu besänftigen, wir hörten sie schimpfen, die Schritte hielten inne, wurden vom Hin und Her des Schaukelstuhls oder von einem Grammophontango ersetzt, Teresinha kam die Treppe wieder herunter, und Augenblicke später verstummten der Stuhl und der Tango, und die Schritte setzten wieder ein und brachten die Uhren aus dem Takt. Die Fotos der Toten sorgten sich auch, und ich erinnerte mich daran, wie wir klein waren und ich mit ihr und dem Sohn der Nähfrau im Küchenhof spielte, daher schlug ich vor, Warum rufen wir nicht den Arzt, damit er ihr eine Medizin gegen die Nervenschwäche gibt?, und kaum hatte ich das gesagt, da herrschte oben Stille, und nach der Stille begann sie zu schreien.

Es war Sonntag, es standen mehr Störche als sonst auf der Palme bei der Post oder schwebten über den Kirchenglocken und den Schornsteinen, Teresinha unterbrach ihre Häkelarbeit, um mich anzustarren, und ich war wieder Kind und staunte über die Dioptrien, die ihre Augen in Insekten verwandelten, umgeben von Wimpernbeinen.

Anita und Teresinha schauten mich an, der Fuchs schluchzte, am leeren Topf schnuppernd, hungrig im Käfig, und wir waren jetzt zwanzig Jahre alt, und unser kranker Vater, von Zerstäubern umgeben, die die Luft mit Eukalyptusduft schwängerten, forderte vom Bett aus, Niemand darf etwas erfahren, ich will, daß niemand etwas erfährt, und zeigte dabei auf ein blondes Mädchen, das auf dem Fußboden saß und sich die Zeit damit vertrieb, Zeitschriften mit den

Fingern in Fetzen zu reißen. Niemand darf etwas erfahren, echote unsere Mutter auf einem Stuhl neben den Schatten des Bettes, Niemand darf etwas von Julieta erfahren, fuhr der Alte fort, und Jorge nickte, und Anita nickte, und Teresinha nickte, und ich ließ den Blick über die mit Tablettenröhrchen und Sirupflaschen vollgestellte Kommode schweifen, über der sich ein am Kreuz leidender Christus erhob und hinter dem Christus die Vorhänge, die den Nachmittag aussperrten und das Zimmer in einer Atmosphäre des Sterbens einschlossen.

Während die Schreie auf dem Dachboden das Kristall zerbersten ließen und die Vasen spalteten, lebte in der Empörung meiner Schwestern der Befehl unseres Vaters weiter, als würde der Alte wieder im Pyjama, in eine Decke gewickelt, im Wohnzimmer auf dem Sofa sitzen, daher fügte ich hinzu, Einen Arzt, den wir kennen, einen Arzt unseres Vertrauens selbstverständlich, denn wenn das Geschrei nicht aufhört, haben wir bald keine heile Terrine mehr, und unser Vater trat plötzlich aus dem Rahmen, fragte die Leuchter und den Kamin, Was habe ich dem lieben Gott Böses angetan, um einen so dummen Sohn zu bekommen, meine Herrschaften? Es war Sonntag fünf oder sechs Uhr an einem Tag, dessen Hitze die Geranien bleichte, meine Freunde schickten Billetts an Damen mit gefärbtem Haar, die in der Konditorei mit zum Ring gebogenem kleinen Finger Tee tranken, ihre Schreie brachten eine Fensterscheibe zum Zerspringen, es war Sonntag wie der Sonntag im Herbst, an dem wir unseren Vater an dem zum Hügel von Monsanto gewandten Hang des Friedhofs zu Grabe trugen

(während eines derartigen Unwetters, daß der Pater nicht einmal aus dem Wagen stieg und aus dem Fenster heraus Weihwasser versprengte),

Anita stieg die Treppe hinauf, zog das Grammophon auf, gab ihr Kräutertees, flehte sie an, zu schweigen, Sei still, Julieta, und trotzdem folgte Schrei auf Schrei, verwirrte die Uhren, die Kuckucke öffneten ihre Luken, um unmögliche Zeiten anzusagen, Pendel wiegten Schiffshüften und sagten immer wieder, Was habe ich dem lieben Gott Böses angetan, um einen so dummen Sohn zu bekommen, meine Herrschaften?, die Figuren auf den Spieluhren drehten sich unter frenetischem Menuettgeklimper, es war Sonntag, die Störche näherten sich der Palme bei der Post und entfernten sich wieder, die Frösche quakten in den Sümpfen des Röhrichts auf dem Landgut des Visconde, unser Vater, im versilberten Rähmchen mit dem Totenhemd seiner Uniform bekleidet wie im Sarg, verbot mir von den Fotos her, den Arzt zu rufen, Niemand darf etwas erfahren, habt ihr gehört, ich will, daß niemand etwas erfährt, Ich werde nach einer Apotheke suchen, die Dienst hat, und ein Bromid kaufen, sagte ich zu meiner Schwester Teresinha, so ein Bromid wie das, das unsere Mutter sie immer einzunehmen gezwungen hat, als sie, die nie das Haus verließ, mit meinem Neffen schwanger geworden war

(und wir haben die Dienstmädchen entlassen, um sie daran zu hindern, unsere Schande zu teilen, unsere Enttäuschung, unseren Haß),

als ihr Bauch so groß wurde, daß sie die ganze Nacht lang vor Schrecken heulte, während sie durch die Zimmer wanderte und in den Spiegeln die Veränderungen ihres Körpers nachprüfte, als sie schwanger wurde, ohne daß wir begriffen, wie, da wir sie immer in der Speisekammer einschlossen, wenn Besuch kam, damit sie nicht bemerkten, daß es sie gab, und auch nicht begreifen wollten, wie

(und sie hat heimlich in Guarda entbunden, im Dorf meiner Großmutter, und kam ruhig und gehorsam und freundlich wieder zurück, ohne nachts aufzuwachen, ohne durch die Zimmer zu trotten),

ich sagte zu meiner Schwester Teresinha, Ich werde nach einer Apotheke suchen, die Dienst hat, und ein Bromid kaufen, dann beruhigt sie sich wieder, unsere Mutter schaute mißtrauisch aus einer Daguerreotypie, auf der sie neben dem Paten im Gehrock vor einer Leinwand zu sehen war, die die Sphinx und die ägyptischen Pyramiden darstellte, doch unser

Vater löste sich nicht aus seiner Reihe von Schülern der Militärschule im Jahre 1899, er rührte sich nicht, war zehn oder elf Jahre alt und sah niemandem von uns ähnlich, blonder, magerer, hübscher, hatte schon diese Quarzpupillen, die ich an ihm aus Queluz kannte, bevor sie das große Haus in Benfica kauften, zu der Zeit, als er aus der Kaserne kam und sich mit unserer Mutter am anderen Ende des Korridors einschloß und tuschelte,

ich fragte meine Schwester Anita, Haben sie sich miteinander gestritten?, und sie, Sei still, ich fragte meine Schwester Teresinha, Wird Vater Mutter schlagen?, und sie, Sei still, ich fragte meinen Bruder Jorge, Was ist das für ein Lärm?, und er, Wieso Lärm, meine Schwester Julieta zerfetzte Zeitschriften, und von der Stelle, an der wir wohnten, sah man das Meer, oder besser, sah man Balkons und Dächer und hinter den Balkons und den Dächern das Meer,

man sah das Meer, und dann sind wir hierhergezogen, und das Meer verschwand, wurde von Störchen und Herden und Ulmen und dem Glockenläuten der Kälber am Abend ersetzt, die von Männern in Beinkleidern aus Ziegenleder getrieben wurden, unser Vater hörte auf, mit unserer Mutter zu tuscheln, saß mit der Zeitung im Wohnzimmer oder baute das Radio auseinander und wieder zusammen, gab sich mit verzweifelter Konzentration komplizierten Nutzlosigkeiten hin, und da begriff ich, daß seine Tätigkeit in Wirklichkeit darin bestand, auf den Tod zu warten, auf den Tod zu warten, Minute für Minute, in nervöser Muße, indem er die Zeit, die ihn von ihm trennte, mit sinnlosen Aufgaben verkürzte, die unsere Mutter aufmerksam verfolgte und nicht zu unterbrechen wagte, weil sie vom Schatten verängstigt war, der ihm die Wangen auffraß und ihn einem Urahnen seiner selbst immer ähnlicher machte, einer Zukunft, die der Gegenwart voranging, in der er lebte,

ich sagte

(es war Sonntag, und ein Storch vollendete sein Nest auf dem Kornspeicher der Antunes),

Ich kaufe ein Bromid, Schwesterherz, und dann hören die Schreie auf, wenn das so weitergeht, werden die Uhren endgültig verrückt, und uns bleibt keine Fensterscheibe, kein Glas mehr übrig, wenn das so weitergeht, zerbrechen die Sprungfedern der Kuckucke, und sie fliegen durchs Wohnzimmer und picken mit ihren Holzschnäbeln die Krümel vom Mittagessen auf, unsere Mutter mit Hut neben dem Paten, den ich nie kennengelernt habe, hörte mitten zwischen Sphinx und Pyramide auf, sich um mich zu kümmern, unser Vater rührte keine Sehne, um aus der Reihe der Schüler der Militärschule herauszuspringen, meine Schwester Teresinha versicherte sich der Zustimmung der verstorbenen Onkel, die uns von den Picknicks, den Eselsritten, den Fahrradtouren nach Sintra von einst her verfolgten, meine Schwester Anita war zu hören, wie sie mit ihr sprach, und man ahnte, daß beide von Panik erfaßt waren,

es war Sonntag, und wir wohnten erst seit kurzem in Benfica, meine Schwester Julieta, die noch nicht auf dem Dachboden schrie, rannte hinter den Küken her und zerquetschte sie mit einem Backstein, und Jorge lachte, klatschte in die Hände und feuerte sie an, Bring noch mehr um, guck mal, da haut eins ab, bring es um, und am Ende schalt die Köchin dann mit mir, beschwerte sich meinetwegen bei den Alten, Der kleine Fernando läßt die Hühner nicht in Frieden, so daß sie mich zur Strafe ohne Abendbrot auf mein Zimmer schickten, Was habe ich dem lieben Gott Böses angetan, um einen so dummen Sohn zu bekommen, meine Herrschaften?, einen Sohn, der keine Ausbildung gemacht hat, der nicht studiert hat, der in einer Firma arbeitet, was er da macht, weiß keiner, nur daß er wenig verdient, ein Mann von vierzig Jahren, der die Samstage mit dem Besitzer der Autowerkstatt und dem Angestellten des Kurzwarenladens in der Konditorei verbringt, weil er schon immer einen Hang zum Personal hatte, der den Prostituierten zuzwinkert, die sich, anstatt zur Messe zu gehen, dort verkriechen und Tee trinken, ordinäre Weibsbilder, die sich wie Schauspielerinnen anziehen und sich die Zahnlücken mit dem Fingernagel säubern, Eines Tages wirst du eine Geschlechtskrankheit bekommen und impotent werden, versicherte mir Jorge, eine von denen, bei denen sich die Geschlechtsteile auflösen und man den Urin nicht mehr halten kann, und ich, Unsinn, das sind seriöse Damen, das sind keine Nutten, wo soll ich denn das Geld herhaben, um sie zu bezahlen?, und unser Vater, mit den Litzen eines Oberstleutnants auf einem Foto, das ihn in ganzer Größe zeigt, sagte, Fernando bekommt eine Woche lang keinen Nachtisch, es war Sonntag, ein Dutzend Störche umkreiste unseren Schornstein, meine Schwester Anita legte einen Walzer auf, ein Sturzbach von Takten sprudelte vom oberen Stockwerk herunter, und die kaputte Nadel wiederholte dieselben Töne in grüblerischem Schmerz, der Fuchs hockte sich auf seine Hinterläufe und begann zu bellen, das Besteck wakkelte in den Schubladen, einer der Kuckucke befreite sich aus der Uhr und ließ sich, Stunden ausrufend, wobei die Sprungfeder von seinem Schwanz hing, auf der Vorhangstange nieder, die anderen Kuckucke zappelten in den Holzkästchen, eine Vase mit Rosen rutschte zur Tischkante, es war Sonntag, der Zivilist und drei Soldaten haben Jorge festgenommen, nachdem sie uns das Unterste zuoberst gekehrt hatten, meine Schwester Teresinha, die ein Bündel Briefe unserer Eltern in der Hand hielt, schaute sich die Fotos genau an

(ein Storch fand das Gleichgewicht auf einem Eisenhütchen, das den Schornstein krönte)

und gestand mir, vom Walzer und von den Schreien bedrängt, zu, Bring es von einer Apotheke mit, die weit entfernt liegt, wo sie dich nicht kennen, nicht ahnen, für wen das ist,

wobei sie sich weigerte zuzugeben, daß sie wußte, daß alle es wußten, das heißt, daß wir Julieta auf dem Dachboden versteckt hielten, daß wir sie nach Guarda geschickt hatten, daß unser Neffe in Ericeira bei einem ehemaligen Dienstmädchen der Familie lebte und daß wir so taten, als gäbe es den Jungen nicht, als wäre er nie geboren worden, indem wir uns weigerten einzugestehen, was alle wußten seit der Zeit, als unsere Mutter und unser Vater lebten, als Julieta im Küchenhof hin und her rannte und, auf Geheiß von Jorge, Bring es um, bring es schnell um, bring das da um, Küken und Hühner mit einem Backstein zerquetschte.

Ich wechselte das Hemd, putzte die Schuhe, parfümierte mich, fuhr mit dem Brillantinekamm durch den Schnurrbart und ging in dem Augenblick aus dem Haus, als der Walzer verstummte, erschöpft vom ständigen Wiederholen der Takte, und die Nadel auf dem runden Etikett der Platte entlangschrappte wie ein Messer auf einem Teller oder Kreide auf einem Stück Schiefer und uns das Blut in den Adern in Aufruhr versetzte. Ich zog mich um und parfümierte mich, weil es mich freut, wenn die Damen in der Konditorei meine Lotionen mögen und mich vom Autowerkstattbesitzer und dem Angestellten des Kurzwarenladens unterscheiden, deren Schuhe immer, selbst im Sommer, voll Matsch aus den Stadtvierteln sind, in denen sie wohnen. Ich ging mit glänzenden Schuhspitzen die Calçada do Tojal hinunter bis zur Estrada de Benfica, bog bei der Palme an der Post links ab und ging zu dem Laden vor der Kirche, dessen mit Pralinenschachteln und Anisschnaps gefüllte Schaufenster bereits erleuchtet waren. In der Taverne neben dem Pfandleiher mit den drei über der Tür tropfenden Bällen stritten junge Laufburschen auf galizisch, ihre Handwagen aufgereiht auf dem Bürgersteig. Und ich trat in die Konditorei, hatte die Schreie meiner Schwester vergessen, hatte den Tadel der Fotos vergessen, hatte die Bromide vergessen, suchte mit gleichgültiger Miene den Tisch der blonden Damen, die nachmittagelang Sahnestücke aßen und den Mund so vorsichtig abwischten, als würden sie Tränen trocknen. Der Besitzer der Autowerkstatt und der Angestellte des Kurzwarenladens lächelten sie über Kaffeetassen voller Zigarettenkippen hinweg an. Ein Hündchen mit einer Organdyschleife auf dem Kopf bettelte auf dem Schoß von einer von ihnen bellend um Kekse, und die Kellner machten sie mit Eiertörtchen und Schalen voller Erdbeeren mit Schlagsahne gefügig. Das Wunder Lügen strafend, auf das ich schon seit Jahren vergebens wartete, wandte sich mir keine der Göttinnen, von Liebe hingerissen, zu, um mir mit dem Fächer zu winken, und so setzte ich mich schließlich auf den Stuhl, den mir der Automechaniker anbot, während mich die Stimme meines Vaters bedrängte,

Was habe ich dem lieben Gott Böses angetan, um einen so dummen Sohn zu bekommen, meine Herrschaften?,

dieselbe Stimme, die mich bei der Arbeit, in der Straßenbahn, in den Kinosälen verfolgte, die mir die Träume bunt färbten, die Stimme meines Vaters, die mich seit vierzig Jahren verhöhnte, von den Seufzern meiner Mutter und dem leisen, spöttischen Lachen von Jorge rhythmisch untermalt, der am Wochenende aus der Militärakademie kam,

Was habe ich dem lieben Gott Böses angetan, um einen so dummen Sohn zu bekommen, meine Herrschaften?,

die Stimmen, die mich überallhin verfolgten wie die Augen auf den Fotos und die Schreie meiner Schwester auf dem Dachboden,

Was habe ich dem lieben Gott Böses angetan, um einen so dummen Sohn zu bekommen, meine Herrschaften?,

meine eigene schaumerstickte Stimme morgens beim Rasieren,

Was habe ich dem lieben Gott Böses angetan, um so dumm zu sein, meine Herrschaften?,

einmal ganz abgesehen von der weibischen, wimpernklimpernden Stimme der kleinen Porzellanhirten auf dem Marmor des Kamins, von der Stimme des ausgestellten Radioapparates, den Millionen von Stimmen, die sich im Telefon überlagerten, bekämpften, kreuzten und zerfetzten, von der Stimme der Köchin, der Stimme der in den Butterkeksschachteln der Kindheit eingesargten greisen Cousinen, es war Sonntag, die Störche gingen auf dem Gehölz nieder, und ich dachte erst wieder an die Bromide, als der Besitzer der Autowerkstatt brummelte, Guck mal die Beine von der da, guck mal die Beine von der da, ich erinnerte mich an den Zivilisten mit der Pistole und die Bromide, als die Laternen auf der Straße vor den Umrissen der Häuser angingen, und kurz darauf nahm ich in Begleitung des Angestellten des Kurzwarenladens, der schwor, mit allen Besitzern aller Läden in der Baixa per Vornamen zu sein, die Straßenbahn zum Restauradores-Platz auf der Suche nach einer Apotheke, die Dienst hatte.

Selbst heute, wo ich einundachtzig Jahre alt bin und, seit meine Frau gestorben ist, allein in einer Teilwohnung in einem vierten Stock ohne Fahrstuhl in der Rua Ivens lebe und zum Largo do Camões und höchsten Punkt der Rua do Alecrim auf den Tejo sehe, selbst heute, wo ich das Loreto-Viertel bis zum Fahrstuhl der Bica spaziere und die Stadt in der Sonne zu den Lagerschuppen der Ribeira hin abfallen sehe, selbst heute, wie gesagt, kenne ich Lissabon nicht. In einer Poliklinik in Príncipe Real gärtnert der Zahnarzt in meinen Kiefern herum, stutzt die immer überflüssiger werdenden Blätter meiner Zähne, in Santos richtet der Rheumaarzt mir den Nelkenstock meiner Wirbelsäule an Reetstabpomaden auf, in Sapadores, in einer Parterrepraxis, in der die Unglücklichen aus dem Wartezimmer alle ihr Herz wie auf den Jesusbildchen, die die Kabuffs der Hausmeisterinnen schmücken, von einer Dornenkrone umschlossen auf der Hand zu tragen scheinen, untersagt mir der Herzdoktor, der mir eine Batterie zwischen die Rippen gepflanzt hat, um mein Blut vom Galoppieren abzubringen, das Fett. Die Stadt ist für mich ein Großer Bär aus Arztpraxen mit dem Polarstern des Augenarztes am Rossio im Gebäude eines Reisebüros, das die Bermudas meinem grauen Star empfiehlt, der mir die Pupillen vernebelt, so daß sie auf dem Bild an der Wand die Buchstaben nicht mehr lesen können, die langsam kleiner werden wie die Sehnsucht nach dir, um sich in den winzigen Vokalen des endgültigen Vergessens aufzulösen. Die Stadt ist eine Konstellation von Rektosigmoidoskopien, von Lumbalpunktionen, Gehirnuntersuchungen, Hämmerchen, die das Knie aufschrecken, Schröpfköpfen für Elektrokardiogramme, bei denen die Arterien auf einem Papierstreifen ihre unleserliche Unterschrift eintragen, eine Milchstraße aus Krankenhäusern und Diagnosezentren, getrennt durch Statuen von Herzögen und Königen, die von Platz zu Platz mit dem Finger unter Anklagen aufeinander zeigen, die ich heute ebensowenig verstehe wie an jenem Sonntag im Jahre neunzehnhundertfünfzig, vor zweiundvierzig Jahren, als ich am Restauradores-Platz, in Begleitung des Angestellten des Kurzwarenladens, aus der Straßenbahn stieg, in einem Wald aus Schneiderläden, Tavernen, Gassen mit zweideutigen Pensionen und Frauen, die den Acrylpelz an den Straßenecken rieben und mit den Morsezeichen ihrer Zigaretten mit uns kommunizierten, eine diensttuende Apotheke suchte. Damals fehlten mir wie heute die Warnungen, Ratschläge und Verbote der Toten, fehlten mir die Palme bei der Post und die Konditorei mit den blonden Damen, fehlte mir die Dämmerung der Bäume im Gehölz, fehlten mir die Bougainvilleen, Conceição, die Dolden der Bougainvilleen, die von der Mauer hingen, fehlte mir meine Schwester Julieta, die mit einem Backstein in den Armen hinter den Küken herrannte, fehlten mir die Walzer und das Ungestüm der Trichtergrammophontangos, die ich manchmal noch hier in der Rua Ivens zu hören glaube, wenn ich mitten in der Nacht, von der Lanze der Gicht durchbohrt, mit lodernden Fußknöcheln aufwache. Selbst Jorges Verachtung fehlt mir,

Solange dir die Geschlechtsteile nicht abfallen, gibst du keine Ruhe,

Jorge, der, wenn er noch lebte, von deinen Krampfadern, deinen Pantoffeln, deinen Grammatikfehlern unangenehm berührt, sich weigern würde, dich zu grüßen, zu mir sagen würde, Natürlich mußtest du unbedingt ein Dienstmädchen heiraten, das war ja zu erwarten, zum Glück ist unsere Mutter nicht mehr da, um eine derartige Schande zu erleben, auch mein mickriger Neffe, den ich nie wieder gesehen habe, seit ich aus der Calçada do Tojal ausgezogen bin, um mit dir zusammenzuwohnen, fehlt mir, was wird wohl aus dem Kleinen geworden sein, was wird wohl aus allen geworden sein, der Zahnarzt hat mir versprochen, mir zweiunddreißig gegen schlechten Atem, Eiterfluß und Karies unempfindliche Plastikzähne in den Mund zu packen, es war Sonntag, Conceição, Sonntag wie damals, als wir in die Matinee des Eden gingen, um uns mexikanische Filme mit Cantinflas anzusehen, zweiunddreißig Zähne, die kauen, die nicht weh tun, die man in der Hand halten kann, die man ohne Spiegel sehen kann, die man, um die Kiefer zu entlasten, rausnehmen kann, der Angestellte des Kurzwarenladens und ich gingen über den Restauradores-Platz

(auf einem Dach rollte ein Neonwagen),

bogen in die Rua dos Condes ein, gingen an einem Bierlokal vorbei, das mit einem Teppich aus Lupinenkernen ausgelegt war und in dem wir nach dem Eden oder an den Tagen, an denen wir die Rente abholten, immer zu Abend aßen, und gingen in Richtung Portas de Santo Antão an zerborstenen Steineinfassungen von Eingängen entlang, in denen man Treppen erkannte, die zu Zimmern einsamer Sterbender führten, neben deren Bett ein Topf mit Bohnen oder Kartoffeln stand, und in der Gegend vom Coliseu träumten arbeitslose Clowns mit orangefarbenen Haarsträhnen und Trapezkünstler, die der Ischias am Fliegen hinderte und die von ihren Handgelenken Talkumwölkchen aufsteigen ließen, laut davon, daß sie in der Manege hinuntergelaufen kamen, um für Ovationen zu danken, die es nicht gab, so wie ich dich manchmal morgens auf der Kopfkissenhälfte suche, auf der du nicht bist, und Julieta taucht in ihrer Spielschürze auf, mit einer Schleife, die sich aus dem Haar löst, und läßt mir, von der Stimme meines Bruders aufgestachelt, trotz meiner Proteste einen riesigen Backstein auf die Brust fallen, es war Sonntag,

Sonntag

Sonntag im Jahre neunzehnhundertfünfzig, vor zweiundvierzig Jahren, Was habe ich dem lieben Gott Böses angetan, um einen so dummen Sohn zu bekommen, meine Herrschaften?, die blonden Damen verließen die Konditorei, um nach Hause zu gehen.

Du mußtest ja ein Dienstmädchen heiraten, das war zu erwarten, eine Teilwohnung mit Küchenbenutzung und einer Familie aus den Kapverden, die mit uns wohnte, Zweiunddreißig Zähne, Senhor Valadas, zweiunddreißig Zähne, und Sie werden zwanzig Jahre jünger, da können Sie sich im Handumdrehen eine Freundin anlachen, ein fesches Mädchen, und meine Schwester rennt hinter mir her, hebt den Backstein über den Kopf, Bring es um, das Alter vermischt die Stimmen der Vergangenheit, aber ich weiß, es war Sonntag und nachts,

ja, Sonntag

Sonntag in den Portas de Santo Antão, Schmuggler, Prostituierte, Clowns, Trapezkünstler, und der Angestellte des Kurzwarenladens und ich gingen, auf der Suche nach Bromiden, zum Palast der Mocidade Portuguesa hinunter, der von Legionären mit Pistole bewacht wurde, Du hast einem Abgeordneten die Hand gedrückt, Frederico, sie haben meinen Bruder festgenommen, hilf mir.

Ich habe ein Dienstmädchen geheiratet, das ist wahr, sie kaufte ihrem Patron dort seine Zigaretten, wo ich in der Nähe meines Arbeitsplatzes immer zu Mittag aß, eine Frau, die nicht mehr ganz jung war, nicht hübsch war, kein gefärbtes Haar hatte, die einzige, die meinem Lächeln mit einem Lächeln antwortete, die auf der anderen Seite des Schaufensters auf mich wartete, so tat, als würde sie die Flaschen ansehen, ein Dienstmädchen, Vater, ich habe ein Dienstmädchen geheiratet, ich bin dumm,

und wir erreichten die ganz quadratische Praça da Figueira und die verlassenen Bürogebäude mit den Witwenbalkons und nach der Praça da Figueira die konturlose Erdaufschüttung des Martim Moniz, und es gab keine Apotheken, keine einzige diensttuende Apotheke, Bring es um, und nach dem Martim Moniz die Rua do Benformoso, den Largo do Benformoso, den Intendente, rote Laternen, Blindenpianos, Gestalten, und in der Bar Ninfa do Tejo fing dann alles an.

3

Nach fünf oder sechs Wochen

(oder zehn oder zwanzig, wer kann mir darauf eine Antwort geben, Margarida?),

während deren ich in der Krankenstation des Forts von Caxias Blut urinierte, meine Blase voll kleiner Glassplitter war

(kleine Glassplitter, Mutter),

verlegte man mich in eine Zelle im unteren Stock des Gefängnisses, wo ich versuchte, die Uhrzeit an den Farbnuancen des Himmels, scharlachrot, blau, fahl, weiß, vollkommen schwarz, zu erraten

(wer erklärte mir die Farben, wer kommt und erklärt mir die Farben in Tavira?),

während die Tropfen eines Wasserhahns auf der anderen Seite der Wand nachts begannen bleiern zu klingen. Ich hörte weder die Wellen noch den Wind des Tejo, das Schreien der Möwen verstummte, und montags

(sie sagten immer, es sei Montag, nie Dienstag, nie Mittwoch, nie Samstag, sondern Montag, sie sagten, Raus aus dem Bett, jetzt ist Freizeit)

zwangen sie mich, im Innenhof des Gefängnisses an einem Spazierstock zu humpeln, und eines Tages sah ich den Wasserhahn, ging darauf zu, um ihn abzudrehen, und eine Stimme befahl sofort, Nicht stehenbleiben, nichts anfassen, immer weitergehen, schneller, schneller, und so ging ich weiter an den Mauern entlang

(die Sonne gelangte nie hier hinunter, die Sonne gelangte nie hier hinunter, und ich fror im Sommer),

zog einen Fußknöchel auf Kieseln und Brunnenpflänzchen hinter mir her. Wenn ich hinfiel, riet mir ein Fuß in meinem Rücken lachend, Steh auf, nun steh schon auf, jetzt ist nichts mit Heiamachen, und nur wenn ich keinen Schritt mehr tun konnte, brachten sie mich spottend wieder in die Zelle zurück, Nun, Major, keine Kraft mehr, bist wohl völlig alle, was?, und mitten in der Nacht wachte ich auf, und ein Dicker saß auf einem Schemel neben mir und jammerte, Das ist ja wirklich zu ärgerlich, Herr Offizier, Sie können sich nicht vorstellen, wie schwer es mir fällt, Sie zu verhören, wenn Sie mir die Liste der Einheiten geben, die Sie unterwandert haben, verspreche ich Ihnen, daß Sie umgehend freigelassen werden. Manchmal war noch ein anderer bei dem Dicken, der wütend auf mich war, die Hand erhob, um mich zu schlagen, der Dicke hinderte ihn daran, indem er mich mit seinem Körper schützte, Na, na, Herr Kollege, so beruhigen Sie sich doch, wir sind alle seriöse Leute, wir sind alle erwachsen, der Herr Offizier kollaboriert doch, und zu mir, Ich weiß nicht, wie lange ich ihn noch zurückhalten kann, Herr Offizier, dieser Typ ist hochgefährlich, solche Leute schaden dem Ruf der Polizei, am besten antworten Sie schnell, am besten sagen Sie die Namen der Militärs, bevor ein Unglück geschieht, und der andere, schäumend, Weg da, Duarte, ich mache diesen Typen platt, und der Dicke, Sehen Sie? Sehen Sie? Helfen Sie mir, mein Freund, ich möchte nicht, daß man Sie umbringt,

der Himmel ohne Möwen ging von Blau zu Scharlachrot über und von Scharlachrot zu Fahl, bevor er dunkel wurde, und der Dicke, der den anderen besänftigte, Bedrängen Sie den Herrn Offizier nicht, versagt Ihr Gedächtnis nicht auch mal?, der Wasserhahn im Hof tropfte weiter, die Tropfen zerbarsten im Inneren meines Schädels, und der andere, Ach, Unsinn, Duarte, Unsinn, laß mich los, denn wenn ich einen Verräter sehe, werde ich krank, und der Dicke zu mir, Um Gottes willen, Herr Offizier, antworten Sie sofort,

der schwarze Himmel, der vollkommen schwarze Himmel in der Luke, mein Mund begann zu bluten, ein Brei, in dem harte Stückchen schwammen, verwirrte meine Zunge, Ich bin müde, und der Dicke, Was?, Ich bin müde, wiederholte ich, ich werde ein wenig schlafen, wecken Sie mich nicht, und ich ging Jahre um Jahre zurück, und das Dienstmädchen öffnete die Rolläden und rief mich, Wenn Sie sich nicht sofort anziehen, junger Herr, dann kommen Sie zu spät zur Schule, und Ihr Vater schimpft mit mir, und ich, die Augen im Kissen verborgen, Mein Vater ist mir egal, Schelte ist mir egal, mach das Fenster zu, dummes Stück,

und die Rolläden waren hochgezogen, und sie, über mich gebeugt, nach Getreide und dem Silberputzpulver riechend, rüttelte an meiner Schulter, Junger Herr, junger Herr,

und ich, in die Bettücher vergraben, Laß mich los, geh zum Teufel, laß mich los, Amália,

und der Dicke zum anderen, Müde, Fonseca, dieser Idiot sagt, er ist müde, gib ihm Saures,

und ich zum Dicken, ohne die Schläge zu fühlen, Ich werde meiner Mutter sagen, daß du mich beschimpft hast, Amália, ich werde meiner Mutter sagen, daß du mich geschlagen hast,

und das Dienstmädchen, Ich habe Sie nur ein ganz klein wenig geschüttelt, junger Herr,

und der andere, Schluß, Duarte, laß ihn, hör damit auf, der Mann ist ohnmächtig geworden,

und der Dicke, Ohnmachten interessieren mich nicht, mir tut es nur um jeden Schlag leid, der nicht gesessen hat,

und ich, Und ob du mich geschlagen hast, ich habe einen blauen Fleck am Hals, ich gehe nicht in die Schule, weil du mir die Adern kaputtgemacht hast, ich komme ins Krankenhaus, und meine Mutter setzt dich auf die Straße, Amália,

der Himmel im Fenster war blau, er war nicht scharlachrot, er war nicht fahl, er war nicht schwarz, der Hügel von Monsanto grün, die Wände cremefarben, die Schritte meines Vaters nahmen drei Stufen auf einmal, Bist du fertig, Jorge?, und ich, in Unterhosen, ja ja ja ja ja ja, ja,

der Zahnarzt im Fort von Caxias riß mir die zerbrochenen Backenzähne aus und nähte meine Lippe, die Krankenpfleger wechselten den Gips an meinem Bein durch eine

Doppelschiene aus und rieben meine Stirn mit einer brennenden Salbe ab, Bist du irgendwo gestolpert, Mann?,

und ich zum Dienstmädchen, Laß mich nachher in dein Zimmer, Amália, laß mich eine halbe Stunde bei dir liegen,

und der andere zum Dicken, Der ist verrückt geworden, Duarte, ich schwör dir, der ist verrückt geworden, der macht kein Theater, nach fünf Tagen Statuestehen ist das kein Wunder,

der Himmel wechselte von einer Farbe zur anderen, orange, lila, zitronengelb, braun, feuerrot, und der Dicke, Wir rufen den Irrenarzt, damit er ihn beobachtet, und machen später weiter, ich will blind werden, wenn wir nicht am Ende alles rauskriegen,

und das Dienstmädchen, das mein Bett machte, In mein Zimmer, junger Herr, in mein Zimmer?,

Jorge, rief mein Vater vom unteren Stockwerk, muß ich ernstlich böse mit dir werden?,

Monsanto so grün, die Bäume am besonnten Hang, und oben auf dem Dach des von elektrischen Pfosten umringten Gefängnisses, auf dem Dachboden wohnten die weiblichen Angestellten und badeten in einem Bottich,

und der andere zu dem Dicken, Ich will die Verantwortung dafür nicht übernehmen, Duarte, der Soldat kommt direkt in die Krankenstation, und sobald sie uns die Erlaubnis geben, geht's dann richtig los,

Monsanto so grün, und die Wellensittiche meiner Mutter in der Voliere hinter dem Haus, zig Wellensittiche, die in Holzkästchen Eier ausbrüteten, nachdem sie alle krank geworden waren, blieb die Voliere eine Zeitlang leer, bis man uns den Fuchs schenkte, und ich lehnte meine Brust an die des Dienstmädchens, Berühr mich, Amália, ich werde deine Handflächen nicht vergessen, ich werde deine Knie nicht vergessen, man hat mir erzählt, du seist nach Frankreich emigriert, und ich frage mich, in welcher Stadt wirst du als Concierge alt, wie lebst du, mit wem lebst du, wie viele Enkel hast du, trägst du immer noch den Duft von einst nach Getreide und Silberputzpulver an deinem Körper?,

und der Arzt zu dem Dicken, Er ist verrückt geworden, es hilft nichts, ihr müßt die Schraube eine Zeitlang lockern.

Anfangs trank der Fuchs Milch aus einer Nuckelflasche, er fraß Kekse und schlief in der Küche, meine Schwester Teresa sperrte ihn, obwohl sich meine Schwester Anita deswegen grämte, erst in die Voliere, als er begann, die Teppiche und die Sofas zu zerreißen, Vasen umzuwerfen und in die Ecken zu urinieren wie ich in Caxias, Margarida, genauso wie auf der Krankenstation im Gefängnis,

man gab mir Spritzen, nahm mir den Gips ab, ich hatte kein gemahlenes Glas mehr in der Blase, konnte ohne Stock gehen und konnte wieder kauen, es wurde einfacher, die Uhrzeit zu erraten, es war immer Mittag und heiß, meine Liebste, immer dasselbe Blau, immer die Möwen, immer der Fluß, ach, die Sirene der Schiffe, Margarida,

Wo warst du gestern nacht, Jorge? fragte mein Vater, der sich mit mir im Arbeitszimmer eingeschlossen hatte und mit der Reitgerte gegen den Schenkel schlug,

und ich hatte drei Kilo zugenommen, man bemerkte weder Blutergüsse noch Narben, ich rasierte mich, und der Arzt, Wie fühlen Sie sich, Valadas?,

Steck den Fuchs nicht in die Wellensittichvoliere, ich werde ihm die Nägel schneiden, Teresinha, bat meine Schwester Anita, ich werde ihm beibringen, auf Sägespäne zu pinkeln,

In meinem Bett, Vater, wo sollte ich denn sonst schlafen?,

Damit es ein für allemal klar ist, niemand hat Ihnen Gewalt angetan, niemand hat Sie angegriffen, erklärte der Arzt, Sie sind zufällig gestürzt, verstehen Sie?,

und ich, Selbstverständlich, ich habe verstanden, ich neige dazu, das Gleichgewicht zu verlieren, das ist es,

Der Fuchs riecht gräßlich, beschloß meine Schwester Teresa und stellte eine Schüssel Wasser und eine Schüssel Fressen in die Voliere, ich ertrage das Tier hier nicht im Haus,

Ich würde auch keine brutalen Übergriffe zulassen, erklärte der Arzt, unsere Polizei handelt äußerst korrekt,

und ich, Ich habe den Polizisten nur zu danken, sie haben sich mir gegenüber wie Gentlemen verhalten,

In deinem Bett, du Spitzbube? knurrte mein Vater, die Reitgerte in der Luft, in deinem Bett, sagst du?

Und dein Geruch, Amália, ich habe immer deinen Geruch gespürt, wenn ich eine Frau umarmte, spürte ich immer deine Gesten in jeder ihrer Gesten, es waren immer deine Handflächen, die mich liebkosten,

Da draußen friert er, Teresinha, sagte meine Schwester Anita, da draußen wird es krank, das arme Tier,

In meinem Bett, Vater, peitsch mich bitte nicht aus,

Also nehme ich an, Sie haben verstanden, freute sich der Arzt, finden Sie, daß wir Sie auf der Krankenstation unmenschlich behandelt haben?,

Nimm den Arm runter, du Spitzbube, nimm den Arm runter,

Arm dran bin ich, wenn ich diesen Gestank ertragen muß, antwortete meine Schwester Teresa,

und Amália, die ohne Uniform jünger wirkte, ging die Auffahrt im Garten hinunter, Sie haben mir nichts gesagt, aber ich weiß, daß sie mir Ihretwegen gekündigt haben, junger Herr, der Mann meiner Patin wird stocksauer auf mich sein,

Monsanto so grün, mein Bruder Fernando im Küchenhof, meine Schwester Julieta, die hinter den Küken herlief, der Sohn der Nähfrau, der schielte und kaum sprach, und du warst nicht einmal zornig, Amália, nicht einmal gekränkt, du warst nur traurig, als du zum Tor hinuntergingst und die Wangen mit dem Taschentuch trocknetest,

Auf gar keinen Fall, Herr Doktor, sehe ich etwa wie jemand aus, der mißhandelt wurde?,

und am folgenden Tag kam Amália mit ihrer Patin

zurück, einer Frau, die meine Mutter ins Wohnzimmer bat, und der Arzt zu mir, Ich wäre Ihnen dankbar, wenn Sie die Beine nicht überschlagen, wenn Sie mit mir reden, mein Bester,

und als sie mich aus der Krankenstation entließen, führten sie mich nicht wieder in die Zelle, sondern zu einem Wagen am Eingang des Krankenhauses, von wo aus man nicht nur den Fluß, sondern Lissabon und Estoril und Cascais sah und die Felder drüben beim Stadion, und mein Vater, Amália, schlug mich mit der Reitgerte, Du unverfrorener Kerl,

und sie fuhren mich die Uferstraße entlang, gemächlich wie bei einer Spazierfahrt

(Angler auf der Mauer, Segelboote, Menschen in Badeanzügen, Zelte, Waffelverkäufer, Es ist Sonntag, dachte ich, ich möchte wetten, daß Sonntag ist, doch in welchem Monat?),

und wir kamen über den Terreiro do Paço in die Stadt, und in der Rua António Maria Cardoso führten sie mich, Hier lang, Herr Major, in ein Büro, in dem sich weder der Glatzkopf noch der Kropfkranke befanden, sondern ein Inspektor mit Mittelscheitel im gummierten Haar, verschiedene Telefone auf einem Tisch, Bücherborde, Amálias Patin gab ihrer Patentochter, als sie aus der Tür ging, eine Ohrfeige, Du wirst schon sehen, was passiert, wenn wir zu Hause ankommen, du Unselige, du wirst schon sehen, was dich in Brandoa erwartet, und ich, Ich habe in meinem Bett geschlafen, Vater, ich schwöre, ich habe in meinem Bett geschlafen, züchtigen Sie mich nicht weiter, und in diesem Augenblick tauchte ein Beamter mit einer Pappmappe auf, der Inspektor mit dem Mittelscheitel bat mich, Sie erlauben?, holte seine Brille aus einem Etui und begann die Papiere, die man ihm reichte, abzuzeichnen, ohne sie zu lesen, und murmelte dabei, Bürokratischer Kram, bürokratischer Kram, was für eine Zeit man mit bürokratischem Kram vergeudet,

und meine Schwester Anita, Gestank, was heißt hier Gestank? Das Tierchen stinkt überhaupt nicht, es bleibt in meinem Zimmer und Schluß aus, vergiß die Wellensittichvoliere, Schwesterherz,

Monsanto so grün, Amália, die Bäume von Monsanto so grün, erinnerst du dich in Frankreich an das Grün von Monsanto?,

und der Herr überreichte dem Beamten das letzte Papier, Vielen Dank, Proença, klappte die Brille sorgfältig zusammen und steckte sie in das Etui und sagte fürsorglich mit einem Seufzer, Falls mein Personal sich vergessen haben sollte, Herr Major, zögern Sie nicht, es mir zu sagen, wenn ich etwas hasse, dann ist es grundlose Gewalt,

Du warst beim Dienstmädchen, du Lump, lüg nicht, schrie mein Vater, ich habe dich im Pyjama vom Dachboden kommen sehen,

und der Inspektor, Es ist nicht nur grundlose Gewalt, die ich verabscheue, Herr Major, allein schon der Gedanke an Gewalt stößt mich ab, in der Polizeischule werde ich nicht müde, darauf zu bestehen, ich dulde bei uns keine Folterer,

und mein Vater, Schamlosigkeiten nicht hier in diesem Haus, ist das klar?,

und ich zu dem Herrn, Ich wurde äußerst korrekt behandelt, mein Herr,

Wenn du findest, daß der Fuchs nicht stinkt, dann hast du deinen Geruchssinn verloren, folgerte meine Schwester Teresa, aber es ist nicht nur der Gestank, er macht die Teppiche, die Sofas, die Vorhänge kaputt, wir sollten das Tier eigentlich verschenken, und so baten sie meinen Bruder Fernando, es in die Voliere zu stecken, und in den ersten Tagen weigerte sich der Fuchs zu fressen und hörte nicht auf zu heulen und an den Gitterstäben zu rütteln, ich, der damals im Siebten Kavallerieregiment war, wachte durch sein Jaulen auf,

Amálias Patin schlug ihr mit der Handtasche auf den Rücken,

und der Inspektor, Leider gehört Gewalt zum Menschen, haben Sie einmal bemerkt, wieviel Grausamkeit es in der Welt gibt, Herr Major, trotz der Appelle des Papstes, trotz der Warnungen der Kirche, und das, was die Deutschen mit den Juden gemacht haben, zum Beispiel, diese grauenhaften Fotos von den Skeletten, und die Inquisition, verdammt, was war denn die Inquisition, nun sagen Sie schon!,

meine Schwester Julieta redete nur mit mir, sie weigerte sich, den anderen zu gehorchen, sie rief mich in eine Ecke und flüsterte, Ich will meine Mutter,

und ich will meine Mutter jetzt, Margarida, ich will meine Mutter hier in Tavira bei mir haben, sie soll mich auf den Schoß nehmen, mir die Farben erklären, verlangen, Macht die Tür auf, denn ich gehe jetzt mit meinem Sohn zusammen nach Hause,

und mein Vater, der die Reitgerte auf einen Stuhl legte, Nächste Woche kommst du in ein Internat in Santo Tirso, bis zu den Sommerferien will ich dich hier nicht mehr sehen,

Die Geschichte, Herr Major, ist ein Reigen von grauenhaften Bestialitäten, meinte traurig der Inspektor, der Völkermord der russischen Revolution läßt mich zu Stein erstarren, der Zar und seine Familie erschossen, Tausende von Toten, Millionen von Vertriebenen, ganz zu schweigen vom Hunger und vom Elend, wo hat man etwas dermaßen Grausames gesehen?,

Santo Tirso war weit weg, Stunde um Stunde im Zug bei Regen, einem Regen, der immer gleichmäßig auf die Kiefern, die Patres in ihrer Soutane in einem eisigen großen Haus, Schüler in kurzen Hosen fiel, Wahrscheinlich schlafen sie alle mit ihren Dienstmädchen, dachte ich,

und mein Vater zum Rektor, während er den Regen abschüttelte, Er erhält keinen Besuch, er darf die Schule nicht verlassen, er darf weder Briefe erhalten noch der Familie schreiben,

und der Rektor, Seien Sie unbesorgt, Herr Oberstleutnant, wir haben seit siebzig Jahren mit schwierigen Jungen zu tun,

Liber jorge ich sene mich nach dir mutter hat die köchin entlasen

Und dennoch, fuhr der Inspektor fort, überrascht und schmerzt es mich, daß man in Portugal einen auf Leichen und Blut gebauten Bolschewismus einführen will, Herr Major, das war es nicht, was ich mir für meine Kinder erträumt habe,

Liber jorge die fögel sint ale gestorben

Der hier ist nicht schwierig, versicherte mein Vater, der ist unmöglich, er hat mich belogen, mich nicht respektiert, ein Dienstmädchen nicht respektiert,

Liber jorge teresinha ist gemein und läst mich nicht mit iren Puppen spilen

Flure, Säle, Schlafsäle, Schritte der Präfekten in der Turnhalle, die Zypressen auf dem Schulhof, ein Gebirge in der Ferne, Wasserpfützen, heimliche Zigaretten, der Geographielehrer, der mit einem Zeigestock die Nebenflüsse auf einer Landkarte aufzählt,

Mit Glauben und angemessener Pädagogik ordnet sich selbst der aufsässigste Geist unter, Herr Oberstleutnant,

nichts, nicht einmal die Kaserne von Tavira ist so traurig wie Santo Tirso, Margarida,

und mein Vater, Passen Sie auf, Herr Rektor, der täuscht einen, der redet immer ganz brav, der täuscht einen sehr,

Liber jorge ich habe die näfrau gebeten dir dise postkarte zu schiken

Und daher, Herr Major, fuhr der Inspektor fort, erschien mir nach dem Abschluß meines Jurastudiums der Beruf des Polizisten als ideal, um die Gewalt zu bekämpfen, wenngleich es eine undankbare Tätigkeit ist.

Und du, fragte ich den am Pult vor mir, bist du auch wegen des Dienstmädchens nach Santo Tirso gekommen?,

und in der Rua António Maria Carvalho gibt es keine Tauben, es gibt das Quietschen der Straßenbahnen und ein Theater, Margarida, und der Fuchs trottete dicht an den Gitterstäben entlang, ich habe ihn nie stillstehen sehen, ihn nie in der Voliere liegen sehen,

und der Rektor, Mit unseren Methoden erkennen Sie ihn in fünf Monaten nicht wieder,

He, Valadas, befahl Pater Correia, schreib fünfzigmal an die Tafel, Ich verspreche, nie wieder im Pissoir zu rauchen,

Liber jorge anita sagt du komst im august nach hause

Und im Namen dieses Kampfes, schloß der Inspektor, den jene kämpfen, die nur das Beste für unser Land wollen, fordere ich Sie dringend auf, mir Ihre subversiven Tätigkeiten zu schildern,

und ich zu Pater Correia, Ich schreibe es nicht, und Pater Correia, Was?, und ich, Ich schreibe es nicht, und Pater Correia, der das Lineal zückte, Streck deine Hand aus, Valadas,

ich bin in jenem August nicht gekommen, ich bin auch nicht im nächsten August gekommen, ich bin den ganzen Sommer in Santo Tirso geblieben und in dem großen leeren Haus herumgewandert,

Ich bin nicht subversiv, ich bin kein Bolschewist, mich interessiert einzig und allein die demokratische Legalität,

Ich beschwere mich bei meiner Mutter, und sie ruft deine Patin an und schickt dich weg, sagte der Demokrat zu Amália,

Liber jorge ich mag fernando nicht ich mag anita nicht ich mag teresa nicht die näfrau solala

und der Inspektor, Herr Major, Sie wagen zu behaupten, daß es im Korporativismus keine Demokratie gibt, daß der Korporativismus nicht die vollkommenste Regierungsform ist?,

und ich denke an Amália und an Pater Correia, Ja, das wage ich zu behaupten, und er, den Finger in der Luft, am Telefon, Einen Augenblick, nein, ich sprach nicht mit Ihnen, also, was gibt's, Portas,

und mein Vater, der mir Zigarillos anbot, Ich hoffe, Santo Tirso hat dir gutgetan, wenn du die Aufnahmeprüfung für die Militärakademie machen willst, habe ich nichts dagegen einzuwenden, seit fünf Generationen sind Militärs in der Familie, und Fernando wird, so, wie es aussieht, auf keinen grünen Zweig kommen,

und der Inspektor in den Hörer, Wenn der Typ sich weigert, das Geständnis freiwillig zu unterzeichnen, wird er eben dazu gezwungen werden, ich verstehe Ihre Zweifel nicht,

und mein Vater, der mir Cognac anbot, Unsere Waffengattung ist die Kavallerie, ich kenne nichts Idiotischeres als einen Offizier, der zu Fuß geht,

und der Inspektor am Telefon, Rechtsanwalt? Was gehen mich die Rechtsanwälte an, Portas, verpassen Sie ihm ein paar Elektroschocks, und der Typ wird, falls notwendig, sogar schwören, daß er seine Tante umgebracht hat,

und mein Vater, Mach dir wegen der Prüfung in Sport keine Sorgen, ich hab da einen Freund drinnen, und wenn du der Beste in deinem Kurs bist, schenke ich dir einen Wagen,

Liber jorge mutter weint den ganzen tag in ihrem zimer ich weis nicht was mit ir los ist

und der Inspektor, Kümmern Sie sich nicht um die Anwälte, Portas, in was für einer Welt leben Sie denn, verpassen Sie ihm die Schocks, denn die Richter sind auf unserer Seite, und das ist, was zählt,

Die Reitgerte gehörte schon deinem Großvater und hat mich in Monsanto begleitet, insistierte mein Vater, das hätte noch gefehlt, daß du sie nicht bekommst

(die in Schützengräben verschanzten monarchistischen Republikgegner und die Republikaner rannten schießend den Hügel hinauf, Rauch, Kanonen, Munitionskisten, Hauptmann Ramalho am Bauch verwundet, die Verstärkung kam nicht, mein Vater stolperte im Stechginster, über ihm krächzte vor Schrecken ein Rabe),

und der Inspektor, der den Hörer auflegte und auf einen Klingelknopf drückte, Die demokratische Legalität, also, der Sozialismus, also, und ich, Ich war nie Sozialist, mein Herr,

Ich war nie Sozialist, Amália, verzeih mir, ich mag nicht einmal die Armen, sie altern so schnell, sie sind so schlecht gekleidet, sie sind so häßlich,

Und wegen Monsanto, raunte mein Vater, habe ich schwierige Zeiten durchgemacht,

und wenn es ihnen finanziell bessergeht, Amália, dann kaufen sie finstere Möbel, schaurige Autos, gräßliche Nippes, stecken ihre Kinder in Sonntagskleider wie dressierte Hündchen und haben weiterhin den Zahnstocher zwischen den Zähnen, rülpsen weiterhin bei Tisch,

Habe ich Ihnen nicht gesagt, brüstete sich der Rektor, daß sich Ihr Junge ändern würde, die Pädagogik, der Glaube und ein paar Schläge verändern die Menschen,

Wenn ich auf den dummen Gedanken käme, dich zu heiraten, Amália, würdest du die Wände mit Katzenbildchen füllen, die Borde mit Porzellanclowns füllen, Ich war nie Sozialist, beharrte ich,

Liber jorge der arzt sagt mutter ist krank und braucht sprizen

Vielen Dank für die Reitgerte, Vater, das Leder ist ausgezeichnet, bedankte ich mich und schlug dabei gegen mein Bein,

und es kamen zwei Männer in das Büro in der Rua António Maria Cardoso, die einen Apparat mit verschiedenen Zifferblättern und einigen Elektroden auf Rädern hereinschoben, der Inspektor zu ihnen, Hinter dem Sofa ist eine Steckdose, und ich dachte, Was ist denn das?,

Liber jorge mutter get es schlechter und anita hat mir erzelt das sie sie in eine klinick bringen werden

einer der Männer schloß den Apparat an, eine

Lampe leuchtete auf, eine Nadel vibrierte, ein weiterer Mann kam mit den Elektroden auf mich zu, und der Inspektor, Die Namen der Revolutionäre, und zwar sofort,

Ich war nie Sozialist,

Eine wunderbare Reitgerte, pflichtete mein Vater bei, richtig angewandt, trennt sie ein Ohr mit einem Schlag ab, schade, daß heute so etwas nicht mehr hergestellt wird,

der erste Mann drückte auf einen Knopf, und mein Körper bäumte sich auf, meine Zähne klapperten, mein Kopf flog weit weg vom Hals, mein heliumgefülltes Herz stand still, bis es wieder zu schlagen anfing,

Sozialist, mein Herr, Sozialist, Monsanto so grün, das Zimmer von Amália, ich war nie Sozialist,

Na klar warst du es nie, stimmte der Inspektor zu, na klar warst du es nie, noch mal,

und wieder hüpfte mein Körper, wieder klapperten meine Zähne, wieder löste sich mein Kopf vom Hals, wieder segelte mein Herz dahin, und das Blut stand still, wartend,

Noch mal, verlangte der Feind der Gewalt,

Monsanto so grün, die Wellensittichvoliere, mein Bruder Fernando spielt im Küchenhof, der Glatzkopf, Alice, der Inder mit dem Kropf, der Arzt, der Dicke, der andere, der Wasserhahn von Caxias, keine Möwen, die Reitgerten von heute sind ein Witz, Amália, sie trennen keine Ohren ab, ein großes Haus in Santo Tirso im Regen, fünfhundertmal an die Wandtafel, streck deine Hand aus, Valadas, die Republikaner klettern den Hang hinauf, der Rabe über den Korkeichen, heimliche Zigaretten, kleine Porzellanclowns, wenn ich dich geheiratet hätte, Amália, wäre ich dann glücklich?

Glücklich, Amália, ich wäre glücklich in Frankreich und du von Kindern umgeben, ich war nie Sozialist, den Zahnstocher in den Zähnen, ich war nie Sozialist, ich war nie Sozialist, ich war nie Sozialist,

Noch mal, forderte der Inspektor, und das Herz

(von Adern durchzogen, der Rest von mir interessiert nicht)

segelt Ewigkeiten dahin,
Erhöht die Stromzufuhr,
Liber jorge mutter ist gestorben
Mehr Strom,
Liber jorge mutter ist gestorben
mehr

und da habe ich ihnen im Büro mit den Telefonen und den Bücherborden in der Rua António Maria Cardoso alles ins Gesicht geschrien, was sie wissen wollten, das heißt, daß mein Vater meine Schwester Julieta aus Wut und Scham versteckt hielt, weil sie nicht von ihm war, mein Vater wollte nicht, daß jemand wußte, daß die Mutter seiner vier Kinder ein weiteres Kind geboren hatte, mein Vater wollte nicht, daß man ahnte, daß er nach der Geburt meines Bruders Fernando impotent wurde, mein Vater wollte, daß alle glaubten, er sei noch ein Mann, daß er bis ans Lebensende ein Mann war, meine Herrschaften, und ich werde ganz allmählich so wie der Alte, es gelingt mir nicht, ich kann nicht, ich halte es nicht aus, vor einer Frau bin ich, sosehr ich es auch verberge, ein kastrierter Hund.

4

Am späten Nachmittag, Conceição, wenn die Tauben vom Largo do Camões zu den Simsen der Loreto-Kirche aufbrechen und ich mich einsam einsam einsam fühle in diesem vierten Stock der Rua Ivens, erdrückt vom Gewicht der Kindheit und von der Angina pectoris,

wenn die Stimmen der Vergangenheit, die Stimmen meiner Schwestern, die Stimmen der Dienstmädchen mich mit ihrem zärtlichen Knistern, ihrem Dunst von Worten umgeben, die es nicht gibt,

wenn es nur noch diese sich verdunkelnden Dächer gibt, die Burg, die dort im Hintergrund segelt, und die Pillen für die Gicht, für das Rheuma, für das Herz und für die Blase, für die Leber, für die Wirbelsäule, für den Husten, für das Sodbrennen, von denen ich mich ernähre,

wenn es Abend wird, Conceição, kommt es vor, daß ich schreien möchte wie die Hähne am Morgen, dann kommt es vor, daß ich mich frage, aus welchem Grund mein Neffe, der, der in Guarda geboren wurde, der in Ericeira gewohnt hat, der Sohn meiner Schwester Julieta, der einzige Mensch in der Familie, der mir geblieben ist, nicht den Chiado und die Treppen des Gebäudes hinaufsteigt, um mich zu besuchen, damit wir über die Calçada do Tojal sprechen, damit wir über Benfica sprechen, damit wir über die Zeit sprechen, in der ich jung war,

wie neunzehnhundertfünfzig, ich war damals neununddreißig Jahre alt, an dem Sonntag, an dem ein Zivilist und drei Soldaten meinen Bruder Jorge festnahmen und die Grammophontangos und der Schaukelstuhl und die Schreie auf dem Dachboden nicht mehr aufhörten,

und ich ging los, um Bromide zu kaufen, nahm in Begleitung des Angestellten des Kurzwarenladens die Straßenbahn zum Restauradores-Platz zu den Portas de Santo

Antão, den Akrobaten und Trapezkünstlern im Ruhestand und der ganz quadratischen tristen Praça da Figueira mit dem Standbild von König Dom João, eingehüllt von Schatten und Witwenmansarden wie in ein Leichentuch, kamen wir über den Largo Martim Moniz zum Intendente,

Rua do Benformoso, Largo do Benformoso, Lastwagen im Dunkeln, keine Apotheke,

und gingen in die Bar Ninfa do Tejo, um Mut für die Überquerung bis zu den Schuhläden der Almirante Reis zu fassen,

und dort gab es einen Blinden, mein Neffe

(schade, daß du an diesem Tag nicht mit mir, dem Dummen der Familie, gefahren bist),

der Klavier spielte auf einer Bühne unterhalb einer Nixe in einem in Meeresschnecken gefaßten Medaillon, die blond war wie deine Mutter, eine lange Theke mit Flaschenpalisaden, Resopaltische,

und eine Kundschaft, bestehend aus ehemaligen Zirkusartisten, quoll aus dem Etablissement, Tigerdompteure mit Litzen, Peitsche und hohen Stiefeln, Schlangenmenschen, die ihre Zigaretten zwischen den Zehennägeln hielten, der Trupp Zwerge von der Menschenpyramide, die, nunmehr kraftlos, einander von den Schultern kippten, das Hochradpaar dicht unter der Decke und vor allem

(hör zu)

Clowns

Clowns

Clowns, die Klarinette und Saxophon spielten, ohne einen richtigen Ton zu treffen, Liliputaner-Clowns, die den Salto mortale vorbereiteten, den sie niemals machen würden, die Gruppe der Weißen Clowns in Galakleidung, die beim Windschutz der Toilette, auf der unter einer kleinen Silhouette mit Hut »Herren« stand, ihre Purzelbäume schlugen, fahle Gesichter, leicht wie Engel, in Toreroschuhen und mit dem Akkordeon vor der Brust,

und ich erinnere mich an diese Zeit, während ich

hier auf dich warte, mein Neffe, in dem kleinen Wohnzimmer in der Rua Ivens, in dem kein Foto die Augen bewegt, um mich zu tadeln, keiner der Kuckucke in den Uhren herzlose Stunden piepst,

und ich warte hier nach dem Sirup für die Eingeweide, zwischen der Siebenuhrkapsel für die Galle und der Achtuhrtablette für den Blutdruck, und weiß, du kommst, denn es ist nicht richtig, selbst wenn man einundachtzig ist, allein zu sein, weil jemand kommen muß, bevor man mich in einer recht und schlecht gezimmerten Kiste, wie man sie auf Bahnhöfen sieht, nach unten trägt, einer Kiste, auf deren Deckel »Zerbrechlich« steht,

jemand muß kommen und mit mir zusammen der Stille dieses Hauses zuhören, wie der Angestellte des Kurzwarenladens und ich den Paso doble des Blinden am Piano in der Bar am Benformoso zugehört haben und den Seiltänzern, die ihre Sohlen am Harz rieben und sich unterhielten, Erinnerst du dich daran, wie wir in Abrantes auftraten, mir war in meinem ganzen Leben noch nie so kalt gewesen, es hat nur wenig gefehlt, dann wäre ich auf dem Fußboden zersprungen, immer wenn ich daran denke, bekomme ich hier eine Gänsehaut,

der Angestellte des Kurzwarenladens bestellte einen Gin für sich, einen Gin für mich und einen Gin für die bärtige Frau, die im Endeffekt doch nicht Russin war, sondern aus Porto stammte, die Eisenstäbe biegen und Lexika und Telefonbücher zerreißen konnte und uns zu erklären versuchte, Mein Problem ist die Arthritis, Jungs, ich renne ständig zu irgendwelchen Ärzten, und es bringt nichts, die Arthritis hindert mich daran, die Einladungen anzunehmen, die ich aus Barcelona, New York und Paris bekomme, deshalb stehe ich auf dem Schlauch, stellt euch die Ungerechtigkeit des Schicksals vor, ich weiß nicht, wie ich das Zimmerchen in Poço do Borratém bezahlen soll, in dem ich mit meinem Mann wohne, bei dem das Netz vom Trapez versagt hat, der Invalide ist und nicht einmal mehr den kleinen Finger rühren kann, um für den Applaus zu danken, und der Angestellte des Kurzwarenladens bestellte mehr Gin, Der Arme, und ich akzeptierte, von der Zigeunerwahrsagerin abgelenkt, die jetzt nur noch die Vergangenheit voraussagte, noch mehr Gin, Der Arme, die Truppe von der Menschenpyramide nahm ein Gläschen an, einer der Zwerge vom Unterbau hustete, der Tigerdompteur verschaffte ihm mit einem Schlag auf den Rücken Erleichterung, und etwa fünfzehn Gnome im Tanga purzelten übereinander und schrien, Jesusmaria, während der Tigerdompteur diejenigen, die an seinen Rockaufschlägen hingen, mit Fingerschnippen abschüttelte, als wären es Bremsen, die Hanswurste drückten allen mit riesig langen Handschuhen die Hände, das Paar, das dicht unter der Decke, Bälle und Ringe austauschend, in die Pedale trat, war verzweifelt, weil es nicht heruntersteigen konnte, um ein Glas anzunehmen, wie Sevillanerinnen bekleidete Hündchen schwankten ängstlich kläffend auf den Hinterpfoten, Wo gibt es hier eine Apotheke, die Dienst hat? fragte ich den ehemaligen Dirigenten des Coliseu-Orchesters, der vergebens den Taktstock schwang, weil kein Musiker ihm gehorchte, jeder für sich damit beschäftigt war, einen anderen Marsch zu spielen, Ich brauche Bromide für meine Schwester Julieta, der Chinese mit den Seehunden und dem Nordlichtlächeln zog einen Stichling aus der Tasche und verschluckte ihn, mein Vater erschien in der Bar und beklagte sich bei den Fakiren, indem er, eine Grimasse schneidend, auf mich wies, Was habe ich dem lieben Gott Böses angetan, um einen so dummen Sohn zu bekommen, meine Herrschaften?, Bromide, haben Sie Bromide gesagt? fragte ein Zauberer, der dabei war, seine Frau mit einer Säge zu zerteilen, und dabei unendlich viele bunte Tücher aus der Jackentasche zog, Wollen Sie nicht lieber einen Blumenstrauß, schauen Sie, wollen Sie nicht lieber die Landesfahne, hier bitte, Besoffen, wie entsetzlich, du bist besoffen, ekelte sich mein Bruder Jorge, komm mir nicht zu nah, denn du stinkst nach Wein, Bei mir sind kahle Stellen im Bart aufgetaucht, sehen Sie mal, sagte die mit den Telefonbüchern, indem sie mich am Arm zog, eines

Tages habe ich kein Haar mehr am Kinn, Besoffen, nicht die Spur, antwortete ich, ich suche eine Apotheke,

und das alles nach höchstens zwei Gläschen, Conceição, Ehrenwort, es waren nicht mehr als zwei Gläser, neunzehn Jahre war ich mit dir verheiratet, und außerhalb der Mahlzeiten, du kannst das bezeugen, habe ich mir nicht einmal einen Martini genehmigt, neunzehn Jahre lang bin ich nachmittags in den Príncipe-Real-Park gegangen und habe beim Rentnerskat zugeschaut, neunzehn Jahre, bis der Arzt aus dem Zimmer kam, um mir mitzuteilen, Sie ist gestorben, und ich die Cousine dabei angetroffen habe, wie sie dir das Gebiß aus dem Mund nahm und es in die Schublade steckte,

das Gebiß, das sich immer noch dort befindet, Conceição, und die Kronen in zornigem Eigensinn aufeinanderpreßt,

neunzehn Jahre habe ich zugeschaut, wie die Nacht die Asse und Herzsiebenen verdüsterte, neunzehn Jahre Kekse und Tee ohne Zucker zum Abendbrot am Tisch, den man ans Fenster gerückt hatte, während ich dachte, verzeih mir, daß ich mich langweilte, dachte, daß ich mich noch nie in meinem Leben so gelangweilt hatte,

nicht einmal in der Handelsschule, in die sie mich in der Hoffnung einschrieben, ich würde zumindest die notwendigen Grundbegriffe für eine Büroanstellung oder eine Arbeit als Amtmann in einem Finanzamt lernen, ein Institut in Santo Domingos, Conceição, wo ich Quadratwurzeln mit Logarithmen durcheinanderbrachte und sich Soll und Haben in meinem verstörten Kopf vermischten, verzeih mir, Vater,

Was habe ich dem lieben Gott Böses angetan, um einen so dummen Sohn zu bekommen, meine Herrschaften?,

nichts haben Sie getan, ich bin es, der es nicht schafft, ich, der es nicht kann, ich, der nicht den Grips hatte, um Offizier bei der Kavallerie zu werden oder Ingenieur, und schließlich ohne einen Heller und ohne Lebensart mit einem Dienstmädchen zusammenlebte, wie schon alle vorausgesagt hatten, weil ich einen Hang zum Personal habe,

Er hatte schon immer einen Hang zum Personal, das ist traurig, aber wahr, leider habe ich, was meine Söhne betrifft, einen klaren Verstand, im besten Falle wird er in einem Stadtviertel mit Sozialwohnungen enden und die Sonntage im Pyjama verbringen, ihn beschäftigt nichts, ihn interessiert nichts, er hat keinen eigenen Willen, er kämpft nicht,

Ich kämpfe nicht, Vater, Sie haben recht, sagen Sie mir, wie Sie gekämpft haben, als Mutter Julieta bekam?,

Es fällt mir schwer, es zuzugeben, weil er mein eigen Fleisch und Blut ist, aber ich muß doch gestehen, daß Fernando, sosehr man sich auch die Pille versüßen mag, ein Nichtsnutz ist,

ich erinnere mich an das Geflüster im Haus, an zuschlagende Türen, an ein schwefliges Verschwörungsklima, an meinen Vater, der, im Arbeitszimmer mit meinem Großvater eingeschlossen, schrie, Ich ertrage es nicht, sie zu sehen, ich lasse mich von ihr scheiden, ich bitte um meine Versetzung nach Luanda, ich erinnere mich an diese schwerlastenden Mittagessen, an Telefonate aus halben Worten, an meine Tanten, die baten, Aber Alvaro, verlaß die Kinder nicht, welche Schuld tragen denn die Kleinen an dem, was geschehen ist?, an meinen Großvater, der mitteilte, Deine Frau ist mit allem einverstanden, was du verlangst, niemand wird die Kleine sehen, wenn jemand kommt, wird das Mädchen in ein Zimmer gesperrt, und Schluß aus,

Ich meinerseits habe bereits aufgegeben, aus ihm einen Mann zu machen, ich habe mich an den Gedanken gewöhnt, ihn als Bürohengst zu sehen, was soll man tun,

und tatsächlich hat mein Vater, bis er starb, nicht nur nie wieder ein Wort an meine Mutter gerichtet, sondern sie auch nie wieder angesehen, hat er immer so getan, als gäbe es weder sie noch meine Schwester Julieta, und er schlief auf der Liege im Arbeitszimmer oder tat so, als ob er schliefe, und ich sage, er tat so, Conceição, weil ich, wenn ich aus der Konditorei oder dem Kino kam, ihn wach vorfand, wie er, ein Buch auf den Knien, die Tapete anstarrte,

Was habe ich dem lieben Gott Böses angetan, um einen so dummen Sohn zu bekommen, meine Herrschaften, hat es denn nicht gereicht, daß seine schamlose Mutter mir das Leben versauert, mir das Leben zerstört,

und er kam erst wenige Tage vor seinem Tode wieder ins Bett zurück, umgeben von Medikamenten und Töpfen, in denen Eukalyptusbeeren kochten, Dampf beschlug die Fensterscheiben, und er sah uns vom Kissen her mit dem Neid der Kranken an,

Was habe ich dem lieben Gott bloß Böses angetan, um einen so dummen Sohn zu bekommen, meine Herrschaften?,

aber ich mochte Sie, Vater, ich wollte, daß Sie stolz auf mich waren, ich versuchte, Ihnen zu gefallen, ich habe mich zur Legion gemeldet, um eine Uniform zu haben wie Sie, ich kaufte die venezolanischen Zigarillos, die Sie rauchten, ich benutzte Ihre Monogramme auf meinen Hemden, ich ahmte Ihren Gesichtsausdruck und Ihre Ticks nach, versuchte Mutter zu hassen, versuchte, ihr nicht zu antworten, wenn sie mich fragte, Hast du deine Arbeitsstelle gewechselt, Fernando?, und meine Schwester Anita, Mutter hat mit dir geredet, Bruderherz, und ich, ohne hinzuschauen, Ach ja?, und meine Schwester Teresinha, Hat's dir die Sprache verschlagen oder was?, und ich, Nerv mich nicht, meine Mutter kam, ohne zu verstehen, näher, Hat es bei der Arbeit irgendwelche Probleme gegeben, mein Sohn?, und ich, Laß mich, meine Schwester Julieta, die noch keinen dicken Bauch bekommen hatte, blickte entgeistert vom anderen Ende des Tisches her, über Besteck und Gläser hinweg,

so wie die bärtige Frau mich entgeistert ansah, Schauen Sie mal, wie viele graue Haare mir im Schnurrbart wachsen, sehen Sie, wie die Koteletten weiß werden, und ich, indem ich ein weiteres Glas akzeptierte, Nein, das finde ich ganz und gar nicht, ich würde Sie nicht einmal für dreißig halten,

und sie, die ihr Taschentuch im Ärmel suchte,

Wenn ich nach Porto führe, würden mich meine Cousins und Cousinen nicht mehr erkennen, ich habe in zwei Monaten acht Kilo abgenommen,

und ich dachte an Sie, Vater, an die eingefallenen Schläfen und den nur noch aus Falten und Sehnen bestehenden Hals, dachte daran, wie ich ihn gebeten habe, Sterben Sie nicht, wie ich dich gebeten habe, Stirb nicht,

Was habe ich dem lieben Gott bloß Böses angetan, um einen so dummen Sohn zu bekommen, meine Herrschaften, einen Sohn, der vor meinen Augen zu weinen anfängt, als würde ich sterben, was denkt der sich nur, ich, der ich am zweiundzwanzigsten Januar neunzehnhundertneunzehn mit den Kameraden der zweiten Gruppe der Kavallerieschwadron Vier in Monsanto war, ich, der in der Luneta dos Quartéis ohne Munition, ohne Essen, ohne Hoffnung auf Verstärkung das Artilleriefeuer, das Marinefeuer, das Feuer der Zivilisten durchlitten habe, ich, der nicht unter den Kugeln der Carbonari gestorben ist, werde jetzt nicht sterben, wenn die, die da sitzt, auch noch so sehr wünscht, mich im Sarg zu sehen, um ihren Liebhaber anzurufen, Er ist gerade gestorben, und mein Sohn Fernando, dieser Dummkopf, der sogar meine Stimme nachahmt, starrt sie verdattert an,

Hunderte von Soldaten inmitten von Rauch und Getöse, des Trosses, der Bodenstücke, die wir nicht mitnehmen konnten, und er, der Narr, sucht in den Taschen der Verwundeten nach Bromiden für seine Schwester,

Ich war nicht betrunken, Conceição, ich bin nicht betrunken, Vater, es ist nicht der Alkohol, es ist das Piano des Blinden, es sind diese Paso doble, diese Leute, der Artist aus dem Höllenschacht, der sein Motorrad aufheulen läßt, was mir wirklich Übelkeit verursacht,

Ich komme in Porto an, und meine Familie, Was ist denn mit dir passiert, Lucinda, hat dich dein Mann geschlagen, ist dein Mann vom Trapez gefallen, hat dein Mann dich wieder mit der Inderin betrogen, die Beile auf Freiwillige aus dem geschätzten Publikum wirft?, und ich fühlte ein Kribbeln, ein Aufwallen, eine Kraft, eine Welle in mir aufsteigen, klammerte mich an die Theke, begann mich zu übergeben, und die Zirkusfiguren verschwanden, wurden von einer Kundschaft ersetzt, die aus Lastwagenfahrern, Schustern, Klempnerlehrlingen, Rathausbeamten und Angestellten der kleinen Läden in der Nachbarschaft bestand,

der Blinde, der einen Paso doble beendete, blickte mit dem Ausdruck eines Schiffbrüchigen zum Rauch, der an der Decke gelierte,

und als ich mich umdrehte, um der bärtigen Frau zu antworten, die eigentlich ein bettelnder Losverkäufer war, der mit einem halben Liter Wein redete, tippte mir jemand auf das Schulterblatt, Hallo, und ich stand vor dem Sohn der Nähfrau, der mich, vor einem Bierhumpen sitzend, grüßte,

und ich mag ja dumm sein, Vater, aber ich habe nie jemandem gesagt, daß ich ihn aus dem Zimmer von Julieta kommen sah, als meine Mutter und meine Schwestern in der Messe waren und mein Bruder an der Costa da Caparica, um gegen den Staat zu konspirieren,

nie habe ich jemandem erzählt, daß er um das Haus schlich, um dann durch die Küche hineinzukommen, er stieg die Treppe hinauf, schlich in den Dachboden, weil er dachte, ich würde, da es Sonntag war, noch im ersten Schlaf schnarchen, lärmunempfindlich, wie ich immer schlafe nach einer Nacht in der Konditorei mit dem Besitzer der Autowerkstatt und dem Angestellten des Kurzwarenladens, in der ich den Damen zugezwinkert hatte, die über Cremetorten und Teelöffeln kicherten und tuschelten,

weil er dachte, ich würde erst mit dem Fischgeruch des Mittagessens aufwachen, lange nachdem meine Mutter und meine Schwestern von der Messe nach Hause gekommen waren, und dann die Treppe, ohne gebadet zu haben, herunterkommen, mich gähnend hinsetzen und den Arm zu Essig und Öl ausstrecken,

und daher versteckte er sich nicht einmal, senkte

nicht einmal die Stimme, bemühte sich nicht einmal, keinen Lärm zu machen, zog er das Trichtergrammophon auf und überschwemmte, ohne sich um die Empörung der Fotos zu kümmern, die Calçada do Tojal mit einer Opernarie,

und ich hörte seine Schritte und lauschte dem Echo ihrer Gespräche und dem Geräusch von irgend etwas, was herunterfiel und zerbrach,

so wie ich früher den Gesprächen meiner Mutter mit dem gelauscht hatte, der sie an den Nachmittagen besuchte, an denen mein Vater in der Kaserne blieb, wenn sie beide dicht beieinander im Wohnzimmer flüsterten, und ich spähte durch den Vorhang und sah, wie sie sich küßten, sah, wie meine Mutter sich zu dem Rotblonden hinunterbeugte und ihn küßte,

rotblond, wie meine Schwester Julieta rotblond war, mit einem Gesicht, das selbst auf den Lippen und den Augenlidern und am Hals und im Nacken und an den Ohren voller Sommersprossen war,

und als die Kirchenglocke zur Kommunion läutete, ging der Sohn der Nähfrau an meinem Zimmer vorbei und pfiff die Grammophonarie trotz des Jaulens des Fuchses, die Mutter brachte ihn immer mit, wenn sie den Tag, über die Maschine gebeugt, damit verbrachte, Knöpfe anzunähen und Säume zu reparieren, und er amüsierte sich mit mir im Hintergarten, wo wir uns beide dreckig machten, O je, wie sehen Sie bloß aus, junger Herr, so eine Schweinerei,

wir machten uns mit Erde dreckig, und meine Mutter war im Wohnzimmer, fuhr mit den Fingern durch das Haar des Blonden, der ihre Taille mit dem Arm umfing, und ich habe niemandem etwas davon erzählt, niemals würde ich jemandem davon erzählen, selbst als mein Vater mich ins Arbeitszimmer rief und in Anwesenheit seines Vaters fragte, Was hast du gesehen, Fernando?,

und nachdem der Oktober vorüber war, als es zu regnen begann, und in jenem Herbst hat es wahnsinnig geregnet, die Wellensittiche waren schon seit Ewigkeiten tot, kam der Sohn der Nähfrau sonntags nicht mehr ins Haus, und der Schaukelstuhl tanzte auf dem Dachboden, ließ die Dielenböden knacken und knacken und knacken,

das Wasser schlug an die Scheiben, und der Stuhl ächzte, und während der Messe, nach den Glocken, quäkte dort oben eine Opernarie,

Ich habe nichts gesehen, Vater, sagte ich, ich habe niemanden gesehen,

meine Schwester Anita ließ den Regenschirm tropfend stehen und stieg auf den Dachboden hinauf, um das Grammophon zum Schweigen zu bringen, und es regnete den ganzen Tag lang, und die Lampen wurden schon um zwei Uhr nachmittags angemacht, und meine Schwester Julieta spazierte über unseren Köpfen, Was hat sie heute bloß?, und das jeden Sonntag in diesem Winter, alle die regnerischen Sonntage dieses Winters,

Was hat sie bloß, Fernando?, Was weiß ich, Mutter, das Übliche,

die Nähfrau kam dienstags und donnerstags, aß von einem Tablett neben dem Wäschekorb, und meine Schwester Julieta, mit geschwollenen Fußknöcheln, den Bauch mit ihren Händen haltend, schlich schniefend umher in einem Winter, der den Rasen dämmern ließ, die Büsche rupfte und die Stockflecken an den Wänden vergrößerte, meine Mutter rief den Arzt, und ich hörte ihn erklären, Sie ist schon im dritten Monat, gnädige Frau, an eine Abtreibung ist nicht zu denken, und meine Mutter, Aber wie ist das bloß passiert, mein Gott?, und der Arzt, indem er den Regenmantel anzog, Das beste Tuch bekommt Flecken, so ist das Leben, geben Sie ihr Eisenkapseln und diese Vitamine eine Viertelstunde vor den Mahlzeiten, und meine Mutter zu mir, Hast du gesehen, wer es war, Fernando?,

Laß ihn, Alvaro, beruhige dich, quäl ihn nicht, riet mein Großvater, wenn der Junge etwas gesehen hätte, würde er etwas sagen, Kinder können nichts für sich behalten, man braucht ihn nur anzusehen, um zu sehen, daß der Knabe keine

Ahnung hat, Der hat von nichts 'ne Ahnung, antwortete mein Vater, und wird sterben, ohne von irgendwas 'ne Ahnung zu haben und mit einem Dienstmädchen verheiratet, sogar mit meinen Erben habe ich Pech gehabt, geh mir aus den Augen, Fernando,

und meine Mutter, während der Regen gegen die Scheiben schlug, Ich habe nicht die geringste Ahnung, wer es gewesen sein könnte, um Probleme und Versuchungen zu vermeiden, sind nicht einmal die Freunde meiner Söhne hier ins Haus gekommen, um Probleme und Versuchungen zu vermeiden, haben wir keinen Besuch empfangen,

und der Arzt, Wenn ein Unglück geschehen soll, geschieht's, und es ist ein Wunder für mich, daß ich bei so einem Wetter noch keine Grippe bekommen habe,

Zieh Leine, Fernando, befahl mein Vater, eigentlich sollte ich die Pistole nehmen, die Familie vergessen und dieses Miststück töten,

und neunzehnhundertfünfzig, sieben Jahre später, Conceição, begrüßt mich der Sohn der Nähfrau, der Vater meines Neffen, Hallo, dicht vor dem Bierschaum, ohne zu wissen, daß ich wußte, ohne zu wissen, daß ich ihm mißtraute, weil ich sonntags morgens der einzige Mensch in der Calçada do Tojal war und hätte aufwachen und Stimmen hören können, ihn hätte sehen können, wie er zum Tor hereinkam und wieder ging, und ich, noch schwindlig vom Erbrechen, indem ich mir den Mund am Ärmel säuberte und an den Regen in jenem Winter dachte, Hallo,

Ich werde sie nach Guarda schicken, beschloß meine Mutter, und nachdem das Baby geboren ist, warten wir ein oder zwei Monate und bringen sie wieder hierher,

und meine Schwester Julieta, die nie sprach, die sich weigerte zu sprechen, außer mit Jorge, Nein,

noch bemerkte man ihren Bauch nicht, aber sie war dünner geworden, war blaß, hatte Ränder um die Augen und schloß sich auf dem Dachboden ein, das Haar gebürstet und im neuen Rock, als würde sie jemanden erwarten, sie schloß sich auf dem Dachboden ein, legte Opernarien auf das Kurbelgrammophon, und der Stuhl knarrte vor und zurück auf dem Boden, während der Novemberschimmel sich auf den Wänden ausbreitete, und meine Schwester Teresinha seufzte, Irgendwann muß ein Maurer kommen und das reparieren, die Decke bekommt da schon Risse,

und dann steckten sie sie trotz ihrer Proteste und ihrer Weigerungen in den Zug nach Guarda, und als sie nach einigen Wochen wieder zurückkam, Conceição, redete sie nicht einmal mehr mit Jorge, lief wie ein Gespenst im Wohnzimmer auf und ab,

bürstete nie mehr ihr Haar, trug niemals mehr einen neuen Rock, zog das Grammophon auf und hörte immer dieselbe Arie, bis die Platte nur noch eine Abfolge von Kreischern und Violinfragmenten von sich gab und meine Mutter bat, Stell die Musik aus, bevor ich völlig verrückt werde,

meine Schwester Teresinha stieg die Treppe hinauf, um mit ihr zu reden, die Arie brach ab, meine Mutter trank Lindenblütentee, Ihr wollt mich umbringen, holt sie her zu uns, und sie, Nein, das war das einzige Wort, das zu sagen sie jetzt noch bereit war, Nein, was man sie auch immer fragte, Nein,

neunzehnhundertfünfzig, an dem Tag, an dem sie meinen Bruder Jorge festnahmen, hatte der Sohn der Nähfrau sich wenig verändert im Vergleich zu der Zeit, als wir uns kannten, dieselben Spatzenfinger hielten das Bier, dieselbe Stimme stolperte über die Silben, Hallo, und ich, der Dumme

(Was habe ich dem lieben Gott Böses angetan, um einen so dummen Sohn zu bekommen, meine Herrschaften?),

näherte mich ihm, überrannte dabei den bettelnden Losverkäufer, Hallo,

die Nixe bewegte sich vor und zurück, Hallo, der Angestellte des Kurzwarenladens spendierte einem Alten mit Schal einen Gin, einem Alten, der nicht so alt war, wie ich heute bin, umgeben vom Knistern der Vergangenheit, von deiner Dienstmädchenabwesenheit, von einem Dunst von Worten, die es nicht mehr gibt,

Hallo, sagte ich, der Dumme, der, der keinen Grips hat, der, der nicht kämpft, Hallo,

eine Opernarie begann wieder auf dem Dachboden, meine Schwester Teresinha, Hör damit auf, Julieta, und sie, Nein, meine Schwester Anita, Möchtest du nicht einen Walzer hören?, und sie, Nein, mein Bruder Jorge, Ich rede nie wieder mit dir, und sie, Nein nein nein nein nein,

Was machst du denn hier, Fernando? erkundigte sich der Sohn der Nähfrau, der gerade vom Dachboden der Calçada do Tojal kam, seinen Gürtel zumachte, die Krawatte zurechtrückte und das Bier auf dem Zink der Theke abstellte, während der Blinde sich zum Klavier beugte und meine Schwester auf dem Dachboden, Nein, schrie, und meine Mutter, Was hat sie bloß, Fernando?, und mein Vater, Was hast du gesehen, Fernando?, und ich, der Dumme, trat einen Schritt vor, schubste den Losverkäufer weg, nahm eine Flasche, Das, was ich vor acht Jahren hätte machen sollen, alter Knabe, dir die Fresse polieren: nichts Besonderes, wie du siehst.

5

Ich muss gesagt haben, was sie erwarteten, denn gleich nachdem ich mein Bewußtsein und mein Zeitgefühl wiedererlangt hatte, brachten sie mich von der Rua António Maria Cardoso in das Gefängnis von Peniche, das fast so düster war wie das Priesterinternat in Santo Tirso, wo das Sonnenlicht von den Ornamenten der Kapelle herkam, die die Heiligenbilder mit der Helligkeit eines Schiffbruchs umgaben. Auch in Peniche herrschte immer Winter, doch unter einem steinernen Himmel ohne Wolken, die Wellen brachen sich an den Wänden des Gefängnisses, bedeckten die Wachen mit Schaum, der Schreiber, der mich in Empfang nahm, empfahl mir, Keine Tricks, Valadas, Gäste, die sich danebenbenehmen, schätzen wir hier nicht, und als ich ihn ansah, wurde mir klar, daß er sich genauso verlassen fühlte wie ich, in diesem Würfel aus Wänden, die der Wind entbeint hatte, mit kleinen Gräsern, die in den Fugen der Steinfliesen wuchsen. Verlassen, Margarida, verlassen er, verlassen die Wärter, die unsere Mahlzeiten und unsere Freizeit überwachten, verlassen die, die sich mit mir an den Tisch setzten und bei mir schliefen, verlassen der, der das Sagen hatte und uns sonntags im Speisesaal Reden hielt neben dem Pater, der die Suppe segnete, und dem Krankenpfleger, der gesunde Zähne ohne Betäubung anbohrte, um leichter an Geständnisse heranzukommen. Was Geständnisse betraf, so gab es mit meinem keine Probleme, denn drei Monate lang riefen sie mich nie zu Verhören, und zwar bis zu dem Morgen, an dem sie mich in das Zimmer führten, in dem man mit den Besuchern sprach, einen Raum mit einem Zaun in der Mitte, dem Foto des Präsidenten des Ministerrates und einem Mann, der mir, während er Dokumente aus einer Aktentasche zog, mitteilte, Ich bin Ihr Anwalt, Herr Major, ich brauche ein paar Angaben, um die Verteidigung zu vervollständigen, Verteidigung wogegen? fragte ich, und er, Gegen den Vorwurf des

Verbrechens der Konspiration zur Übergabe des Vaterlandes an die Kommunisten, Herr Major, soviel ich weiß, haben Sie keine Kinder entführt, um Ihr Strafmaß zu erhöhen, nicht wahr?, und ich, Ich habe überhaupt nicht konspiriert, Herr Doktor, und er, indem er ein Aktenstück herausnahm, Unglücklicherweise ist hier die Kopie eines Geständnisses, das Sie abgezeichnet haben, Sie wollen mich doch nicht davon überzeugen, daß die Unterschrift gefälscht ist.

Das Meer schlug gegen die Mauern, die Sirene des Seenotrettungsboots stieß vom Ende des Strandes her ihren Schrei aus, man hörte die Stimmen der Fischer vom Anlegeplatz, man hörte die Glocke der Konservenfabrik die Arbeiter zusammenrufen, und der in der Akte blätternde Anwalt, Sie haben der Polizei einen äußerst vollständigen Bericht übergeben, Herr Major, Name und Rang der beteiligten Offiziere, Losungswort und Gegenlosungswort, Codeschlüssel, Daten und Treffpunkte, Aufstellung der geköderten Einheiten, einen provisorischen Plan für die Erhebung des Militärs, der die Eliminierung von zig Personen des Regimes mit einschließt, die Sirene des Seenotrettungsbootes zog heulend an uns vorbei, und ich, Soll das ein Scherz sein?, und er, Was heißt hier Scherz, Herr Major, und ich, Das kann doch nur ein Scherz sein, ich habe niemandem etwas erzählt, ganz zu schweigen denen von der Polizei, und er, Also, wenn Sie sich einen Scherz erlaubt haben, dann war das ein schlechter Scherz, aufgrund Ihrer Aussage wurde ein halbes Dutzend Kerle eingelocht, und ich, Wie bitte?, und er, Ich habe die Liste dabei, wollen Sie sie sehen? Sie haben die Fotos in den Zeitungen veröffentlicht, und ich, Moment mal, Moment mal, und versuchte mich an das zu erinnern, was mit dem Elektroschockinspektor im Büro mit den Telefonen und den Bücherborden geschehen war, erinnerte mich daran, wie man sich an einen Traum erinnert, daß ich irgend etwas über meinen Vater gesagt hatte, was, weiß ich nicht mehr, und der Anwalt, Was ist, Herr Major?, und ich, Lassen Sie nur, mein Freund, es ist ohne Bedeutung.

Die Glocke der Fabrik rief noch immer die Arbeiter zusammen, als ich in den Hof zurückkam, und aus den Stimmen der Fischer vom Anlegeplatz schloß ich, daß ein Fischkutter vergeblich versuchte, den Strand zu erreichen, und so stellte ich mir vor, wie der Kapitän zum Land herüber mit den Armen wedelte, ein oder zwei Männer der Besatzung die Ladung über Bord warfen und der Rettungsring auf dem Kamm einer Welle schaukelte, und drei Tage später ging ich wieder in das Besuchszimmer, und der Anwalt, Da Sie kollaboriert haben, Herr Major, ist der Richter zu einer Strafmilderung bereit, und ich, Ich soll kollaboriert haben, wie das, Herr Doktor, ich habe mit niemandem kollaboriert, und der Anwalt, Diesen Käse können Sie Ihren Gefängniskollegen erzählen, denn die haben wahrscheinlich eine Heidenwut auf Sie, ich werde das Angebot des Richters aufgreifen, und ich fiel ihm ins Wort, Was haben Sie da von meinen Gefängniskollegen gesagt, Herr Doktor?, und er, Die Leute mögen keine Verräter, das müssen wir schon verstehen, das ist normal, wenn ich Sie wäre, wäre ich vorsichtig, man kann nie wissen, und ich, Vorsichtig?, und er, Vorsichtig, es wäre nicht das erstemal, daß einem Häftling unangenehme Unfälle zustoßen, und ich, Was ist denn das für ein Quatsch, ich habe den Schnabel nicht aufgemacht, Herr Doktor, und er, Natürlich haben Sie ihn nicht aufgemacht, wenn Sie behaupten, Sie hätten ihn nicht aufgemacht, dann haben Sie ihn nicht aufgemacht, erklären Sie das denen mal, und während Sie das denen erklären oder auch nicht, konzentriere ich mich auf den Prozeß, ich möchte nur nicht, daß Sie mir alles im Gericht vermasseln, und ich, Alles im Gericht vermasseln?, und er, Ich möchte, daß Sie höflich, reuig und bereit sind, dem Richter noch mehr Einzelheiten liefern, und ich, Sie sind garantiert verrückt geworden, Herr Doktor, und er, Sie haben Ihren Widerstand aufgegeben, Herr Major, und haben gesungen, beruhigen Sie sich, Sie sind nicht der erste, der schlappmacht, und ich, Ich verbiete Ihnen, mein Anwalt zu sein, Herr Doktor, und er, Wenn Sie glauben, daß es mir Spaß macht, Sie zu verteidigen, dann irren Sie sich, Ihretwegen haben sich die Bestien von der Polizei Männer geschnappt, die ich achte, und ich, Da liegt ein Irrtum vor, da liegt eine Verwechslung vor, das kann nur eine Verwechslung sein, und er, Seien Sie kein Feigling, Herr Major, von wegen Verwechslung, reißen Sie sich zusammen, denn es ist zu spät, um sich vor Angst in die Hosen zu machen, und was die Tatsache betrifft, daß ich Ihr Anwalt bin, hätte ich die Ernennung dazu verweigern sollen, einem Lumpen zu helfen ekelt mich an, und ich, Welchen Tag haben wir heute, Herr Doktor?, und er, Dienstag, und ich, Damit Sie es wissen, dies ist der schlimmste Dienstag meines Lebens.

Als ich im Hof ankam, war die Freizeit fast zu Ende, Margarida, das war die Zeit, in der wir die Erlaubnis hatten, eine Stunde von denselben Wärtern bewacht herumzuspazieren, die uns im Speisesaal überwachten, unsere Zellen durchsuchten, Raus da, und die uns nach dem Kaffee in die Gefängniswerkstätten führten und befahlen, daß wir dabei unseren Schritt dem des Vordermanns anpaßten. Die Freizeit ging zu Ende, der Himmel entfernte sich, um die Nacht zu empfangen, das Meer bewegte sich unter uns, richtete die Felsen des Kliffs auf, und die Gefangenen starrten mich an, aufgebracht und mißbilligend, gaben mir die Schuld an den Verhören der Polizei, gaben mir die Schuld daran, daß sie sich hier befanden, vor Kälte hustend, in Eimern ihre Notdurft verrichteten, daß wir zum Mittagessen Reste aßen und daß sie an Lungen und Eingeweiden erkrankten, die Gefangenen starrten mich an, Margarida, und ich schrie, Es ist eine Lüge, ich schwöre, es ist eine Lüge, ich habe fast ein Jahr Schläge und Statuestehen ertragen und niemanden verraten.

Aber sie trauten mir nicht, denn von diesem Tag an begann ich sie um mich herum zu spüren wie diese Vögel, deren Namen mir nicht mehr einfällt, die, die darauf warten, unseren Leib mit Krallenhieben aufzureißen, um unsere Leber unter Zerren und Schütteln zu verschlingen, ich begann sie um mich herum zu spüren beim Appell, in der Werkstatt, während der Freizeit, im Schlafsaal, am Waschtrog, wie sie mich belauerten, über mich redeten, meine Kartoffeln und meinen Kohl in der Küche vergifteten, so daß ich bat, von dem, der das Sagen hatte, empfangen zu werden, und ihm mitteilte, Sie wollen mich umbringen, mein Herr, und er, Sie wollen dich umbringen, Valadas?, und ich, Geben Sie mir eine Einzelzelle, und er, Mit eigenem Bad und Zimmerservice?, und ich, Geben Sie mir eine Einzelzelle, befreien Sie mich von ihnen, stecken Sie mich in Einzelhaft, und er, Du bist verrückt, ich hab was anderes zu tun, Valadas, und da begriff ich, daß er mit den anderen unter einer Decke steckte, da begriff ich, daß er auch ein Vogel war, einer dieser Vögel, deren Namen mir nicht mehr einfällt, und er, Was ist jetzt mit dir, Valadas, du stehst da wie angewurzelt herum, hast du mich nicht verstanden?, und ich, Wenn Sie mich erschießen wollen, dann erschießen Sie mich, aber tun Sie was, daß das nicht so weitergeht, und er, Jetzt reicht's aber, Valadas, die Sirene des Seenotrettungsbootes stieß einen Schrei aus, der eine Botschaft war, und ich, Erschieß mich, du Schuft, und er, Verdammt noch mal, ich setz dich gleich mit einem Fußtritt vor die Tür, und ein Wärter kam, der mich auf den Flur hinauswarf, und ich, Macht schnell Schluß mit mir, ihr Hunde, und der Anwalt, Was für eine Geschichte ist denn das nun wieder, daß sie Ihnen das Blut mit Spritzen raussaugen, Herr Major?, und ich zeigte ihm meinen Arm, Sehen Sie nicht die Einstichstellen, Herr Doktor?, und er bestritt absichtlich die fünf oder sechs Einstiche auf meiner Haut, Ich sehe überhaupt nichts, was spinnen Sie da herum, und ich zeigte ihm einen bereits rosafarbenen Fleck, Von wegen Spinnerei, Herr Doktor, und was ist das hier?, und er befühlte ihn mit dem Finger, Ein Leberfleck, was soll das denn sonst sein?, und ich, Sie haben sich zusammengetan, ich will das den Zeitungen mitteilen, und er, Seien Sie nicht hysterisch, Herr Major, ich werde um ein Beruhigungsmittel bitten, und ich, indem ich ihm die Aktenmappe vom Schoß riß und sie gegen die Wand schleuderte,

Das hätten Sie wohl gern, wenn Sie glauben, daß Sie mich mit Zyaniden umbringen können, dann haben Sie sich geirrt, und er, zur Tür gewandt, während ich ihm seine Papiere zerriß, Schnell eine Wache, schnell, und sie peitschten mir die Nieren, und ich fiel bäuchlings auf den Boden, und die Kälte des Steins war süß im Mund, ruhig und süß, und das Meer lief an meinem Körper herunter, um sich am Strand zu verlieren, wo die Füße lagen, weiß und nackt wie die der toten Tauben.

Noch heute höre ich die Wellen von Peniche, Margarida, noch heute höre ich die Glocke der Konservenfabrik (war es eine Fabrik, war es wirklich eine Fabrik?), die die Arbeiter zusammenrief, höre ich das Wasser unter den Fliesen, nicht das Wasser von Tavira, nicht das Meer der Algarve, sondern die Wellen, die die Mauern des Forts wie ein Messer aufschlitzten, noch immer höre ich die Wellen von Peniche und den Anwalt, der den, der das Sagen hatte, aufklärte, Er ist Amok gelaufen, Herr Leutnant, er ist wirklich Amok gelaufen, ich fühle die Hände, die mich mit dem Gesicht gegen den Stein drückten, und höre den Anwalt, Nein, er hat mich nicht verletzt, er hat mir ein paar Seiten zerrissen, sonst nichts, und der, der das Sagen hatte, Er kam in mein Büro und faselte merkwürdig herum, wollte, daß ich ihn in Einzelhaft sperre, und einer der Wärter, Er meidet die anderen, ist mißtrauisch, was das Essen betrifft, hat Angst davor, daß man ihn berührt, und der, der das Sagen hatte, Das ist ganz sicher nur Theater, Azevedo, Sie kennen die Tricks dieser Schlauberger, und der Anwalt, Selbst wenn das so wäre, Herr Leutnant, selbst wenn das so wäre, dieser Typ hat meiner Meinung nach nicht mehr alle Tassen im Schrank, das Seenotrettungsboot pfiff und verstummte, Laßt mich hier liegen, bat ich, laßt mich los, denn ich habe kein Blut mehr in den Adern, und der, der das Sagen hatte, Amok oder nicht Amok, ich tue dem Gefangenen keinen Gefallen, wenn er aus irgendeinem Grund unbedingt in Einzelhaft will, dann gibt es da einen Keller, der zur Klippe rausgeht, und der Wärter, So, nun richten wir uns mal langsam und ordentlich auf, Valadas, jetzt stellen wir uns mal hin wie ein braver Junge, und der Anwalt, Ein Keller, Herr Leutnant, das wußte ich nicht, und der, der das Sagen hatte, Schlauberger erkenne ich auf fünf Meilen gegen den Wind, Herr Doktor, seit fünfzehn Jahren ist das mein Beruf, was steckt dahinter, wenn er ohne Grund in Einzelhaft will?, und der Anwalt, Da haben Sie recht, Herr Leutnant, der Typ ist ein noch größerer Halunke, als ich dachte, und der, der das Sagen hatte, ich schaue mir ja die Leute nicht umsonst seit Jahren an, ich bin sehr verständnisvoll usw., dennoch haut man mich nicht übers Ohr, und der Wärter, Sehr gut, Valadas, strammstehen, und der, der das Sagen hatte, indem er mir das Kinn mit einem Schlag ausrenkte, Heb die Papierchen auf, die du runtergeworfen hast, Valadas, lern denjenigen nicht zu beißen, der dir seine Hand reicht.

Noch heute höre ich die Wellen von Peniche in Tavira, Margarida, die Wellen jenes Winters, noch heute höre ich die Glocke der Konservenfabrik die Arbeiter zusammenrufen und den Schaum auf den Fliesen, so wie ich mich daran erinnere, wie die Gefangenen mir meine Energien auslöschten, indem sie mir Barbiturate unter die Suppe mischten, mich riefen, wenn ich allein war, die Stimme des Direktors von Santo Tirso nachahmten, die Stimme von Alice, die Stimme meines Vaters, mich zwangen, in die Vergangenheit zurückzukehren, um mir die Gegenwart zu verwehren, und nicht nur die Gefangenen, sondern auch der, der das Sagen hatte, und die Wärter und der Anwalt, der auf dem Tisch im Besucherzimmer Seiten ausbreitete, Heute sehen Sie besser aus, Herr Major, vielleicht können wir am Prozeß arbeiten, und nicht nur der Anwalt, sondern auch meine Familie und du, Margarida, die ich mit ihnen reden hörte, und ich, der sich zu schlafen weigerte aus Angst, sie könnten mir ein Magazin ins Herz ausleeren, ich stimmte zu, Ich sehe in der Tat ausgezeichnet aus, Herr Doktor, ihr schafft es nicht, mich kleinzukriegen, und er, Bevor Sie wieder mit Ihrem Blödsinn anfangen, Herr Major, wollte ich Sie höflich fragen, ob Sie damit einverstanden sind, daß Sie Oberst Gomes und seinem Anwalt gegenübergestellt werden, und ich, Oberst Gomes?, und er, Er ist gestern ins Gefängnis eingeliefert worden, der Herr Leutnant hat uns die Erlaubnis gegeben, daß wir uns zu einem Gespräch zusammensetzen, und ich, während ich die Puzzleteile zusammensetzte, Ist Oberst Gomes der Kopf der Verschwörung?, und das Seenotrettungsboot war stumm, die Glocke war stumm, sogar die Wellen gegen die Mauern des Forts waren stumm, und Oberst Gomes, in Sergehosen und in einem alten Mantel, klapperte mit den Zähnen vor Kälte und streckte mir die Handfläche entgegen, Guten Tag, Valadas, begrüßt man etwa seine Freunde nicht mehr?, und ich, Ja, schon, Herr Oberst, das Problem ist nur, daß Sie nicht mein Freund sind, Herr Oberst, und der Anwalt, Um Gottes willen, Herr Major, Herr Oberst Gomes schätzt Sie sehr, und Oberst Gomes, Ich habe Sie gewarnt, daß die Polizei Sie suchte, und ich, Sie haben sie mir ins Haus geschickt, sagen Sie lieber, Sie haben sie angerufen und mir ins Haus geschickt, und Oberst Gomes, Ich bin nicht hier, um mir ordinäre Unterstellungen anzuhören, und mein Anwalt, Ich bitte um Verzeihung, Herr Oberst, der Herr Major wollte Sie nicht beleidigen, fast ein Jahr Gefängnis legen einem die Nerven bloß, und Oberst Gomes, ruhiger, Er soll das zurücknehmen, und ich vergesse diesen Zwischenfall, und der Anwalt zu mir, Was uns interessiert, ist, eine gemeinsame Strategie zu entwerfen, zu beschließen, was man sagt und was man nicht sagt, denn der Staatsanwalt ist ein harter Brocken, und ich, Beim Prozeß sage ich keinen Ton, und ich habe es auch wirklich nicht getan, sie verurteilten Oberst Gomes zu elf Jahren und entließen ihn aus dem Heer, der zum Admiral beförderte Kommodore Capelo sagte als Zeuge aus, mir schien es so, als hätte ich Alice im Publikum zwischen ihrer Mutter und ihrem Mann in einer der hintersten Reihen gesehen, doch als ich genauer hinsah, saßen dort andere Zuschauer an ihrer Stelle, oder die Plätze waren leer, der Richter vertagte mein Urteil auf Anraten der Ärzte, wir kehrten nach Peniche in einem gepanzerten Kleinlaster zurück, und Oberst Gomes zu mir,

Elf Jahre, Valadas, elf Jahre halte ich nicht durch, als wir das Gericht verließen, bemerkte ich seine Frau, eine Dame, die weinte, und ich, Ich hoffe, Sie halten es nicht durch, mein Oberst, denn Feinde habe ich schon mehr als genug, und als wir Peniche erreichten, gewitterte es, der Himmel zerbarst in Wunden, von Blitzen geschlagen, die die Stadt zerrissen, die das Meer zerrissen und die Schatten phosphoreszieren ließen, bevor sie sich in den Falten der Finsternis verbargen, ein Schiff schwamm, fast auf der Linie des Horizonts, über den Wolken, die rote Tränen eiterten, die Häuser fielen in sich zusammen, die Schuppen der Fischer und die geankerten Fischkutter schlitterten aufs Meer hinaus, die amputierte Klippe, die ihre Schiefereingeweide zeigte, gab Schwärme erschreckter Vögel frei, und am nächsten Morgen erhängte sich Oberst Gomes in der Zelle, und als ich ihn sah, bevor sie ihn mit dem Mantel und einem Stück Sackleinen zudeckten, fand ich ihn weder violett noch mit heraushängender Zunge vor, sondern mit erloschenen Pupillen und freundlichem Gesichtsausdruck, so daß ich dachte, Er ist eingeschlafen, er hat sich überhaupt nicht aufgehängt, er ist eingeschlafen, und das trotz der Striemen am Hals und seiner verdrehten Schultern, ich dachte, Er ist eingeschlafen, um mich zu täuschen, tut er so, als hätte er sich aufgehängt, und da trat ich zu ihm heran, legte meinen Daumen an seine Stirn, und die war kalt und hatte am Haaransatz weinfarbene Flecken, und die Stiefel am äußersten Ende der Beine, Margarida, kamen mir leer vor wie die Schuhe der Bettler.

6

Wenn das Wetter besser wurde, Conceição, und wir zum Arzt gingen oder sonntags auswärts aßen in dem kleinen Restaurant in der Calçada do Combro, dann hast du dein einziges Kleid angezogen, jenes, das du anhattest, als du starbst, du hängtest dir mein Foto auf einem Emailleherz um den Hals und wechseltest die Pantoffeln gegen ein Paar Schuhe aus, die ich nicht mehr trug, weil sie mich an den Zehen drückten,

und da du die Schnürsenkel nicht zubandest, gingst du im Zimmer umher wie ein Taucher auf einem Schiffsdeck, ließest die Schuhsohlen mit einem Bleigeräusch auf den Boden niedergehen,

und ich wunderte mich darüber, daß sich, wenn du atmetest, keine kleinen Luftbläschen von deinem Mund lösten und keine Tintenfische zwischen den Vorhängen und den Möbeln um uns herumschwammen.

Das war schon so, als ich dich kennenlernte, als ich die Calçada do Tojal und meine Schwestern verließ, um mit dir zusammenzuwohnen, aus Dankbarkeit dafür, daß du die erste und die letzte Frau warst, die sich für mich interessierte, die mich schön fand, die mich, bei mir eingehakt, zu den Frühvorstellungen ins Condes-Kino begleitete, die damit einverstanden war, in einer Pension in der Rua dos Doiradores mit mir zu schlafen, die, ohne zu protestieren, drei Stockwerke hinaufstieg und mir die letzten Energien mit Küssen aussaugte, die nach Pottasche und in Öl gedünsteten Zwiebeln rochen, nicht nach Getreide, nicht nach Silberputzpulver, sondern nach Pottasche und in Öl gedünsteten Zwiebeln,

im fensterlosen Kabuff in der Rua dos Doiradores, für zwanzig Escudos die Stunde, wo ich dir versprach, daß ich dich deinem Patron wegnehmen, dir einen Ehering kaufen und mit dir zum Standesamt gehen würde, dir, die mich bis zum Ende Senhor Valadas genannt hat, so wie du den anderen Senhor Esteves genannt hast,

du, die du aufgehört hattest, dich zu Senhor Esteves zu legen, seit er die Thrombose bekommen hatte, und sich nicht mehr rühren konnte und, ohne sprechen zu können, auf dem Sofa saß,

Senhor Esteves, der dich aus Beja mitgebracht hatte, als er verwitwete

(die Kälte in Beja im Winter, die vom Rauhreif verbrannten Getreidefelder, der Wind, der heulend wie ein Zug über die Ebene fuhr),

damit du für ihn arbeitetest, ihm das Abendessen aufwärmtest, ihm die Wohnung in der Conde de Valbom saubermachtest und die Seite der Matratze belegtest, die die Verstorbene mit einem Stein in einem Beet des Prazeres-Friedhofs vertauscht hatte,

Senhor Esteves, den ich kennenlernte, als ich dich begleitete, um den Koffer aus dem Parterrezimmer abzuholen, das du zusammen mit dem in einem gehäkelten ovalen Rahmen stehenden Foto der Verblichenen bewohntest,

Senhor Esteves, der unrasiert war, die Fransen des Plaids in seinen Fäusten drückte, der nichts besaß außer dir,

ein Mann, der älter war, als ich es heute bin, und dessen Hals aus Hautspiralen bestand, die in der Jacke verschwanden, wie bei einer Schildkröte, die sich in ihren Panzer zurückzieht,

Senhor Esteves, dessen Gesichtshälften nicht zusammenpaßten, die aussahen wie gewaltsam zusammengefügte Puzzleteile,

und wir füllten derweil eine Truhe mit Zuckerdosen, silbernen Tabletts und Löffeln, wir füllten derweil eine Truhe mit Tischtüchern, Ohrringen, Ketten, Armbändern, füllten derweil eine Truhe mit Elfenbeinfiguren, mit Terrinen, mit den Papieren aus dem Tresor, mit einem Foto von dir und ihm in einem Straßencafé in Badajoz,

und wir plünderten derweil die Wohnung aus, und

Senhor Esteves war stumm, riesig in seiner gipsernen Ruhe, Uringeruch verströmend, und ich stolperte beinahe mit einer Schale im Arm über ihn, ich schubste ihn, während ich dich auf dem Sofa liebkoste, ich gab ihm einen Klaps auf die Wangen, als wir aufstanden, um wegzugehen,

und er reagierte nicht, Conceição, er saß, die Beine unter dem Plaid dicht nebeneinander, die Spitzen der karierten Pantoffeln lugten unten hervor, und ein Darmgrummeln war das Geräusch, das ich von ihm hörte, als ich mich verabschiedete, Herzlichen Dank für die Mitgift, Senhor Esteves,

und du, mit feuchtem Augenlid, Er war trotzdem ein guter Mensch, Senhor Valadas, machen Sie sich nicht über ihn lustig, trotz alledem hatte ich ihn ein wenig gern,

doch der Besitzer des Pfandleihgeschäftes in Alverca, ein redegewandter Mann, bot uns fast gar nichts dafür, Das ist Plunder, das ist nicht mehr zu gebrauchen, argumentierte er, da ist kein Silber ohne Kratzer dabei, da sind keine Nippes dabei, die noch was taugen,

und wir, die wir dem Invaliden sogar das Radio gestohlen hatten, den Apparat, den du schreiend laut gestellt hattest, in der Absicht, den im Limbus seiner Erinnerungen verlorenen Witwer zu unterhalten, haben schließlich gerade genug dafür bekommen, um diesen Dachboden in der Rua Ivens mit Hausrat zu möblieren, diesen Dachboden, in dem du sterben solltest, Conceição, und in dem ich in diesem Jahr oder im nächsten Jahr auch sterben werde wie Senhor Esteves in der Wohnung in der Conde de Valbom mit dem Foto der Gemahlin im gehäkelten Rahmen,

Senhor Esteves, ohne Löffel, ohne Zuckerdosen, ohne Gläser, ohne Musik, der mit seinem schiefen Gesicht die Dunkelheit und das Licht betrachtete,

Senhor Esteves, der vielleicht immer noch dort wohnt inmitten seiner Konsoltische irgendeines Onkels, der Kaufmann war und vor Jahrhunderten gestorben ist,

Senhor Esteves, der immer noch lebt, doch ohne Verwandte, ohne jemanden, der sich um ihn kümmert, Senhor

Esteves, der den Morgen und den Abend in seinem Schildkrötenpanzerjackett erlebt,

Senhor Esteves, auf den ich selbst heute noch eifersüchtig bin, eifersüchtig auf dieses Wrack, auf diese Leiche, auf diese Schildkröte, die dich gewaltsam aus Beja holte

(die Kälte in Beja, die vom Rauhreif verbrannten Getreidefelder, der Wind, der heulend wie ein Zug über die Ebene fuhr),

damit du für ihn arbeitetest, ihm das Abendessen aufwärmtest, ihm das Parterre saubermachtest und bohnertest und staubsaugtest, ihm die Teppiche klopftest, ihm die Bettücher bügeltest, ihm die Hemden stopftest und die Seite der Matratze belegtest, die die Verstorbene verlassen hatte,

ich bin eifersüchtig auf ihn, weil er dich berührt hat, bin eifersüchtig darauf, daß er dich umarmt, dich auf seinen Schoß gesetzt hat, dich gestreichelt, dich ausgezogen hat,

und daher habe ich wahrscheinlich, als du von ihm geredet hast, geantwortet, Halt den Mund, und als du dann sagtest, Was wird aus Senhor Esteves, dem Armen?, gefragt, Willst du eine fangen oder was?, und daher habe ich dich, als du mich batest, Lassen Sie ihn mich doch besuchen, Senhor Valadas, gewarnt, Wenn du gehst, wirst du keinen heilen Knochen mehr im Leib haben, du hast die Wahl,

und du hast ihn niemals wieder erwähnt, hast ihn nie besucht, und wenn du manchmal schwiegst, hakte ich mißtrauisch nach, Denkst du an den aus dem Alentejo, Conceição?, und du, ganz schnell, indem du deinen Stuhl von meinem entferntest, Nein, Senhor Valadas, ich dachte daran, daß wir am Sonntag ins Politeama gehen könnten,

und wenn es dann Sonntag war, tauschtest du die Pantoffeln gegen die Schuhe aus, die mich an den Zehen drückten, und gingst mit meinem Lächeln auf der Brust den Chiado hinauf in einen dunklen Saal, in dem du nach fünf Minuten in das Taschentuch schnüffeltest, solidarisch mit dem Unglück der Schauspielerin, und bei jedem Atemzug stießest du eine Wolke von Bläschen aus, die einen Augenblick lang tanzten, um sich dann im Lichtbündel des Projektors aufzulösen, das hoch oben aus einer kleinen Luke kam, die einzige Flamme des Heiligen Geistes, an die ich glaube.

Und als wir damit fertig waren, ein halbes Dutzend Hausratsgegenstände auf der Schwelle der Rua Ivens auszusäen (ein Bett, einen Tisch, einen Ofen, zwei Stühle, einen Spiegel), als wir dem Ingenieur, der uns die Wohnung mißtrauisch seufzend vermietet hatte, die Miete bezahlt hatten und ich meine nicht mehr paarweise zusammenpassenden Socken in die Truhe von Senhor Esteves umgepackt hatte, teilte ich dir mit, Morgen stelle ich dich meiner Familie vor, Conceição, und du, Vorstellen, Senhor Valadas?, und ich, Kämm dich, kauf ein Kleid im Kurzwarenladen und rede nicht zuviel, damit ich nicht schief angeguckt werde,

und nachdem ich deinen Dutt und deine Kleidung überprüft hatte, rief ich in der Calçada do Tojal an und sagte meiner Schwester Teresinha, Ich werde mit meiner Braut bei euch zu Mittag essen, und sie, Mit deiner Braut?, und ich, Mit meiner Braut, wieso, darf ich etwa keine Braut haben?, und sie nach einem Schweigen, in dem man das Schweigen meiner Eltern erahnte und die Kuckucke aus den Uhren hörte, Ist es jemand, den ich kenne, Fernando?, und ich, während ich dein Kleid anschaute und dachte, Wie häßlich, Sei nicht neugierig, Schwesterherz, du liebst doch Überraschungen, nicht wahr?,

und ich öffnete die Pforte in Benfica und empfahl, Kau mit geschlossenem Mund, und stütz die Ellenbogen nicht auf das Tischtuch, und es war März, daran erinnere ich mich, weil noch nicht April mit seinem schlechten Wetter und seinen Gewittern gekommen war, der Fuchs lief in seiner Voliere hin und her, und im Garten wuchsen kleine Blumen auf dem Rasen

(die gleichen wie in meiner Kindheit, Conceição, die gleichen wie damals, als wir von Queluz nach Benfica zogen, der Gärtner goß die Beete, und das Aroma der Erde stieg sanft in meine Nase),

und anstatt den Schlüssel ins Schloß zu stecken,

klingelte ich, und meine Schwester Anita kam, um die Tür zu öffnen, und erschrak, Wir erwarten das neue Dienstmädchen erst morgen, kommen Sie herein, kommen Sie herein, hatten Sie eine gute Reise, haben Sie Ihren Koffer nicht mitgebracht?,

und ich tauchte hinter deiner Schulter auf, und Anita, die ihre Brille abnahm und wieder aufsetzte wie immer, wenn sie durcheinandergeriet, Ach, entschuldigt, du liebe Güte, ich hatte es vergessen, wo hatte ich meinen Kopf,

und wir gingen ins Wohnzimmer, in dem die Sonne in den Vorhängen hing und ein Lichtfleck auf dem Teppich lag, den der Fuchs zerstört hatte, und ich bemerkte die Bilder, die Tischchen mit Vasen und Leuchtern und Aschbechern,

wie ein Fremder in dem Haus, in dem ich aufgewachsen war, bemerkte ich dessen Stille, dessen Gerüche, dessen Echos,

ich hörte die Schritte meiner Schwester Julieta und fragte mich, Wer ist das wohl?, hörte das Quietschen des Schaukelstuhls und wunderte mich, Was ist das?, hörte die Grammophontangos und sagte zu mir, Woher kommt bloß diese Blechmusik?,

und meine Schwester Teresinha kam, trocknete sich dabei die Hände an der Schürze ab, und ich, Das ist Conceição, Teresinha, begrüß deine zukünftige Schwägerin, und du wußtest nicht, was du tun solltest, und schütteltest wortlos den Kopf,

und ich, der dumm sein mag, doch nicht so dumm, wie meine Familie mich sehen will, ich merkte fünf Meilen gegen den Wind, was meine Schwester dachte, und das war, Ein Dienstmädchen, wie unser Vater vorausgesagt hat, wenn Mutter noch lebte, würde sie das nicht ertragen, erst kommt Jorge ins Gefängnis, und jetzt erscheint Fernando mit einer Braut, die auf dem Markt in Viseu Spanferkel verkaufen könnte, und der Sohn meiner Schwester Julieta kam die Treppe herunter, und ich, Sag deiner Tante guten Tag,

und du breitbeinig im Vestibül, und meine Schwester Anita, die dir einen Stuhl zuwies, Wollen Sie sich nicht setzen, hätten Sie gern etwas zu trinken?, und du, Ein kleiner Schnaps wär schön, meine Zunge ist wie die von einem Papagei, gnädige Frau, und meine Schwester Anita, die Flaschen hin und her räumte, Schnaps haben wir, glaube ich, nicht, ich werde mal sehen, aber ich könnte Ihnen einen Orangensaft mit Eis bringen, und du, während du das Hinterteil auf eine Ecke des Stuhls setztest und mich mit den Augen suchtest, damit ich dich in der fremden Welt der Salamaleikums der Reichen führte, du warst in einem Labyrinth von Wohlerzogenheitsformeln verloren, die dich überforderten, Von Orangensaft bekomme ich Durchfall, gnädige Frau, hätten Sie vielleicht ein Glas Rotwein?,

aber mit der Gabel kamst du zurecht, mit der Serviette kamst du zurecht, hast mit geschlossenem Mund gekaut und die Ellenbogen nicht auf das Tischtuch gestützt,

an den Zähnen saugend, hast du auf die Sätze meiner Schwester geantwortet, Ja, gnädige Frau, Nein, gnädige Frau, Ach wirklich, gnädige Frau?,

warst verwirrt vom Schweigen meiner Schwester Teresinha, die dich von oben bis unten musterte, verwirrt vom Schweigen meines Neffen, der begann dick zu werden und Haare zu verlieren und die Nase in den Teller steckte, warst verwirrt von den Fotografien, den Pendeln und den Verbeugungen der Kuckucke und schrecktest jedesmal hoch, wenn eine Uhr läutete, sehntest dich nach dem Kaffee, damit wir gehen konnten, und bereutest bereits, Senhor Esteves verlassen zu haben, der dich aus Beja mitgebracht hatte, nachdem er mit deinem Paten fern vom Stadtzentrum in einer zu den Olivenbäumen gewandten Hütte, in die sich beide eingeschlossen hatten, handelseins geworden war, daß du für ihn arbeiten solltest,

und dein Pate, Pack deinen Sack, Mädchen,

und du, Den Sack?,

und Senhor Esteves legte dir im Auto die Hand aufs Knie, Ich brauche jemanden, der sich um meine Wohnung kümmert, bist du nie aus Beja herausgekommen, Conceição, bist du nie weg gewesen von den vom Rauhreif verbrannten Getreidefeldern, vom Wind, der heulend wie ein Zug über die Ebene fährt?,

und du zogst den Schenkel zurück, Nein, Senhor,

und in dieser Nacht kam Senhor Esteves in dein Zimmer, ohne das Licht anzumachen, flüsterte, Hab keine Angst, Kindchen, hab keine Angst, Mädel, zieh das Hemd aus, ich tu dir nicht weh,

und er legte sich hustend auf mich und preßte meine Brust zusammen, und ich breitete meine Arme aus wie ein Kreuz, und es tat mir weh, und ich biß die Zähne zusammen, um nicht zu weinen, aber ich wollte gar nicht weinen, ich wollte zurück nach Beja,

und Senhor Esteves, der sich eine Zigarette anzündete, Gut so, Mädchen, wenn du was vom Kochen verstehst, schicke ich dich nicht weg,

und in diesem Jahr zu Weihnachten schenkte er mir einen Ring, der mir erst paßte, nachdem ich einen Faden darumgewickelt hatte, und siedelte mich in sein Bett um, Von heute an schläfst du hier, von heute an ist dies hier dein Platz,

und ich gewöhnte mich an das Schnarchen des Alten, gewöhnte mich an den Tabak, gewöhnte mich daran, ihn im Schlaf sprechen zu hören, gewöhnte mich an die Klingel des Weckers, die mir wie ein glühender Draht die Ohren durchbohrte,

Senhor Esteves, der weder Freunde noch Angehörige besaß, niemals jemanden empfing, niemals mit jemandem sprach, niemals die Zeitung las, stellte den Zeiger des Radios auf den Opernsender und erklärte mir, Das ist Verdi, Conceição, hör mal,

doch für mich war das Geschrei, für mich war das eine Frau und ein Mann, die sich beschimpften wie meine Patin und mein Pate in der Hütte in Beja,

und eines Donnerstags stellte er das Radio lauter als sonst, *Tosca*, Conceição, hör mal diesen Tenor, so laut, daß der Nachbar im Keller, ein Hautarzt, anfing, mit einem Stock gegen die Decke zu schlagen, und ich erschrak über die Wut des Doktors und wollte das Radio leiser stellen, und als ich mich dem Apparat näherte, traf ich auf Senhor Esteves, der zitternd und sabbernd auf dem Boden zusammengesunken war,

Den hat's erwischt, sagte der Hautarzt, während er ihm mit einem Hämmerchen auf die Gelenke schlug, wobei er immer noch den Besen, mit dem er an die Decke geschlagen hatte, unter dem Arm trug, wenigstens ist jetzt mit der Oper Schluß,

und mein Patron wollte irgend etwas mitteilen, und ich preßte mein Gesicht an seines, ich schüttelte seinen Rockaufschlag, Was ist los, Senhor Esteves?,

und er, Die *Tosca*, Conceição, was für eine wunderbare Musik, und elf Monate später lernte ich Senhor Valadas im Restaurant kennen, mir gefiel sein Doppelkinn, er sah nicht so gut aus wie der Hautarzt, der, der Verdi haßte, doch seine Einsamkeit, es saß nie jemand an seinem Tisch, rührte mich,

und meine Schwester Teresinha, die nicht aufhörte zu gucken und den Kopf zu schütteln, als wäre ihr das größte Unglück der Welt zugestoßen, Wann ist die Hochzeit, Fernando?,

und meine Schwester Anita zu dir, während sie den Tisch abdeckte, Wann ist die Hochzeit, Dona Conceição?,

und du, indem du einen Olivenkern auf dem Messer ablegtest, Senhor Valadas weiß das Datum, Senhor Valadas hat sich um alles gekümmert, denn ich kann nicht lesen,

und so stellte ich ihm nachmittags immer die Oper im Radio an, um ihn zu zerstreuen, und kaum hatte ich den Knopf gedreht, da fingen die Frau und der Mann da drin an, brüllend herumzuspringen, und Senhor Esteves war ungerührt, während der Hautarzt mit dem Besen an die Decke klopfte, und nur mein Neffe sagte nichts, schälte, die Nase auf dem Teller, eine Birne, schien das Grammophon meiner

Schwester Julieta nicht zu hören, das Grammophon seiner Mutter, das auf dem Dachboden Tangos nieste, und als wir bereits auf der Straße waren, fragtest du mich, Hab ich es gut gemacht, Senhor Valadas?, und ich, Großartig, Conceição,

und dachte dabei an meine Schwester Teresinha, die sich, kaum war das Mittagessen vorbei, ohne sich zu verabschieden, in die Küche geflüchtet hatte, das Taschentuch aus dem Ärmel gezogen hatte und immer wieder sagte, Heiliger Antonius, wenn das unser Vater geahnt hätte,

dachte dabei an meine Schwester Anita, die dir die Hand hinstreckte, innehielt, sie wieder zurückzog, ein ungelenkes Winken andeutete, Sehr erfreut,

daher wußte ich nicht, ob er die Oper weiterhin genoß oder nicht, so still saß er auf dem Sofa, roch streng nach Urin, der Senhor Esteves, der in Beja geboren war und weder Kinder noch Vettern und Cousinen, noch einen Freund oder einen Arbeitskollegen hatte, der sich für sein Leben interessierte, meine Patin schrieb mir zu Ostern, schickte mir eine Wurst, und die Hausmeisterin las mir die Briefe vor, Wir tragen alle unser Kreuz, mein Kind,

dachte an meinen Neffen, der, Auf Wiedersehen, verspätet zur Arbeit im Tourismusamt lief, meinen Neffen, der fast so dumm ist wie ich, fast genauso lustlos ist wie ich,

dachte an die Wut der Toten, dachte an den nutzlosen Zorn der Toten,

und am Samstag stieg ich in die Straßenbahn und fuhr in die Calçada do Tojal, meine drei Anzüge holen, die ich vergessen hatte, den mit den Streifen, den blauen und den braunen, den mit dem unerklärlichen Fleck auf der Weste, den die Reinigung sich weigerte anzunehmen, meine Pullover, das Etui mit den Rasiermessern und den Streichriemen aus Leder, der so abgewetzt war, daß er glänzte,

und die kleinen Blumen auf dem Rasen wuchsen unter der Sonne, die Büsche hatten ganz frische Blätter unter der Sonne, die milchfarbene Kieselauffahrt glitzerte in der Sonne, die Regenrinne rankte grün die Wand entlang in der

Sonne, zwei Schornsteinfeger krabbelten auf dem Dach, und der Fuchs bellte in der Voliere,

und ich durchquerte die Eingangshalle mit dem Stich, auf dem Pilatus zu sehen war, wie er auf dem Balkon des Tempels Jesus vor einer Ansammlung von Tuniken verurteilte, und auf der Schwelle des Wohnzimmers stellte ich fest, daß sie die Fotos von mir von der Wand und von den Kommoden genommen hatten, und auf denen, wo ich mit meinen Geschwistern und meinen Eltern war, hatten sie mein Gesicht mit Seidenpapierkreisen bedeckt, so daß ich nur bis in Brusthöhe ich war, Conceição, wie diese Gouachefiguren auf den Leinwänden der Fotografen, denen wir, Gott stehe uns bei, den Kopf leihen,

das heißt, es war alles wie gewohnt, nur meine Person hatte für sie aufgehört zu existieren, und meine Schwester Teresinha kam mit einer Dose roter Bohnen, auf der »Reis« stand, und sagte, Geh, Fernando, wir wollen dich hier nicht haben, und ich, von den Schluchzern der Kuckucke attackiert, Dieses Haus gehört mir genauso wie dir, wer hat mich in den Rahmen überklebt?, und sie, Du hast das Andenken unserer Eltern beleidigt, du hast unsere Familie beleidigt, du bist gefühllos, Fernando, geh schnell weg, unser Vater hatte recht, was dich betrifft, und ich, Ich hatte daran gedacht, dich zu bitten, bei der Trauung die Eheringe zu halten, Conceição hat darauf bestanden, und sie, Geh, Fernando, wenn Jorge hier wäre, würde er dich mit Ohrfeigen traktieren und rauswerfen, und ich, Jorge wirft niemanden mehr raus, Jorge hat sich in Tavira das Leben genommen, Schwesterherz, und meine Schwester Julieta hielt den Stuhl an und begann auf dem Dachboden zu schreien,

ich ging hinauf in mein Zimmer, raffte die Anzüge und die Pullover und das Messeretui und den ledernen Streichriemen zusammen, im Fenster glänzte der Hügel von Monsanto mit den Strommasten und dem Gefängnisgebäude auf dem Gipfel, und ich dachte ohne Traurigkeit, Dies sehe ich nun zum letztenmal in meinem Leben, ich bin einundsechzig Jahre alt und sehe dies zum letztenmal in meinem Leben, bis der Hautarzt sich bei der Polizei beschwerte, und von da an stellte ich das Radio leiser, und meine Schwester Teresinha, Sprich nicht von Jorge, wage es ja nicht, von Jorge zu sprechen,

Jorge, der sich in Tavira, im Meer, das Leben nahm, der aus dem Gefängnis floh, um sich im Meer das Leben zu nehmen, wie uns der Kommandant der Kaserne erzählte, sein Körper verfing sich im felsigen Ufer, und man fand ihn, aufgeschwemmt vom Wasser, und wir brachten ihn in einem Bleisarg nach Lissabon, schwitzten dabei im Leichenwagen zwischen Tausendschönchen, Jorge,

die Schornsteinfeger zogen ihre Bürsten wieder hoch und stützten sich dabei auf dem Dachfirst ab,

und meine Schwester Anita, Wenn Jorge hier wäre, würdest du nicht heiraten, Fernando, und ich, den Koffer in der Hand, Ich schicke euch die Heiratsanzeige, und wenn ihr wollt, kommt ihr,

aber es kamen nur du und ich, Conceição, die Dame vom Standesamt und der Angestellte des Kurzwarenladens als Trauzeuge, daher bin ich nicht wieder in die Calçada do Tojal zurückgekommen und weiß nicht, was aus meiner Schwester Teresinha, aus meiner Schwester Anita, aus meiner Schwester Julieta, aus meinem Neffen geworden ist,

und unser Hochzeitsempfang bestand in einem Bier und einem Hot dog am Tresen eines Imbißlokals am Largo do Camões, in dem die kleinen Kuchen und die gefüllten Teigtaschen mit solchen Fliegen bedeckt waren wie die, die sich die Beine auf deinen Wangen rieben, als du starbst und aufhörtest, den Wind von Beja zu hören, der heulend wie ein Zug über die Ebene fuhr, und ich und Senhor Esteves, jeder an seinem Ende der Stadt, beide gleichermaßen reglos, gleichermaßen alt, gleichermaßen schweigend, gleichermaßen ohne Musik, warteten, er auf dich, Conceição, und ich auf meinen Neffen, der niemals kam,

und nachdem wir das Bier getrunken und den Hot

dog in dem Imbißlokal mit den kleinen Kuchen, den gefüllten Teigtaschen und den Schmeißfliegen aufgegessen hatten, du in deinem Kleid aus dem Kurzwarenladen und ich in meinem gestreiften Anzug, wischten wir uns den Senf von den Fingern und erreichten am frühen Abend die Schwelle der Rua Ivens, vier Treppen hoch, die unter den Sohlen protestierten,

und wir blieben auf jedem Treppenabsatz stehen, um das Blut zu beruhigen und den Atem, der uns wegblieb, so wie Jorge möglicherweise am Wasser stehengeblieben ist, bevor er ins Meer hineinging, Was habe ich dem lieben Gott Böses angetan, um einen so dummen Bruder zu haben, meine Herrschaften, einen Bruder, der ein Dienstmädchen geheiratet hat?,

und als ich dort oben ankam, sah ich dich und den Hausrat an, den wir gekauft hatten, und deine Pantoffeln unter dem Bett und dachte daran, umzukehren, wieder zurück in die Calçada do Tojal zu gehen, zu meinen Schwestern und zum Fuchs und zu den Tangos und zu den Feiertagen in der Konditorei, an denen ich den blonden Damen zugelächelt hatte, die, mir gegenüber gleichgültig, miteinander tuschelten, und du machtest dir Sorgen wegen meines Schweigens, Fühlen Sie sich nicht wohl, Senhor Valadas?,

ich schüttelte ihn am Nacken, wie ich es bei Senhor Esteves getan hatte, während der Oper im Radio, aus Angst, er könnte einen Anfall haben, aus Angst, noch einen Patron zu haben, der sich, eine Decke über den Beinen, auf dem Sofa sitzend besabberte,

und ich würde es sein, die, weit weg von Beja, weit weg von der Kälte in Beja im Winter, weit weg von den vom Rauhreif verbrannten Getreidefeldern, weit weg vom Wind, der wie ein Zug heulend über die Ebene fuhr, für ihn sorgte, ihn ernährte, ihn vom Kot reinigte, ihn anzog und ihn auszog, ihn ins Bett brachte,

Fühlen Sie sich nicht wohl, Senhor Valadas?,

und ich, voller Heimweh nach Benfica, Es ist nichts,

Conceição, laß nur, es sind die Stufen, es macht mir Schwierigkeiten, sie raufzuklettern,

und du, erleichtert, Verdammt, Senhor Valadas, Sie haben mir vielleicht einen Schrecken eingejagt,

und ich spähte aus dem Fenster in die Nacht von Lissabon wie als Kind, wenn ich vor dem Morgen aufwachte, zur Fensterbank ging und mich die Bäume erschreckten, die in den Himmel wuchsen.

7

Als sie mich nach meiner Festnahme das erstemal in den Krankenwagen steckten und ich fragte, wohin wir führen, antworteten sie mir, Die Reise geht nach China, Mann, es dauert ziemlich lange, bis man dort ankommt, und seitdem segelte ich hierhin und dorthin, bis ich in Tavira vor Anker ging in der Kaserne am Meer, wo ich das Meer nicht sehe, wo ich die Wellen höre und die Wellen nicht sehe, wo ich die Vögel höre und die Vögel nicht sehe, und da begriff ich, daß sie mich belogen hatten, daß ich nicht in Tavira war, daß ich nicht in einer Kaserne war, daß ich nicht in der Algarve war, daß sie, ohne daß ich es bemerkte, eine Menge Länder und Flüsse, eine Menge Kontinente mit mir durchquert und mich hier abgesetzt hatten, nicht in Portugal, sondern in der Nähe der Grenze zu China, in einem Land, das den orientalischen Tellern meiner Großmutter gleicht, mit Frauen mit Fächern, Pagoden, die Zeitungskiosken ähneln, und Hibiskusbüschen, die sich zu Seen neigen, deren Ufer durch Brücken, zart wie Augenbrauen, mit einem Ausdruck des Erstaunens verbunden sind. Ich begriff, daß ich kein Gefängnis, sondern eine Terrine bewohnte, die im Schrank zwischen Porzellanlöffeln mit Drachen verwahrt wurde, die ihre Zunge den Stiel entlang herausstreckten. Meine Schwester Anita staunte die Mandarine an, die auf den Tassen lächelten, meine Schwester Teresa fürchtete sich vor den mit dem Kopf wackelnden Buddhas aus Terrakotta, und wir hörten den Spazierstock des alten Dienstmädchens, das wie ein Gondoliere den Flur entlangstakte, um uns zu verbieten, die mit Zwergmandelbäumen dekorierten Teekannen und Untertassen zu berühren, um die sich Schlangen wanden, die Flügel hatten wie die Engel im Meßbuch.

Ich begriff, daß sie mich absichtlich an der Grenze Chinas abgesetzt hatten, damit ich sie allein überschritt, so wie ich nachts als Kind die Zimmer im Dunkeln auf dem Weg zur Toilette mit voller Blase durchquert hatte, geängstigt von einer Verschwörung von Schatten und winzigen Geräuschen (Möbelzischeln, Uhrenseufzern, dem Mäusegetrappel im Futter der Mauern, dem Atem des Kühlschranks, der sich im Schlaf bewegte). Ich begriff, daß sie mir eines Morgens befehlen würden, Geh, und ich würde aus dem, was sie Kaserne nennen, in das, was sie Tavira nennen, hinaustreten, die Wellen hören, ohne die Wellen zu sehen, die Möwen hören, ohne die Möwen zu sehen, die Stimmen der Menschen hören, ohne auf sie zu achten auf dem Weg zu den Schattenrissen auf den Tellern, die mich in den Porzellanlandschaften schweigend erwarteten, so wie die Verstorbenen uns hinter einer allerletzten Tür erwarten, die wir erst zu spät als die allerletzte erkennen, da sie sich über uns schließt wie der Deckel eines Grabes.

Und da hörte ich auf, mich davor zu fürchten, sie könnten mich verfolgen, denn nur ich konnte mich verfolgen, hörte ich auf, mich davor zu fürchten, sie könnten mich belauern, denn nur ich konnte mich belauern, hörte ich auf, mich davor zu fürchten, sie könnten mich töten, denn nur ich konnte mich töten, und nahm ihr Essen an und ihr Wasser und ihr Glas Wein an ihren Sonntagen und die Besuche dessen, der vorgab, ihr Kommandant zu sein, und der vorgab, sich um mich zu sorgen, Haben Sie jetzt mehr Appetit, Major?, und ich, als ob ich das alles nicht wüßte, Es geht mir ausgezeichnet, mein Oberstleutnant, und er, Sind Ihnen die Flausen im Kopf vergangen?, und ich, Vollständig, mein Oberstleutnant, und er, indem er den Türknauf drehte, Setzen Sie sich, setzen Sie sich, Valadas, machen Sie es sich bequem, freut mich zu hören, daß es Ihnen bessergeht, und ich, während ich mir die Serviette an den Hals steckte und die Suppe kostete und die Trompete die Offiziere rief, Vielen Dank für Ihr Interesse, mein Oberstleutnant, darf ich Ihnen etwas anbieten?, und er, bereits auf dem Kasernenhof, Guten Appetit, Valadas, wenn Sie so weitermachen, rufe ich Ihre Familie an und teile ihr mit, daß sie Sie sprechen kann, und an diesem Nachmittag, Margarida, erlaubten sie mir, bis zur Essenszeit für die Gefangenen zwischen den Kasernen spazierenzugehen, Gebäuden aus Backstein, die Imitationen von Kasernen mit Männern waren, die Imitationen von Soldaten waren, die Gewehre handhabten, und in der Messe, wo falsche Leutnants und Fähnriche Karten spielten oder um einen Billardtisch kreisten, spendierte mir ein falscher Hauptmann einen Whisky.

Die Wellen, vor denen stand ich erst in der Woche darauf, vor den Wellen, den Schiffen, den Fischern, die die Netze flickten, erst in der Woche darauf ging ich zur Stadt hinunter auf dem Weg nach China, und ich fand das Meer, als der, der vorgab, der Kommandant zu sein, mich in der Nähe der Badekabinen der Hauptleute erreichte, eine Schachtel aus der Tasche zog und mir, Eine Zigarette, Valadas?, hinhielt, und als er das Streichholz in der gewölbten Handfläche anzündete, sagte er, während ich mich zu der zitternden Flamme vorbeugte, Ich habe Ihren Schwestern geschrieben und von Ihnen erzählt, ich hoffe, daß sie den Zug in die Algarve nehmen, wenn sie den Brief erhalten, und ich dachte, Julieta, und er, Was ist, Major?, und ich dachte, Werden sie Julieta vom Dachboden holen, sie den Tangos entreißen, um sie hierherzubringen?, und er, Mir schien, als hätten Sie etwas gesagt, Valadas, und ich atmete den Rauch ein und wartete darauf, daß er, Gehen Sie, sagte. Ich bin Ihnen sehr dankbar, daß Sie an sie gedacht haben, mein Oberstleutnant, ich habe immer sehr an meiner Familie gehangen, und der Kommandant, während er die Schachtel zumachte, Ich bin kein Kerkermeister, Valadas, ich bin Soldat, Politik interessiert mich überhaupt nicht, und ich dachte, Sie bringen Julieta mit, um unsere Schande vor aller Augen auszubreiten, sie bringen Julieta mit, um mich in meiner Impotenz zu erniedrigen, um uns mit der Impotenz meines Vaters zu erniedrigen, um sich über uns lustig zu machen. Es sind keine Menschen, es sind keine Menschen, es sind nicht einmal Menschen, so eine Schande, Julieta, die niemals die Calçada do Tojal verlassen hat, die an das Grammophon geklammert im Bahnhof von Barreiro schreit, und der Kommandant, Ich billige nicht, daß Sie an einer Verschwörung teilgenommen haben, Valadas, aber eine Militäreinheit ist, zumindest solange ich hier bin, kein Kerker, und meine Schwester Teresa, Sei still, Julieta, und meine Schwester Anita, Sollten wir nicht lieber nach Benfica zurückkehren, Schwesterherz?, und meine Schwester Maria Teresa, Wenn die uns schreiben, daß wir Jorge besuchen sollen, dann besuchen wir Jorge, und meine Schwester Julieta, Nein nein nein nein nein, und die Kofferträger schauen auf die drei verlorenen Geschöpfe neben den Bahngleisen, eine hat ein Grammophon auf dem Schoß, und die beiden anderen versuchen, ihr den Trichter aus den Händen zu reißen, und da verhinderte ich, sobald der Kommandant sich entfernt hatte, zornig auf die Ordonnanz, die, statt die Beete zu gießen, den Dienstmädchen in der Stadt den Hof machte, daß meine Schwestern Benfica verließen, indem ich mich, ohne meine Schritte zu beschleunigen, auf das Kasernentor zubewegte und in die Stadt ging, während die Wache sich mit den ruckartigen Bewegungen einer mechanischen Puppe kerzengerade aufrichtete.

Was die als Soldaten verkleideten Leute als Tavira bezeichneten, sah wie Tavira aus, ohne es indes zu sein: dieselbe Sonne, dieselbe Anordnung von Straßen und Häusern, dieselben alten Gebäude und derselbe Platz und dieselbe römische Brücke, die ich so sehr mochte, dieselben Straßencafés mit denselben Witwern auf denselben Stühlen vor denselben unberührten verdünnten Kaffeesirups, dieselben Hunde, derselbe Fischgeruch, dieselben Möwen und sogar dieselbe Pension über der Autowerkstatt, Residencial Rabat, erinnerst du dich daran?, Zimmer rechts und links vom weißgekalkten Flur, die Dusche am Ende, wir beide nach dem Mittagessen dabei, an der Decke die Mücken zu erschlagen, die uns nachts, sobald wir das Licht ausmachten, wie Flugzeuge in den Ohren brummen würden, und du, Als erstes kaufe ich morgen eine Dose Insektenspray, und ich, während ich die Lampe anmachte und mir selbst mit der flachen Hand ins Gesicht schlug, Ich werde mir den Badeanzug anziehen und am Strand schlafen, ich halte diese Viecher nicht länger aus.

Es war nicht Tavira, denn die Angestellte der Pension, die mit Feudel und Eimer den Boden aus gebrannten Tonfliesen wusch, war eine andere, und es war nicht Tavira, weil die Drogerie, in der wir den Mückenspray gekauft hatten, einem Laden für Brautkleider gewichen war, in dessen Schaufenster in Satin gewickelte Puppen mit Gaze oben auf dem Kopf, Bräutigame in Zweireihern und Handschuhen in Umarmungen versteinert waren, die sie niemals vollenden würden. Ich erinnere mich daran, daß ich bei meiner Ankunft in Santo Tirso, noch bevor ich in die Militärakademie eintrat, einmal miterlebt habe, wie diese Puppen noch ohne Kleidung in einem Modegeschäft ankamen und von den Angestellten aus einem Kleinlaster auf den Bürgersteig getragen wurden, wo sie sich wie eine geschlechtslose Menschenmenge drängten, ich erinnere mich, daß sie aussahen wie androgyne Außerirdische, die hier und dort auf den Boulevards in Lissabon aufgestellt wurden, um naive Menschen wie mich mit ihrem düsteren Lächeln zu belauern. Doch erst als ich einmal beim Schneider sah, daß das Jackett, das ich in Auftrag gegeben hatte, mit Kreidestrichen überzogen von einer Puppe auf einem dreibeinigen Ständer getragen wurde, der man Kopf und Gliedmaßen abgeschlagen hatte, da begriff ich, wenn auch zu spät, daß ich es war, den sie überwachten.

Es war nicht Tavira, und die Tatsache, daß die Schaufensterpuppen mir bis zur Grenze nach China gefolgt waren (aber wie, aber mit welchem Transportmittel, aber wem gehorchend?), ließ mich auf der Suche nach Hinweisen in den Laden für Brautkleider eintreten, die mir Aufklärung darüber verschaffen könnten, was die Geschöpfe in den Schaufenstern vorhatten, die mit gespielter Gleichgültigkeit zur Straße hingewandt waren, zum Notariat in der Gasse, das Ameisen mit Kanzleipapierrollen unter dem Arm auf der Suche nach einer Stempelsegnung ansteuerten, Spitzenhäubchen anboten, und ich traf auf etwa zehn glänzende Backen, die mich mit trügerischer Sympathie betrachteten und mit Narden aus Filz versehen waren, die den Raum mit künstlichen Blütenkelchen sättigten. Statuen im Frack, die aussahen, als stünden sie kurz davor, in ihren Lackschuhen abzuheben, Brautjungfern verschwanden hinter ihren dünnen Haarsträhnen aus Werg, Brautführer präsidierten Gruppen von Smokings, die in verschiedenen Stellungen vorgebeugt dastanden und, sich schützend und sich verteidigend, den Rückzug hinter die Tonbank antraten, zu einer Tür hin, die »Büro« ankündigte und hinter der man noch mehr glänzende Backen, noch mehr Satin, noch mehr Narden erahnte, die unter Hochzeitsmarschgetöse aus dem Keller des Ladens heraufquollen. Ich rannte aus dem Laden, als mich eine Schaufensterpuppe fragte, Womit kann ich Ihnen dienen, Herr Offizier?, und trottete durch kleine Straßen und Gassen, um dann auf dem Platz neben der römischen Brücke herauszukommen, und von dort ging ich den Weg zum Meer hinunter, den wir nachts immer auf der Flucht vor den im Dunkeln sirrenden Mücken der Residencial Rabat gegangen waren, und dann lagen wir im Augustsand, zählten die Sterne, die sich mit den Lampen der Schiffe vermischten, als würden wir uns zwischen zwei parallelen Himmeln mit Fledermäusen befinden, die sich unter uns und über uns bewegten, und Tavira glitt mit seinen Straßencafés und seinen Witwern vor dem unberührten verdünnten Kaffeesirup hinüber nach Afrika.

Vom Platz von Tavira, das nicht Tavira war, weil mich die Schaufensterpuppen überwachten, und wenn mich die Schaufensterpuppen bewachten, dann war es die Grenze nach China, kam ich ans Meer, Margarida, nicht das, das du kanntest, sondern an einen vollkommen gleichen und dennoch anderen Strand, mit weniger Möwen und einem helleren Meer, an dem die Fischer die Netze in eidechsenhafter Langsamkeit in Reihen auslegten, und dort waren die Hunde, die, vom Duft der Fischauktionshalle angelockt, von den Bergen im Inland der Algarve gekommen waren und nach Leber und

Zitrone rochen, dort war der Blinde von einst auf seinem Segeltuchhocker, der den Schaum mit seinen Glimmergläsern betrachtete, dort waren die Juniwellen, die großen, bedächtigen Kiemen glichen, und China, genau wie auf den Tellern und Terrinen meiner Großmutter, gleich hinter dem Meer, China, das vom alten Dienstmädchen mit dem Spazierstock bewacht wurde, das wie ein Gondoliere den Flur entlangstakte und die Drachen, die Schlangen und die zustimmend nickenden Terrakotta-Buddhas in den Schrank im Wohnzimmer einschloß, meine Schwester Anita staunte die Mandarine an, die auf den Tassen lächelten, Fernando hielt einen Porzellanlöffel in der Hand, und das Dienstmädchen, wütend, Leg den sofort wieder hin, Fernandinho, China, wohin man einige Monate braucht, und die seltsamen Blumen und die Augenbrauenbrücken, und als wir wieder zu Hause waren, fragte ich meine Mutter, Ist China sehr weit weg?, und meine Schwester Maria Teresa, die damals Zöpfe trug, China ist in der Wohnung der Großmutter, wir kommen gerade dorther, und so lag der Orient in einem zweiten Stockwerk in der Rua Braamcamp, Margarida, es waren Zimmer über Zimmer mit geschnitzten Betten, Klavieren und mit Bettlaken bedeckten Sitzmöbeln, und winzig klein in einem riesigen Sessel saß meine Großmutter, die uns anisgefüllte Bonbons gab, bis nach ihrem Tod China an das Konsulat von Peru verkauft wurde und sich die Rua Braamcamp mit Diplomaten im Poncho, die auf dem Grund der Terrinen Gitarre spielten, nach Amerika verlagerte, ohne den Standort zu wechseln. China ist nirgendwo, beschloß mein Vater, als er uns im Wagen zurück nach Hause fuhr, China existiert nicht, und ich, das Kinn auf der Lehne des Vordersitzes, verwirrt, weil ich es gerade noch auf den Borden des Schrankes gesehen hatte, Und die Pagoden und die Damen mit dem Fächer?, und mein Bruder Fernando, der viele Jahre später ein gräßliches Dienstmädchen heiraten sollte, Es gibt es doch, Papa, denn ich habe sogar eine Untertasse von dort zerbrochen, Ich werde das deiner Großmutter sagen, drohte zittrig meckernd das

Dienstmädchen mit dem Spazierstock, ich werde deiner Großmutter sagen, daß du ihr das Service kaputtmachst, und meine Großmutter zu mir aus der Tiefe des Sessels, Bist du Fernando oder Jorge, mein Junge?, und ich, gekränkt, weil man mich mit diesem Dummkopf verwechselte, Ich bin Jorge, Großmütterchen, und sie, Das wollte mir auch so scheinen, denn deine Fingernägel sind immer sauberer, und meine Schwester Maria Teresa, die nicht bemerkte, daß die Alte schlief, Fernando hat Ihnen einen Teller kaputtgemacht, Großmutter, Nun, wo du ihr eine Untertasse zerbrochen hast, sagte mein Vater, der gerade eine Straßenbahn überholte, gibt es China wirklich nicht, und meine Mutter, Aber Alvaro, und mein Bruder Fernando, Es gibt es doch, denn da ist noch ein ganzer Stapel, und mein Vater zu meiner Mutter, während er gegen die Gemächlichkeit eines Pferdewagens anhupte, Wieso »Aber Alvaro«?, und meine Schwester Maria Teresa, Fernando hat Ihnen ein Tellerchen kaputtgemacht, Großmutter, und sie keine Reaktion, und meine Mutter zu meinem Vater, Wenn du das komisch findest und den Jungen noch bestärkst, schlägt er alles entzwei, und meine Schwester Maria Teresa, laut schreiend, Großmutter, hörst du, Großmutter, Fernando hat Ihnen ein Tellerchen kaputtgemacht, Und wenn er alles entzweischlägt, was macht das schon? antwortete mein Vater, der den Pferdewagen beschimpfte, ich will den ganzen Krempel überhaupt nicht haben, und meine Großmutter bewegte sich nicht, sprach nicht, schnarchte mit offenem Mund, während sich das Gebiß löste, und ich, erschreckt, Großmutter, was ist mit Ihnen los?, und mein Vater zu meiner Mutter, Du wirst nicht verstehen, was ich dir jetzt sage, aber ich träume seit meiner Kindheit davon, den Schrank mit Stockhieben zu zerschlagen, und meine Mutter, Bravo, Alvaro, bravo, ein schönes Vorbild gibst du da für deine Kinder ab, und ich stellte mir meinen Vater in kurzen Hosen vor, in einem Matrosenanzug, wie ich ihn damals trug, wie er das Porzellan mit einem Stock zerschlug, und als wir wieder im zweiten Stockwerk in der Rua Braamcamp waren, da habe ich sofort einen Topf auf den Boden geworfen, und mein Onkel Eduardo gab mir eine Ohrfeige, und meine Mutter, War es das, was du wolltest, Alvaro?, und mein Vater zu meinem Onkel, Wenn du Jorge noch einmal schlägst, vermöbel ich dich, und meine Großmutter mit einer Handvoll Bonbons, Möchte noch jemand einen Bonbon, Kinder?, und mein Onkel, der kein Soldat war, er war Rechtsanwalt, Versuch das mal, und mein Vater, Klar versuch ich das, klar versuch ich das, laß mich los, Madalena, und meine Schwester Anita, die an seiner Hose hing, Vater Vater Vater Vater Vater Vater, und mein Vater, Na, dann zeig mal, wie tapfer du bist, na, dann zeig mal, wie mutig du bist, und mein Onkel Eduardo zu ihm, Ich werd's dir zeigen, und zwar gleich, glaubst du etwa, ich hätte Angst vor dir?, und da war ein altes Foto in der Farbe der Tinktur für die Kratzer, auf dem die beiden zu sehen waren, wie sie ein Fahrrad ohne Reifen hielten, und mein Onkel José, der unverheiratet war und bei einer Reederei arbeitete, tauchte plötzlich auf, Kommt schnell, Mutter hat einen Herzanfall, und wir kamen in dem Augenblick ins Zimmer, als die Hand meiner Großmutter sich öffnete und aus ihren Fingern ein Regen von anisgefüllten Bonbons fiel.

Es war wohl zehn oder elf Uhr morgens, als ich den Strand an der Grenze zu China erreichte, der Blinde mit der Schirmmütze auf seinem Segeltuchhocker wandte die Glimmergläser zu mir herüber, und es war nicht der Blinde von einst, Margarida, denn dieser war dünner, obwohl seine Züge ähnlich waren, und sein Gesicht war von Kerben und Falten zerfurcht wie ein erodierter Fels, es war nicht derselbe Blinde, es war ein vom Vor und Zurück der Wellen im Rhythmus gemächlicher Kiemen abgewetztes Geschöpf, ein barfüßiger Blinder mit Möwenknöcheln, der mich streng wie eine Statue beobachtete, der knurrte, Eine kleine Spende, Nachbar, der Blinde und die von den Bergen im Hinterland der Algarve vom Geruch der Fischauktionshalle angelockten Hunde, die nach Leber und Zitrone rochen, die Fischer, die die Netze mit eidechsenhafter Langsamkeit in Reihen auslegten, Boote kieloben in Erwartung der Nacht, und ich erwartete, in eine Kiste gekauert, mit ihnen zusammen die Nacht, um über das Meer die Reise nach China fortzusetzen.

Bei Sonnenuntergang blies die Trompete zum Essen, und ich dachte, Ich habe Hunger. Dachte, Vielleicht würde es mir guttun, zu essen, bevor ich über die Grenze gehe, dachte aber, Das ist nicht so wichtig, es dauert nur wenige Minuten, ich esse auf der anderen Seite, sobald ich dort angekommen bin. Die Fischer waren schon nicht mehr da, die Möwen waren schon nicht mehr da, hatten unter dem Bogen der Brücke Zuflucht gesucht, nur der Blinde, die vor Sehnsucht nach den Eingeweiden der Oktopusse bellenden Hunde und die brennenden Laternen von Tavira (aber es war nicht Tavira, ich schwöre dir, es war eine erfundene Stadt) höhlten die Fassaden aus wie eine Petroleumflamme, die, wenn wir sie einem Gesicht nähern, dessen Gebirgszüge, dessen Täler, dessen Arterienflüsse, dessen sich öffnende und schließende Poren, die Anordnung der Härchen sichtbar macht. Nur die Hunde, der Blinde und ich, der Mond, der aus dem Meer aufstieg, und das Geräusch der Wellen, bis die Dunkelheit den Blinden und die Hunde verschluckte, und als ich die Kiste nicht mehr sah, in der ich kauerte, erhob ich mich, rückte die Uniformjacke zurecht und ging auf die Wellen zu. Ich zögerte noch, mir die Schuhe auszuziehen, die das Gehen auf dem Wasser erschwerten, aber es erschien mir nicht passend, in einem unbekannten Land in Socken anzukommen: Ich nehme an, du bist wie ich der Meinung, Margarida, daß meine Eltern es nicht gutgeheißen hätten.

Viertes Buch:
Das Leben mit dir

I

Ich wohne nicht gern in Alcântara, denn es ist weit entfernt vom Gymnasium: zwei Busse und dazu noch die Wartezeit zwischen beiden, das macht mindestens eine Stunde. Und nachmittags ist es mit den Leuten, die von der Arbeit zurückkommen und sich an den Haltestellen drängeln, noch schlimmer, selbst wenn es nicht regnet. Außerdem gibt es dort kein Kino: nur Häuser, Bierlokale und Werkstätten und Penner in den verlassenen Lagerhallen. Kein Kino, kein Café, kein Billardsalon, wo wir uns die Zeit vertreiben könnten. Die Gegend ist das allerletzte: Elend und zerfallene Mauern. Wir hätten vielleicht nicht aus Lourenço Marques weggehen sollen: Meine Mutter lebte mit ihrem Vater auf einer Insel mit Affen und Kokospalmen am Strand, deshalb stelle ich mir, wenn ich mich langweile, die Affen vor, wie sie im Sand sitzen und aufs Meer starren. Im Zoo starren die Affen nicht aufs Meer: Sie starren uns voll schmerzlicher Trauer an, wie der, der bei mir schläft, wenn er um die Erdnuß eines Kusses bettelt. Wenn wir uns am Tisch versammeln, klauben seine Finger die Gräten mit der gleichen Sorgfalt aus dem Fisch, mit der die Mandrille ihre Kinder lausen, und nach dem Abendessen kreuzt er Messer und Gabel auf dem Teller und verschwindet im Garten hinter dem Haus, um lautlos zu weinen wie ein Tier. Ich sehe ihn nicht und spüre ihn doch, wie er dort auf der Steinbank unter dem Nußbaum Tränen ausschwitzt. Oder lacht. Oder den Zügen unten nah am Fluß zuhört und dem Leuchtturm, der im Nebel muht. Als wir uns kennenlernten, erzählte er mir, daß er als Kind den Leuchtturm den ganzen Tag lang um Hilfe schreiend muhen hörte, ein Lichtbündel fegte unablässig das Zimmer auf der Suche nach ihm, und er kauerte sich im Bett zusammen aus Angst davor, das Licht könnte ihn entdecken und mitnehmen. Dann starb seine Patin, sie brachten ihn nach Lissabon, und der Leuchtturm verstummte.

In unserem Haus in der Quinta do Jacinto gibt es mein Zimmer, das Zimmer meiner Tante und das Zimmer meines Vaters, die Küche, das Fernsehzimmer und den Eßtisch. Die Hände werden im Anbau mit dem Spiegel, den Zahnbürsten und einer Badewanne gewaschen. Ich hasse diesen Spiegel, weil mein Gesicht auf dem Zink nicht lächelt, genau wie auf den Automatenfotos, auf denen es zu einem Ausdruck verzogen ist, der mich erschreckt. Ich, mit einem Mund, der von Zahnpasta überquillt, und mein Gesicht, das mich prüft: mich nicht abschätzt, mich nicht verurteilt, mich nur in der Erwartung prüft, daß ich welke, um sein Alter zu erreichen, wie die Platanen darauf warten, daß der Oktoberwind kommt und sie sich dann, in den Grünspan ihrer Glieder verwandelt, nur noch sich selbst gleichen.

Das Haus in der Quinta do Jacinto liegt in der Straße Nummer acht, von wo aus man den Tejo sieht und jenseits des Tejos die Schiffe und die Brücke, so daß, wenn mein Vater den Fernseher nicht anschaltet, wenn die Nachbarn über uns schweigen und kein Topf auf dem Herd zischt, das Meeresschneckenbrausen der Brücke die Deckenlampe erzittern läßt und die Lokomotiven mit ihren gehetzten Rufen antworten. Mir ist die Stille lieber, deshalb würde ich gern in einen Stadtteil Lissabons umziehen, in dem es statt des Flusses Kinos, Konditoreien und Billardsalons gibt und wo der, der bei mir schläft, keine an den Nußbaum gelehnte Bank hätte. Nach Alvalade beispielsweise, wie meine Vettern und Cousinen, die nicht in Afrika geboren wurden und sich nicht damit beschäftigen, den Boden zu durchbohren, um unter der Erde zu fliegen, meine Vettern und Cousinen, die meine Tante und meinen Vater duzen und die von meinem Vater und meiner Tante, die beide nicht wagen, sich hinzusetzen, gesiezt werden, nach Alvalade oder Campo de Ourique, wo Lauras Großmutter neben dem Theater wohnt und wo man, wenn Proben sind, vom Fenster aus heimlich zusehen kann, wie die Künstler hineingehen. Aber wir wohnen hier, weil wir kein Geld für eine Wohnung haben, in die es im Winter nicht hineinregnet, hier, wo wir im Dezember und im Januar mit den Kinnladen klappern, wenn sich die Auffahrt zur Quinta in Morast verwandelt und die Hunde nicht mehr durch die Straßen galoppieren, wir wohnen hier und braten im August und brauchen Ewigkeiten von Alcântara zum Gymnasium und vom Gymnasium nach Alcântara, Ewigkeiten und Ewigkeiten im Morgenverkehr, im Nachmittagsverkehr. Wir wohnen hier, und bevor der, der bei mir schläft, für die Miete und für den Lebensmittelladen und den Schlachter aufkam, gab es Monate, in denen wir den Strom nicht zahlten und mein Vater die Leuchte auf dem Helm anmachte und erklärte, Es sieht fast so aus, als wären wir nach Johannesburg zurückgekehrt, reicht mir die Hacke rüber, denn es riecht mir nach Gold in den Wänden, und meine Tante, Es gibt kein Gold, Domingos, verhalte dich ruhig, sonst wirft uns der Vermieter raus, und mein Vater, der sich mit einem Schluck Bier anfeuerte, Von wegen, hier gibt's keins, Orquídea, von wegen, hier gibt's keins, hör doch, die Erzloren kommen näher, und ich, voller Sorge, er könnte eine der Bretterwände zerstören, Das sind keine Erzloren, das ist der Zug nach Cascais, das Donnern des Zuges schwoll an, brach los und entfernte sich, und mein Vater, enttäuscht, während er die Hacke weglegte und sich auf den Stuhl setzte, auf dem er seine Tage verschwendete, Die Neger, diese Spitzbuben, sind weggefahren und haben uns nicht einmal bemerkt, morgen früh werde ich das gleich dem Vorarbeiter melden. Meine Tante, die ihre Nierenkrankheit vergessen hatte, lieh sich von einer Nachbarin das Geld für die Stromrechnung, und mein Vater, vor Wut darüber, daß die Schalter funktionierten, Wenn wir das nächstemal mit dem Förderkorb einfahren, komme ich mit einem Handwagen voller Sand und Steine wieder, und wir werden reich. Und damals lernte ich den, der bei mir schläft, in der Konditorei an der Ecke vom Gymnasium kennen.

Ehrlich gesagt, hatte ich ihn nicht einmal bemerkt, es war Laura, die mich anstieß, kaum daß wir einen freien Tisch gefunden hatten, Da sitzt ein Alter, der hat sich in dich verknallt, und Ana und ich fingen an zu lachen, denn weil Laura immer nach den Schauspielern spähte, waren ihr die Dramen zu Kopf gestiegen, und sie erfand ständig irgendwelche Leidenschaften, obwohl die Jungen sich im Grunde nur an uns reiben und unsere Brust betatschen wollen und dann ciao!, denn seit sie erfahren hatten, daß ich Diabetikerin bin und wegen des Zuckers im Blut keine Milk-Shakes trinken und keinen Kaugummi kauen darf, grüßten sie mich nicht mehr und mieden mich, und ich begriff, daß sie Angst hatten, meine Krankheit könnte sich auf sie übertragen, so wie behauptet wird, daß meine Mutter sie mir übertragen hat, die sich auch Insulin spritzte, sie, die ich nicht kenne und von der ich nicht weiß, ob sie in Moçambique noch lebt oder tot ist, sie, die sich geweigert hat, mit dem Schiff nach Portugal zurückzukehren, wofür ich sie nicht kritisiere, denn wenn ich eine Insel mit Affen und Kokospalmen am Strand hätte und von der Quinta do Jacinto wüßte, würde ich ganz gewiß dasselbe tun. Zum Wohnen gibt es keinen schlimmeren Ort auf der Welt.

Ich habe Laura und ihr überdrehtes Gehabe nicht beachtet, aber ich erinnere mich daran, daß es regnete, die Leute schüttelten die Regenschirme aus, wie sich Enten schütteln, wenn sie aus dem Wasser kommen, und da zog mich Ana am Arm, Schau nicht hin, aber der Alte ist von der Theke weg und kommt direkt auf uns zu, und Laura, Ihr wolltet mir ja nicht glauben, ich habe es euch doch gesagt, und ich, Wahrscheinlich ist das der Großvater von einer aus unserer Klasse, der seine Enkelin verpaßt hat und nach ihr fragen will, und ich fühlte das Gewicht eines Schattens auf mir, fühlte ein Lächeln, das mich suchte, hörte ein Stimmchen, das fragte, Erlauben Sie?, und Laura und Ana rückten außer sich vor Lachen zur Seite, ein Zitronentee glitt auf mein Mineralwasser zu

(der Arzt hat mir Säfte, Coca-Cola, Milch mit Kakao, Joghurts verboten),

und ein kleiner, häßlicher, glatzköpfiger Typ im

Alter meines Vaters erschien, schnippte mit den Fingern an einem Zuckertütchen und sagte, Verzeihen Sie, wenn ich störe, ich dachte, Sie hätten nichts dagegen, wenn ich mich mit Ihnen unterhalte, die Damen am Nebentisch schauten ihn empört an, zwei zeitunglesende Kerle wiesen mit einer mitleidigen Grimasse auf ihn, und er, der nicht bemerkte, wie lächerlich er wirkte, schüttete den Zucker neben die Tasse, so daß die klebrigen Körner auf dem Tisch glänzten, bat um Entschuldigung, holte ein Taschentuch aus der Tasche, Seien Sie mir nicht böse, aber wenn ich erkältet bin, habe ich immer Lust, mich mit jemandem zu unterhalten, und Ana, Und Sie kriegen jede Woche eine Erkältung, nicht wahr?, und eine der Damen, Es gibt ja vielleicht ein paar Verrückte, und er, Durchaus nicht, und das ist ein Glück, denn ich leide an den Bronchien, es ist der zweite schlimme Schnupfen in diesem Winter, und obwohl es erst vier Uhr war, machte der Geschäftsführer der Snackbar die Röhren an der Decke an, in denen das Fluorgas anschwoll, bevor es in einem Schwall zum Stillstand kam, der den Gesichtszügen und den Gesten die Haut abzog, und der Alte, der seinen Zitronentee mit dem Löffelchen umrührte, Erlauben Sie mir, daß ich Sie nach Hause begleite? Sie wohnen doch in Alcântara, nicht wahr?, und Laura, Er hat sich verknallt, der Arme, und Ana, Sag ja, vielleicht hat er ein Auto, und ich, Mich nach Hause begleiten?, und der Alte, Es ist ein Vorwand, um in Lissabon herumzufahren, ein Vorwand, um die Züge zu sehen und den Fluß, ich mag den Tejo unheimlich gern, und die Damen vom Nebentisch, Dem würde ich gern meine Meinung sagen, wäre ich nicht eine Frau, dem hätte ich längst eine geklebt, und einer der Zeitungsleser, Tu dem Blödmann den Gefallen, Mädchen, und Laura, Sag ja, du Dummkopf, vielleicht hat er ein Auto, und der Kellner, der den Anzug und die Verhaltensweise dessen, der bei mir schläft, beobachtete, Behelligt Sie dieser Herr?, und Laura, Wir werden vielleicht lachen, wenn wir das in der Schule erzählen, und ich, Nein, nein, er stört nicht, es ist ein Freund meines Vaters, sie haben in Südafrika zusammen gearbeitet, wieviel bekommen Sie für das Mineralwasser?

Als wir in Alcântara ankamen, regnete es noch immer, ein Regen, der grau war wie die Lagerhäuser und die Autowerkstätten und die Mauern der Avenida de Ceuta und das Ödland, auf dem die Zigeuner ihre Wohnwagen geankert und ihre geflickten Zelte in den Matsch gerammt hatten, und ich dachte, Wetten, daß es zu Hause auch reinregnet, wetten, daß in mehr als zehn Töpfen Wasser auf das Aluminium trommelt, meine Tante mit einem Eimer und einem Scheuerlappen umhertrottet und mein Vater, das Bierfläschchen auf dem Schoß und den Helm auf dem Kopf, versichert, Verglichen mit Johannesburg ist das gar nichts, das ist überhaupt kein richtiger Regen, das ist Nieselregen, es gibt keine Blitze, es gibt keinen Donner, eines Tages, als ich mit dem Förderkorb oben ankam, war die Arbeitersiedlung mit dem Unwetter verschwunden, es war noch hier und da eine Wand übriggeblieben, und die Negerinnen saßen vor dem gestrandeten Mobiliar, und meine Tante, Hier ist nicht Johannesburg, hier ist Lissabon, was interessiert mich Johannesburg, Domingos, und als wir aus dem Autobus sprangen, sah man den Tejo nicht, sah man die Boote nicht, der, der bei mir schläft, lud mich zu einem Zitronentee in dem Bierlokal am Verkehrskreisel ein, wo die Lastwagenfahrer sich vor der Fahrt durch den Alentejo mit kleinen Steaks mit Fritten und ein paar Glas Wein für die Korkeichen rüsteten, und da ich keine Lust hatte, dabei zu helfen, Töpfe auf dem Teppich zu verteilen, während mein Vater Vorträge über tropische Wirbelstürme hielt, begleitete ich ihn, im Rinnstein watend, und er, dem Wasser aus der Jacke lief und der nieste, Was für eine schöne Nacht, finden Sie nicht? Was für ein herrliches Wetter, und ich dachte, Der ist total abgedreht, so wird man mit dem Alter, das Wasser lief mir die Rinne am Rücken entlang, Morgen wache ich mit vierzig Fieber und einer Lungenentzündung auf, wußte ich, und der erzählt mir was von der Schönheit des Abends und dem herrlichen Wetter, das Reklameschild des Bierlokals spiegelte sich auf dem Bürgersteig, ein Wildbach sprudelte den Hang von der Quinta do Jacinto herunter, und keine einzige Gestalt war auf der Straße zu sehen, nicht einmal die Zigeuner, die der Regen nicht naß macht, weil die Glasglocken des Geheimnisses sie schützen, nur die aufgereihten Fassaden, die Zweige der Bäume und die Tropfenpünktchen im Lichthof der Laternen, kein Lastwagenfahrer drehte sich zu uns um, der Besitzer hörte auf, Bestellungen in die Küche zu schreien, in der undeutliche Umrisse knurrten, und kam, die Hände an einem Tuch abtrocknend, heran, und der Alte, der ein Zuckertütchen in die Tasse schüttelte und die Körnchen mit dem Ärmel wegwischte, Sie werden doch nicht böse, wenn ich Sie bitte, mich zu heiraten, nicht wahr?

Es gibt Augenblicke, da denke ich, daß ich glücklich wäre, wenn mein Vater mich nicht nach Lissabon gebracht hätte, und mit glücklich sein meine ich, nicht so allein mit meiner Krankheit, wie ich es hier bin, wenn ich sie im Inneren des Körpers erahne, sie messe, ihr Fortschreiten in der Leber, im Herzen, in den Nieren abschätze, mir zweimal täglich, wenn ich mich schwindlig fühle, in der Toilette des Gymnasiums eine Spritze injiziere, damit meine Schulkameradinnen nichts merken, weil diejenigen, denen ich es erzählt habe, sich vorstellen, ich trüge einen ansteckenden Tod in mir, und selbst meiner Tante erzähle ich nichts, ich komme vom Arzt zurück, und sie, die so tut, als wisse sie nicht, wo ich war, Guten Abend, mein Kind, meiner Tante hat es nie gefallen, daß mein Vater in Afrika eine Unbekannte geheiratet hat, womöglich eine Mulattin, ohne der Familie Bescheid zu sagen, ohne sie zuerst einmal nach Portugal mitzubringen, um sie in Esposende der Zustimmung meiner Großeltern zuzuführen, und das einzige Mal, daß sie hierhergekommen sind, sind sie, ohne vorher etwas zu sagen, in Porto von Bord gegangen, haben den Rest der Reise im Bus gemacht, wo meine Mutter in den Fenstern Moçambique suchte, und waren zur Mittagszeit im Haus meiner Großeltern mit einem

Koffer voller Statuetten und Holzmasken aufgetaucht, und mein Großvater, der Stoffe in einem Laden mit dem Namen »Treviraperle« verkaufte, Was ist denn das?, und meine Großmutter, indem sie sich bekreuzigte, Pack diese Teufelsmaske da weg, Domingos, ich rieche den Geruch der Hölle in meinem Haus, und es war der Geruch der Diabetes, und meine Mutter zu meinem Vater, ohne sich um sie zu kümmern, ohne mit ihnen zu reden, auf der Suche nach den Fischkuttern der Insel an die Fensterbrüstung gelehnt, meine Mutter, die die Sturmschwalben verwirrten, Was sind das für Vögel, Domingos?, und mein Großvater, der eine Giraffe aus Elfenbein in die Hand nahm, Schau einmal dies Tier hier an, Orquídea, gibt es dort, wo ihr lebt, auch Elefanten?, und mein Vater, Das sind Sturmschwalben, die Schiffe schlucken, bis es hinter den Schrauben keinen Schaum mehr gibt, und meine Großmutter, an ihren Rosenkranz geklammert, Es riecht nach Hölle, ich habe euch doch gesagt, es riecht nach Hölle, es riecht nach Totenblumen, reich mir das Umschlagtuch, ich werde den Pater holen, und mein Großvater, der sich Branntwein eingoß, Ich würde zehn Meter Flanell dafür geben, Elefanten zu sehen, die durch den Wald galoppieren, und meine Tante, Und Nilpferde, Domingos, was macht ihr mit den Nilpferden?, und mein Vater, Den Sturmschwalben entgeht weder der Wind noch der Nebel, sie verschlingen, was sie können, selbst ein Wanderkino, das hier einmal war, ist in ihrem Magen verschwunden, so ist es doch, Orquídea? Ist es nicht so, daß man nie wieder etwas von dem gehört hat, der den Projektor bediente?, und meine Tante, Das Kino ist nach Póvoa gegangen, Domingos, wo hat man denn je Sturmschwalben gesehen, die Filme wegpicken?, und mein Großvater, der sich Branntwein eingoß, Ich habe nur mal eine auf dem Kalender in der Kneipe gesehen, und mein Vater, Sie picken keine Filme weg, aber sie haben deinen Freund, der die Karten verkaufte, weggepickt, der, der dir nie wieder den Hof gemacht hat, und mein Großvater, Was?, und mein Vater, Orquídea soll antworten, Orquídea soll von den Trauerweiden erzählen, und meine Tante, Lügner, mögen deine Beine schrumpfen, du Lügner, und mein Großvater, In den Trauerweiden? Du ordinäres Stück!, und meine Mutter, Sturmschwalben, sagst du, heißen die, Domingos?, und meine Tante, Was weiß ich, das ist wieder so eine Erfindung von Domingos, und mein Vater zu meinem Großvater, Wollen Sie nicht mitkommen und mit mir unter der Erde fliegen?, und der Pater, der emsig damit beschäftigt war, die Truhe und die Ladenecken zu segnen und meine Mutter mit einem riesigen Kruzifix zu bedecken, Es riecht wirklich nach Hölle und den Blumen Satans, aber das kommt nicht von den Statuen, sondern von dieser Sünderin da, und mein Großvater zu meinem Vater, Gütiger Himmel, du hast den Leibhaftigen mitgebracht, Domingos, und der Pater, der Weihwasser auf meine Mutter spritzte, Im Namen Jesu Christi, vade retro, Herrscher der Finsternis, ich befehle dir, deine Dienerin freizugeben und in dein Reich zurückzukehren, und meine Großmutter, Und wenn sie nun einen Werwolf zur Welt bringt, wie?, und mein Vater zu meinem Großvater, Ich bin im Bergwerk in Johannesburg geflogen, Vater, wenn Sie eine Spitzhacke haben und es auch mal ausprobieren wollen, bringe ich es Ihnen bei, wir machen eine Grube in den Boden, und auf geht's, und der Pater, Vade retro, und meine Mutter, Sie verschlingen Schiffe, aber jetzt fliegen sie piepsend über uns, wahrscheinlich wollen sie jetzt uns in ihren Kropf stekken, und meine Großmutter, indem sie hölzerne Krokodile und Papageien aus dem Fenster warf, Ein behaartes dunkles Baby, wie gräßlich, ein Baby, das aus der Wiege springt und im Haus umhergaloppiert, vor Jahren habe ich vom Zug aus Lamego aus zwei von weitem entdeckt, wie sie laut im Wald herumlachten, der Pater hielt meine Mutter am Arm fest, Vade retro, und mein Vater, He, nun ist aber Schluß, lassen Sie sofort meine Frau los, Sie Flegel, und mein Großvater, Eine Spitzhacke habe ich nicht, geht auch eine Harke, mein Sohn?, und meine Tante, Ich habe mich mit keinem Mann nach den Vorführungen auf das Segeltuch gelegt, ich wollte nicht das verlieren, von dem man erst weiß, daß man es hat, wenn man es verliert, das, was so wichtig ist, wenn es nicht mehr da ist, weil es, als man es hatte, nicht existierte, und das, was ich hatte, blieb auf dem Sand von Esposende zurück und ist Teil der Gezeiten und der Büsche am Strand, und meine Mutter, Ich will nicht wie sie enden, über dem Haus kreischend, und mein Vater zum Pater, Wenn Sie sie noch einmal anfassen, schlage ich Ihnen die Fresse ein, lassen Sie Ihr Wasser woanders ab, und meine Großmutter, Und der Weihrauch, Herr Prior, falls Sie das Rauchfaß mitgebracht haben, beräuchern Sie sie ein bißchen, und das war's dann, und mein Großvater, Wenn ich Harke sage, meine ich irgendeinen Gegenstand, mit dem man Löcher machen kann, eine Schaufel, eine Mistforke, eine Schere, es geht doch darum, ein Loch zu graben, nicht wahr?, und meine Tante, Ich habe ihn nie mit unbedecktem Kopf gesehen, ich habe ihn nie nackt gesehen, doch mir fehlt sein Atem in meinem Ohr, mir fehlen seine Finger, mir fehlt der Frieden danach und das Meer, das meine Knochen gegen die Felsen schlägt, und ich wollte nicht, Vater, ich wollte nicht, ich wollte und wollte nicht, ich wollte, ich wollte nicht wollen und wollte, und ich bin nach Póvoa gefahren, um ihn zu besuchen, und der Angestellte, Da fragt ein Mädchen nach dir, Claudino, und er zum Angestellten, Die seh ich zum erstenmal, Mann, sag ihr, das muß ein Irrtum sein, und der Angestellte zu mir, Er sieht Sie heute zum erstenmal, und ich hatte nicht den Mut, etwas zu sagen, ich steckte meine Haarnadeln fest, ohne zu merken, daß ich die Haarnadeln feststeckte, und der Pater, der meinen Vater mit Weihwasser besprengte, Ich habe Ihre Ehefrau nicht angerührt, mein Herr, ich habe den Fürsten des Bösen beschworen, und mein Großvater, der auf den Boden herumhämmerte, Muß man tief runter, um fliegen zu können, Domingos?, und meine Tante, Doch ich blieb bis zum Ende des Films, und als die Leute rausgingen und der Angestellte drinnen die Lichter löschte, die Tür mit einer Kette verriegelte, das Kassenhäuschen abschloß und in den Straßen der Stadt verschwand, als der Besitzer des Kinos die Stufen von der Kabine heruntergesprungen kam, war ich dort, ich, die ein Irrtum war, die er noch nie gesehen hatte, und starrte ihn an, schalt ihn nicht, schlug ihn nicht, weinte nicht, ich starrte ihn an, und er, Ist was?, und ich, Ich wollte nur, daß du mir das wiedergibst, was du mir in Esposende genommen hast, damit ich fortgehen kann, und meine Mutter, die die Kokospalmen am Strand gewohnt war, Die Sturmschwalben haben die Fischkutter gefressen, wie schade, und mein Vater zu meinem Großvater, So um die fünfzehn Meter reichen, denn dann steigen wir in den Förderkorb des Bergwerks, und im Bierlokal der Lastwagenfahrer, die Anlauf für die Fahrt in den Alentejo nahmen, der Alte zu mir, der sich schneuzte, noch einen Zitronentee bestellte, seine Hand auf meine legte, sie wegzog, sie wieder drauflegte, der Alte, der sich die Haarsträhnen mit der freien Hand zurechtrückte, Sie haben mir noch keine Antwort auf meine Frage gegeben, heiraten Sie mich nun oder nicht?

Und dann nahm ich ihn mit zur Straße Nummer acht, weil ich mir vorstellte, das Haus in der Quinta do Jacinto würde ihn enttäuschen, das Viertel und die welken Dahlien und die matschigen Bürgersteige würden ihn erschrecken, weil ich mir vorstellte, daß er denken würde, was meiner Meinung nach alle denken müßten, es wäre entsetzlich, in einem Block zu wohnen, den, Wände zertrümmernd, Züge durchquerten, doch der Alte, der immer nasser wurde, immer mehr einem Ertrunkenen glich, den man mit einem Haken aus dem Fluß gezogen hatte, meinte, Enthusiasmus blubbernd, Nicht schlecht, nicht schlecht, das ist ja eine phantastische Wohngegend, ruhige Häuser, nette Gärten, der Tejo, und ich, Finden Sie? Eine feine Wohngegend, sagten Sie?, und nicht einmal die Straßenlaternen funktionierten, und wir tasteten uns durch die Finsternis wie jemand, der in einem unbekannten Flur Treppenstufen ausprobiert, und auf der Diele, in der es wie im Rest des Hauses kein Licht gab, wie im Rest der Quinta und einem Teil von Alcântara, von der

Avenida de Ceuta bis zur Bahnüberführung, in der Diele oder besser dem Kabuff von der Größe eines Schrankes kitzelte uns die Stirnleuchte meines Vaters mit ihrem grünen Licht wie die Sonne in einer Weinlaube, und meine Tante, Wer ist da bei dir, Iolanda?, und der Alte, der niesend über einen Garderobenständer stolperte, Ich nehme an, Sie sind die Tante der jungen Dame, sehr erfreut, gnädige Frau, ich bitte vielmals um Verzeihung, daß ich so in Ihre Privatsphäre eindringe, und ich dachte, Wenn ich das in der Schule erzähle, fällt Ana in Ohnmacht, und meine Tante, die auf die Höflichkeiten des Alten nicht achtgab, Wer ist da bei dir, Iolanda?, und der Strom kam wieder, offenbarte die Strandgutmöbel des Wohnzimmers, die Stühle, den Tisch mit dem Telefonbuch darunter, denn ein Bein war kürzer, die Flaschen, die Tapete, die sich von den Holzwänden löste, den Fußboden, den die Spitzhacke zerfleddert hatte, und der, der bei mir schläft, Erlauben Sie mir, daß ich mich vorstelle, gnädige Frau, ich bin gekommen, weil ich um die Hand dieser jungen Dame anhalten möchte, der Fernseher begann unter Gebrüll zu laufen, und meine Tante, die den Scheuerlappen auswrang, obwohl ihr der Nierenarzt abgeraten hatte, zu arbeiten, Heirat? Sind denn alle verrückt geworden, willst du diesen Deppen heiraten, Iolanda?, und ich war vom Lärm des Fernsehers verwirrt, merkte den Insulinmangel, dachte, Ich muß mir meine Spritze geben, und antwortete, Was weiß ich, denn ich wußte es wirklich nicht, weil ich nicht darüber nachgedacht hatte, weil mein Körper allmählich schwach und schwindlig wurde, weil mir zugleich kalt und heiß war, weil auf der Zunge die Hyazinthen meines Atems immer mehr wurden, weil ich sterben würde, weil ich sterben würde, während dieser Alte da meiner Tante seine Heirat mit mir mitteilte, weil ich in eine Ohnmacht abdriftete, mich an der Kommode festhielt, während das Wohnzimmer unscharf wurde, ich sah, wie mein Vater die Stirnlampe ausknipste, die zehnte oder hundertste oder tausendste oder millionste Bierflasche an diesem Abend öffnete, ich sah, wie er die Spitzhacke hochhielt, und hörte, wie er fragte, als erkundigte er sich nach einem Vermögen, einer Mitgift oder einem Geschenk, Können Sie in der Erde fliegen, mein Freund?

2

Hätte sie nicht, Komm, zu mir gesagt, von mir aus hätte ich mich nie in die Quinta do Jacinto begeben. Es ist zu weit weg, nachts gibt es keine Autobusse und am Verkehrskreisel nicht einmal einen Taxistand, und man muß, um ein Verkehrsmittel zu bekommen, zu Fuß bis zum Bahnhof am Cais do Sodré gehen, wo die Maschinen, die Coca-Cola und Zigaretten verkaufen, im menschenleeren Hof summen. Als ich in der Straße Nummer acht eintraf und einen Begräbnisgeruch, einen Geruch aus Moschus und Grabkapelle, wahrnahm, da wurde mir klar, noch bevor ich die Beete mit den welken Dahlien am Eingang zu den Häusern gesehen hatte, daß ihr Duft, der einem an den Fingern haftenblieb, wenn man ihr die Hand geschüttelt hatte, nicht von ihrer Haut stammte, sondern von den Stengeln, die im Haufen übereinanderlagen wie Aale, die der Tejo vergessen hatte, als er sich zurückzog, der aber wiederkommen würde, um sie bei sich zu verwahren, wenn er beim Befühlen seiner Algenjackentaschen merkte, daß sie nicht da waren. Und so kam es, daß ich immer, wenn ich sie besuchte, befürchtete, den Fluß dort anzutreffen, der in den Gassen von Alcântara die Dahlien suchte und dabei die Hühnerställe in den Gärten durchwühlte wie die Stadtstreicher die Mülltonnen, und als ich ihr von meiner Angstvorstellung erzählte, antwortete sie, während sie eine Blüte entblätterte, die durch die Gitterstäbe des Gartentors lugte,

– Der Fluß braucht sich nicht herzubemühen, denn die Lokomotiven bringen ihm die Dahlien hinunter.

Und tatsächlich fuhr, kaum daß wir angefangen hatten, Geographie, Mathematik oder Englisch zu lernen, kaum daß der Geruch sich mir über die Schulter lehnte wie diese Leute, die sich in der Straßenbahn zu unserer Zeitung vorbeugen und einem in den Nacken pusten, eine Lokomotive durch die Quinta do Jacinto und nahm viele Armvoll Blumen mit zum Meer, die zappelten und die Blütenblätter in ihrer Gier nach Wasser einzogen und öffneten.

Und da verstand ich die Züge. Ich bin hinter dem Santa-Apolónia-Bahnhof in einem Gebäude aufgewachsen, das der Rauch der Waggons geschwärzt hatte und in dem die Vibration der Räder in den Wandverputz Risse gegraben hatte. Die Abfahrtspfiffe durchpflügten meinen Schlaf, die Betten warfen Federn aus den Matratzen ab, und wir reisten nach Castelo Branco oder Santarém oder Agueda, während Lissabon mit uns an Gebirgen und Kiefernwäldern, an Brükken, an kleinen Dörfern am Saum der Hügel entlangglitt. Ich bin hinter dem Santa-Apolónia-Bahnhof aufgewachsen, über Koffer und den Abschied der Emigranten gebeugt, und für mich waren Züge Tränenaquarien mit Körben und Augen darin, deren Blicke ziellos wanderten, sich in den Kellern Frankreichs, in den Kellern Deutschlands verloren und Schnee auf den Fensterrahmen fallen sahen. Und erst in Alcântara begriff ich, daß Züge keine Menschen, sondern welke Dahlien zum Tejo zurückbeförderten, den Taschen des Flusses die Aale wieder zurückbrachten, und so beschied ich meinen Eltern, als ich zum Abendessen nach Hause kam,

– Ich habe herausgefunden, daß die Passagiere in den Waggons das sind, was in Alcântaras Blumenbeeten wächst,

und meine Mutter beim Tischdecken,

– Du warst garantiert wieder bei diesen Irren, die fliegen, dein Vater hat dir doch schon tausendmal den Umgang mit diesem Afrikanerpack verboten.

Folglich wäre ich nie in die Quinta do Jacinto gegangen, wenn du nicht zu mir, Komm, gesagt hättest. Die Wohnung, in der ich wohne, ist kleiner als das Häuschen in Alcântara, diese Wohnung mit dem Elternschlafzimmer, dem Zimmer meines Onkels und dem Wohnzimmer, wo ich auf dem Sofa schlafe, wenn die aus meiner Familie die Türen schließen und mich allein lassen mit den Resten vom Abendessen auf dem Tisch und dem kleinen Heiligenbildchen, das mir verwehrt, mich im Dunkeln zu berühren, sobald ich die Deckenlampe ausgemacht habe, und wenn das Tischtuch und die Servietten um mich herumschweben wie zerknitterte Vögel, die aus der Dunkelheit ihre baumwollenen Flügel herabhängen lassen. Mein Vater, der wegen seines Magengeschwürs nicht arbeiten kann, Milch trinkt, Mehlbrei ißt und Tabletten gegen Sodbrennen lutscht, meine über einen Uterusvorfall klagende Mutter, die im Hospital de Arroios beim Putzen hilft, und mein Onkel, der von morgens um neun bis nachmittags um sechs von Treppenabsatz zu Treppenabsatz den Nachbarn mit gezückter Bibel das Wort Gottes verkündet und der seine Anstellung bei der Versicherung aufgegeben hat, um dem Wohnblock das ewige Leben zu versprechen, indem er der Gleichgültigkeit der Straßen Mäßigung und Keuschheit predigt, meine Mutter, mein Vater und mein Onkel in den Schlupfwinkeln ihrer Stucklöcher, und ich höre, allein mit der Heiligen und dem Weiß der Deckchen, die ganze Nacht lang den Zug nach Paris in meinem Körper klagen. Nächte über Nächte, in denen meine Beine über das Sofa hinausragten und das Kissen unter meinem Kopf wegrutschte, und dann und wann kam mein Onkel ins Wohnzimmer gestürzt, verkündete das Ende der Welt und die Auferstehung des Fleisches und befahl mir niederzuknien, um den Märtyrer Stephan zu bitten, sich meiner zu erbarmen, bis meine Mutter ihm drohte, ihn ins Mitra-Krankenhaus einzuliefern, und der Apostel sich, mit dürrer Hand das Universum segnend, in sein Zimmer einschloß.

Ich wäre nie in die Straße Nummer acht in der Quinta do Jacinto am anderen Ende der Stadt gegangen, weil mir die Dahlien fast genausoviel Angst einjagten wie der Alte, der bei dir schläft, der wartet, daß ich gehe, um sich dann von der Bank, auf der er klebt, zu lösen und ins Haus zu gehen, und den ich sehe, wenn ich vom Geographie- oder Mathematik- oder Englischbuch aufschaue, wie er zwischen den Kohlköpfen wie eine Pflanze treibt, die mich anstarrt, wie einen das Meer anstarrt, und ich möchte dein Zimmer verlassen, um das Haus gehen und ihm versichern, daß ich ebensowenig in dich verliebt bin, wie du in mich verliebt bist, daß ich dich ebensowenig liebe, wie du mich liebst, daß ich dich nie umarmt habe, daß ich dich nie liebkost habe, daß ich dich nicht einmal geküßt habe, daß ich nur Mitleid mit dir habe, die dir nur noch zwei Idiotinnen Gesellschaft leisten, die sich wie spanische Puppen aufputzen, weil die anderen Schüler Angst vor deiner Krankheit haben, Angst vor deinem Geruch nach Karamelpudding, Angst vor einer Schulkameradin haben, die auf Brunnenkresse- und Schellfischdiät ist, zittrig wird und sich auf der Toilette des Gymnasiums Spritzen setzt, einer Schulkameradin, die alle Jahre wieder ein Krankenwagen auf einer Bahre ins São-José-Krankenhaus transportiert, als würde sie gleich sterben. Ich würde zu dem Alten gehen und ihn, während ich mich neben ihn auf das Steinbänkchen setze, fragen,

– Warum gehen Sie nicht ins Haus?,

und vielleicht würde er mich zwischen dem Seufzen der Kohlköpfe und dem Kastagnettengeklapper der Nüsse hören, vielleicht würde er sich auf der Bank aufrichten, vielleicht würde er lächeln, vielleicht würde er sagen,

– Danke, mein Junge,

und ich würde seinen Platz einnehmen, die Brücke beobachten, die den Tejo nirgendwohin überquert wie die von den Mauern der Viehkoppeln eingezwängten Brombeerpfade im Dorf meiner Mutter in Trás-os-Montes, ich würde zu ihm sagen,

– Ich gehe nicht mit ihr,

ich würde zu ihm sagen,

– Niemand geht mit ihr, niemand will mit ihr gehen wegen des Diabetes und wegen ihres Geruchs, wegen ihrer Ohnmachten und wegen der Medikamente, die sie nimmt,

ich würde zu ihm sagen,

– Machen Sie sich keine Gedanken, Iolanda braucht Sie,

ich würde zu ihm sagen,

– Sie ist nun mal so, seien Sie nicht gekränkt, sie gibt ausfällige Antworten, weil sie die Krankheit, die sie sich in Afrika geholt hat, von innen verfaulen läßt,

und der Alte würde, ohne den Mund aufzumachen, seine Aktentasche nehmen, aufstehen, zum Fenster ihres Zimmers schauen, sich wieder hinsetzen, und ich,

– Wieso gehen Sie denn nicht?,

und er, während er die Kohlköpfe mit dem Regenschirm zerzaust,

– Iolanda braucht mich nicht, Iolanda ist nicht an dem interessiert, was ich erzähle,

und meine Mutter,

– Halte dich von diesen Irren fern, Alfredo,

und mein Onkel, der in die Bibel schaut und noch einmal von der Suppe nimmt,

– Jesus Christus war der einzige, der auf den Wassern wandelte,

und ich zu dem Alten,

– Was erzählen Sie ihr denn?,

und die Züge reisen währenddessen voller Dahlien aus den Blumenbeeten von der Quinta do Jacinto zum Fluß, und die Nacht steigt vom Wasser zum Himmel und nicht vom Himmel zum Wasser herunter, und der Alte, die Aktentasche auf den Knien, mit Glyzerinstimme,

– Ich erzähl ihr von meiner Kindheit, von meinen Tanten, von Ericeira, von der Calçada do Tojal, von den Schritten auf dem Dachboden, was weiß ich,

ganz anders als im Dorf meiner Mutter, wo die Nacht im Himmel und in den Weiden neben den abseits vom Platz gelegenen Wasserbecken zum Wäschewaschen beginnt und vom Friedhof und vom Haus des Gemeindevorstehers zu uns hinuntergleitet, eine Nacht, die die Insekten, die Stimmen und das scheppernde Läuten der Rinder unter ihren Füßen erstickt, während sich meine Großmutter mit einem Gläschen Muskateller zum Herdfeuer beugt, und mein Onkel,

– Ite missa est,

die Nacht steigt von den Weiden herunter, wo das Tageslicht nur noch aus kleinen Schattensamen besteht, als ob die Bäume sie in ihrem Schieferuterus ausbrüteten wie ein Kind, und der Alte mit einem erregten Wispern,

– Sie haben mir nie erklärt, wessen Schritte das auf dem Dachboden waren, sie haben mir nie erklärt, was aus Senhor Jorge in Tavira geworden ist, Dona Maria Teresa befahl mir zu schweigen, Halt den Mund, und ich hörte in meinem Zimmer zitternd den Schritten und der Oper zu,

so wie ich in Santa Apolónia dem Gottesfürchtigen zuhörte, der meine Mutter gezwungen hatte, ein Stück Vorhang von den Ringen zu reißen und ihm eine Tunika zu nähen, und der der Nachbarschaft zubrüllte, Rettet eure Seelen, ihr Sünder, und ich vergaß darüber beinahe das Dorf und die Buchfinken morgens in den Judasbäumen, das Bad im großen Wasserbecken zum Wäschewaschen und die Frauen, die sich bei meinem Vater darüber beschwerten, und mein Vater,

– Dafür haben wir dich nicht die Schule besuchen lassen.

Er schlug mich nicht, er schimpfte nicht, er erhob seine Stimme nicht, er kniete im Obstgarten nieder und stellte Fallen für die Rotkehlchen auf, Wie Sie, verstehen Sie? würde ich zu dem Alten sagen, Genau wie Sie, bis in die Gesten sind Sie ihm ähnlich, und Iolanda,

– Du hast dich verrechnet, das Ergebnis ist nicht elf Komma drei, sondern zwölf Komma sieben, du Dummkopf,

und ich hörte sie nicht, war im Wasserbecken im Dorf unter den Judasbäumen, und sie,

– Wohin schaust du, Alfredo?,

und ein Zug trug viele Armvoll Dahlien wie ein Geschenk eilig zum Fluß zurück, und dein Vater schlug mit der Spitzhacke in den Fußboden, und ich,

– Raus, zum Alten, der auf der Bank beim Nußbaum darauf wartet, daß ich nach Santa Apolónia, nach Hause gehe, und wie meine Mutter mir heute noch immer wieder sagt, hätte ich nicht nach Alcântara gehen sollen, auch wenn sie es mir befohlen oder mich gebeten und mir gesagt hat, Komm, auch wenn sie ohne Freundinnen lebt, nimmt man einmal diese beiden spanischen Puppen aus, auch wenn sie so krank ist, immer auf dem Sprung ins Krankenhaus mit ihren Schweißausbrüchen und Ohnmachten, auch wenn sie der traurigste Mensch der Welt zu sein scheint, noch trauriger als meine Großmutter, die sich mitten im September in ihrer Jacke mit einem Gläschen Muskateller zum Herdfeuer beugte, hätte ich mich wie die anderen Schulkameraden verhalten sollen, die von dir wegrückten und dich mieden und immer in eine andere Snackbar gingen, um nicht Gefahr zu laufen, aus deinem Glas zu trinken, und du,

– Hoffentlich kommt der Alte nicht rein, der liegt die ganze Nacht lang wach und wispert mir blödsinnige Geschichten in die Ohren,

und ich dachte, Wie mein Onkel, über den die Leute lachen, wenn sie ihn auf der Straße sehen, wo er, in den Vorhang eingewickelt, die Sintflut ausruft, mein Onkel, der, wenn meine Mutter schimpfte, Du solltest ein Bad nehmen, Artur, du stinkst wie ein Dachs, den Wasserhähnen entwischend, antwortete, Nur im Jordan, Ausenda, nächste Woche nehme ich ein Taxi dorthin, so daß es, behaupte ich, nicht nur in der Quinta do Jacinto Irre gibt, und meine Familie hat weder einmal in Afrika gelebt, noch hat sich mein Onkel dorthin eingeschifft, um am Krieg teilzunehmen, er ist nämlich kurzsichtig, und meine Mutter, Tu so, als wäre hier der Jordan, Artur, ich habe eine extragute Seife gekauft und lasse dir heißes Wasser in die Badewanne ein, und ich, während ich den Fehler in der Lösung der Aufgabe berichtigte,

– Kennst du irgendeine Geschichte, die nicht blödsinnig ist, Iolanda?,

und mein Onkel,

– Ich bade nur im Jordan, Ausenda,

denn meiner Meinung nach sind die Geschichten

genauso verrückt wie das Leben, so verrückt wie ich, der Mathematik und Englisch und Geographie lernt, und wenn ich die Lösungen aller Aufgaben gelernt habe, die Zeiten aller Verben und die Hauptstädte aller Länder, lege ich mich hin, wie meine Großmutter sich hingelegt hat, bitte mit schwacher Stimme um ein Gläschen Muskateller und sterbe, und nach der Beerdigung wollte meine Mutter nicht in das Dorf zurückkehren, und so habe ich die Wasserbecken, die Judasbäume und die Buchfinken ganz allmählich vergessen,

– Die Geschichten sind immer verrückt,

sagte ich zu dir und sagte,

– Warum machst du das Fenster nicht auf und rufst ihn, und er steht von der Gartenbank auf und kommt, warum läßt du ihn dort, die Hand am Kinn, im Dunkeln,

und meine Mutter,

– Wenn das hier nicht Palästina ist, was ist es dann, Artur? Zieh die Tunika aus, du stinkst,

und sie haben ihn schließlich in einer von Mönchen geführten Klinik angenommen, wo er den anderen Insassen das Evangelium aufsagte, die es ihm ihrerseits auch aufsagten, und die Mönche scheuchten sie, wie man Hühner scheucht, in eine Art von Bunkern, in denen ihre Ärmel weiterhin gestikulierten, und mein Onkel, in Stoffschuhen, als er uns sah,

– Deo gratias, Brüder,

und meine Mutter, die ihm ein Säckchen Mandeln übergab,

– Wie fühlst du dich, Artur?,

und ich zu Iolanda,

– Ruf ihn,

und mein Onkel führte mich hinter die Krankenstationen, und wir setzten uns in der Nähe der Lanzen des Zaunes in die Büsche und aßen Mandeln, schauten den Arbeiterinnen der Keksfabrik zu, wie sie in Häubchen und blauem Kittel aus dem Tor kamen, und den Autos, die auf der Straße in Richtung der Kirche Nossa Senhora da Luz an der Seite des kleinen Platzes mit einer Schule und einer Kaserne vorbeifuhren, auf dem sie im Juli immer einen Armenmarkt aufbauten, und ich zu meinem Onkel,

– Gefällt es Ihnen hier, Onkel?,

und er, im Profil, kauend,

– Deo gratias,

doch er sah nicht wie ein Prophet aus, er sah wie ein Bettler aus, den man aus Barmherzigkeit in einem Asyl aufgenommen hatte, so wie einer von denen, die sich auf dem Boulevard entlangschleppen und, mit Zeitungen zugedeckt, in Kartons schlafen. Das ist nicht mein Onkel, dachte ich, was ist wohl mit der Bibel passiert, was ist wohl mit seinem Eifer passiert, den Planeten zu bekehren, jetzt ist er ganz still, sieht niemanden an außer die Autos auf der Straße und die Fabrikarbeiterinnen, kaut Mandeln und brummelt, Deo gratias, und ich zu Iolanda,

– Ruf ihn, er tut mir leid da draußen im Dunkeln,

und ich weiß nicht, ob ich sie bat, den zu rufen, der bei ihr schläft, oder ob ich sie bat, meinen Onkel zu rufen, der mich gar nicht wahrnahm und unablässig, Deo gratias, sagte, ob ich sie bat, uns zu rufen, meine Mutter, meinen Vater, ihren Vater, mich, der ich, wenn sie nicht, Komm, zu mir gesagt hätte, nicht in die Quinta do Jacinto gegangen wäre, wo es nicht einmal einen Taxistand am Verkehrskreisel gibt und man unter den Platanen bis zum Cais do Sodré wandern muß, um am Bahnhof ein Verkehrsmittel zu bekommen, zu mir, der besser daran täte, sich mit den Klassenkameraden im Kino Krimis anzusehen, anstatt Gefahr zu laufen, die Blumenbeetdahlienkrankheit zu bekommen und ihren Verwesungs- und Moschusduft, und dann nach dem Kino mit ihnen in den Keller mit den Frauen in Graça zu gehen, wo man Bier trinkt und in einem Saal mit Spiegeln tanzt und wo man sich an allen Wänden betrachten kann, in allen Winkeln und Stellungen, als würde ein jeder von uns aufhören, ein einziger Mensch zu sein, um zu einem Haufen seiner selbst zu werden, an einen Haufen von Frauen geklammert, die fünfzig Escudos pro Tango und dreißig Escudos pro Walzer verlangen, und mein Vater, der an mir schnuppert,

– Hast du eine Fünfliterflasche Nuttenparfüm gekauft, Alfredo?,

und ich,

– Wie kommen Sie darauf, Vater, ich hasse Parfüms, das muß irgendeine Substanz aus dem Chemielabor sein,

und meine Mutter, die Geschirr abtrocknet,

– Mein Bruder riecht nach Dachs und mein Sohn nach Nutte, da ist was faul,

und nachdem sie mir Geld für noch ein Bier und noch einen Tango geliehen haben, nach Santa Apolónia zurückzukehren, wie die Hunde, die in die Gärten zurückkehren, aus denen sie entwischt sind, und dort die eigene Abwesenheit an den Ecken erschnüffeln, die Treppe hinaufzusteigen und das leere Bett meines Onkels zu belegen, während ein endgültig letzter Zug abfährt, und meine Mutter,

– Deine Bettücher schwitzen Kölnisch Wasser aus, Alfredo, wo hast du dich rumgetrieben?,

denn ich schlafe nicht mehr im Wohnzimmer bei der Jungfrau im Rahmen, die mich daran hindert, mich heimlich zu berühren, ich habe ein Kabuff mit einem Balkon, der zu den Lokomotiven hinausführt, ein Kabuff wie das meiner Eltern, mit einer Matratze, einem Nachttisch, einer Kommode mit Schubladen voller Bibeln und dem Foto meines Onkels mit seinen Freunden, bevor er Apostel wurde, bevor ihn Gott erwählte, damit er vor der Apokalypse warnte, und bevor die Mönche ihm das Haar und den Bart abrasierten und ihm erlaubten, sich mit mir neben den Zaun zu setzen, Mandeln zu kauen und zu beten,

– Deo gratias.

Ich habe ein Zimmer, und meine Familie will nicht, daß ich mich dir nähere, weil du krank aus Moçambique zurückgekehrt bist, und sie befürchten, auch ich könne an Diabetes verfaulen, weil sie fürchten, ich könne dich heiraten und ihr Vater könnte in Begleitung seiner Schwester, die

Spitzhacke über der Schulter, in unserem Stadtviertel erscheinen und, die Leuchte auf der Stirn, die Leute ausziehen, und Iolanda, die das Fenster aufmachte,

– Ich rufe ihn, und du läßt seine Geschichten über dich ergehen, Alfredo,

doch er schien sie nicht zu hören, als sie rief, Komm her, denn nichts geschah, kein Schatten vibrierte im Garten, er schien es nicht zu hören, als sie noch lauter rief, Komm her, und nur ein Hund antwortete mit einem Bellen, der Nußbaum blieb reglos, denn ich konnte seine Zweige deutlich sehen, die Kohlköpfe standen weiterhin aufrecht in den Beeten, und da dachte ich, Er ist gestorben, und stand vom Schreibtisch auf, verließ den Raum und ging durch das Fernsehzimmerchen, ging durch das Haus, das vom Atem der Dahlien oder der Flußaale durchtränkt war, die Waggons zum Wasser zurückbrachten, aus dem sie gekommen waren, ging blindlings, Gemüse zertrampelnd zur Bank, das Fenster setzte sich in einem Rhombus schiefer Helligkeit fort, ein zweiter Hund bellte in der Ferne, von Alcântara her, von Ajuda oder Santo Amaro, ich stieß mit dem Knie gegen eine steinerne Kante und setzte mich, so wie ich mich vor der Straße zur Kirche Nossa Senhora da Luz und zu den Arbeiterinnen der Keksfabrik neben meinen Onkel setzte und Mandeln kaute, die Silhouette von Iolanda beugte sich, einen Bleistift in den Fingern, über die Fensterbrüstung zu uns herunter und fragte, Na?, und da bewegte sich der Alte sacht wie eine Taube in ihrem Nest, und indem sein Mund meinen Nacken streifte, fragte er, als würde er mit dir sprechen, in einem Raunen, das war wie das Rascheln der Dahlien,

– Weißt du, meine Liebste, wessen Schritte das auf dem Dachboden waren?

3

EINES SONNTAGS NACH dem Mittagessen, Ana, mein Vater goß gerade die Dahlien und benutzte wegen seines kranken Knies die Spitzhacke als Spazierstock, hielt ein Taxi vor unserem Haus, und der, der bei mir schläft

(ich habe ihm gleich gesagt, daß ich nicht mit ihm schlafen würde, ich habe ihm gleich gesagt, daß er mich nicht küssen, daß er mich nicht anfassen solle, ich habe ihm gleich, als er mich in den Arm nehmen wollte, klargemacht, Kommt nicht in Frage),

stieg mit einem notdürftig mit Riemen zugezurrten Koffer aus, auf dem Kopf ein Tirolerhütchen und in der Hand einen Regenschirm, obwohl August war und der Himmel wolkenlos, und meine Tante sagte mir, ich solle ihm helfen, seine Sachen in meinem Zimmer zu verstauen

(und, Glaub ja nicht, daß du mich nackt sehen wirst, wenn ich dich dabei erwische, daß du mir heimlich zusiehst, kriegst du eine gewischt),

oder besser gesagt, ihm das Gepäck unter das Bett zu schieben, denn weder im Schrank noch auf den Bügeln, die auf einer zwischen zwei Nägeln von Wand zu Wand gespannten Leine hingen, gab es noch Platz. Ich habe ihm verboten, in den Schubladen herumzustöbern, meine Bücher anzurühren, mein Tagebuch zu lesen, die Fotos von den Sängern und den Filmschauspielern, die ich aus den Zeitschriften ausgeschnitten hatte, abzunehmen, ich gab ihm das Kopfkissen mit offener Naht, das, von dem man Asthma bekommt, das, das Kapok aufs Bettuch tropft, sagte, er solle das Licht ausmachen, schloß die Augen und hörte zu, wie er im Dunkeln Schuhe, Strümpfe und seine Kleider auszog wie eine Seidenraupe, die das Gespinst ihrer Puppe durchbricht. Die Bettfedern quietschten, ein Seufzer erstickte im Kopfkissenbezug, mein Vater stritt fluchend mit den Vorarbeitern in Johannesburg, und mir schien, als ob der, der bei mir schläft, von einem

Haus redete, das es nicht mehr gab, in dem eine Opernarie vom Dachboden niederging wie der Oktobernieselregen. Die Nachbarn über uns (die Rentner, die, die sich hassen, die sich mit den Scheren zum Entschuppen der Fische und mit Schraubenziehern erdolchen) sahen ihn, wie er, den Hut in der Hand, mit meiner Tante sprach und ihr den Umschlag mit seinem Gehalt gab, hörten das leise Husten meines Vaters sich wie ein Rankgewächs um den in den Sessel gepflanzten Pfosten winden und trafen ihn an, wie er auf den letzten Zug wartete, um dann die Küche zu durchqueren, wobei er an die Spüle, an Stühle und an die Möbel stieß, bis er an der Matratze strandete wie in einem falschen Hafen. Anfangs schien er mir die Eigenschaften eines zerstreuten Cherubs zu haben, der unfähig war, die Gasflammen des Herdes anzuzünden, eine Apfelsine zu schälen, mit der Zahnpasta die Zahnbürste zu treffen, und ich stellte mir vor, daß, wenn er die Jacke auszog und das Hemd aufknöpfte, ein Paar Flügelchen auf seinen Schulterblättern zu flattern beginnen würden und er in den Abend zu den Wolken hin aufsteigen würde, mühsam an Höhe gewinnend wie ein museales Flugzeug. Ein Engel in Alcântara, der die Brise prüfte und dann stoßweise zum Fluß hin entschwand, wo ihn ein Schwarm Seraphim, ebenfalls mit einem riemenverschnürten Koffer und einem Tirolerhut, erwartete, um die Qualen der Märtyrer herum flügelschlagend wie auf den Altarbildern in den Kirchen. Die Nachbarn von unten, die sein Vogelgebaren so sehr verwirrte, daß sie aufhörten einander zu verabscheuen, fanden ihn an einem Pfingstsamstag mitten zwischen den Kohlköpfen, wie er mit unsichtbaren Wesen in einer Mondsprache redete, und meine Tante erwischte ihn manchmal dabei, wie er im Verkehrskreisel in der Nähe des Bierlokals, in dem es Schnecken und Oktopussalat gab, den Verkehr nicht beachtend herumhüpfte, bei Fasanenfluchtversuchen an die Fassaden stieß, was ausnahmslos dazu führte, daß er mit Jodtinktur und Pflastern bedeckt nach Hause zurückkehrte, um dort mit der Resignation gescheiterter Engel auf die Gartenbank zu fallen, und Montag morgens setzte er seinen Tirolerhut auf, bewaffnete sich mit Regenschirm und Aktentasche und stieg in den Bus zum Tourismusamt, so wie er in jenem unheilvollen Juli des vergangenen Jahres in den Zug gestiegen war, in dem meine Tante beschloß, daß wir nach Esposende reisen würden, Ana, um meine Großeltern zu besuchen, und da fuhren wir dann stundenlang an einer Landschaft mit Kiefern und Dünen entlang, und erst im Morgengrauen des darauffolgenden Tages stiegen wir in einem Ort am Meer aus, wo Wolken die Wellen, die Trauerweiden und die Zistrosen am Ufer streiften, und fanden am Ende des Platzes den Stoffladen meines Großvaters, dessen Fensterläden noch geschlossen waren

(Zistrosen, sagte meine Tante in der Küche immer wieder, während sie das Hähnchen fürs Mittagessen in eine Schüssel hinein entkleidete, und ich begriff nicht, weshalb, Zistrosen Zistrosen Zistrosen Zistrosen),

den Stoffladen, den Omnibusbahnhof, schlafende Cafés, Häuser, und ich dachte bei mir, wäre mein Vater nicht nach Afrika ausgewandert, dann wäre ich hier geboren in diesem Möwengrau, und zwar nicht von meiner Mutter, sondern von irgendeiner anderen Mutter ohne Diabetes, ohne den Blumenatem, ohne die Insulininjektionen, ohne die Schande der Krankheit, die mich von den anderen isoliert, die mir Milk-Shakes verbietet, die mir Erdbeerbonbons verbietet und Kakao, die mir Apfeltorten und Lollis und Kinder verbietet, niemand in der Stadt war aufgewacht außer den Albatrossen, die am Strand kreischten

(wahrscheinlich kreischten sie am Strand im Schlaf),

und mein Vater klopfte mit der Bergwerksspitzhacke an die Tür, und der, der bei mir schläft, trat mit der Aktentasche in der Hand näher, und eine Sirene heulte plötzlich los

(schrill und heiser, schrill und heiser, schrill und heiser)

drüben beim Wasser, ein Riegel löste sich knakkend, mein Großvater erschien mit einem Gewehr auf der

Schwelle, einer doppelläufigen Flinte, die größer war als eine Kanone, und mein Vater, Hallo, Vater, und mein Großvater, ins Haus hinein, Bring mir meine Brille, Isaltina, es scheint Domingos zu sein, ein Alter, der in zornigem Mißtrauen die Waffe auf uns gerichtet hatte, und ich, Hallo, Großvater, und er, Wen hast du da mitgebracht, Domingos?, und der, der bei mir schläft

(aber nie mit mir schläft, aber mich noch nie nackt gesehen hat, aber mich nicht berührt, Ana),

Wie geht es Ihnen, Senhor Oliveira, gestatten Sie, daß ich mich Ihnen vorstelle, und mein Großvater, indem er das Feuerrohr zu ihm hinüberschwenkte, Und der mit dem Hütchen?, und meine Tante, Das ist Domingos' Schwiegersohn, Vater, und meine Großmutter, Kommt herein, und die Sonne verhakte sich am Wetterhahn der Kirche, der unter mühsamem Ächzen die Position änderte, und ich traf auf Regale voller Flanell, Cheviot, Baumwolle, Samt und Filz und eine Registrierkasse, die, mit Münzen plaudernd, in einer Ecke klimperte, und auf ein Zimmer hinter dem Laden mit einem Bett, einem Tisch, einem Petroleumofen, einer Vitrine und Weinflaschen, mein Großvater setzte die Brille auf, nahm Platz, suchte uns mit der Flinte, als wären wir gekommen, um ihn zu berauben, und da verschluckte er sich am Gebiß, hustete, der Finger rutschte am Abzug ab, und das Zimmer erzitterte mit dem Knall, eine der Glasscheiben verschwand, die Holzrollos zersplitterten, und als der Pulverdampf verraucht war, bat der Kaufmann lächelnd, Entschuldigt, zog eine Patrone aus der Hosentasche, steckte sie in die Waffe, und meine Tante, Wenn Sie die Waffe nicht weglegen, bringen Sie uns noch um, Vater, und er, Ich muß vorbereitet sein, wegen der Diebe, wer garantiert mir, daß ihr wirklich meine Kinder seid, und meine Großmutter, Ich bitte dich schon seit Ewigkeiten, deine Brillengläser auszuwechseln, das einzige, was du noch erkennen kannst, sind die Weinflaschen, und mein Großvater, Das ist gelogen, vorgestern noch habe ich den Gänsegeier erlegt, der über unseren Hühnern kreiste, und meine Großmutter, Das war überhaupt kein Gänsegeier, das war einer dieser Kerle mit Turban, die über der Stadt schweben, der Arme lag ohnmächtig verblutend im Garten, und du riefst den Apotheker, damit er ihm die Eingeweide rausnahm und ihn ausstopfte, und der, der bei mir schläft, Und hat ihn der Apotheker ausgestopft?, und meine Tante, Zistrosen, und mein Großvater, Da er ein Gänsegeier war, wurde er ausgestopft, jawohl, mein Herr, man hat ihm zwei Glasaugen eingesetzt, und nun steht er auf einem Sockel im Vorraum des Rathauses in Angriffsstellung, und ich stellte mir vor, wie das Medium in die Tomatenstauden fiel, stellte mir vor, wie seine Kollegen ihn dort oben krächzend suchten, mit den Ärmeln gegen die Fenster schlugen und ihn dort sahen, mit ausgebreiteten Armen in der Haltung eines Raubvogels gefroren, und mein Großvater, Die haben uns sogar schon aus Lissabon gebeten, ihnen den Vogel zu schicken, sind uns mit der Geschichte gekommen, daß es sich um eine aussterbende Spezies handelt, wo es doch Dutzende und Aberdutzende gibt, die Hühner stehlen, reich mir die Flasche, Orquídea, und ich dachte, Wenn er rausbekommt, daß der Kerl, der bei mir schläft, die Nächte auf dem Nußbaumzweig verbringt, feuert er ihm einen in den Wanst, und meine Tante, Zistrosen, und meine Großmutter, Was macht denn dein Schwiegersohn, Domingos?, und die Sonne löste sich von der Wetterfahne, und man hörte die Wellen der Flut an den Felsen und an den Flanken der Fischkutter, man hörte die Möwen

(auf der Insel meiner Mutter gab es keine Möwen, Ana, es gab Affen, die auf dem Sand hockten, und meine Mutter, die, zum Horizont gebeugt, die Schiffe mit ausgestrecktem Zeigefinger zählte),

man hörte das Schluchzen der Krebse in den Felsen und den Klang von Stimmen auf der Straße, und ich dachte, Das ist also Esposende, und mein Großvater betrachtete uns, das Gewehr auf dem Schoß, mit kurzsichtigen Pupillen, und ich sehnte mich nach der Quinta do Jacinto, nach den Zügen und dem Meeresschneckenrauschen der Brücke, und der, der bei mir schläft

(aber nicht mit mir schläft, aber mich nie nackt gesehen hat, aber mich nicht berührt, denn kein Mann wird mich je berühren, denn sie küssen einen und wissen am Tag darauf nicht mehr, wer wir sind, und am Tag darauf hat es uns nie gegeben),

Ich arbeite in einem öffentlichen Amt, gnädige Frau, und mein Großvater, Haben Sie aus Lissabon geschrieben, daß wir den Vogel schicken sollen?, und nachmittags sind wir ins Rathaus gegangen und haben den mit dem Turban gesehen, der mit Glasaugen die Wellen betrachtete, und mein Vater, Den kenne ich, und meine Tante, Zistrosen, und meine Großmutter, Wie bitte?, und mein Großvater, Seit wann bist du mit Gänsegeiern befreundet?, und die Wolken öffneten einen Spalt, in dem die Möwen kreischten, und mein Vater, Der war Lehrer eines Fernkurses für Hypnose und kam immer mal nach Alcântara und fragte nach dem, der mit meiner Tochter schläft, und mein Großvater, Verdammte Viecher, Domingos, wenn wir gleich mit dem Gewehr in den Garten gehen, kriegen wir zwei oder drei zu fassen, und mein Vater, Der wohnt in einer Pension an der Praça da Alegria und ist in eine Mulattin von der Avenida verknallt, und meine Tante, Zistrosen, und ich dachte, Ich will nach Lissabon zurück, und schlug vor, Jetzt, wo wir die Großeltern besucht haben, können wir mit dem Nachtzug zurückfahren, aber wir sind nicht zurückgefahren, Ana, sondern sind in Esposende geblieben, meine Tante ging hinunter zum Strand

(und ich weiß, wohin, ich weiß genau, wohin, und habe es ihnen nicht gesagt, zu der Stelle, wo sie vor Jahren das Wanderkino aufgeschlagen haben, zu der Stelle, wo sie sich mit dem Besitzer der Vorführmaschine getroffen hat),

mein Großvater und mein Vater nahmen in der Hoffnung auf Gänsegeier das Schießeisen mit in den Garten, und der, der bei mir schläft

(der mich aber nie nackt gesehen hat, Ana),

blieb an den Stamm der Akazie gelehnt zurück, stumm und bedeutungslos wie immer, so stumm wie ich den ganzen Tag lang in meinem Zimmer, so stumm wie ich, eingeschlossen im Duft der Diabetesblumen, er lehnte an der Akazie und schneuzte sich, sah mich an und erschnupperte den Windhauch, und plötzlich wurde mir klar, daß er gehen würde, wurde mir klar, daß er nicht bei mir im vom Getöse der Züge zerbröselten Haus in der Quinta do Jacinto bleiben würde, wurde mir klar, daß er mir nachts nicht mehr von vergangenen Ereignissen in einem Haus erzählen würde, das es nicht mehr gibt, wo eine Opernarie vom Dachboden niederging wie der Oktobernieselregen, ich wollte ihn bei seinem Namen rufen, wollte sagen, Warte, meine Tante suchte ihr Blut in den Dünen, die Kiefern wisperten im Wind, der, der bei mir schläft, entfernte sich vom Stamm der Akazie und ging ein paar Schritte, wobei er seine Ärmel auf und ab bewegte

(Was ist wohl aus Senhor Jorge in Tavira geworden, was ist wohl aus Senhor Fernando geworden und aus Dona Anita und aus Dona Maria Teresa und aus der Nähfrau und dem Sohn der Nähfrau und aus der anderen, sie haben aufgepaßt, daß ich die andere nicht sah, wie sie das Grammophon aufzog, die, die vielleicht meine Mutter ist),

und stolperte in eine Bewässerungsrinne, fiel hin, stand wieder auf, begann wieder zu traben

(und ich zu ihm, Geh nicht, denn ich hatte mich an sein Schweigen gewöhnt, denn ich hatte mich daran gewöhnt, ihn zu haben, wie er mich auf der Bank beim Nußbaum liebte, denn wahrscheinlich mochte ich ihn, Ana, obwohl ich ihn daran hinderte, mich zu liebkosen),

und er erhob sich ein paar Zentimeter, den Tirolerhut auf dem Kopf, über die Zwiebeln, den Klee, den Sellerie, die Kartoffeln, und ich, Bleib, und meine Tante, die zwischen den Trauerweiden umherging, Zistrosen, und es stank nach Fisch, und die Möwen kamen und gingen vom Platz zum Meer und vom Meer zum Platz (und ich bat ihn, Küß mich, und ich forderte ihn auf, Berühr mich, hier bin ich, berühr mich),

und er erhob sich weiter und begann aufzusteigen und passierte den Wipfel der Akazie, und ich erinnerte mich an die Snackbar, erinnerte mich an die Zitronentees gegen die Grippe, erinnerte mich an sein Lächeln, erinnerte mich vor allem an sein Lächeln, Verlaß mich nicht, erzähl mir von Ericeira, erzähl mir von Benfica, erzähl mir, während du mich umarmst, wie dein Leben war, bevor du mich kennenlerntest, und mein Vater und mein Großvater suchten zwischen den Tomatenstauden nach Gänsegeiern, und meine Großmutter briet in der Küche Fisch, und meine Tante auf der Suche nach sich selbst in den Dünen

(Zistrosen),

und er ließ den Baum hinter sich und stieg weiter in die Höhe, man konnte seine Züge kaum noch erkennen, man konnte seinen Tirolerhut kaum noch erkennen, man konnte seinen Regenmantel kaum noch erkennen, stieg über Esposende auf, das ich hasse, ich hasse Esposende, Komm zurück, bat ich, Komm zurück, Ana, bat ich, Komm zurück, es macht mir nichts aus, daß ihr euch über mich lustig macht, Komm zurück, rede mit mir, komm zurück, ich verspreche, daß du dich nie wieder auf die Steinbank im Garten hinter dem Haus setzen, im Glitzern der Kohlköpfe hocken wirst, verzeih,

und da zeigte mein Großvater mit dem Finger auf ihn, Guck mal, da oben ist einer, der abhaut, Domingos, und mein Vater hob das Gewehr, mit dem Knall hörte alles auf, sich zu bewegen, das Gemüse, die Akazie, die Hühner, die Gebäude am Platz, die Möwen, und ich ging schnell ins Haus, um nicht sehen zu müssen, wie er blutend in den Garten stürzte.

4

Und an einem Freitag, Iolanda, der, der mit dir schläft, war seit drei Monaten im Nebel von Esposende verschwunden

(und du schworst Stein und Bein, daß neben einem Hühnergeier mit Turban ein ausgestopfter Engel mit Tirolerhut und Glasaugen im Vorraum des Rathauses stand),

bin ich nicht zum Englisch- oder Geographie- oder Mathematiklernen in die Straße Nummer acht in der Quinta do Jacinto gekommen, weil uns die Mönche erlaubt hatten, mit meinem Onkel einen Ausflug nach Cruz Quebrada zu machen. Wir fanden ihn nicht hinter den Bunkern beim Zaun, wo er sonst in den Büschen hockte, Latein redete und die Arbeiterinnen der Keksfabrik und die Autos auf dem Weg zur Kirche beobachtete, die gleich an dem Platz lag, an dem im Juli der Armenmarkt aufgebaut wurde, sondern in Anzug, Krawatte und mit abrasiertem Bart in Begleitung eines Krankenpflegers am Eingang des Asyls vor, und meine Mutter im geblümten Kleid mit einer Korallenbrosche an der Brust,

– Du bist dicker geworden, Artur,

mit dieser Stimme, die für Polizisten, Kranke und Kinder bestimmt ist, und mein Onkel, der vollkommen normal war, küßte sie wie in den Jahren vor der Vorhangtunika und der Ankündigung der Sintflut,

– Ich fühle mich ausgezeichnet, Ausenda

(und du schenktest den Gleichungen zweiten Grades keine Aufmerksamkeit, irgendwie nimmt es mich mit, daß sie ihm den Bauch voller Stroh gestopft haben, irgendwie nimmt es mich mit, daß sie sein Gesicht lackiert haben),

und ich bemerkte, daß ihm die Mönche die Prophetenschuhe gewichst, den Apostelschopf mit Brillantine gezähmt und die Beine mit gebügelten Hosen bedeckt hatten, während der Krankenpfleger meinen Vater rief und ihm ein Päckchen mit Tabletten übergab,

– Zwei Tabletten nach dem Mittagessen und zwei am Nachmittag, denn Gott sein wollen ist stärker als die Arzneien, und Ihr Schwager läßt sich nicht entmutigen,

und die Mönche gingen sandalenschlappend durch einen Flur und hielten Anstaltsinsassen am Viehstrick ihrer Ärmel fest, und meine Mutter, die die Korallenbrosche streichelte,

– Willst du die Seehunde im Aquarium ansehen, Artur? Du mochtest doch Seehunde immer so gern,

eine von diesen billigen Broschen mit einem verchromten Rahmen, die ein Frauenprofil darstellen, wie man es auf griechischen Vasen sieht, und ich dachte, Iolanda, daß ich das Aquarium nicht ausstehen kann, daß ich diese Säle mit den dicklippigen Fischen nicht ausstehen kann, die ich lieber im Meer in Caxias oder in Algés sehen würde, wo die Abwasserrohre die Stadt in den Fluß kotzen, ganze Gassen, Häuschen, Caféterrassen, Frauen an Fenstern, Kohlenläden und Tavernen, bis von Lissabon nur noch der Schrei der Pfauen auf den leeren Hügeln übriggebliegen ist. Die Ellenbogen an der Wand, Iolanda

(und du, Jetzt spricht er mit niemandem mehr über Benfica, setzt sich nicht mehr nachts auf den Nußbaumzweig),

warte ich darauf, daß das Gebäude des Santa-Apolónia-Bahnhofs zur Mündung gleitet, warte ich darauf, inmitten der Barsche das Pfeifen der Züge zu hören, die die Boote durcheinanderbringen und die Möwen erschrecken, und der Krankenpfleger zu meinem Vater,

– Bei weniger als vier Tabletten fängt er an, das Evangelium zu predigen,

und mein Onkel, der, bei meiner Mutter eingehakt, die Treppe zur Straße hinunterging,

– Heute habe ich keine Lust auf Seehunde, ich würde am liebsten ein kleines Steak mit einem Ei drauf in einem Restaurant in Cruz Quebrada essen, und ich zu dir, während ich dir ein Verb verbesserte,

– Alte gibt es viel zu viele, nun lern schon,

und mein Vater, der das Päckchen mit den Tabletten abtastete,

– Zwei zum Mittagessen und zwei am Nachmittag, keine Angst, die nimmt er, mein Herr,

hinten im Sand zwischen den Steinbutten die Emigranten, und mein Onkel zu mir, indem er mich leicht am Nacken krault,

– Und die Noten im Gymnasium, Alfredo?

Und wir gingen durch den Hof, der uns von der Eingangspforte, den auf den Zaun gestützten Lorbeer- und Maulbeersträuchern trennte, und meine Mutter zu meinem Onkel mit der Jovialität, mit der man Krebskranke aufmuntert,

– Wir steigen am Cais do Sodré in die Straßenbahn, und du wirst die Landschaft genießen,

und der Krankenpfleger zu meinem Vater,

– Ich möchte nur keine Komplikationen, mein Freund, ich möchte nur nicht den armen Kerl in der Zwangsjacke vom Arsch der Welt wieder abholen müssen,

und mein Onkel sehr bescheiden zu meiner Mutter, während er diskret die Lorbeerbüsche segnete, so diskret, daß nur ich es bemerkte,

– Das ist keine schlechte Idee, Ausenda, ich habe schon lange keine Kräne mehr gesehen,

und so stiegen wir in den Bus zur Baixa, während die Stieglitze aus Versehen auf die Schultern der Kranken hinunterstiegen und sich der Krankenpfleger auf dem Bürgersteig von uns verabschiedete und noch einmal auf die Kapseln zurückkam,

– Hören Sie, wenn Sie nicht aufpassen, rastet Ihr Schwager aus,

und du,

– Ich kann nichts behalten, Alfredo, er tut mir so

leid, da in Esposende, ausgestopft auf einer Säule aus Sperrholz mit einem Schildchen auf lateinisch,

und ich,

– Zerbrich dir nicht den Kopf über den Alten, Iolanda, wie heißt die Hauptstadt von Norwegen?,

und sie, den Blick auf den Kohlköpfen im Garten,

– Paris,

und wir fuhren an Santos vorbei und fuhren an Alcântara vorbei und fuhren an Belém vorbei, und mein Onkel zu meiner Mutter, indem er mit dem Kinn auf den blauen Himmel wies,

– Zu schade, dieser Regen,

und meine Mutter,

– Wieso Regen, Artur?,

und mein Vater, hastig,

– Regen, klar doch, Regen, du bemerkst den Regen nie, Ausenda,

und ich zu Iolanda,

– Paris?,

und du, den Blick auf den Kohlköpfen, mit in Zukker einbalsamierten Blütenworten,

– Paris oder Budapest, das ist doch egal, würdest du es witzig finden, wenn dich der Apotheker in Esposende ausstopfte?

Und wir fuhren an Algés und Pedrouços und dem Seehundsaquarium mit dem Fötus eines Pottwals in einem Glaskasten vorbei, wohin der Biologielehrer mit uns im zweiten Halbjahr gegangen war, und ich war enttäuscht gewesen, weil es dort keine Nixen gab, war so enttäuscht gewesen, wie ich nachts in Santa Apolónia enttäuscht bin, wenn meine Mutter im Wohnzimmer die Lampe anmacht und die Möbel, die Vorhänge und mein Leben traurig werden, wenn mir alles so unumkehrbar vorkommt wie Leukämie und ich, ich weiß nicht, warum, weinen möchte und mich deshalb in meinem Zimmer einschließe und nichts sage, Iolanda, und mein Vater,

– Was hast du, Alfredo?,

und ich,

– Ich habe Bauchschmerzen, Vater,

weil ich ihm nicht erklären kann, daß mir die Nacht weh tut, und mein Onkel ironisch zu meinem Vater,

– Glaubst du wirklich, daß es regnet, Teodoro?,

und im Winter mit den Wolken und dem nassen Asphalt ist die Nacht noch schwerer zu ertragen, und ich zittere zwischen den Bettüchern, und die hoffnungslosen Gesichter unter den Lampen, vielleicht wäre es einfacher zu wachsen, wenn die Nacht nicht wäre, und mein Vater,

– Du hast was von Regen gesagt, Artur,

und Cruz Quebrada war eine Anhöhe bis zum Stadion und zu den Abwasserrohren, die durch die Algen hindurch in den Fluß ragten, und ich weigere mich zu sein wie sie, Iolanda, und ich werde es sein, und eines Tages stehe ich vor dem Spiegel und betrachte mein Gesicht und lebe von der Vergangenheit wie von einer Rente und habe Mitleid mit mir selbst, und mein Onkel bat meine Mutter um ihre Meinung,

– Habe ich was von Regen gesagt, Ausenda?,

und du lutschtest, noch immer auf die Kohlköpfe blickend, an der Bleistiftspitze,

– Kennst du Benfica, Alfredo?,

und meine Mutter, die zu meinem Vater hin runde Augen machte,

– Natürlich nicht, Artur, das ist Teodoros Zerstreutheit, ärger dich nicht,

und ich kenne Benfica nicht, aber ich möchte wetten, daß es genauso ist wie Santa Apolónia oder die Quinta do Jacinto, weil es überall in diesem Land Lokomotiven und Lampen und Nacht gibt, ich möchte wetten, daß es in Algés oder in Pedrouços oder in Cruz Quebrada genauso ist, die gleichen Straßen, die gleichen Mauern, dieselbe Sonne über der gleichen Dunkelheit, auch wenn es da noch so viele Fotos von Soldaten und Uhren und Schritte auf dem Dachboden gibt, und mein Vater, der bereute, mit meinem Onkel das Asyl der Mönche verlassen zu haben,

– Ach natürlich, meine Zerstreutheit, mein Gedächtnis ist wie ein Sieb, du kennst mich doch,

und ich bemerkte seinen ausgefransten Kragen und dachte, warum hatten wir nie ein Auto, warum hatten wir nie Geld, dachte daran, wie deine Familie wohl ohne den klarkommt, der mit dir schläft, um die Miete und die Stromrechnung zu zahlen, und stellte mir vor, wie dein Vater, den Helm auf dem Kopf, den Fußboden mit der Spitzhacke aufschlägt, um schließlich in dreihundert Meter Tiefe Gold für die Kühlschrankrate und die Gasrechnung zu entdecken, und wir stiegen an der Endstation aus, und bevor er aus dem Wagen stieg, streckte mein Onkel die Handfläche aus und teilte mit,

– Du hattest recht, Teodoro, es regnet,

und das, obwohl der Himmel wolkenlos war und trotz der Hitze und der vielen Menschen und Segelboote am Strand, und mein Vater hob zu meiner Mutter hin die geöffneten Hände, und meine Mutter antwortete schweigend, Was soll ich denn machen?, und mein Vater, mit Gesten, Ruf den Krankenpfleger an, er soll schnell kommen, und meine Mutter winkte ab, Nein, und mein Onkel, die Hände in den Taschen und die Nase in der Luft,

– Das schüttet vielleicht, meine Lieben, für mich gibt es da keinen Zweifel mehr, das ist die Sintflut,

und mein Vater zog die Schachtel mit den Tabletten raus, war beunruhigt wegen der Leute, die sich für uns zu interessieren begannen,

– Und wenn du ein paar von den Vitaminen nimmst, die man mir für dich gegeben hat, Artur?,

und mein Onkel schüttelte den Vorschlag mit einer verächtlichen Geste ab,

– Wir müssen eine Arche bauen und das ganze Viehzeug in den Laderaum stecken,

und ich,

– Warum essen wir nicht erst mal ein kleines Steak?

Und meine Mutter, die sich hoffnungsvoll an diesen Vorschlag klammerte,

– Nach einem kleinen Steak baust du im Handumdrehn die Arche, Artur,

während Lissabon sich in den Tejo erbrach, ließen sich die Vögel auf dem Müll, dem Bauschutt, den Essensresten und den Eingeweiden toter Tiere nieder, vielleicht schlucken die Vögel den Ruf der Lokomotiven und die Traurigkeit der Vorhänge und der Stehlampe mit den Rüschen im Wohnzimmer, verschlucken sie Santa Apolónia und die Dahlien der Quinta do Jacinto und Benfica und den Lichthof der Lampen und meinen Wunsch zu weinen, verschlucken sie unsere Stimmen und die Erinnerung an uns, und meine Eltern trieben meinen Onkel in ein Arbeiterrestaurant oberhalb des Strandes, in dem ein Radio brüllte, und du suchtest, Blütenkelche hauchend, den, der mit dir schläft, auf der leeren Bank unter dem Nußbaum, und die Bucht von Cascais in der Ferne, und mein Onkel, der die Speisekarte nicht sehen wollte, erklärte dem Kellner mit der Schürze,

– Ich ernähre mich nur von Heuschrecken und Waldhonig, mein Sohn,

und mein Vater, kurz davor, auf dem Boden niederzuknien,

– Tu mir den Gefallen, Artur, schluck die Medizin,

und eine Frauenstimme im Radio leierte Nachrichten herunter, und in der Küche streckte sich, den Rücken in Krummsäbelform, ein Straßenköter, und meine Mutter zu meinem Vater, indem sie vom Tisch aufstand,

– Hast du die Nummer vom Krankenhaus, Teodoro?,

und ich stellte mir vor, wie die Mönche, einer Krankenwagensirene entstiegen, direkt auf meinen Onkel zutrabten und mit ihm zum Asyl bei der Kirche Nossa Senhora da Luz und dem Armenmarkt fuhren, und der Kellner,

– Wie bitte?,

und mein Onkel,

– Heuschrecken und Waldhonig wie mein Schüler Johannes der Täufer, der dich in den Wassern des Jordans von Sünden reinwusch, und mein Vater,

– Kümmern Sie sich nicht darum, mein Herr, seien Sie nicht gekränkt, das ist ein Spaß, bringen Sie uns vier Steaks, halb durchgebraten.

Vom Vale do Jamor her kamen die Leute aus Timor zur Mauer, um voller Sehnsucht nach Monsunen auf den Tejo zu blicken, und ihre Hemden aus der Kleidersammlung ließen mich an meine Großmutter in ihrem Hochzeitskleid auf ihrer Bahre in Trás-os-Montes denken, das Hochzeitskleid, das zwischen Lavendelkissen verwahrt wurde und das sie sechzig Jahre zuvor getragen hatte, zu einer Zeit, als die Nacht und die Züge von Santa Apolónia noch nicht entstanden waren, und es war Dezember, und es schneite im Dorf, und die Füße hinterließen lange schwarze Spuren auf dem Fußboden, wir leerten kleine Gläser mit Muskatellerwein und aßen Kekse, die Hirtenhunde heulten den Tod an, und mein Onkel umkreiste das Bett und besprengte die Verstorbene mit einem in Branntwein getauchten Olivenzweig, und die Kälte und die Dunkelheit kamen nicht vom Winter, sondern aus dem Mund der Verblichenen, bei der sich ein einsamer Zahn von der Lippe erhob wie ein Spargel, ebensowenig wie die Leute aus Timor aus den Hütten von Jamor gekommen waren, sondern aus den Algen der Abflußrohre, genauso wie der Duft, Iolanda, nicht von dir kam, sondern von den Dahlien der Quinta do Jacinto, den Dahlien der Straße Nummer zwei, der Straße Nummer vier, der Straße Nummer sechs, der Straße Nummer acht in der Quinta do Jacinto, die das Viertel mit ihrem Moschusduft erfüllten, und mein Onkel blickte auf die Tonschale mit dem Steak,

– Ich sehe keine Heuschrecken auf diesem Teller,

und der Kellner,

– Wie bitte?,

und meine Mutter, während sie ihre Korallenbrosche streichelte,

– Haben Sie zufällig ein Telefonbuch?,

und mein Vater,

– Nimm die Tabletten, Artur,

und du, indem du das Buch zuschlugst,

– Es macht mich traurig, ihn nicht mehr unter dem Nußbaum zu sehen,

und es war so, als ob die Kohlköpfe und die Steinbank und die Schatten und die Sonne auf der Mauer aus dem Garten verschwunden wären und es nichts gäbe außer der Sehnsucht nach ihm, eine Möwe balancierte auf der Mauer und starrte uns aus ihrer scharlachroten Augenhöhle an

(Eines Tages, dachte ich, indem ich mein Brot ins Ei tunkte, gehe ich fort an einen Ort, an dem es keine Nacht gibt, an einen Ort ohne Züge, wo das Lampenlicht mich nicht erschreckt),

und selbst in Cruz Quebrada summten die Züge wie Seepapageien, und die Leute aus Timor warteten, daß sich ihre Insel näherte wie eine Karavelle, und mein Onkel zu den Arbeitern an den Nachbartischen,

– Wer hilft mir, eine Arche zu bauen?,

während ihn die Möwe anstarrte, uns anstarrte, und der Restaurantbesitzer das Radio ausmachte und von der Theke her fragte,

– Schmeckt das Fleisch nicht, mein Freund?,

und meine Mutter suchte im Telefonbuch nach der Nummer des Krankenhauses, und mein Vater,

– Beruhige dich, Artur, setz dich, probier das Steak, beruhige dich,

und es waren jetzt fünf Möwen in einer Reihe auf dem Rand der Mauer, drei Weibchen und zwei Männchen, und der Pater öffnete die Tür, brachte Schnee mit sich und verkündete,

– Der Friede des Herrn sei mit euch,

doch es gibt keinen Frieden, Iolanda, es gibt diese Unruhe, diese Bangigkeit, was machen die anderen nur, um das Leben zu ertragen?, und mein Onkel zu dem vom Restaurant,

– Von mir aus können Sie sich das Fleisch in den Arsch stecken,

und ich zählte zwölf Möwen außer denen, die über den Booten flogen, zwölf Möwen, die uns anstarrten, und die Arbeiter an den Nebentischen starrten uns ebenfalls an, und die Leute von Timor aus Jamor und die Wagen und die Wellen und meine Großmutter, die den Pater mit ihrem einen Zahn anlachte, als Braut im Sarg, meine Mutter fand die Nummer im Telefonbuch, und der Besitzer kam um die Theke herum, den Arm um das Tranchiermesser verlängert,

– Sag das noch einmal, sag das noch einmal,

und mein Onkel, unerschütterlich,

– Von mir aus können Sie sich das Fleisch in den Arsch stecken,

und der Kellner hielt ihn von hinten fest, und mein Vater, der versuchte, sie voneinander zu trennen,

– Er ist krank, Herrschaften, er tickt nicht richtig, er ist seit einem Jahr in der Klapsmühle,

und dein Vater zu dir, während er vom Bahnsteig aus auf die Straße schaute,

– Wo zum Teufel ist denn der, der mit dir schläft, bloß hin, Esposende ist doch nicht so groß, daß man sich dort verlaufen kann,

und deine Tante,

– Er hat darum gebeten, daß wir einen Augenblick warten, damit er dort drüben einen Zitronentee trinken kann,

und dein Vater,

– Wenn er den Zug verpaßt, gibt es morgen nur den Bummelzug,

und das Seenotrettungsboot röhrte heiser, röhrte heiser und verstummte, röhrte heiser und verstummte, und dein Vater,

– Was für eine verrückte Idee, ausgerechnet jetzt muß ihm einfallen, Tee zu trinken,

doch der, der bei dir schläft, ist in der Quinta do Jacinto nicht erschienen, er hat nie wieder, die Aktentasche in der Hand, den Verkehrskreisel überquert, ist nie wieder mit seinen ersterbenden Schrittchen den Hang hinaufgekommen, und du zu deinem Vater, während du die Insulinspritze aus der Handtasche zogst,

– Sind Sie sicher, daß der Großvater ihn nicht mit dem Gewehr erschossen hat, sind Sie sicher, daß ihn Großvater nicht zwischen den Tomatenstauden in Esposende erlegt hat, so wie er es mit dem mit dem Turban gemacht hat, den sie im Rathaus ausgestopft haben?,

und dein Vater,

– Was für ein Turban, meine Kleine?,

und du,

– Mit dem Lehrer für Fernhypnose, dem, der flog, dem, der vor der Revolution Polizist war, dem, der nach Alcântara kam und Fragen über uns stellte,

und dein Vater,

– Du bist wohl nicht richtig im Kopf, Mädchen, hat man denn jemals einen Menschen fliegen sehen?,

und deine Tante,

– Turbane?,

und der Restaurantbesitzer zu meiner Mutter,

– Krankheit ist keine Entschuldigung, gnädige Frau, meine Leber ist im Eimer, und ich beleidige niemanden,

und du mit einer Stimme in der Farbe der Dahlien in den Beeten,

– Die Turbane, die auf dem Weg nach Marokko hier vorbeikommen,

und mein Onkel, den der Kellner strangulierte,

– Laß mich los, Beelzebub,

und der Krankenpfleger, indem er ihm die Zwangsjacke mit Ketten anlegte,

– Habe ich Ihnen nicht gesagt, daß Sie ihm die Medizin geben sollten, verdammt noch mal, habe ich Sie nicht gewarnt, daß er, wenn er die Tabletten nicht nimmt, einen Heidenaufstand macht?

Und so fand ich ihn, als wir ihn am Samstag der

darauffolgenden Woche besuchten, wieder auf der anderen Seite der Bunker, wie er in den Büschen neben dem Zaun saß und die Arbeiterinnen der Keksfabrik und die Straße zur Kirche Nossa Senhora da Luz beobachtete, und ich,

– Wie fühlen Sie sich, Onkel?,

und er,

– Deo gratias,

und da dachte ich erleichtert, Da es ihm nicht bessergeht und sie ihn nicht entlassen, kann ich sein Zimmer behalten und mich berühren, ohne daß die Heilige auf dem Bildchen es mir verbietet, kann an die Frauen für fünfzig Escudos pro Tango und dreißig Escudos pro Walzer denken, einmal abgesehen von den Ginger-ales und den Bieren, ein Zimmer mit einem Balkon zu den Tauben der Alfama, zu den Treppen und den Hausschwellen und den Fakirtauen der Regenrinnen der Alfama, mit einem Balkon ohne Blick auf die Züge und den Fluß, und da dachte ich, daß ein Zimmer für mich allein mir vielleicht helfen würde, die Nacht zu durchqueren, und da dachte ich, Vielleicht kommt, wenn ich die Fensterläden aufmache, der Dahlienduft aus der Quinta do Jacinto bis hierher, wobei ich wußte, daß du, Iolanda, die Bank unter den Früchten des Nußbaums belauertest, die wie Zähne klapperten, in der Hoffnung, daß der, der mit dir schläft, es sich auf einem Zweig bequem machte und darauf wartete, bis du eingeschlafen warst, um ins Haus zu kommen und dir von Benfica zu erzählen, von Opernarien und Echos auf einem Dachboden, und dennoch versichere ich dir, daß er nicht kommen wird, denn an diesem Nachmittag, nach dem Asyl

(und meine Mutter,

– Bis Samstag, Artur,

und mein Vater,

– Bis Samstag, Schwager,

und mein Onkel,

– Deo gratias),

machten wir in einer Konditorei in Luz, neben dem

Gymnasium, halt, damit meine Mutter wegen des abgesackten Blutdrucks einen Espresso trank

(und der Arzt zu meinen Eltern,

– Wir werden ihn einen oder zwei Monate isolieren müssen, denn die Luft am Fluß hat zu einer Verschlechterung geführt,

und meine Mutter, indem sie die Korallenbrosche mit der verchromten Fassung streichelte, die ein Profil wie auf einer griechischen Vase darstellte,

– Er hat im Restaurant angefangen, die Sintflut auszurufen, Herr Doktor, Sie können sich nicht vorstellen, wie erschrocken wir waren),

und es war fünf oder sechs Uhr, und die Tische brodelten von Schülern aus meinem Jahrgang oder dem vor oder nach meinem, die redeten, rauchten, sich gegenseitig Zeitschriften zeigten, Vanilleshakes nuckelten, bis auf ein Mädchen neben uns, das, ein Geschichtsbuch und einen Reiskuchen und ein Mineralwasser vor sich, Notizen in ein Heft schrieb

(und der Arzt,

– Ich glaube, es ist besser, er kommt hier nicht heraus, gnädige Frau, stellen Sie sich den Ärger vor, wenn der Krankenpfleger nicht rechtzeitig gekommen wäre,

und mein Vater,

– Sie haben vollkommen recht, Herr Doktor, um Haaresbreite hätte ich einen Fausthieb eingefangen,

und ich dachte,

– Ich werde nicht wieder im Wohnzimmer schlafen, wie gut),

und ich garantiere dir, daß es sich nicht lohnt, so zu tun, als schliefest du, ohne zu schlafen, weil ich in dem Augenblick, als sie den Kaffee meiner Mutter und den Milchkaffee meines Vaters und meinen Ananassaft brachten, sah, wie die, die schrieb, zu einem Kerl mit Tirolerhut und der Aktentasche in einer Hand und einer Tasse Tee in der anderen aufblickte, der sich zu ihr hinunterbeugte, um mit einem verschämten Lächeln zu fragen

(und der Arzt zu meinem Vater,
– Da sehen Sie's mal),
– Erlauben Sie mir, daß ich mich Ihnen vorstelle? Verzeihen Sie mir meine Dreistigkeit, aber ich würde mich gern ein bißchen mit Ihnen unterhalten.

Fünftes Buch:

Die halluzinatorische Darstellung des Wunsches

I

Dies alles ist vor langer Zeit geschehen, weil alles, was geschehen ist, vor langer Zeit geschehen ist, selbst das, was gerade eben geschehen ist, nämlich daß ich das Grammophon aufgezogen habe, um eine Arie aus *La Bohème* zu hören, und nun auf dem Schaukelstuhl sitze, vor mir der Hügel von Monsanto und das Grün der Bäume, das, gebrochen durch die Entfernung, bläulich ist wie damals, als mein Vater dort neunzehnhundertachtzehn während der Monarchistenrevolution gekämpft hat. Meine Schwester Maria Teresa und meine Schwester Anita schwören, daß sie sich an dieses Jahr erinnern können, weil das Telefon unermüdlich klingelte und sie ins Zuchthaus gegangen sind, um meinen Vater zu besuchen, und sie sagten mir, daß meine Mutter mit mir schwanger ging, ständig blaß war und sich übergab, doch meine ältesten Erinnerungen beginnen hier in der Calçada do Tojal und nicht in Queluz, wo meine Geschwister in einer Parterrewohnung in der Nähe eines Parkes mit Buchen und Holzlattenbänken geboren wurden, dessen Beete und Rasen mit Papier und Zigarettenkippen verschmutzt waren. Vielleicht hätte ich gern in diesem Haus gewohnt, das sie mir als düster und seltsam fremd beschrieben, obwohl alle Häuser, wenn man Kind ist, düster und fremd sind und man dort noch nicht groß genug geworden ist, um zu merken, daß die Schatten und das Fremde in uns leben und nicht in den Dingen, und man erst allmählich ernüchtert die langweilige, statische Gewöhnlichkeit der Gegenstände sieht. Meine Erinnerungen beginnen in Benfica, und mich überkam früher, wenn ich von Orten hörte, die sie kannten und an denen ich nie gewesen bin, das Gefühl, in einen Kinosaal zu kommen, in dem der Film schon angefangen hatte, so daß ich gezwungen war, zu fragen, was vor meiner Ankunft geschehen war, um die Handlung und die Personen zu verstehen, die nur für die anderen ihre Rolle zu spielen schienen, als seien sie wegen meines ungebührlichen Zuspätkommens beleidigt. Meine Erinnerungen beginnen in Benfica, nicht hier auf dem Dachboden, sondern unten, im Küchenhof, gegenüber der Palme bei der Post, und man hatte mir eine Kinderschürze angezogen, und ich hocke auf einer Stufe und sehe den Hühnern zu, die in etwas herumpicken, was früher einmal ein Gemüsegarten gewesen sein muß, denn man kann Wurzeln aus dem Unkraut lugen sehen, und da zeigt mein Bruder Jorge auf die Hühnchen und befiehlt mir, Bring sie um, und ich nehme einen Ziegelstein und renne hinter den Tieren her, und mein Bruder Fernando, der nicht weit entfernt von mir spielt, steht auf und schreit weinend nach dem Dienstmädchen, mein Bruder Jorge packt ihn am Arm, und unsere Mutter fragt vom Fenster über dem Wasserbecken her, Was machst du da, Julieta?, und sie hat braunes Haar und sieht mich ohne ein Lächeln an, und ich höre auf, nicht weil sie zornig ist, sondern wegen der Angst, die man hinter dem Zorn auf ihrem Gesicht erahnt, und die Angst der Erwachsenen beunruhigte mich, weil sie mich schutzlos und nackt werden ließ. Auch hierin glaube ich anders zu sein als meine Schwestern, auch deshalb, weil es mir niemals passiert ist, daß ich ein Haus als düster und fremd empfand, was, glaube ich, ein Zeichen dafür ist, daß ich keine Kindheit wie sie gehabt habe, vielleicht, weil mein Vater nie mit mir sprach, als könnte er mich nicht leiden oder als störte ich ihn, und einmal, eines Sonntagvormittags, als er bereits krank war und das Bett nicht mehr verließ, trat ich ins Zimmer, näherte mich seinem substanzlosen Körper, in dem die Pupillen wie Kohlen im Ofen leuchteten, und er sah mich einen Augenblick lang an mit dem geräuschvollen Schweigen eines Menschen, der gleich sprechen wird, und drehte das Kinn zur Wand, ohne den Mund zu öffnen, und es war dies das erstemal vor seinem Tode, daß ich mich als Waise fühlte, und so hatte ich an dem Tag, an dem er tatsächlich starb, keinen Vater, und anstatt traurig zu sein, ging ich auf den Dachboden, öffnete das Fenster nach Monsanto hin und betrachtete die fernen Bäume, die anders waren als die in größerer Nähe stehenden Bäume des Waldes, die das Echo der Pfauenschreie zurückwarfen. Ich hörte die Besucher im ersten Stock miteinander reden wie in der Kirche, hörte Schritte über Schritte und meinen Bruder Jorge, der die Leute begrüßte und sie zum Ausgang begleitete, doch ich hörte weder das Schlagen der Pendeluhren noch die Kuckucke aus Holz, weil meine Schwestern, die die Rahmen und Fotografien auf den Kommoden mit Bahnen aus Trauerflor bedeckt hatten, die Uhren angehalten hatten, um die Stille und die Würde der Abwesenheit zu vertiefen, und mir kam es so vor, als sei alles so leer wie ein ausgebranntes Haus. Dann klingelte es jede Minute an der Haustür, und es kamen noch mehr Leute und begannen die Totenwache, indem sie Stühle ins Zimmer trugen und sie um den Leichnam herumstellten, die Männer gingen in den Garten und zündeten Zigaretten an, die Dienstmädchen liefen auf Zehenspitzen mit Schüsseln und Flaschen umher, Monsanto bestand nur noch aus den Strommasten, die das Gefängnis umstanden, eine Eule oder eine Fledermaus flog dicht an den Gebäuden vorbei, die vor unserem Haus gebaut wurden, und ich schloß das Fenster, legte einen Walzer auf den Grammophonteller und drehte den Lautstärkeknopf bis zum Anschlag, so daß die Wände erzitterten und das ganze Gebäude vor Musik summte, und mein Bruder Jorge kam in Leutnantsuniform auf den Dachboden, hielt sich die Ohren zu und stellte den Apparat ab. Ich ging zum Fenster zurück, und die Gestalten, die im Garten rauchten, sahen überrascht zu mir auf.

Doch auch dies ist wie alles andere vor langer Zeit geschehen, oder aber es ist gleichzeitig in einem Jahr oder in einem Monat oder in einer Minute meines Lebens geschehen, die ich nicht genau bestimmen kann, wo das Vorher und das Nachher ein und dieselbe Textur besitzen, die mich ausschließt wie das, was vor meiner Geburt geschah und sich noch fortsetzen wird, wenn ich gehen werde, an einem Wintertag wie jenem, an dem mein Vater beerdigt wurde und sie mich nach der Beisetzung zum Mittagessen ins Wohnzimmer riefen, anstatt mir das Essen zu bringen, meine Schwester Teresa nahm den Trauerflor von den Fotografien ab, mein Bruder Fernando stellte die Uhren, Dutzende Kuckucke sprangen plötzlich aus den kleinen Luken, und ich dachte, als nächste ist meine Mutter an der Reihe und dann meine Geschwister und dann ich, und wenn ich an der Reihe bin, werde ich die letzte sein, die hier wohnt, und niemand wird Stühle um den Leichnam herum aufstellen, niemand wird zum Rauchen in den Garten gehen, und da niemand weiß, daß es mich gibt, werden sie das Haus mit Bulldozern abreißen, und ein allerletzter Kuckuck wird, von einem Schutthaufen begraben, rufen. Nach dem Obstgang begab ich mich in der Absicht in den Küchenhof, einen Ziegelstein zu ergreifen und die Hühnchen zu verfolgen, und mir fiel ein, daß wir keine Hühner mehr besaßen, mein Bruder Fernando fragte, Wo warst du, Julieta?, und ich sprang die Stufen zum Dachboden hinauf, schloß die Rolläden und blieb endlos lange im Dunklen, dachte an nichts und hörte dem Regen zu.

Als ich Kind war, mochte ich den Februar. Ich mochte die Februargrippen und die Fieberwohligkeit. Unsere Mutter schickte eines der Dienstmädchen hier herauf, damit es bei mir schlief, und sein Atem hielt mich wach, als müßte ich mich gegen seinen Schlaf verteidigen. Frühmorgens zog die Frau sich an und verschwand aus dem Zimmer, doch die Wärme der Matratze hinderte mich daran, mich zu beruhigen, das Fieber stieg, die häuslichen Geräusche (Wasserhähne, die Milch auf dem Ofen, die Türangeln der Schränke in der Anrichte) steigerten sich zu einem Getöse, und ich fürchtete, sie würde in der folgenden Nacht wiederkommen, um mich mit ihren Ziegenbockseufzern anzugreifen. Und doch ist dies alles vor langer Zeit geschehen, selbst das, was gerade eben geschehen ist (das Grammphon aufziehen, um eine Arie aus *La Bohème* zu hören), und noch immer mag ich den Februar und die Februargrippen, und es gibt kein Dienstmädchen mehr, das bei mir schläft, denn von einem bestimmten Augenblick an hinderten unsere Mutter oder mein Vater oder meine Geschwister oder die ganze Familie zusammen Fremde daran, mich zu sehen, und ich habe nie begriffen, warum, aber vielleicht wollte ich es auch nicht wissen, denn ich bin nie darauf gekommen, zu fragen. Sie haben die Sachen auf dem Dachboden in einen entlegenen Teil geschoben, mein Bett hierhergebracht, und nur sonntags riefen sie mich, damit ich im Eßzimmer im Parterre mit ihnen in einer so angespannten Atmosphäre aß, daß ich Lust hatte, zu schreien oder in den Garten zu laufen, denn ich fühlte, daß ihr Haß mit mir zu tun hatte. Mir schien, den sich widersprechenden Zifferblättern zufolge, zu welcher Stunde auch immer, daß wir gleichzeitig alle Augenblicke des Tages lebten, oder vielmehr, daß alle Augenblicke des Tages ein einziger waren, mein Bruder Jorge befahl mir, Bring sie um, und ich stand auf, ging in den Küchenhof, um einen Ziegelstein zu holen, und warf ihn mit aller Kraft in die Mitte des Tisches, wo die Menage stand und die Schüssel mit dem von Bohnen und gekochten Zwiebeln umringten Fisch, dessen Auge den sechsarmigen Leuchter an der Decke in Miniatur widerspiegelte. Im nächsten Augenblick fand ich mich hier oben auf dem Dachboden wieder, schaukelte auf dem Stuhl, und das Geräusch des Fußbodens schien sich wie ein Knochen in die Stille des Hauses zu bohren. Ich glaube, daß sogar der Klang meiner Schritte und der Grammophonarien eine Form der Stille sind und daß der Lärm in dem Augenblick beginnt, wenn die Leute schweigen und wir hören, wie sich die Gedanken in ihnen bewegen wie Teile eines kaputten Motors, die versuchen, sich wieder aufeinander einzuspielen. Ein Stück Ziegelstein zersplitterte die Gläservitrine in eine Kaskade aus laut lachendem Wasser. Mein Vater kam und schlug mich mit seinem Gürtel und ging, aber mir war es gleichgültig, denn er war ja schon tot. Ein Jahr oder mehrere Jahre nach seinem Todeskampf klagte unsere Mutter über ihren Kopf und darüber, daß eine Klinge ihr die Schläfen zerfetze, und das gerade damals, als die Wellensittiche nicht mehr flogen, sich mit aufgeplusterten Federn auf den Sitzstangen zusammenkauerten und mit einem flaumigen Aufprall auf den Zement fielen. Nachdem sie den letzten aus einer Körnerschüssel geholt hatten, wusch meine Schwester Anita den Käfig mit einem Desinfektionsmittel, das in der Nase stach, nahm die Sitzstangen und die Brutkästen heraus, und der Käfig blieb verlassen, bis der Fuchs kam, der gleich vom ersten Tag an innerhalb der Gitterstäbe auf der Suche nach einem Loch, aus dem er entkommen konnte, im Kreis herumlief und greinte wie ein Baby, das zahnt. Sogar nachts wache ich wegen des Jaulens auf, mit dem er die Bougainvillea anruft, Fragen formuliert, die niemand beantwortet, so wie mir niemand antwortet, so wie mir niemand geantwortet hat, als sie Jorge aus der Tojal nach Tavira ans Meer mitnahmen. Meine Schwester Maria Teresa sagte, Tavira sei eine Stadt ohne Störche, mit Möwen auf den Brückenbögen und den Schiffskielen und alten Männern, die in Straßencafés sitzen und die Sonne aus kleinen Anisgläsern trinken. Ich weiß nicht mehr, ob unsere Mutter damals starb oder davor, denn alles ist vor langer Zeit geschehen, und die Ereignisse vermischen sich, doch ich weiß, daß ihr ein Krankenpfleger am späten Nachmittag Sauerstoff gab, während sie auf dem Sessel dahinwelkte, und mein Bruder Fernando sich in seinem Zimmer einschloß oder die Nächte in der Konditorei gegenüber der Kirche verbrachte und die Frau des Veterinärs anlächelte, die mit ihren Freundinnen Tee trank. Am Tag der Beerdigung, wenige Augenblicke vor der Beisetzung, stand ich am Fenster, und ein rotblonder Mann kam mit einem Blumenstrauß, legte den Strauß auf die Fußmatte und ging wieder, ohne zu klingeln, und ich dachte, daß er einen Botengang gemacht oder sich in der Adresse geirrt habe. In dieser Nacht träumte ich, daß unsere Mutter mit einem rotblonden Mann spazierenging, Hand in Hand im Garten, und mein Vater starb wieder wie an dem Tag, an dem er sein Gesicht von meinem abgewandt hatte und ich mich als Waise fühlte, so wie ich mich als Waise meines Sohnes gefühlt habe, als sie ihn mir in Guarda wegnahmen, und ich war so um das besorgt, was, ständig weinend, stoßweise aus meinem liegenden Gesäß kam. Ich erinnere mich daran, wie ich im Bett lag und die Kiefern sich neben dem Haus meiner Großmutter und neben dem Bretterzaun erhoben, aus dem sich ein Brett nach dem anderen löste, und ich erinnere mich an die Vögel, die in der Felsengischt piepsten. Da es weder einen Dachboden gab, auf dem sie mich verbergen konnten, noch einen Schaukelstuhl, in den ich mich setzen konnte, wanderte ich von Zimmer zu Zimmer, blickte forschend auf die Kiefern und die Straße, die bei einem verlassenen Schuppen endete und zum Regen hin Dunkelheit bauschte. Meine Großmutter nähte, die Schuhe auf dem Rand des Kohlebeckens, und ich hörte die Bäume in dem Augenblick nicht mehr, in dem ein Bild, das einen glatzköpfigen, schnurrbärtigen Mann darstellte, mich mit unerklärlicher Strenge ansah. Da hörten die Schmerzen nicht mehr auf, die Vögel entschwanden, und ich verlor das Interesse an mir.

Als unsere Mutter starb und mein Bruder Fernando ging, blieben wir drei allein zurück in der Calçada do Tojal, vor uns Monsanto, um uns herum verwandelten sich die kleinen Landgüter in Wohngebäude, und die Lastwagen brachten die wilden Weinstöcke zu den Müllkippen der Stadt. Mit uns zusammen wohnten der Fuchs und ein Junge, den ich nie sah, nur von hinten, wenn er auf dem Kies im Garten hinunter zur Schule ging, schweigsam wie der Sohn der Nähfrau in der Zeit, als wir im Küchenhof spielten und ich seine zurückgenommenen Gesten und die Unterwürfigkeit haßte, mit der er meine Launen ertrug, und so nahm ich eines Tages den Stein für die Hühner, um ihn ihm an den Kopf zu werfen, aber die Tatsache, daß er sich nicht rührte, nicht floh, führte dazu, daß ich die Hände über dem Kopf stillhielt und so stehenblieb, mit erhobenen Armen, eingefroren wie ein Foto, den Blick zu den Störchen auf der Palme bei der Post gewandt, die mit geöffneten Schwingen auf den Nadeln des Wipfels standen. Der Junge ist schon lange weggegangen, denn alles in meinem Leben ist vor langer Zeit geschehen, wie die Kindheit der anderen, so wie das, was jetzt gerade mit mir geschehen ist, obwohl mir die Vergangenheit nicht düster und fremd vorkommt wie die Häuser, von denen sie mir erzählten und in denen ich nie gewohnt habe, und wie das Haus, in dem ich seit dem Tode meiner Schwestern allein lebe, mit seinen Uhren im unteren Stockwerk, die unterschiedliche Stunden anzeigen, und den Kuckucken, die wie Leichen nach einem Zugunglück in verschiedenen Stellungen aus den Holztürchen hängen, mit von Staub befallenen Fotos, Spinnweben, die die Bögen der Lampe über dem Eßtisch mit dem Besteck verbinden, das die Verstorbenen erwartet, und Fensterscheiben, die wie Seidenschuppen herabfallen und das Jaulen des Fuchses in der Voliere so nah klingen lassen, als würde meine eigene Kehle es ausstoßen. Ich erhebe mich aus dem Schaukelstuhl, stütze mich auf die Fensterbank, und die Störche von Monsanto über dem Gefängnis sind dieselben, die neunzehnhundertneunzehn über die Luneta dos Quartéis flogen und mit dem Schnabel die Uniform der Soldaten aufrissen. Ich glaubte ferne Schüsse zu hören, Hufklappern, Wiehern, Schreie, Stimmen, und als alles verstummte und das Haus wieder in seine gewohnte Stille versank, begann ich Schritte auf der Treppe zu hören, zögernd wie die eines Kindes, das nicht wagt, meinen Namen auszusprechen. Anfangs war ich verwirrt, was immer meine Art war, Angst zu haben, doch dann dachte ich, Das kann nicht sein, das bilde ich mir ein, das ist unmöglich, die, die mich kennen, sind längst verschwunden, und dennoch ging das Kind fast lautlos von Zimmer zu Zimmer, rief mich leise wie die Märzgräser in heimlicher Klarheit. Es wurde Nacht, der Sonnenuntergang der Zypressen ertränkte die Spatzen, eine Stufe der Treppe zum Dachboden knackte, aber ich legte keine Platte auf den Grammophonteller, ich machte auch kein Licht an: Ich zog es vor, meine Hände nicht auf dem Schoß nebeneinanderliegen zu sehen wie ruhende Krebse, ich zog es vor, die Züge meines Gesichtes zu vergessen, bis ich für mich selbst eine Überraschung sein würde, wie für jemanden, der sich das erstemal als Erwachsener im Spiegel sieht. Ich saß im Schaukelstuhl, das Licht von Monsanto erhellte die Pappeln, und wartete darauf, daß das Kind, von dem ich wegen des Knackens der Stufen wußte, daß es näher kam, sich zu mir gesellte und meine Schulter berührte. Früher oder später würde es dies tun, und ich würde wie die anderen, die mir vorausgegangen waren, dieses Haus verlassen können. Wenn ich am Ende des abschüssigen Kiesweges den Kopf zum Dachbodenfenster wendete, würde ich auf der weißgestrichenen Brüstung, die vom Widerschein der Nacht noch weißer war, einen Kinderarm entdecken, der mir von dort oben zuwinkte wie jemand, der sich am Kai ohne Freundschaft und Reue von einem Gefährten verabschiedet, den er nie wiedersehen wird.

2

Seit einigen Monaten schon fühlte ich mich nicht wohl, doch anfangs kam es mir nicht in den Sinn, daß ich Krebs haben könnte. Es begann mit einer Art Traurigkeit, einer Mattigkeit, einer unbestimmten Beklommenheit, die mich am Schlafen hinderte, und ich wälzte mich im Bett, bis das Morgengrauen die Rolläden aschfarben werden ließ, die Umrisse im Schatten erkennbar wurden und die Gläser der Uhren und der Fotos auf dem Nachttisch hart wurden wie ein verachtungsvoller Blick. Tagsüber hielt ich mich im kleinen Fernsehzimmer auf, und Ereignisse, die so weit zurücklagen, daß ich sie für immer vergessen zu haben glaubte, tauchten plötzlich in meiner Erinnerung auf: ein Querschläger, der den Kleiderschrank meiner Schwester durchlöcherte, als ich zwei oder drei Jahre alt war, zu der Zeit, als wir in der Rua Ernesto da Silva wohnten, der Geruch der Fischkonservenfabrik in Algier, der Monat August in São Martinho do Porto, wo wir Sandwälle gegen das Meer bauten, Arme, die mich in das obere Stockwerk trugen, und auch der Sommer, in dem ich meinen Mann kennenlernte, Tanztees in Estoril, Fahrradausflüge, Picknicks, Crapaud-Spiele, Siestas in Mortágua, Fastnachtsdienstage. Und der Wind in den Silberpappeln des Landgutes, der den ordentlichen Sitz des Haares durcheinanderbrachte.

Selbst als ich im Krankenhaus aufwachte, glaubte ich nicht, daß es Krebs war. Die Stirn schmerzte, Tassen klimperten auf dem Flur, unbekannte Gesichter beugten sich mit der Aufmerksamkeit von Blütenkelchen zu mir hinunter, ein Finger wanderte meinen Unterarm hinauf, als folgte er den Windungen des Mondego auf einer Landkarte, eine Nadel verschwand in meiner Haut, und ich sah mein Blut in der Spritze, dunkel wie das der Tiere, die die Köchin für die Mittagessen der Familie enthauptete. Ich dachte, Ich bin ein totes Kaninchen, und meine Eingeweide, die in die weite Zinnschale fielen, ließen mich vor Abscheu und Schrecken aufschreien. Auf einer Treppenstufe glitzerten graue Haare zwischen den Pantoffeln der Köchin, Frühlingsinsekten tanzten über der Mauer, auf den Fliesen war Tag und Nacht, das Fräulein, das auf uns aufpaßte, sagte zu den anderen Ärzten, Wir werden ein Elektroenzephalogramm von ihr machen, auf meinem Kopf bewegten sich Blätter, und ich fand mich erschreckt schreiend in der Laube am See wieder, wo die Reflexe des Wassers auf verwittertem Zement dahinglitten. Mein Vater suchte mich im Garten, rief immer wieder meinen Namen, ich hörte seinen Atem und seine Schritte, ohne antworten zu können, doch da das Elektroenzephalogramm in Ordnung war, schickten sie mich mit der Anweisung weg, eine Woche lang auszuruhen, und mit dem Rat, einen Neurologen aufzusuchen, falls sich die Wände weiterhin um mich herum drehten und das Übelkeitsgefühl nicht abnahm.

Da ich während der ersten zehn Ehejahre keine Kinder hatte, schloß ich meine Neffen ins Herz. Sie aßen jeden Donnerstag bei mir zu Abend, gingen auf den Dachboden hinauf, um auf dem Trichtergrammophon Platten zu hören, sie halfen mir, die Büsche zu begießen, und wenn es heiß war, bespritzte ich sie mit dem Schlauch, und dann wanden sie sich und lachten vor Freude, klatschten in die Hände, von Tropfen bedeckt, die der Nachmittag regenbogenfarben schillern machte, eine kleine, vom Tau überraschte Herde, oder sie baten mich, mich an den offenen Flügel zu setzen, damit sie die Hämmerchen belauern konnten, die gegen die Saiten schlugen, während die Schellen der Tiere die Calçada do Tojal zum Friedhof hinaufstiegen. Um sieben Uhr zog mein Mann die Wanduhren neben zwei Stichen auf, unter denen auf spanisch stand, *Guillermo Tell Despide Su Barca* (ein Mann stößt mit dem Fuß eine Art Galeote ab) und *Guillermo Tell Amenaza Al Gobernador* (derselbe Mann zeigt einem Alten mit scharlachrotem Barett die Faust), und wenn wir beim Nachtisch angelangt waren, klingelte es an der

Tür, und der Nachbar, der mit seinen unverheirateten Schwestern im Haus links neben uns wohnte, bei der Vacuum arbeitete und Fernando hieß, fragte meinen Mann, ob er ihn im Wagen mit in die Baixa nehmen könnte, wenn er dort bei der Telefongesellschaft Nachtdienst hatte. Nach der Revolution haben wir das Haus in der Calçada do Tojal verkauft, sind in den sechsten Stock eines Neubauviertels in Benfica in der Nähe des neuen Marktes gezogen, das Glas eines der Stiche von Wilhelm Tell zerbrach, meine Neffen nahmen kein Schlauchbad mehr und wuchsen heran, einer von ihnen, der Chirurg wurde, ging nach London und kam aus London zurück, und so war es mein Neffe, der mich röntgte und einen Hirnschlag diagnostizierte, als ich zum zweitenmal bei einem epileptischen Anfall ohnmächtig wurde und die Stimme meines Vaters mich im Gartenhäuschen rief, und während er sprach und dabei mit einem verchromten Stiel mit Gummispitze spielte, wurde mir bewußt, wie die Jahre für uns vergangen waren. Als ich im Taxi nach Benfica zurückfuhr, durch eine Stadt, die sich unablässig veränderte und mir jetzt fremd war, wurde mir klar, daß er so alt war wie mein Mann und mein Vater, als sie starben, und daher schaute ich hilfesuchend nach dem Gesicht des Fahrers im Rückspiegel und fand dort ein Paar verblüffte Puppenpupillen, die mit Nylonwimpern zuckten. Kein einziger Hof, kein Landgut war übriggeblieben, das Haus in der Calçada do Tojal war verschwunden, eine Bankfiliale erhob sich anstelle der Palme bei der Post, der Garten meiner Eltern hatte sich in Fassaden verwandelt, und ich dachte, während ich die Fahrt bezahlte, ob sie meinen Sarg wohl im Fahrstuhl oder rumpelnd die Treppen hinunterbefördern würden, und als ich den Schlüssel ins Schloß steckte, knickten meine Beine ein, ich sank auf dem Teppich in die Knie, bewegte mich auf allen vieren zum Telefon, das nicht aufhörte zu klingeln, hob den Arm zum Hörer, der Apparat stürzte vor mich hin, ein Wispern fragte, ob ich der Fleischer sei, abgezogene Tiere hingen an Haken, Kerle in blutverkrusteten Schürzen rissen Fleischstücke ab, das kapverdische

Dienstmädchen tauchte, das Plätteisen in der Hand, aus der Küche auf, das Fleisch häufte sich in einer Waagschale, ich wollte sagen, Rufen Sie schnell den Arzt an, und artikulierte, *Guillermo Tell Amenaza Al Gobernador*, ein Windstoß bewegte die Birken im Innern meiner Brust, mein toter Mann kam aus dem Badezimmer, eine Wange mit Rasierschaum bedeckt, das Rasiermesser gezückt, die Gewißheit, daß er mir die Halsschlagadern zerfetzen würde, brachte mich zum Weinen, das Dienstmädchen wählte, während ich schluchzte, eine Nummer, das Fleisch auf der Waage tropfte auf meinen Nakken, jemand klopfte an der Wohnung unter meiner, und letztlich war es eine Arterie in meinem Nacken, die gegen die Haut pochte, mein Neffe erklärte, er denke, es sei ein Kreislaufzusammenbruch, aber er halte es für klüger, die Untersuchungen zu wiederholen, und da es Juli war, begoß ich ihn und seine Brüder mit dem Gartenschlauch, und die Jungen hüpften vor Freude, sie lieferten mich ins CUF-Krankenhaus zu Untersuchungen und Labortests ein, und an diesem Abend wachte ich auf, weil eine Frau schrie, ich machte das Licht an, bat die Krankenschwester, mir einen Spiegel zu bringen, und ich sah, daß meine Nasenflügel eingefallen waren wie die der Leichen im Sarg.

Als sie mich dann aus dem Krankenhaus entlassen hatten, in dem man vom Fenster aus den Fluß sah, und meine Tochter mich nach Hause gebracht hatte, konnte ich nicht mehr allein die Zähne putzen: Ich rieb die Lippen, die Zunge, das Zahnfleisch und das Kinn, die Borsten taten mir weh, und ich legte mich schließlich erschöpft aufs Bett, entdeckte Sprünge im Stuck an der Decke, die sich unter dem WC des siebten Stockes befinden mußte, in dem ein mit Stieftöchtern und Pudeln geschlagener Flugkapitän der TAP wohnte, den ich manchmal im Fahrstuhl traf, wo er ungeduldig eine Zigarette rauchte. Essen war auch schwierig geworden, denn der Reis fiel mir von der Gabel, und eine meiner Schwestern, die in Algier geboren wurde, als mein Vater in der Konservenfabrik arbeitete und ich französisch lesen lernte, setzte sich zu mir an den Eßtisch, steckte meine Serviette fest, bereitete den Fisch vor, schob die Gräten an den Tellerrand und fütterte mich, wobei sie scherzte, obwohl ich wußte, daß sich hinter ihrem Lächeln panische Angst verbarg. Meine Mutter, die vor zwölf Jahren gestorben war, erschien mir auf dem Foto auf dem Nachttischchen ebenfalls besorgt, und als mich mein Neffe besuchte, ich erinnerte mich gerade vor dem abgestellten Fernsehapparat an Nordafrika, fragte ich ihn gleich, was für eine Krankheit ich hätte, währenddessen stritten die Araber auf der Straße, meine jüngste Schwester war noch nicht geboren, mein Vater las schwarzhaarig im Sessel die Zeitung, und meine Kindheit lief vor mir ab, als würde sie in diesem Augenblick geschehen. Mein Neffe schaute, mit dem Rücken zu mir, aus dem Fenster und betrachtete eingehend den Markt von Benfica, und ich erinnerte mich an den Sommer, in dem er, als er noch klein war, sich den Arm gebrochen hatte, als er auf dem Bürgersteig der Calçada do Tojal hinfiel, ich erinnerte mich an den Arzt, der ihm im Krankenhaus Santa Maria den Gips anlegte, und wie wir im Dunkeln den steilen Kiesweg hinaufgingen, während die Wellensittiche der Nachbarn (zwei unverheiratete Schwestern, ein Angestellter der Vacuum und ein Soldat, der in der Kaserne von Tavira wegen irgendeines Verstoßes gegen die Disziplin einsaß) in der riesigen Voliere den Mond ansangen. Die Palme bei der Post schüttelte sich, und mein Neffe antwortete in einem einzigen Atemzug.

Es ist ein Krebs im Gehirn, Tante, eine Operation lohnt nicht, nächste Woche beginnen wir mit den Kobaltbestrahlungen, und mir tat sein Kummer leid, und ich streichelte sein Handgelenk.

Ich bin eine Frau des Schweigens, die weder Gefühlsausbrüche noch Tränen schätzt. Ich rede wenig, weil mir die meisten Worte eitel vorkommen, und ich glaube, daß ich in den Augen der anderen das Leben in einem heiteren Ernst gelebt habe, in dem sie keine Traurigkeit oder Verzweiflung erahnen konnten. Sie haben bei mir an dem Tag, als meine

Eltern dahingingen, und an dem Tag, als mein Mann starb, keine einzige Träne gesehen, ebenso wie sie mich selten haben laut lachen hören in den siebzig Jahren, die es mich nun schon gibt. Eine Frau des Schweigens, die in der Stille wohnt, sie im Inneren der Klänge hört, im Inneren der Sätze und der Musik, die Stille der Wellen in Ericeira, die Stille der Maulwurfsgrillen in der Algarve, die Stille der Diskussionen, wenn das Geschrei anfängt und die Wände brüllen und die Verachtung der Menschen zurückwerfen. Mein Neffe verließ das Fenster, rückte ein Bild gerade, veränderte die Stellung der Nippes auf dem Regal, Es ist ein Krebs, Tante, ein Lichtschein aus Schweiß wuchs ihm auf der Stirn, ich fragte, als handelte es sich um eine Fremde, Wie lange noch, mein Sohn?, und er log schlecht, Wir werden abwarten, daß das Kobalt das Problem löst, wir werden dies wie einen vorübergehenden Alptraum ansehen, ein Storch im Wald klapperte mit dem Schnabel, und ich dachte, ich würde lieber nicht in diesem Appartementhaus sterben, sondern im Haus meiner Eltern, wo Senhor José die Algen in der Zisterne wegschrubbte, ich würde lieber in der Calçada do Tojal sterben, gegenüber von Monsanto, und so tat ich so, als würde ich glauben, was mein Neffe mir sagte, und sah ihn vor mir als kleinen Jungen, wie er grippekrank zusammengerollt im Bett lag, und ich steckte ihm die Bettücher fest und las ihm Geschichten vor, bis er sich beruhigte. Nachdem mein Neffe gegangen war, klingelte das Telefon und hörte auf, bevor ich drangehen konnte, denn ich bewegte mich so schwerfällig, als hätten Rostpartikel meine Gelenke verklebt, und als ich an einer der beiden Standuhren vorbeikam, deren Pendel nicht mehr hin und her schwang, dachte ich, Warum mein Mann sie wohl nicht aufgezogen hatte, und mir wurde dann klar, daß ich allein in diesem Gebäude über dem Markt wohnte und daß aufgrund der natürlichen Ordnung der Dinge jemand anders (meine Tochter, ein Verwandter, ein Fremder, der Flugkapitän der TAP) sehr bald schon die verlassene Wohnung belegen würde. Da mir weder nach einem Buch noch nach einem Film im Fernsehen zumute war, schluckte ich eine der Schlaftabletten, die mein Mann immer genommen hatte, legte mich hin, und augenblicklich war ich wieder zwanzig und spielte in Sintra mit meinen Cousinen auf einem von Kakteen und Tannen umstandenen Platz Tennis, den der Septembermorgenschein umstrahlte. In der Ferne erkannte man den Ozean, einer der Bälle sprang über das Netz und verschwand in den Tannen, ein Freund meiner Cousinen trottete los, um ihn zu suchen, und ich würde in zwei Wochen heiraten und fühlte mich weder glücklich noch unglücklich, ich fühlte mich seltsam, mein Verlobter streichelte mir die Hand, und ich wäre gern in Algier gewesen, auf dem Schoß meines Vaters.

Da ich das Haus nicht verlassen konnte, besuchten mich meine Freundinnen nach dem Mittagessen, belegten die Sofas, holten Stühle aus dem Flur und dem Eßzimmer und redeten in einem noch schrilleren Tonfall als gewöhnlich miteinander, waren urplötzlich optimistisch und fröhlich und voller Zukunftspläne, die mich mit einschlossen, und ich stellte mir vor, wie sie auf dem Treppenabsatz tief Luft holten wie Schauspieler kurz vor ihrem Auftritt in einer Komödie über Glück und Hoffnung, und doch besaß keine von ihnen Glück oder Hoffnung, sie alle sorgten sich um das eigene Leiden, das eigene Leben und fragten sich, da ihr Alter sich meinem näherte, welche Art der Tod für sie auswählen würde, um sie mit sich zu reißen, und flehten, Mein Gott, keinen Krebs, als würde Gott sich die Mühe machen, Todeskrämpfe herzustellen wie Schneider, die Kleidung nach Maß anfertigen, anstatt uns wie unliebsame Insekten mit einer zerstreuten Geste wegzufegen. Hin und wieder senkte ich die Lider, und sie beeilten sich zu wispern, meine Blässe zu kommentieren, meine Magerkeit, das Haar, das an den Schläfen und im Nacken ausfiel, die kurzen, endlosen Tage, die mich vom Koma, vom Kruzifix auf der Brust der Leichname trennten. Meine Schwestern und meine Schwägerin strickten an meiner Seite, und da stand ein Foto von uns fünfen, als junge Mädchen in Ballkleidern, so anders, als wir heute sind, schwer vom Ballast aus Resignation und Verletztheit. Die Maulbeerbäume an der Straße erreichten nicht das Fenster wie in der Calçada do Tojal, wo der wilde Wein das Tageslicht verlängerte und damit die Wellensittiche der alten Jungfern in Aufregung versetzte. Hier wuchs nur ein Gummibaum in einem Topf, und die Blätter hingen herunter, obwohl die Kapverdierin, die sich über ihn beugte wie über einen melancholischen Rekonvaleszenten, sie besprühte. Die Maulbeerbäume erreichten nicht die Fenster, doch die Junikäfer raspelten zornig an den Fenstern, und ich wachte morgens durch das Geräusch der Flügel auf, die im irrigen Glauben, es gebe hinter dem Rahmen ein weiteres Zimmer mit einer weiteren Alten im Bett, weitere Vorhänge, weitere Vasen, gegen die Scheiben prallten. Ich dachte, die Käfer spürten, daß ich sterben würde, und wollten dem Geruch meines Körpers entkommen, der sich verändert hatte, der roch wie alte Wäsche in einer Truhe. Ich haßte diesen Geruch, den die Seife noch verstärkte, und ich hätte mich gern dieser Karikatur meiner selbst entledigt, wäre gern in der Zeit zurückgegangen und wäre lieber zwischen den Kiefern in Ericeira auf meine Tochter und meine Neffen zugegangen, während die Äquinoktialstürme das Wasser am felsigen Ufer hochdrückten und die Bademeister umhergingen, beladen mit Segeltuchplanen gegen den Wind. Die Kinder einer Ferienkolonie vergnügten sich damit, in der Lagune nach Kaulquappen zu suchen, und im Gebäude des Seenotrettungsdienstes ging ein Ertrunkener auf dem Tisch auf wie Hefeteig. Ein buckliger Junge mit Strohhut, dessen Mutter mit einem Schweizer Rechtsanwalt ins Ausland durchgebrannt war, humpelte mit kraftlosen Beinen hinter den Freunden her, und am Samstag kamen meine Eltern aus Lissabon, um die Enkel zu küssen, und setzten sich ins Straßencafé, tranken Erfrischungsgetränke und aßen Entenmuscheln, bis sie bei Anbruch der Dunkelheit wieder wegfuhren, das Auto verschwand an der Tankstelle, eine riesige Leere bedeckte den Strand und ergoß sich bis zu den Mimosen auf den Klippen, das Meer ähnelte einem Koloß, der sich mit den Handflächen die Knie reibt, vor und zurück, und ich fühlte mich, während ich meine Wolljacke zuknöpfte, so allein, daß ich sie anrufen wollte, nur um ihren Atem am anderen Ende der Leitung zu hören. Jetzt habe ich, wenn die Leute mich am Krankenbett besuchen und mit mir optimistisch und voller Zukunftspläne reden, die mich mit einschließen, das Gefühl, es sei Samstag vor dreißig oder vierzig Jahren, ich wäre in Ericeira und das Auto meiner Eltern entfernte sich mit brennenden Scheinwerfern, und ich fühle die Verlassenheit und den Schrecken von damals, und in dem Augenblick, an dem die Scheinwerfer an der Tankstelle entschwanden und ich beschloß, in Benfica anzurufen, hockte sich mein Neffe auf einen Schemel, so wie er es in der Pension am Platz bei der Autowerkstatt immer getan hatte, wenn seine Brüder zur Rollschuhbahn gingen und er zu mir kam, um die Angst zu verscheuchen, ganz ohne Kinder im Hotel zu sein, außer einer kleinen Blonden, die Julieta hieß und im Hof hinter dem Haus spielte und die Hühner der Hauswirtschafterin verfolgte, indem sie Backsteinbrocken auf sie warf. Ich fragte ihn, wieviel Zeit mir noch bleibe, und plötzlich wuchs er, bis er sein heutiges Alter hatte, hörte unter dem Gartenschlauch auf zu lachen, lehnte sich, mit dem Rücken zu mir, gegen das Fenster und schaute auf den Markt, sagte, Etwa zwei oder drei Wochen, ich weiß es nicht, Julieta, das Patenkind der Pensionsbesitzerin, lief in Ericeira hinter den Hühnern her, mein Neffe blickte noch immer auf den Markt, und ich erinnerte mich an ein lang vergangenes Jahr, in dem ich den Sommer bis in die letzten Oktobertage ausdehnte, ich erinnerte mich an die Regengüsse im leeren Hotel, an den Albinomechaniker, der im Unwetter umhergeisterte, an die Albatrosse im Heizungskeller und an die Giebel der Villen zwischen den wilden Feigenbäumen, an die drei Herren in Schwarz, die sich in einem Zimmer im ersten Stock versteckten, und an den Raben, der in der Küche seine Flügel nach sich zog und Seemannsflüche ausstieß. Obwohl die Heizung nicht immer funktionierte, die Fenster nicht richtig schlossen und der Wasserhahn der Dusche die Arbeit verweigerte, fühlte ich mich wohl in jenem Oktober, in dem die Springfluten den Sand verbargen und der Himmel sich nicht vom Meer unterschied, beides schaumig wie Schwefelgeifer. Ich machte mir einen Spaß daraus, mir vorzustellen, das blonde Mädchen sei die Schwester meiner Nachbarn in der Calçada do Tojal, ich versetzte sie in das Haus des Angestellten der Vacuum und des gefangenen Offiziers, und während mein Neffe wieder damit anfing, die Bilder geradezurücken und die Nippesgegenstände umzustellen, achtete ich nicht mehr auf ihn, denn die Hauswirtschafterin der Pension fiel mit einem Herzanfall um, der Rabe krächzte und zog mit den Klauen an ihrer Schürze, der Regen durchnäßte ihren Rock und ihr Haar, und mein Neffe teilte mir lächelnd mit, Sie werden ewig leben, Tante, und ich stimmte zu, um ihn nicht zu verstören, setzte ihm einen Tirolerhut auf den Kopf, steckte ihn in die Quinta do Jacinto in Alcântara, wo er mit der Tochter der Schneiderin meiner Eltern verheiratet war, einer in Moçambique oder Guinea oder in Kapstadt geborenen Diabetikerin, die wie ich von innen an irgendeinem unheilbaren Leiden verfaulte, das sie zerfraß, und da hörte ich wieder das Oktobermeer und die Albatrosse, die im Heizungskeller piepsten, ich schlief vor dem ausgestellten Fernseher ein, und als ich wieder aufwachte, spazierte ich in meinem Zimmer umher wie unter den Kastanien von Mortágua, wo der Vater meiner Schwägerin im Leinensakko auf der Veranda zum Gebirge hin die Rätsel in der Zeitung löste, umringt von Wespen, Grillen und der Sonnenstille der Olivenbäume.

Am Nachmittag des Tages nach der Kobaltbehandlung begannen mir die Zähne auszufallen: Sie lösten sich in dem Maße aus dem Zahnfleisch, wie mein Gesicht schrumpfte und grüne Wurzeln aus meinem Mund sprossen, und da dachte ich, es ist gewiß der Frühling. Der Gummibaum krümmte sich zum Fenster, der Ruf der Störche aus dem Wald rückte näher über dem Fußballfeld, und das Geräusch des Fahrstuhls im Gebäude wurde gläsern, als würde er Stapel von Schüsseln und Tellern transportieren, die fröhlich klingend gegeneinanderstießen. Die Stimmen der Besucher vermischten sich mit denen der Wellensittiche in der Calçada do Tojal, und die Leute unterhielten sich mit mir, auf Bambusstangen und Brutkästen hockend, und glätteten ihr Gefieder mit bemalten Schnäbeln. Mein Vater winkte mir in Ericeira mit dem Ärmel aus dem Wagen zum Abschied, ein aus Damaia kommender Zug pfiff am Bahnsteig meinen Namen, und ich erinnerte mich daran, wie mich, wenn ich nach Alcântara zur Schneiderin in ein Doppelhaus mit verwelkten Dahlien in den Beeten ging, die Pfiffe der Lokomotiven erschreckten, die parallel zum Tejo entlangrumpelten, dessen Ufer mit Kränen gespickt war. Der Untermieter der Schneiderin, der ununterbrochen Bier trank, kam in das Kabuff, in dem sie mir einen Saum in Ordnung brachte, stieß das Bügelbrett um und teilte mir mit, wenn er nur wollte, gnädige Frau, könnte er nach Tunesien fliegen wie die Wildgänse. Die Schneiderin warf ihn, indem sie ihn mit der Schere bedrohte, aus dem Zimmer, mein Mann zog die Wanduhren auf, meine Schwester, die in Algier geboren wurde, wischte mir mit dem Taschentuch das Kinn ab, der Betrunkene schrie, Dona Orquídea, ich habe Lust zu fliegen, ich habe Lust zu fliegen, Dona Orquídea, lassen Sie mich fliegen, die Schneiderin, die gerade Stecknadeln in den Kleidersaum steckte, sagte mir, sie müsse den Mann wieder nach Esposende zurückschicken, denn die Leute in Alcântara, die alle verwelkte Dahlien in den Beeten vor ihren Häusern hatten, beschwerten sich darüber, daß der Betrunkene bei ihnen klingelte und behauptete, er sei ein Gänsegeier, doch meine Erinnerungen an Esposende waren die Schreie des im Nebel verlorenen Seenotrettungsbootes, die Schienen, auf denen das Boot ins Meer glitt, ein auf dem Strand, über den Zistrosen der Dünen errichtetes Wanderkino und die Lautsprecher, die die Dialoge der Schauspieler verzerrten und sie dem Kreischen der Möwen anglichen. Ich setzte mich an die Außenseite der Segeltuchplane, hinter die Luke des Projektors, und erkannte einen Kerl, der, eine selbstgedrehte Zigarette an die Unterlippe geklebt, die Filmrollen einlegte und herausnahm. Zwischen mir und den Wellen stand ein Mädchen in einem Umschlagtuch im Sand, als würde es auf jemanden warten, und als ich gerade zu ihm gehen und mit ihm reden wollte, hörte ich meine jüngste Schwester zu der mit dem Umschlagtuch sagen, Sie schläft jetzt ständig einfach ein, das muß der Anfang des Komas sein, der Freund meiner Cousinen tauchte, den Tennisball in der Hand, wieder aus den Büschen von Sintra auf, und mein Mann kam, nach Kölnisch Wasser duftend, aus dem Büro, doch die Köchin riß mir die Bettücher weg, packte mich wie ein Kaninchen an den grauen Ohren, setzte sich auf eine Bank im Küchenhof, Insekten tanzten über der Mauer, auf den Fliesen war Tag und Nacht, sie öffnete mir den Bauch mit einem Messer, und meine Eingeweide häuften sich bluttriefend in der Zinnschüssel.

3

Gesehen habe ich das Meer nie, nur auf Fotografien und auf Bildern. Im Wohnzimmer im Erdgeschoß gibt es ein oder zwei Fotos von meinen Schwestern am Strand, wie sie in Begleitung von Personen, die ich nicht kenne, im Sand sitzen, und im Hintergrund sind die Wellen auf dem Höhepunkt ihres Schwunges zu sehen. Im ehemaligen Schlafzimmer meiner Eltern gibt es eine Landschaft mit felsiger Küste und Klippen, in der man das Wasser nicht erkennt, sondern aufgrund der Trauerweiden in einer Ecke des Bildes und der Beklommenheit der Kiefern die Wellen nur vermutet. Daher stelle ich mir das Meer wie eine Wiese mit Damen vor, die, den Hut auf dem Kopf, dem Wind zulächeln. Meine Schwester Maria Teresa sagte mir, man habe vom Haus in Queluz aus den Tejo sehen können und unsere Mutter habe sie manchmal mit an den Guincho genommen, wo ein Leuchtturm in den Felsen pulsierte und die Nacht mit einer Pupille blau aufleuchten ließ, die sich öffnete und schloß und die Bäume, die Dünen und einen sich langsam fortbewegenden, schuppenübersäten Schattenstreifen erhellte. Vielleicht habe ich, weil ich nie das Meer gesehen habe, aufgehört, dem Sohn der Nähfrau Befehle zu geben, als er, damals war er noch ein Kind, aus den Ferien in Peniche zurückkehrte und mir erzählte, daß die Motoren der Fischkutter ihn morgens weckten, wenn sie aufs Meer hinausfuhren und eine Ölfurche im Kielwasser des Ruders zurückließen. Er wachte vom Geräusch der laufenden Motoren auf, verließ das Bett, ging zur Tür, der Mond verkleinerte die Zweige der Eichen, und die Schiffe entfernten sich in Fächerformation, während ihre Kiele die Oberfläche des Schaumes durchpflügten. Er zog einen Kiesel aus der Tasche, der der Augapfel eines ertrunkenen Schiffsjungen war, und ich vergaß die Hühner im Hof und den Ziegelstein zum Totschlagen voller Staunen über dieses blinde Auge, das mich mit milchiger Gleichgültigkeit betrachtete. An diesem Nachmittag bat ich meinen Bruder Jorge, der gerade die Wellensittiche fütterte, mich nach Queluz zu bringen, damit ich den Fluß betrachten konnte, und er antwortete, während er das Vogelfutter in den Kästchen auswechselte und sie dabei mit einer Bürste fegte und nach den Eiern schaute, daß mein Vater mir verboten habe, den Dachboden zu verlassen, ich fragte, wieso, und er schüttelte wortlos den Kopf, während er ein Säckchen mit Körnern am Ende des Armes schlenkerte. Drei Störche kreisten in der Nähe des Waldes, und auf der Stufe des Küchenhofes erzählte mir der Sohn der Nähfrau, während das Dienstmädchen Erbsen auspalte, von der Rückkehr der Fischkutter, von den Körben mit Heilbutt und Barschen bei der Fischauktion und davon, wie die Seeleute sie einsalzten und sie den Händlern anboten, die ihre Lastwagen rückwärts bis an den Rand des Kais fuhren. Da mir sein Meer anders vorkam als das Meer ohne Meer der Fotografien und der Bilder, zeichnete mir der Sohn der Nähfrau Peniche mit Buntstift auf ein Blatt Papier, er brauchte endlos lange, um den Ozean mit den Fingern zu bedecken, und als er mir die Seite hinstreckte, fand ich darauf schiefe Schuppen, einen Schmetterling, der größer war als die Schornsteine auf den Dächern, eine lächelnde Sonnenblume und den Augapfel des ertrunkenen Schiffsjungen: Alle verbargen vor mir die Wellen, und das machte mich wütend, ich ergriff einen Ziegelsteinbrocken, um ihm damit den Kopf zu zerschmettern, er rannte, vor Angst weinend, Hals über Kopf zusammen mit den Hühnern davon, stolperte, fiel in die Salatköpfe, und noch bevor er sich erhob, um weiterzulaufen, warf ich den Ziegelstein, der neben seinem Hals zersprang. Mein Bruder Jorge hielt mich am Handgelenk fest und zog mich ins Haus, und als sie mir das Tablett mit dem Abendessen brachten, legten sie eine Platte auf den Teller des Grammophons, um mich zu beruhigen, doch weil sie mir das Meer versagten, fühlte ich mich so sehr mißachtet, daß ich mich weigerte zu essen.

Den Sohn der Nähfrau habe ich erst viele Jahre später wieder getroffen, in der Zeit, als es keine Wellensittiche mehr in der Voliere gab und der Fuchs auf dem Zement im Kreis herumlief, die Gitterstäbe abschnüffelte und gegen das Metallgitter urinierte. Die Kletterpflanze erreichte jetzt die Mauerkrone, trieb Blütendolden, mein Bruder Jorge erschien nicht mehr in der Calçada do Tojal, und meine Schwestern verließen bei der Suche nach ihm das Telefon nicht mehr, waren in angespanntem Warten nach vorn gebeugt, als würde jeden Augenblick jemand klingeln und mitteilen, er sei aus Versehen festgenommen worden, die Polizei entschuldige sich und mein Bruder würde an diesem Abend nach Haus kommen, wie die Fischkutter von Peniche von der See zurückkehrten, wie sie von der Durchsichtigkeit des Sonnenuntergangs beleuchtet. Man begann Gebäude über Gebäude in der Calçada do Tojal und in den Nachbarstraßen zu bauen, Schaufelbagger, Steinzerkleinerungsmaschinen, Gerüste und afrikanische Arbeiter mit der Hacke über der Schulter traten an die Stelle der Schafe, die Hunde bellten nicht mehr an den Toren der Landhäuser, statt dessen pfiffen die Vorarbeiter, die Palme bei der Post wurde in Scheiben zerhackt, und die Störche flogen wieder und wieder um die Baumstücke herum, wußten nicht, was sie tun sollten, und wanderten schließlich nach Buraca zu den kleinen Palästen aus, vor denen unten an den Treppen steinerne Löwen standen. Unsere Mutter kündigte der Köchin und den Dienstmädchen, die Kuckucksuhren irrten sich in der Zeit, vervielfachten ihre Verbeugungen, und ich kam fast nie vom Dachboden herunter, war in mir selbst eingekapselt wie die Tränen, die noch zu weinen sind, im Innern einer Zwiebel. Der Staub trübte die Fenster und sammelte sich auf dem Teppich und oben auf den Kommoden, die Schubladen weigerten sich, mit Bestecken klimpernd, aufzugehen, ein und dieselbe Wäsche hing Tag um Tag auf der Leine, und die Wimpern auf den Fotos bedeckten sich mit dem Leichentuch der Müdigkeit. Sonntags morgens zur Zeit der Messe war das Jaulen des Fuchses zu hören, der ebenso vergessen wurde wie die im Winde schaukelnde Wäsche und auch die Insekten, die sich von der feuchtesten Seite der Pflanzen lösten und in der kranken Luft mit farblosen Flügeln schlugen. Die Dielenbretter vibrierten im Rhythmus des Schaukelstuhls, als würden sie sich bei jedem Schwung meiner Füße fortbewegen, und da bemerkte ich, daß die Stufen vom ersten Stockwerk zum Dachboden ebenfalls erbebten, ich wandte den Blick vom Kirchturm, wo die Glokken lautlos hin und her schwangen, und der Sohn der Nähfrau blickte mich von der Schwelle her mit dem demütigen Ausdruck an, mit dem er mit mir im Küchenhof gespielt und sich meinen Launen mit ängstlicher Unterwürfigkeit ergeben hatte.

Mit ihm trat die Abwesenheit des Meeres ein, weil das Meer nur, ohne dazusein, auf den Fotografien und den Bildern existiert, und wenn sie mir sagen, daß mein Bruder Jorge in Tavira ist, weiß ich, daß sie lügen, denn der Strand ist eine Erfindung der Fotos, ebenso wie die Möwen und die Fische, die nur Schattenspiele sind, erzeugt durch die Bewegung von Fingern zwischen einer Wand und einer Lampe. Der Sohn der Näherin sah mich von der Tür her an, der Schaukelstuhl knarrte auf dem Fußboden, und in meinem Versteck häuften sich die Anschwemmungen der Vergangenheit, Bidetgestelle, Kommoden, Körbe, der Moderduft der Hutschachteln, Koffer voller alter Blusen und Regenmäntel, und unter uns stellte das Herz der Uhren die Zeit zurück. Ich schob die Locken in den Nacken und dachte, daß meine Schwestern aus der Kirche zurückkommen und ihn dort sehen würden, wie er mit mir zusammen die Grammophonopern hörte, wollte ihm befehlen, Geh weg, du hast mir nicht das Meer gezeichnet, aber ich sprach mit niemandem außer durch die Briefe, die ich nach Tavira an meinen Bruder Jorge schickte und auf die ich kein einziges Wort als Antwort bekam, und dennoch beobachtete ich ihn weiter, wie ich als Kind die Engerlinge beobachtet hatte, wenn ich mit geduldiger Muße Erdkrusten aufbrach. Ich fühlte, daß mit seiner

Ankunft in mir ein Zyklus endete und daß mir, so wie es mit meinem Vater geschehen war, nichts anderes übrigblieb, als mich hinzulegen, Monsanto zu vergessen und zu sterben, so wie die Landgüter in Benfica sterben und der wilde Wein der Kindheit und sich etwas, das genauso drückend ist wie Gewissensbisse, in uns zusammenzieht. Ich erinnerte mich an seine Mutter mit der ans Fenster gestellten Pedalnähmaschine, ich erinnerte mich an das Raunen der Linden, erinnerte mich an die Suppe, die die Alte aß, während sie weiter stopfte, an die Fäden, die sich in ihrem Haar verfingen, und der Sohn kam auf mich zu, Hallo, und ich, Weshalb hast du mir nicht das Meer gemalt?, mein Bruder Fernando schlief in seinem Zimmer, seit sie die Kletterpflanzen abgeschnitten hatten, war Licht im Garten übrig, ein anderes Schweigen wohnte in den Büschen, das Fehlen der Palme erweiterte den Horizont, Villen mit Schiefererkern, Häuser in der Rua Emília das Neves und der Estrada de Benfica bis hin zu den zinnenbewehrten Türmchen des Tores von Benfica und der Siedlung der Schwarzen in Damaia, was vom Colégio Lusitano übrig war, war zu einer Böttcherwerkstatt und einem Unterschlupf für Bettler mit unter Unkraut begrabenen Kleiderständern geworden, das Röhrichtdickicht am Bach war mit Müll versandet, dort neben den Schienen, auf denen kein Zug mehr fuhr und wo die Leiche des Laufburschen wochenlang verweste, Hallo, und ich, Du hast mir das Meer nicht gemalt, weil es kein Meer gibt, das Meer ist eine Lüge, du hast die Wellen unter den Fingern versteckt und hast Schuppen und Sonnenblumen und Schmetterlinge gemalt, eine Amsel ließ sich auf der Spitze der Voliere nieder, in der der Fuchs sich, die Schnauze dicht am Topf, ausgestreckt hatte, Das Gör, das sieht man doch gleich, ist nicht meine Tochter, hör damit auf, brüllte mein Vater im Arbeitszimmer, ich sollte sie und dich umbringen, und Schluchzen und Schläge und noch mehr Schreie, und mein Bruder Jorge, Vater ist manchmal so, du kennst ihn ja, und er, Natürlich ist das Meer keine Lüge, Mädchen, ich konnte es nur nicht erklären, wenn du einen

Kuli hast, zeige ich es dir, unsere Mutter brachte mir das Mittagessen und hatte eine Schwellung auf der Stirn und eine Verletzung an der Wange, sie stellte das Tablett aufs Bett, stieg die Treppe hinunter, ohne mich zu streicheln, ohne mich zu küssen, Ist unsere Mutter nicht meine Mutter, Jorge?, die Leiche des Laufburschen blähte so sehr auf, daß das Hemd zerriß, die Schüler der Schule fanden ihn, wie er vor sich hin säuerte, und mein Vater, Die Kleine verläßt das Haus nicht, ich verlange, daß niemand sie sieht, daß niemand es ahnt, daß niemand mit ihr spricht, die Amsel flog von der Voliere auf, und ich, Wenn unsere Mutter nicht meine Mutter ist, habe ich weder Mutter noch Vater, ich legte eine Opernarie aufs Grammophon, und er packte einen Bleistift und begann einen Strand in die Wand zu ritzen, Dünen, Felsen, Badezelte, Passagierschiffe, und ich, gleich als nach den Violinen der Tenor zu singen anfing, Das Meer ist grün, du mußt es grün anmalen, und mein Bruder Jorge, Selbst wenn du nicht ihre Tochter wärst, bist du meine Schwester, Schwesterherz,

liber jorge ich bin doch deine schwester?

und nach dieser Amsel kam keine andere mehr, die Vögel verschwanden aus Benfica genauso wie die Palme bei der Post und die Schafherden und die Landgüter,

es gibt keine fögel mehr jorge ich habe noch nie so ein leres und trauriges haus gesehen aber du bist mein bruder nicht war?

und ich, die deine Schwester bin, bin doch deine Schwester, nicht? Schwör bei der Gesundheit unserer Großmutter, daß ich deine Schwester bin, Die Messe dauert mindestens eine Stunde, wir haben Zeit, und er, begierig, mir zu Gefallen zu sein, beschmierte die Wand vom Fenster bis zur Tür, Wenn du einen grünen Buntstift hast, male ich es, und da gab es eine Schachtel mit Gouachetuben in einem Korb, und er machte die Farben mit Spucke naß und malte grüne Wellen auf das Kopfende des Bettes, und die Schaufelbagger machten die Grabsteine im aufgelassenen Friedhof dem Erdboden gleich, und ich, während ich das Grammophon aufzog, Wie schön,

Liber jorge ich weis jetzt wie das meer ist ich weis wie tavira ist es ist eine meeresschnekke die ich im bauch trage und die flüstert und mich aufbläst und mit mir redet

er bemalte das Kopfende des Bettes, er bemalte die Fensterscheiben, er bemalte die Decke, er bemalte meinen Körper, und ich hörte den Wasserstrudel in den Klippen, ich hörte nicht die Musik, hörte nicht den Fuchs, hörte nicht die Büsche, ich hörte den Wasserstrudel in den Klippen,

jorge jorge jorge jorge jorge

Ich bin doch deine Schwester, nicht wahr? Sag noch einmal, daß ich deine Schwester bin, auch wenn Vater und Mutter nicht Vater und Mutter sind,

Du bist meine Schwester, Schwesterherz,

Liber jorge ich bin das meer umarme mich

und er machte immer weiter, die Wände entlang füllte er mein Versteck mit Fischschwärmen und Algen, Hast du einen Walzer da, hast du einen Foxtrott da, hast du einen Tango da?, und sie zogen hinter unserem Haus ein Gebäude hoch, füllten die Eisenknochen mit Zementfleisch auf, öffneten Veranden, der Bauherr peilte, auf sein Auto gestützt, von unten herauf, wir werden von Fenstern, von Rollläden, von Gardinen umringt sein, sie werden uns Monsanto verstellen, Bin ich deine Tochter, Mutter? Bin ich deine Tochter?, und sie steigt die Treppe hinunter, ohne mit mir zu reden, Bürohäuser, Appartementhäuser, trocknende Handtücher, Nachbarn, Frisörsalons, Blumenläden, Saunas, Fotoautomaten,

Liber jorge wegen dieser meeresschnekke in meinem körper werden sie mich nach guarda bringen und ich will nicht

die kleinen Kuckuckstüren klapperten im Wohnzimmer, da waren ein Boot und eine Straße in Peniche an der Decke, Frauen, die auf den Stufen vor den Häusern saßen, das Bellen von Motoren, die Sonne, der Sohn der Nähfrau ging, bevor die Messe zu Ende war, er hatte grüne Hände, grüne Flecken auf der Jacke, auf der Krawatte, einen grünen Tropfen am Kinn,

grün, jorge, grün, anita ist nicht meine schwester, maria teresa ist nicht meine schwester, fernando ist nicht mein bruder, unsere mutter ist nicht meine mutter, mein vater ist nicht mein vater aber du

Ich bin dein Bruder, Schwesterherz,

grün

niemand weiß, wer es war, niemand soll wissen, wer es war, mein Bruder Fernando, Du Nutte,

Liber jorge sie wollen mir das meer wegnehmen las das nicht zu, als sie mich gefragt haben wer es war habe ich nichts gesagt, nur dir sage ich es, das meer weint

die Bettücher auch grün und das Kissen und meine Brust und meine Schulter, der Rasen im Garten grün über dem Grün des Rasens und das Braun der Büsche grün und der Fuchs grün und die Uhren grün, die Wut meiner Familie grün und die Musik grün und die Nacht grün bis zu dem Sonntag, an dem er kam, grün, und wenn es auf der Voliere eine Amsel gäbe, wäre auch sie grün,

grün

das Meer in Guarda ist grün, das Meer ist grün

und meine Schwester Maria Teresa, die nicht meine Schwester war, Wer war es?, und meine Schwester Anita, die nicht meine Schwester war, Wer war es?, und mein Bruder Fernando, der nicht mein Bruder war, schwieg, und mein Vater, der nicht mein Vater war, der niemals mein Vater war, wedelte mit der Reitgerte, Von wem ist die Blonde, nun sag schon?,

Nicht von einem aus unserer Familie, der ich nicht angehöre, lieber Jorge, nur dir gehöre ich an, der du in Tavira die Möwen hörst, ohne sie zu sehen, die Bewegung des Wassers hörst, ohne es zu sehen, und er malte die Badehütten von Peniche auf der Treppe, im Korridor, in den Zimmern im ersten Stock, im Eßzimmer, auf die Fotos, auf die Kuckucke, und er öffnete das Portal, und der Wind vom Strand drückte mein rotes

grünes

Haar zurück, die Bachstelzen ließen sich auf dem Geschirr, auf den Gardinenstangen, auf den Bilderrahmen nieder,

und als sie von der Messe zurückkamen, stand ich in der Eingangshalle wie auf einem Aussichtsturm, die Arme ausgebreitet, weiß, flaumgesträubt, von Sommersprossen orangeschimmernd,

grün

bereit für die Umarmung des Meeres.

4

Und ich sagte zu meinem Neffen, Ich will kein Kobalt mehr, laßt mich in Frieden sterben, und es war nicht ich, die da redete, sondern eine andere, obwohl sie meine Kleider trug und meinen Namen, eine andere Witwe, die mich abstieß, so alt und häßlich war sie, Hände, die ich nicht kenne, mit meinen Ringen, Augen, die ich nicht kenne, so dunkel sind sie, seltsame Falten, kaum noch Haar, die andere schon tot und ich lebendig, zumindest noch fünf oder zehn oder zwölf Tage lang, auf diesem Krankenstuhl, weil ich Angst habe, mich hinzulegen, denn im Bett beendet man das, was man im Bett begonnen hat, und ich kann nicht, will nicht, ertrage es nicht zu enden, und wenn ich bat, ich will kein Kobalt mehr, laßt mich in Frieden sterben, redete ich nicht vom Sterben, sondern redete vom August mit dir und meinen Enkeln in der Algarve, lange Nachmittage, ein Buch auf der Terrasse, und dein Lächeln, das bedeutete, wieder Zähne zu haben, die mir fehlen, und nicht mehr den Tanten zu gleichen, die meine Eltern zu Ostern in Wohnungen besuchten, die erstarrt waren wie Weihnachtskrippen, wo sie Klavier spielten und mich riefen, während ein Invalide auf einem Sofa hustete, ich zupfte an der Jacke meines Vaters, Laß uns gehen, und der Klang des Klaviers hinter uns auf der Treppe stieg mit uns ins Auto, in meiner Schlaflosigkeit die ganze Nacht lang der Klang des Klaviers, und eine Tante, Möchtest du einen Keks, mein Kind?, packte mein Kinn mit ihrer kleinen Eulenklaue.

Also schick die Besucher weg, Sofia, und laß mich in Frieden über dem neuen Markt sterben, aus dem Koma auftauchen und wieder eintauchen, wie jemand, der an die Oberfläche zurückkommt, bevor er endgültig ertrinkt, ohne die Stimme meiner Schwester zur Abendbrotzeit am Telefon, Es donnert, hörst du nicht?, nicht daß ich Angst hätte, aber leg jetzt nicht auf, auch sie, eine Brust fehlt ihr schon, allein in einem Gebäude, das gleichzeitig alt und modern ist wie dieses

(Wände und Decke und Fußboden und Zimmer ohne Geheimnis, zu einem Benfica geöffnet, das nicht mehr unser Benfica ist und dennoch nicht das von niemandem ist, ein Benfica von Fremden, die noch keine Zeit hatten, darin ihre Kindheit und ihre Enttäuschung zu pflanzen),

denn in diese Gebäude haben wir, die nicht von hier sind, sondern von einem Hier, das es nicht gibt, und die wir zu keinem anderen Stadtteil gehören, die Anschwemmungen von Erinnerungsstücken und Fotoalben und Briefen und aufgelösten Bildern der Vergangenheit mitgebracht, und wir bevölkern die Gegenwart mit diesen Überbleibseln der Erinnerung, nicht nur der Erinnerung derer, die uns vorausgingen, sondern unserer eigenen Erinnerung, weil auch wir vergessen, weil die Namen und die Erinnerungen und die Gesichter sich in einem Nebel verlieren, der alles glättet und gleichmacht, uns in ein Heute stößt, das nur der Tod und dessen Gewißheit bewohnen, und meine Schwester, Nicht daß ich Angst vor Gewitter hätte, aber leg jetzt nicht auf, und so sind ihre Stimme und mein Schweigen nichts als Gespenster von Stimmen und Schweigen, die nur wir beide kennen, wie das Schweigen und die Stimmen der Birken im Garten, das Schweigen des Gartenhäuschens am See, das Schweigen von Mortágua, das Schweigen von São Martinho do Porto, und mein Vater, Töchterchen, ich sehe sein Gesicht an und erinnere mich, Töchterchen, sie können über mein Aussehen reden und daß es mir bessergeht und daß du dicker geworden bist, doch ich höre nur ihn, Töchterchen, meinen Vater, den der Lungenschatten mit sich genommen hat, bevor sie sein Haus verkauften

(das Haus mit dem holländischen Fachwerk, den Remisen, dem Kornspeicher, dem Kuhstall, dem Wintergarten, der das Eßzimmer verlängerte, das Haus),

das Haus, dessen sich meine Mutter im Jahr der Revolution entledigte, um in ihrer Wohnung neben meiner zu wohnen, in die weder der Rosengarten noch der Nutzgarten noch die Terrakottastatuen über den Bänken hineinpaßten, und als sie begannen, das Haus der Familie abzureißen, begann sie zu sterben, ohne daß wir es merkten, und wir teilten das Porzellan, die Bilder und das Silber auf, die nur als Ganzes einen Sinn machten, nur an den Stellen, wo ich sie zum erstenmal sah und an denen ich sie, in meinem Inneren, weiterhin aufräume, und eines Morgens in der Frühe hängte sich das Dienstmädchen an meine Klingel, Ihrer Mutter geht es sehr schlecht, und ich zog einen Mantel über mein Nachthemd, und als der Arzt kam, der im achten Stock wohnte, steckte er das Stethoskop weg, und wir kleideten sie an und parfümierten das Zimmer, und ich erinnerte mich an den Todeskampf meines Vaters, der aufhörte zu atmen, um weiterzuatmen, sich mit dem ganzen Körper gegen seinen eigenen Tod wehrte, und meine Mutter sagte tränenlos, Joaquim ist ein sehr großer Baum, der nur schwer gefällt werden kann, und ich, die ich auch nicht weinte, liebte beide an diesem Tag mehr, als ich sie je wieder liebte, Ein riesiger Baum, Mutter, Mutter, Sie sind ein ebenso großer, starker und siegreicher Baum wie er

(die Hyazinthen neigten sich in den Beeten, wie sich die Hyazinthen in den Beeten neigten),

und wir waren in Algier und kamen aus Algier und waren so viele Jahre lang glücklich, bis Benfica zu einem Exil im eigenen Land wurde, sie rissen das Gebäude der Armenhilfe der Gemeinde ab, rissen die Villen in der Avenida Gomes Pereira, in der Avenida Grão Vasco ab, der Pferdewagen des Milchmanns verschwand, die Kühe, das Gemüse und der Mais von Poço do Chão verschwanden

(das Scheppern der Milchkannen, erinnert ihr euch an das Scheppern der Milchkannen, erinnert ihr euch an den erstarrten Schaum?),

sie rissen mein Haus in der Calçada do Tojal ab, auf dessen Dachboden ich den ganzen Sommer lang wohne, selbst wenn ich in Balaia bin, gegenüber von Monsanto, wo mein Vater kämpfte, schreibe ich dieses Buch, das jemand für mich beenden wird, und lege Platten auf dem Trichtergrammophon auf, und die, die mich besuchen, gehören zur selben Rasse der Heimatlosen, Ausländerinnen in einem fremden Land, das dennoch ihres ist, und deshalb ertrug ich sie, die mich, aufgewühlt von Schrecken, umgaben, und deshalb wurde ich nicht böse über ihr unheilvolles Gewisper, ihre Grimassen, ihre Angst um mich und um sich selbst, Die arme Maria Antónia, wir Armen, und ich, Wieso arm, wenn ihr sterbt, wird es nicht einmal mehr den Wald geben, sondern einen Stadtteil über diesen Stadtteilen, Dächer über diesen Dächern, Schornsteine über diesen Schornsteinen und unser Häuserblock unter so vielen Häuserblocks, daß es nicht zu überdauern lohnt, was wird aus den Glyzinien, was wird aus den Linden, was wird aus den Ulmen geworden sein, was wird aus den Gänsen geworden sein, die asthmatisch vor Wut vor uns weglaufen, was wird aus uns geworden sein, die wir schon nicht mehr wir sind, weil wir so anders und verbraucht sind, ihr habt Pech, weil ihr bleibt, denn ihr verirrt euch in Straßen, wo es einst Felder gab, denn ihr verirrt euch auf Plätzen, auf denen der Mais nicht mehr raschelt und die Olivenbäume sich nicht mehr neigen, meine Schwägerin faßte mich an den Fingern, und es war, als liefen wir, in Rosa, die weidengesäumte Estrada Militar entlang, auf der Armeelastwagen in einer Staubspirale zur Kaserne brummten

(Brombeeren, Graça, das Aroma von Brombeeren, der Geschmack von Sauerklee),

und ich drückte kräftig ihren Ärmel, weil ich dachte, vielleicht könnten wir noch aufbrechen, und wir konnten es nicht, unter welchen Mühen beugt sich der Rükken, unter welchen Mühen bewegen sich die Arme, unter welchen Mühen die Beine, an der Stelle der Estrada Militar marschieren keine Soldaten mit einem Offizier und einem Tambour an der Spitze, statt dessen gibt es da Strohhütten von Schwarzen und Zigeunern, keine Helligkeit außer der der Zähne und des Geifers der Hunde, die genauso abgezehrt sind wie sie, Hütten aus Pappe, Brettern und Streifen von Blechtonnen, Holz von Baugerüsten, barfüßige Frauen, die auf Steinen Töpfe erhitzen, Kinder mit Gesichtern wie Pfützen, blind, sogar im September regenweicher Matsch, ihr Armen, die ihr in die Kirche treten werdet (und ich eingeschlossen im Sarg), und wenn ihr den Windschutz aufstoßt, werden die Kerzen sich zitternd zu eurer Trauer neigen, die eine Messe und eine Beerdigung lang währt, und ihr werdet einander unschlüssig abschätzen, Wer von uns wird die nächste sein, Manuela? Wer wird ihr als nächste folgen, Luísa?, der Friedhof voller Ehemänner, die nicht gewartet haben, die nicht warten, Hörst du das Gewitter? Nicht daß ich Angst habe, du weißt ja, daß ich keine Angst habe, Angst haben nützt nichts, aber rede mit mir, bleib noch ein wenig, leg nicht gleich auf, in Ericeira zündete ich am Ende des Tages den Kohleofen an, der Wind in den Kiefern erschreckte mich, durch das Fenster des Wohnzimmers stieg der Hügel zu den Dünen hinunter, und der Sand schimmerte, die Wellen brachen mir die Knochen an der Mauer, meine Neffen fuhren mit dem Fahrrad bis zum Wasser, das die rote Fahne verbot, es gab ein menschenleeres Café mit großen, blassen Buchstaben oben an der Steilküste, niemand ging damals zur Praia de São Lourenço, die nur wenige Möwen bewohnten, kein Feriengast, keine Holzlatte eines Badezeltes, kein Bademeister, den Eltern entwischte Halbwüchsige turnten auf den Felsen herum, und sie planten Canastaspiele, Reisen nach Sizilien, nach Jugoslawien, nach Leningrad, nach Ägypten, Findest du nicht, Maria Antónia?, und ich nickte, stellte mir einen Reisebus vor, in dem sie strickend durch Europa fuhren, Sizilien, selbstverständlich, Jugoslawien, selbstverständlich, Leningrad, selbstverständlich, da gibt es wunderbare Museen, Ägypten, die Pyramiden, die Sphinx, und warum nicht eine Reise nach Benfica, und warum nicht eine Reise zu dem, was wir einmal waren, Hochzeiten, Prozessionen, Faschingsbälle, Hockeyspiele, der Schäferhund meines Vaters, der jaulend in einem Käfig eingesperrt war, und nachdem die Besucher gegangen waren mit ihren Sizilien und ihren Museen, mein Neffe, mit dem Rükken zu mir, auf den Markt blickend, Wenn Sie keine Bestrahlungen wollen, Tante, dann machen Sie eben keine, kein Problem, und ich zu ihm, Wie lange noch, mein Sohn?, und er, indem er Nippes umstellte, Ich weiß es nicht, und da sah ich ihn in der Quinta do Jacinto unter einem vertrockneten Nußbaum sitzen, ihn, der in London gelebt hat, der in London gearbeitet hat, der acht Fernsehkanäle empfangen konnte und ein spanisches Dienstmädchen hatte und nichts von der Existenz der Quinta do Jacinto, der Häuser mit welken Dahlien an der Anhöhe von Alcântara wußte, der Betrunkene stürmte ins Nähzimmer und versicherte, Ich fliege, die Schneiderin bedrohte ihn mit dem Bügeleisen, und dann, bereits ruhiger, Entschuldigen Sie mich, aber aus diesen und aus jenen Gründen ist mein Herz in jammervollem Zustand, und mein Neffe wartet, die Aktentasche auf den Knien, darauf, daß es Nacht wird, um nach Hause zu gehen, so wie ich auf den Tag warte, um in den Tod zu gehen, denn wenn ich auch nicht viel weiß, so weiß ich doch, daß ich am Tage sterben werde, in den ersten Stunden des Tages, bei mir einen Nachbar, der Arzt ist und so eilig gerufen wurde, daß er nicht einmal Zeit hatte, sich zu kämmen, der mein regloses Herz abhörte und glaubte, es zu hören, obwohl das, was er wirklich hörte, der Schöpfbecher des Fahrstuhlgöpelwerks war, und mit mir werden die Personen dieses Buches sterben, das man einen Roman nennen wird, den ich in meinem von einer Angst, über die ich nicht rede, bevölkerten Kopf geschrieben habe und den, der natürlichen Ordnung der Dinge entsprechend, jemand in irgendeinem Jahr für mich noch einmal schreiben wird, so wie Benfica sich in diesen Straßen und Gebäuden ohne Schicksal wiederholen wird, und ich werde, ohne Falten und ohne graues Haar, wieder den Gartenschlauch nehmen und nachmittags meinen Garten gießen, und die Palme bei der Post wird wieder wachsen vor dem Haus meiner Eltern und der Mühle aus Zink, die um Wind bittet, und meine Schwester, die auch Witwe ist und der die linke Brust fehlt, der die Brust wegen Krebs abgenommen wurde, Nicht daß ich Angst vor Gewitter hätte, es gibt überall Blitzableiter, und im übrigen, was hilft es denn, wenn man Angst hat, aber leg nicht gleich auf

(ich verspreche, daß ich nicht auflege, daß ich mit dir rede, wir sind riesige Bäume, wir sind schwer zu fällen, wir sind die letzten Bäume dieses Viertels ohne Bäume, die des Waldes einmal ausgenommen, die wie durch ein Wunder der grundlosen Raserei der Bauunternehmer standhalten, vielleicht überzieht man sie mit Fliesen, vielleicht faßt man sie in die Aluminiumrahmen von verglasten Balkonen, so wie sie es mit den Obstgärten und den Kälbern von Poço do Chão getan haben, als sie um uns herum eine Gegenwart ohne Vergangenheit hochzogen, eine Art Zukunft, in der allein die Wasserhähne ein Recht auf Tränen haben, wir sind riesige Bäume, Mutter, wir sind Bäume, doch wo, erklär es mir, ist der Raum für die Wurzeln, wenn sie uns doch die Erde mit Teer, Holz und Auslegeware überzogen haben, wo sie sogar den Boden des Friedhofs mit Platten belegt haben und für meinen Körper, obwohl er jetzt mager ist, nur noch ein Schatten, der nicht nachgibt und sich wehrt, nicht einmal zwei Handbreit Gras übrigbleiben und diese Wohnung immer kleiner wird und schließlich genau die Größe meines Schreckens hat, und deshalb habe ich die Rua Ivens erfunden, deshalb habe ich Tavira und Esposende und Johannesburg und Loures erfunden, deshalb habe ich Alcântara und den Fluß und die Züge und Peniche erfunden und weiß nicht, ob es den Tejo immer noch gibt und den Strand von Cruz Quebrada und die Abwasserleitungen, aus denen sich diese Stadt entleert, die ich vor lauter Liebe hasse, aber Mortágua habe ich nicht erfunden, São Martinho do Porto habe ich nicht erfunden, ich habe Benfica nicht erfunden, nicht Benfica, Benfica habe ich nicht erfunden, ich habe den Todeskampf meines Vaters nicht erfunden, habe das Ende meiner Mutter nicht erfunden, habe diesen Tod nicht erfunden, ich rede mit dir, ich gehe nicht, ich lege nicht gleich auf, aber wie soll ich dir den Schrecken vermitteln, Schwester, der mich erwartet, wenn ich nicht von Gefühlen spreche, ich hasse die Intimität der Traurigkeit, ich hasse, was es an Salbungsvollem in der Angst gibt, was es an Obszönem in der Verzweiflung gibt, auch habe ich nie viel gelacht, ich glaube, ich weiß nicht, wie man lacht, als meine Tochter zum erstenmal laut gelacht hat und ich um sie fürchtete, lief sie schwankend auf mich zu, die Hände an die Wand gelegt, Tochter, Töchterchen, Sofia, ich lege nicht gleich auf, ich rede mit dir, auch wenn wir keine riesigen Bäume sind, ist es schwer, uns zu fällen, und selbst wenn sie uns fällen, bleiben wir auf den Fotos, in den Fotoalben, in den Spiegeln, in den Gegenständen, die uns fortführen und sich an uns erinnern, in den Uhren, mein Gott, die in dem Augenblick mit uns zusammen stehenbleiben, in dem wir stehenbleiben, und du lächeltest mich an, vor vielen Jahren, das einzige Lächeln, das mich, verzeih mir, zum Weinen brachte),

und mein Neffe, der den Markt auf dem Sessel neben mir vergessen hatte, Haben Sie Schmerzen, Tante? Haben Sie gut geschlafen?, und ich, die schon nicht mehr gehen konnte, Ich schlafe die ganze Zeit, ich schlafe immer mehr, wenn ich aufwache, wollen sie mir etwas zu essen geben, aber ich kann das Essen nicht mehr schlucken, und deine Cousine, Nun, Mutter?, und ich wollte ihr einen Gefallen tun, aber das Kinn kaut nicht, sie tropfen mir eine Infusion in die Adern, und ich sehe, wie die Tropfen in meine Arme hineingehen, und wenn sie glauben, daß ich nicht höre, fragt meine Schwester aus Algier, Warum so viel Leiden, warum ist es notwendig, so sehr zu leiden?, doch ich leide nicht, verstehst du, ich leide nicht, ich male hier zu Hause das Meer, ich hole die Aufnahmen der glücklichen Augenblicke und die zur Hochzeit geschenkten Bilder von ihren Haken, Ölgemälde, Aquarelle, Stiche, *Guillermo Tell Despide Su Barca, Guillermo Tell Amenaza Al Gobernador*, eines davon, ich weiß nicht, welches, fiel, als wir hierherzogen, zu Boden und zerbrach, ich nehme die Aufnahmen und die Bilder ab und hänge Fische, Wellen, Masten auf, und mein Neffe, Ich werde Ihnen ein paar Tabletten geben, die leicht zu schlucken sind, damit Sie sich besser ausruhen können, und ich, ich hätte gern wieder Zähne, Haar, würde gern diese Farbe verlieren, wieder ich sein, und meine Tochter, Heute siehst du ganz anders aus, und meine jüngste Schwester, Das finde ich auch, doch meine Freundinnen mit ihren Reiseplänen kommen nicht, denn sie verbieten es ihnen, mich zu besuchen, Sie wird müde, das Kobalt hat sie erschöpft, sobald es ihr bessergeht, rufen wir an, und dann verabreden wir einen Kinobesuch, einen Spaziergang, eine Canastapartie, und sie, Aber selbstverständlich, aber selbstverständlich, die Rekonvaleszenz dauert, wir warten auf einen Anruf, und Gewisper, mitfühlende Küsse und Schritte, die sich entfernen, und die Tür, die auf- und zugeht, und wir sind beide wieder allein, Tochter, wie an dem Tag, an dem du geboren wurdest, nicht in diesem Haus, das es noch nicht gab, und auch nicht in dem anderen, das es nicht mehr gibt, sondern im weißen Saal eines Krankenhauses, in dem die weißen Bettücher und ein weißes Licht mich blendeten, und zuerst wurden die Schenkel naß, ohne daß ich es bemerkte, und es war kein Blut, es war Wasser, Wasser aus dem Becken zum Wäschewaschen oder dem Aquarium, Wasser aus Wasser und Membranen, das sich ruhig unter meinem Gesäß ausbreitete, und nach dem Wasser ein Gewicht an der Wurzel meines Körpers, Tentakel, die sich langsam lösten, wie man die Glieder eines Verstorbenen löst, und die erste Wehe zermalmte mir wie ein Krampf den Leib, schnell die Arterien, riesig die Adern, die Knorpel widerstanden, der Schmerz verebbte, der Körper ruhte endlich still, und dann wieder eine Wehe, Heute ist der fünfundzwanzigste August, denke ich, Tierkreiszeichen Jungfrau, intelligent, ordentlich, methodisch, Feinde des Abenteuers und der Unordnung, Legen Sie das Kinn auf die Brust und pressen Sie, der Schmerz, weiß, gleißend wie der Saal und die Helligkeit im Saal, und das Geräusch des Schusses, mit dem mein Großvater in sich das tötete, was ihn tötete, kam und verschwand immer wieder, löste sich auf und tauchte wieder auf, verlosch und glitzerte wieder, Pressen Sie, Ich presse, Herr Doktor, ich presse und denke, Warum soll ich das Leben aus mir herausstoßen, das in mir ist?, mein Großvater legte eine Pistole an jedes Ohr, die Pistole meines Vaters und seine Pistole, doch er drückte nur links ab, und keine Silbe des Briefes, den er an uns richtete, war zu verstehen, Striche und Linien, Striche und Linien, Striche und Linien, die Schreie waren. Pressen Sie, Pressen Sie, pressen, pressen, pressen, pressen, pressen, die Beine festgehakt, die Hebamme so fern von mir und ich so erschöpft, Pressen, legen Sie das Kinn auf die Brust und pressen Sie, vielleicht wolltest du gar nicht geboren werden, und sie zwangen mich, dich zu gebären, vielleicht hieltest du dich an mir fest, um mich mit dir mitzureißen, während sie dich mitrissen, fünfundzwanzigster August, Tierkreiszeichen Jungfrau, aber wo ist der Merkur, und welches sind deine Planeten? Der Schmerz über anderen Schmerzen und ein weiterer Schmerz wie die Gebäude von Benfica, die uns das Leben und die Vergangenheit aussaugten, ich möchte keine Besuche, keine Tabletten, nichts essen, mein Großvater, der auf dem Schreibtisch zusammengesackt ist, die Pistolen auf dem Fußboden, ein Tausendtropfennieser auf dem Papier, Pressen, Gebäude über den Störchen, über den Palmen, über dem Horizont von Monsanto, und mein Vater, Tochter Töchterchen Tochter, pressen, Ich will keine Infusionen mehr, Vater, ich will kein Kobalt mehr, Vater, ich will nicht besser aussehen, nicht dicker sein, Du wolltest nicht leben, und ich habe dich gezwungen, du wolltest in mir bleiben, und ich habe dich weggeschickt, und eine Stimme, Man sieht schon die Härchen, pressen, pressen, und ich sah, das Kinn auf der Brust, das Blut und das Kind, den Kopf nach unten, ölig und glitschig und schmutzig von mir und von sich und faltig, mit mir durch einen Zopf verbunden, Töchterchen, sagte mein Vater, Tochter, Töchterchen, und meine Schwester aus Algerien, Warum so viel Leiden, gütiger Gott?, und sie fuhren mich auf einem Bett mit quietschenden Rädern ins Zimmer, und sie brachten dich mir gewaschen und angezogen und mit schwarzem Haar, die Augenlider geschwollen wie Herzmuscheln, und es war am Nachmittag, bald würde es dunkel werden, und ich bat sie, dich bei mir auf dem Schoß zu lassen, sie machten das Licht auf dem Nachttisch an, stellten das Bett mit der Kurbel des Trichtergrammophons vom Dachboden hoch, und eine Oper oder ein Tango oder ein Walzer begann zu spielen, und ich fand, du warst friedlich und ruhig, und du weintest nicht, der Duft eines Apfelbaums dort draußen rief mir das süßsaure dichte sanfte leichte Aroma der Gartenlaube, der Linden, der Immortellen, der Hyazinthen, der Frühlingsmorgen im Garten ins Gedächtnis zurück, die den Hausflur beleuchteten, ich rückte das Kind zurecht, das in meinen Armen schlief oder sich an die Welt gewöhnte, zog es an mich, Tochter, Töchterchen, Tochter, mein regloser Großvater, das Plaid rutschte ihm von den Knien, und ich, Wie lange noch?, und mein Neffe, Sehr lange noch, Tante, sehr lange noch, wir haben mit den Spritzen aufgehört, mit der Infusion aufgehört, mit dem Kobalt aufgehört, und mein Haar war wieder braun und üppig und wuchs wieder, sie stellten das Abendessen auf einem verchromten Tablett vor mich hin, Gemüsesuppe, Fisch, gekochte Birne, einen Krug stilles Wasser, und die Krankenschwester mit Häubchen öffnete die Tür, und ich bat, Nehmt die Kleine nicht weg, denn sie wird gleich zu wachsen beginnen, und ich verliere sie, gleich wächst sie und ist nicht mehr mein und wird es nur für kurze Zeit sein, ich knöpfte das Hemd auf, legte die Brust frei, legte dich langsam dagegen, liebkoste dir mit der Brustwarze die Stirn, die Umrisse deiner Wangen, die Nase, und als ich mich in deinen Mund einführte, verschattete dir der Duft des Apfelbaums das Gesicht, die Gewißheit, daß ich nicht sterben würde, daß ich nie sterben würde, ließ mein Blut steigen, und ich spürte auf meiner Haut oder im Innern meiner Haut die Eckzähne, die du nicht hattest, und während ich mich zu dir hin entleerte, Tochter, begriff ich, daß ich geboren wurde.

5

Der Fuchs starb am ersten Tag, an dem ich in der Speisekammer nichts mehr zu essen fand, und am Tag vor dem Besuch des rotblonden Alten, der erst einmal am Tor klingelte,

der wartete, der noch einmal klingelte, wieder wartete, der gegen das verrostete Schloß drückte, das mit dem Knacken eines zerbrechenden Knöchelchens nachgab, der den von Unkrautgewirr überwucherten Kiesweg hinaufkam, mit zögernden Schrittchen, die sich mit schüchterner Zurückhaltung für sich selbst zu entschuldigen schienen,

der Alte, der hier oben stehenblieb, das Innere des Hauses durch die verzogenen Rolläden zu enträtseln versuchte und schließlich seine Finger nicht dem elektrischen Knopf näherte, der sowieso nicht funktionierte, sondern dem eisernen Türklopfer ohne Farbe in Form einer Faust mit einem Ring auf dem Mittelfinger, der auf eine ebenfalls eiserne Münze schlug und einen dringlichen Klang hervorbrachte, der in gedämpften Schwingungen in der reglosen Luft des Dachbodens nachhallte,

und dies vierundzwanzig Stunden nachdem ich mich vom Schaukelstuhl erhoben und nach Monsanto hinübergespäht hatte, weniger zum Gefängnis und zum Gebirge hin als auf das, was von den Blumentopfschöpfen des Gartens in der Calçada do Tojal übriggeblieben war, und da sah ich das Tier auf dem Zement der Voliere liegen, aus deren Rissen Moossträhnen sprossen,

und ich begriff, daß es nicht schlief, und ich begriff, daß es neben seinem leeren Topf gestorben war, und ich begriff, daß es mit seinem Winseln in der Nacht den Abschied von einem absurden Dasein angekündigt hatte, das so schreiend absurd war wie das meine,

und ich blieb stehen, schaute ihn vom Gipfel des

Hauses herab an, das zittrig war vor Schwäche, als wäre es aus schimmligen Pappkartons gebaut, und dessen einst rote Dachziegel die nach Venda Nova oder Amadora ausgewanderteten Tauben nicht mehr mit ausgehärteten Wachstropfen bekleckerten,

und ich blieb dort stehen und beobachtete, wie er die Treppe hinunterstieg, und ging nicht in den Garten hinaus, näherte mich ihm nicht, spürte keinen Anflug von Angst oder Schrecken, in der Gewißheit, daß alles um mich herum verschwand und mich aufforderte, auch zu verschwinden,

und an diesem Nachmittag suchte ich, als ich Hunger hatte, in der Speisekammer und in der Küche etwas zu essen, fand jedoch nichts als leere Konservendosen und Marmeladengläser, an die sich Zuckerkrusten festklammerten, die die Gabel nicht vom Glas lösen konnte, zu dessen Teil sie geworden waren, als handelte es sich um Materialfehler im Glas,

und ich hielt ein Glas unter den Wasserhahn und drehte ihn auf, irgend etwas lief langsam durch die Rohre in der Wand, ein kleiner Leimpfropfen ließ eine Träne in den Abfluß fallen und verstummte, und ich dachte, Sie haben das Wasser abgestellt, sie haben den Strom abgestellt, sie haben das Gas abgestellt, sie müssen vergessen haben, daß es mich gibt, wenn sie es überhaupt je gewußt haben, denn sie haben mein Leben zu einer ewigen Abwesenheit gemacht, zu einem Nichts seit dem unwiderruflichen Anfang, und dies, ohne daß ich meinen Eltern oder meinen Geschwistern deswegen böse geworden wäre, denn ich verstand ihre Verlegenheit und ihre Angst,

und so nahm ich schließlich, als es dunkel wurde, die Umrisse von Monsanto sich orange färbten und die Büsche sich über dem Unkraut zusammenkauerten, das Wasser aus dem Topf des Fuchses, um mir einen Aufguß mit den Blättern des Mispelbaumes im Küchenhof zu machen, der, von Parasiten befallen, noch nicht aufgegeben hatte,

und ich durchquerte die Zimmer, durchquerte die

Stille der Uhren und der Fotografien, die Oratoriumsbilder, die Kümmelsamen, die aus den Sofapolstern lugten, stieg die Treppe in den ersten Stock hinauf, und da waren die Betten meiner Schwestern, meiner Brüder und im Zimmer dazwischen das Bett meiner Eltern, von dessen verziertem Kopfteil der Rosenkranz aus Elfenbeinperlen mit seinem Kruzifix aus grünlichem Silber herunterhing,

doch nicht nur das Bett: auch die Ölgemälde, die Konsoltischchen, die Wäsche, die in den Spiegelschränken vermoderte,

und nicht nur die Kleiderschränke: auch die lähmende Stille, das bedrohliche Schweigen meines Vaters und das ängstliche, taumelnde Schweigen meiner Mutter, die dort in Schrecken und Haß lagen, Flanellflanke an Flanellflanke, und als ich den Dachboden erreichte, war der Himmel über Monsanto vollkommen schwarz geworden, kein Alptraumhimmel, sondern ein Himmel der Gleichgültigkeit, und ich suchte in dem Plattenstapel zwischen Schaukelstuhl und Matratze nach der Ouvertüre der *Aida*, fand sie, drehte die Kurbel des Grammophons, tauschte die Stahlnadel gegen eine andere Stahlnadel, ebenso stumpf wie die Vorgängerin, aus, legte sie in die erste Rille und hörte Musik, die vom Grammophon aufstieg, als sprudelte sie aus mir selbst hervor, und ich richtete den Blick auf das Kreiselspiel aus Fenstern, zu dem das Viertel geworden war, und ich glaube, ich schlief ein,

Jorge,

denn als ich vom Bett aufstand, mochte es, nach dem Stand der Sonne, die noch auf den Küchenhof schien, jedoch bereits die Lanzen des Gartentores streifte, etwa zehn oder elf Uhr sein, und genau in diesem Augenblick bemerkte ich den rotblonden Alten im Alter meiner Mutter oder meines Vaters, wenn meine Mutter und mein Vater noch ein Alter hätten, anstatt Stimmen der Vergangenheit zu sein,

und ich sah, wie er die Türglocke läutete, die sich zu läuten weigerte, sah ihn auf dem abschüssigen Kiesweg, sah, wie er erschrocken über die kaputten Rolläden war, sah, wie er den Fuchskadaver betrachtete, der zu stinken begann, sah, wie er die Faust des Türklopfers in der Hand hielt und mit ihm auf die Münze an der Tür schlug, sah, wie er dort stehenblieb, als wüßte er, daß ich kommen würde, derselbe Mann, daran erinnerte ich mich, der vor der Beerdigung meiner Mutter einen Blumenstrauß auf die Fußmatte gelegt und sich beinahe rennend davongemacht hatte, als würde er einem Befehl gehorchen oder einen Botengang erledigen, damals viel jünger und mit einer Sorgfalt gekleidet, die ihm inzwischen abhanden gekommen war,

derselbe, den niemand im Hause sah, und der Blumenstrauß, den jemand nahm und auf den Wagen legte, als der Mann längst auf der Estrada de Benfica entschwunden war, eine Straßenbahn oder ein Taxi zurück nach Hause genommen hatte, wo er mit Frau und Kindern oder allein wohnte, und das zur Zeit der Palme und der Störche und der weißen Brust der Maischwalben, zur Zeit des aufgelassenen Friedhofs, und der Rotblonde war vor seinen heimlichen Chrysanthemen geflohen, als verabscheute er sie oder als verabscheute er diesen Ort, und dennoch ging er diesmal nicht, er blieb dort stehen, entschlossen und zerbrechlich und in einem abgetragenen und von den Jahren zerfressenen Jackett, gleich einem Witwer, der auf der Fußmatte wartet, wie ein Hund auf seine Herren wartet, die es nicht gibt,

und so ging ich schließlich auf die Eingangstür zu und hörte dem Raunen der Kiemen oder der Papierlungen zu, durch die alte Menschen atmen, zweifellos eher Kiemen als Lungen, da die Alten amphibienartig werden, was sie von uns trennt, weil sie dadurch zu einer anderen Rasse werden, einen anderen Status erreichen, und aus Neugier oder Interesse oder Mitleid drehte ich den Schlüssel, und das Tageslicht beleuchtete die Eingangshalle, die Sonnenschirme der Toten, die bis zum Griff in einer Keramikvase steckten, und die muffige Ordnung des Wohnzimmers, das einem vergessenen Museum glich, und er suchte, angespannt vor Verlegenheit, einen Vorwand, der seinen Besuch rechtfertigte, Entschuldigen Sie,

und ich erstarrte angesichts seiner Ähnlichkeit mit mir, und er ließ nicht locker, heimlich, als würden ihm die Worte weh tun, Entschuldigen Sie, ich hätte Sie gern gesprochen, falls es Ihnen nichts ausmacht,

und ich dachte, daß der rotblonde Alte mir die Vögel und die Wellen von Peniche brachte, die mir der Sohn der Nähfrau monatelang, wenn Messe war, gemalt hatte, damals als ich erfuhr, daß das Meer mich auffüllt und weint, Können Sie den Ozean malen?,

und er, verblüfft, Den Ozean?,

und ich, Den Ozean,

und er, Den Ozean?,

und ich, als würde die Meeresschnecke meines Bauches mit einem Tränenfiepen aufwachen, Den Ozean, ja, den Ozean, können Sie den Ozean malen?

Und die Glocke der Kirche schlug die halbe Stunde irgendeiner Stunde, die Sonne ließ das Dach hinter sich und machte sich auf zur Rua Cláudio Nunes, die voller Tavernen war, in denen Schmeißfliegen und Hühnerklein in Tonschälchen summten, und ich, Den Ozean malen, ja, haben Sie das Meer schon gesehen?,

denn seit mein Bruder Jorge fortgegangen war, war das einzige Mal, waren die einzigen Male, an denen sie mich nicht ärgerten oder mich schalten oder mir verboten zu schreien, die, wenn sie mit Tusche Dünen und Schiffe im ganzen Haus malten, und der Alte, der die Hände von einer Seite zur anderen drehte, Wollen Sie wirklich, daß ich Ihnen das Meer male?,

und ich, Sind Sie nicht extra hergekommen, um das Meer zu malen, haben Sie Ihren Gouachekasten nicht mitgebracht?,

und er, umgehend, Nein, den habe ich nicht mitgebracht, ich habe es vergessen, aber wenn Sie ein oder zwei Tuben haben, male ich Ihnen ganz schnell das Meer, und ich führte ihn in die Küche und bot ihm, da es im Schrank keine einzige heile Tasse gab, in einem Tontopf den Rest meines Aufgusses aus Mispelbaumblättern an und zog ihn in das Wohnzimmer und öffnete die Vorhänge und setzte mich und lud ihn ein, sich auf den Ledersessel zu setzen, auf dem mein Vater immer gesessen und auf dessen Rückenlehne er mit dem Schweiß am Nacken einen Fleck gemacht hatte, und er beobachtete mich unter den Truthahnlidern der Alten hervor, schwer atmend, als wäre leben ein mühsamer Willensakt, und er formte wie eine Jahrmarktskasperpuppe die Worte, Das Meer also, das Meer also, das Meer also, und das Meer entleerte sich, verlor durch die Wiederholung jeglichen Ausdruck, es entleerte sich, die Sirene des Seenotrettungsbootes, die Sturmschwalben auf den Felsen, der Nebel und das Rauschen des Wassers verschwanden,

und mir fehlte der Sohn der Nähfrau, der sonntags morgens, wenn Messe war, das Haus, die Wände, die Betttücher, die Bilder, den Boden, das Bett mit Wellen ausmalte und sich anmalte und mich anmalte, und der Alte, entrüstet, als ob das Grün ihn beträfe, Wie bitte?,

und ich wunderte mich über seine Entrüstung, Er malte die Wellen auf meinen Körper, malte Peniche auf meine Brust, auf meinen Rücken, auf meine Schultern, und meine Hüften weiteten sich mit Meeresschnecken und Booten, doch dann brachten sie mich nach Guarda und raubten mir das Meer, raubten mir die Wellen, kaum daß das Meer weinend aus meinem Leib gekommen war,

und er, außer sich vor Wut, Wie bitte?,

und da dachte ich überrascht, daß der Rotblonde sich im Fieber seiner Wut so verhielt, als sei er mein Herr oder mein Vater, als ginge mein Leben ihn soviel an wie mich selbst, und da fragte ich, Das Meer, ja, das Meer, und was geht Sie das an?,

und er schwieg jetzt, war kurz davor, einen entscheidenden Satz zu sagen, und verzichtete darauf, hatte keinen Mut, mir was auch immer zu erklären, er wisperte, Nichts,

und ich begriff, während der Gestank des Fuchses durch die zerbrochenen Fensterscheiben hereindrang, daß er log, daß er, Nichts, geflüstert hatte, weil er unfähig zur Wahrheit war, ich verglich seine Hände mit meinen, sein Gesicht mit meinem Gesicht, sein Haar mit meinem, und ich ahnte, daß er gehen wollte und dazu nicht die Kraft hatte, und wiederholte, Was geht Sie das an? Raus mit der Sprache!,

und er, Nichts, Mädchen, gar nichts, entschuldigen Sie,

als würde das, was er sagte, scharfkantig sein und ihn verletzen, als würde er jede Silbe mit einer Blutspur herausziehen, und ich entdeckte mit einemmal den Grund für meine Vergangenheit und meine gesamte Existenz, für die Jahre auf dem Dachboden, für die Bitterkeit meines Vaters, die Beklommenheit meiner Geschwister, den Verzicht meiner Mutter darauf, glücklich zu sein, und ich näherte meine Faust seinem Gesicht, berührte seine Nase beinahe mit meiner Nase, Haben sie mich Ihretwegen hier gefangengehalten, Ihretwegen nicht gewollt, daß mich jemand sah, mich Ihretwegen nach Guarda geschickt und mir weder lesen noch schreiben beigebracht und mir verboten, das Haus zu verlassen, haben sie mich Ihretwegen gezwungen, in der Calçada do Tojal zu verrotten, bin ich Ihretwegen allein, ohne Wasser und Strom und warte in diesem verfallenen Haus darauf, Hungers zu sterben wie der Fuchs, weil mein Vater nicht mein Vater ist und Sie mich meiner Mutter gemacht haben, so wie der Sohn der Nähfrau das Meer von Peniche und eine Meeresschnecke gemacht hat, die weinte?,

und er, fast unhörbar, das Zahnfleisch kauend, Ja,

und ich, Ja?,

und er, während er, viel älter als vorher, als er sich setzte, versuchte, auf dem Teppich ein paar Skorpionsschritte zu machen, Ja,

und jetzt beschien die Sonne die Voliere, beschien

den Garten, die Büsche, den Rasen, das Gartentor und jenseits des Tores die verglasten Balkons mit den Wäscheleinen, die mich umringten und mir den Atem nahmen, und jenseits der Balkons den Hügel von Monsanto mit dem Gefängnis und die Wolken von Peniche und Tavira und das Meer, das Meer, das ich nie gesehen habe, nur dann, als es in meinem Körper weinte, das Meer, die Fischkutter, die Sturmschwalben, das Meer,

das Meer und er, von Zimmer zu Zimmer wie in sich selbst hinein redend, da er mit niemandem sprach, Ich dachte, niemand wisse es, ich dachte, niemand würde es vermuten,

und wir waren in der Küche, gleich neben dem Hühnerhof, und ich nahm einen Ziegelstein, und mein Bruder Jorge, in kurzen Hosen, Bring es um,

und der Rotblonde gackerte nicht, sah mich, das Kinn über dem Krawattenlumpen hängend, kaum an, Bring es um,

und mein Bruder Jorge, der noch nicht auf die Militärakademie ging, zeigte mit dem Finger auf ihn, Bring es um,

und mein Bruder Fernando rief die Köchin, Komm her zu Julieta, Cidália, komm her zu Julieta, die bringt uns die Schwarzweißgesprenkelte um,

und der Rotblonde, Das war vor siebenundfünfzig Jahren so anders,

und die Köchin, mit dem Schneebesen in der Hand, Hör auf damit, Kind, hör damit auf, sonst sage ich es der gnädigen Frau,

und während er mich anschaute, reglos in seinen Schuhen, die so alt und faltig waren wie er, erhob ich den Ziegelstein über seinen Kopf, sagte, Vater, ich glaube, ich sagte, Vater, meine Stimme war ein Bellen vor Haß, Vater, ein Bellen vor Enttäuschung und Wut und Bitterkeit, Vater, ich sagte, Vater, Vater,

Vater Vater Vater

und der Leichnam des Fuchses, der Leichnam meiner Großmutter, die Leichname meiner Geschwister erfüllten Benfica mit Gestank, erfüllten das Viertel mit Gestank, erfüllten Monsanto mit Gestank und die Glocke der Kirche und die Palme, die es nicht gab, und die Rua Cláudio Nunes und Amadora und den Himmel,

ich erhob den Ziegelstein über seinen Kopf, Komm her zu Julieta, Cidália, komm her zu Julieta, und mein Bruder Jorge, Bring ihn um, bring deinen Vater um, bring ihn um,

doch statt dessen ließ ich ihn dort warten, ihn, der schon tot war, toter, als wenn ich ihm den Kopf mit einem Ziegelstein oder mit einem Stück Baumstamm oder einem Felsbrocken zermalmt hätte, ich stieg auf den Dachboden, drehte die Kurbel und legte einen Walzer (oder einen Bolero oder einen Paso doble oder einen Tango oder einen Foxtrott oder einen Marsch) auf und stellte das Grammophon so laut, daß ich meine eigenen Schreie nicht hören konnte.

6

Wie Bäume fallen falle ich und im Fallen falle ich wie Blätter und Schatten langsam und leicht fallen und ich höre wie sie weinen und mit mir sprechen und ich kann nicht antworten während ich falle weil ich wenn ich antwortete nur sagen würde ich stürze um wie einst mein Vater und meine Mutter und mein Mann umstürzten plötzlich schweigend und reglos weiß wie das Licht in diesem so weißen Haus über den weißen Möbeln schicken die Spiegel ihr Schweigen und ihre Tränen zurück und morgen werden sie mit mir zusammen dort hinaufsteigen und ohne Worte außer denen des Priesters werden sie mein Gesicht der Sonne zuwenden.

7

Ich war im Zimmer meines Bruders Jorge, nach dem Zimmer meiner Schwester Maria Teresa gleich das nächste an der Treppe zum Erdgeschoß, als ich dort oben Stimmen hörte. Anfangs dachte ich, die Tauben seien zurückgekehrt, hätten ihre Köpfe aufgeplustert und würden auf dem Sims und dem Dach des Bodens mit den Flügeln schlagen oder die Bougainvillea hätte wieder die Wand hinaufzuwachsen begonnen und würde im Oktoberwind an den Fensterrahmen murmeln,

doch dann, als ich in der Truhe, in der mein Bruder jahrelang lose Zeitungen, Schulbücher, Strandfotos, Briefe von Freundinnen, Glimmersteine und Kochrezepte angehäuft hatte, nach Schallplatten suchte,

merkte ich, daß es sich weder um die Bougainvillea noch um die Tauben handelte, noch um das Knacken des Fußbodens und der Möbel, die in der Stille des Nachmittags vor Müdigkeit ächzten, sondern um die Stimmen einer Frau und von Männern, die fragten, antworteten, erklärten, um Schritte, die auf den Dielen entlangglitten und einem Husten oder einer Stimme gehorchten, die wie eine Achse war, um die sich die anderen Stimmen drehten,

und die ich, als ich mich der Tür näherte, um ihre Worte zu verstehen, hörte, wie sie sagte, Seit Jahren, seit dem Tod meiner Vettern und Cousinen, wohnt niemand mehr in diesem Haus, man sieht das ja an der Vernachlässigung, man sieht das ja am Staub, Sie können es abreißen und einen zwölfstöckigen Turm bauen, oder wenn Sie ein paar Bauarbeiten machen lassen, haben Sie eine prima Villa, ich habe Ihnen noch nicht die Wohnzimmer, den Garten, den Hof hinter dem Haus gezeigt, es wirkt feucht und dunkel, ist es aber nicht, zieht man die Rolläden hoch, kommt von überall Tageslicht herein, und diese Lage, diese Aussicht, dieser Friede, und ich zu mir, Wie konnten die hereinkommen, ohne daß ich es gemerkt habe, wie konnten sie die Stufen hinaufsteigen, ohne daß ich es gehört habe, wie konnten sie auf den Dachboden gehen, ohne mich um Erlaubnis zu bitten?,

und ich hörte über meinem Kopf, wie ein Gegenstand, eine Vase, das Grammophon, ein Glaskrug zerschellte, Wer ist bloß dieser Vetter, der Besitzer der Calçada do Tojal geworden ist und an Fremde verkaufen will, was mir gehört, dieser Vetter, der erst jetzt, nach so vielen Jahren, hier in Begleitung von Fremden erscheint und mich aus dem Haus treiben will, meine Wäsche durchwühlt, meine Tees aus Mispelblattknospen, meinen Dachboden, sich meines Versteckes bemächtigt, in dem ich mich wie ein Höhlentier verborgen halte,

und der Husten, Eine so günstige Gelegenheit wie diese gibt es nicht noch einmal, weder in Benfica noch im Zentrum, das Haus, das Grundstück, die Leichtigkeit, mit der man auch zu Hauptverkehrszeiten schnell an jeden Punkt Lissabons gelangt,

und ich dachte, vor Angst, sie könnten mich sehen, Was soll ich tun, gehe ich die Treppe hinauf und setze sie auf die Straße, die Käufer und den, der vorgibt, mein Vetter zu sein?, und ich dachte, Er hat nicht die geringste Ahnung, daß ich überhaupt geboren wurde, er weiß nur von meinen Eltern, von meinen Schwestern, von meinen Brüdern, er wird glauben, ich sei ein Eindringling, wird Beweise von mir verlangen, die ich nicht habe, er wird mich hinauswerfen, wird die Polizei rufen, damit sie mich festnimmt, denn es gibt kein Papier, das bescheinigt, wer ich bin, und die Polizisten werden mich zum Gericht schicken, und das Gericht wird mich, nachdem es die Rechtsanwälte und Ärzte und Sozialarbeiter und Zeugen gehört hat, in eines dieser staatlichen Heime in Sacavém oder in Alverca stecken, in denen man zwischen bereits toten Witwen und Rentnern stirbt,

und eine weibliche Stimme, Man müßte einfach die

Fenster rausreißen, Alberto, man müßte diese gräßliche Dekoration auswechseln, ich bin sicher, die armen Kleinen, die auf einem Stockwerk in Carnaxide eingesperrt sind, würden das hier wunderbar finden,

und eine weniger begeisterte, abwägendere männliche Stimme, Ja, aber die Kosten, stell dir die Kosten vor, das Problem mit diesen Villen vom Anfang des Jahrhunderts sind, einmal ganz abgesehen von den Materialien, die nicht mehr hergestellt werden, die Steckdosen, die Wasserrohre, die Abwasserrohre, allein für Reparaturen würde man, falls die Stadtverwaltung die Erlaubnis gibt, im Handumdrehen ein Vermögen ausgeben,

und der Husten, Darüber zerbrechen Sie sich nicht den Kopf, Herr Ingenieur, ich versichere Ihnen, Strom- und Wasserleitungen sind phantastisch in Schuß, hier und da ein bißchen Farbe, und das Haus ist ein Schmuckstück, ich persönlich wohne nur wegen meiner Frau nicht in Benfica, die wie viele ältere Frauen sehr am Lapa-Viertel hängt,

und die weibliche Stimme, Gehört die Einrichtung mit zum Preis, Herr Doktor, schließt der Preis, den Sie uns genannt haben, die Einrichtung mit ein?,

und dann kamen sie die Treppe zum ersten Stock herunter, die beiden Männer, der, der sich für meinen Vetter ausgab, und der andere, die immer weiter redeten, und ich wechselte, damit sie mich nicht sahen, vom Zimmer meines Bruders Jorge in das Zimmer meiner Schwester Maria Teresa, in dessen dünner Luft Sakristeigeruch lag,

und ich fragte mich, Wo ist nur die Pistole meines Vaters, ich packe die Pistole meines Vaters und durchsiebe sie mit Schüssen, sie haben kein Recht, über etwas zu verhandeln, das mir gehört, wenn ich doch wenigstens die *Norma* auf dem Grammophon auflegen könnte, wenn ich mich wenigstens in meinen Schaukelstuhl setzen und sie vergessen könnte, wie ich das vergesse, was mich erschreckt und bedrückt, wenn ich auf die Hügel von Monsanto blicke, das Gefängnis, die so blauen Bäume in der Ferne, während die Eindringlinge das Zimmer meiner Schwester Anita besichtigten mit seinem schmalen Bett, den Puppen mit den Porzellanköpfen, die Kattunvorhänge, die in Sekundenabstand wie die Wimpern der Seen erzitterten, kein Erwachsenenzimmer, sondern immer noch ein Kinderzimmer, als hätte es nie der Tod, das Leiden oder die Trauer durchquert, Mädchenmöbel, Plüschkatzen, Klassenfotos, auf denen fünf Reihen Schulkittelchen und Zöpfe mit runder Unschuld ins Objektiv blicken, das einzig lebendige Zimmer in der Calçada do Tojal, das nach Nelken und Lavendel duftet, eine Insel der Zärtlichkeit, zu der sie mir den Eintritt verwehrten,

und ich, Sie werden mir das Zimmer meiner Schwester nicht rauben, sie werden mir die Puppen nicht rauben, ich werde die Pistole holen, ich werde das Magazin mit Kugeln füllen, ich werde ihre Köpfe zerschmettern, ich werde sie töten, als würde ich Hühner im Hof mit einem Ziegelstein töten,

und ich, Ich hasse euch, ihr Räuber, ich hasse euch, ich hasse euch,

und die männliche Stimme, Das stinkt ja wahnsinnig muffig, und wegen der verzogenen Fensterriegel kann man nicht mal lüften, wer hat denn mitten zwischen diesem Krimskrams gelebt?,

und die weibliche Stimme, Ich liebe Puppen, sie sind zauberhaft, ich weiß nicht, warum, aber heute gibt es keinen Geschmack mehr, keine Sorgfalt, sie stellen alles serienmäßig aus Plastik her, mein Gott,

und ich zog mir im Zimmer meiner Schwester Maria Teresa die Schuhe aus, damit kein Geräusch mich verriet, ging ins Erdgeschoß, hatte aber nicht den Mut, die Pistole zu suchen, weil ich eine Heidenangst hatte, eine Türangel könnte sie warnen, der Mann mich fragen, Wer sind Sie?, und die Frau, Gespenster kann ich nicht ausstehen, es spukt doch nicht etwa in diesem Haus?, und der sich als mein Vetter bezeichnete, Wie kommen Sie darauf, gnädige Frau, ich habe überhaupt nichts gehört, sobald Sie sich hier eingerichtet und ein oder zwei Fensterscheiben ausgewechselt haben, werden Sie sich an das Haus gewöhnen, letztlich werden wir doch immer schnell mit den Dingen vertraut,

und ich dachte, Warum kommt bloß mein Bruder Jorge jetzt nicht aus Tavira, um sie mit der Reitgerte auf die Straße zu peitschen, den Riegel vorzuschieben, mit mir auf den Dachboden hinaufzugehen und dort mit mir einen Tango oder Paso doble zu hören,

aber niemand kam den abschüssigen Weg hinauf, kein Schlüssel sang im Schloß: Das Gebäude nahm die Fremden an, und indem es sie annahm, zwang es mich zur Flucht, von dieser Stimme bedrängt, die die Anordnung der Zimmer, die Graniteinfassungen der Fenster und Türen, die Möbel, die Christusbilder lobte, und die Stimme des Mannes, Sie sind nicht häßlich, sie sind wirklich nicht häßlich, die sehen so aus wie ich, wenn meine Schwiegermutter uns besucht, und die Stimme der Frau, Glauben Sie ihm nicht, Herr Doktor, mein Mann ist ganz verrückt nach meiner Mutter, die beiden tun sich immer gegen mich zusammen, und die Stimme des Mannes, Mir bleibt ja auch nichts anderes übrig, Ritinha, wenn ich es wagen würde, ihr zu widersprechen, würde mich diese Kreatur erwürgen, und der Husten, der bereits auf dem Treppenabsatz, der zur Küche führte, den Schuh auf ein loses Brett gesetzt hatte, das kein Tischler je hatte heilmachen können, Unglücklicherweise weiß ich, wovon Sie reden, mein Freund, meine hat mir das Leben versauert, und die Stimme der Frau, Was mich an den Männern langweilt, ist, daß sie alle gleich sind, und der Husten, als betrachtete er das Thema als abgeschlossen, Wenn Sie bei der Veranda angelangt sind, können Sie den hinteren Hof sehen, der sich ideal für einen Gemüsegarten eignet, Gemüse wächst dort phantastisch, weil die Sonne diese Seite den ganzen Nachmittag über bescheint,

und ich dachte, daß die Köchin, als ich klein war, dort Spargel und Kürbisse anpflanzte und daß deshalb ein Hühnerstall gebaut wurde, um zu verhindern, daß die Hühner herausrissen, was aus der Erde sproß, doch meiner Schwester Anita taten die Tiere leid, sie ließ sie hinaus auf den Hof, und die Köchin verließ den Ofen, um sie mit der Schürze von ihren weggeputzten Stengeln zu verscheuchen. Damals gab es neben dem Mispelbaum auch einen Baum aus China, dessen Blätter ein Paillettenglitzern auf die Mauer zauberten, und im November hörte man die Bronchitis der Kröten in den Zwischenräumen im Mörtel: Manchmal wachte ich nachts von ihrem Gesang auf, der Brigadier mit der Baskenmütze, der am Anfang des Jahrhunderts mit einem Segeltuchungetüm von Lissabon nach Paris geflogen war, hat meinem Vater etwas von störenden Kröten erzählt, sie hackten den Baum aus China ab, die Kröten verendeten in der Sonne, doch die Wurzeln wuchsen weiter, hoben einen Teil des Hauses an, das schief wie ein beflaggtes Passagierschiff in einer Wiese aus Thymian und Safran lag und das die Stimmen mich zu verlassen zwangen, die in der Anrichte ihren Kommentar zu den Töpfen, Tellern und Bestecken abgaben, die aus dem Spültisch quollen, zu Handtüchern, einem Zwiebelzopf an einem Dachbalken, und die Stimme der Frau, Wie lange wohnt schon niemand mehr hier, Herr Doktor?, und der Husten, Seit Ewigkeiten, gnädige Frau, seit ich die Angelegenheit beim Grundbuchamt betreibe, es sei denn, irgendein Penner oder irgendein Zigeuner hätte hier hin und wieder geschlafen, und die Stimme der Frau, Penner oder Zigeuner, das glaube ich nicht, das Haus sieht nicht geplündert aus, und die Stimme des Mannes, Du immer mit deiner Gespenstermanie, Ritinha, wer sollte es sich denn in diesem Chaos gemütlich machen?, und der Husten, Ich schwöre Ihnen, hier wohnt keiner, wie Sie sich vorstellen können, komme ich jeden Monat in die Calçada do Tojal, um nach dem Rechten zu sehen,

und ich dachte, du Lügner, und dachte, Das ist das erstemal, daß du hier in Benfica aufkreuzt, du Großmaul, und dachte, Und wenn ich plötzlich auftauche und ihnen sage, wer ich bin, was passiert dann?, und dachte, Es ist nutzlos, und dachte, Sie werden mich entsetzt ansehen, dachte, Sie werden sich über mich lustig machen, dachte, Sie werden mich auf die Straße setzen, in ein unbekanntes Stadtviertel, in eine Stadt, die ich nicht kenne, und die Stimme der Frau, So verrückt bin ich nun auch wieder nicht, es geht nicht um Geister, es geht nicht um Gespenster, hier ist irgend jemand, und die Stimme des Mannes, Unsinn, du wirst nie erwachsen, Ritinha, und in diesem Augenblick begann es zu regnen. Es war kein heftiger Regen, der mit Metallfingern auf das Dach und an die Fensterscheiben klopfte: Es war ein schwereloser Wasserumhang, ein Tuch aus silbrigen Pollen unter dem blauen Himmel, das weder das Unkraut in den Beeten noch den Kies auf dem Weg näßte, ein ruhiger März- oder Augustnieselregen, der uns in eine fliederfarbene Aura einhüllt, ohne uns zu berühren, und ich dachte an unsere Mutter als Witwe, wie sie vom Sessel im Wohnzimmer aus den Winter beobachtete, erinnerte mich an meinen Vater, wie er im Arbeitszimmer seinen eigenen Schenkel peitschte, erinnerte mich an meine Schwester Maria Teresa und an meine Schwester Anita, wie sie tuschelten, und an meinen Bruder Jorge, Mach dir keine Sorgen, Schwesterchen, ich habe dich lieb, und daher hatte ich, als der Husten fragte, Möchten Sie, daß ich Ihnen das Wohnzimmer zeige, das Verlangen, Jorge zu rufen, hatte das Verlangen, ihn zu bitten, Hilf mir, die Stimme des Mannes ließ nicht locker, Ritinha, Ritinha, du bist ein richtiges Kind, und ich trottete in die Eingangshalle, die Frau sagte, Da läuft jemand weg, ehrlich, da nimmt jemand Reißaus, und mehr hörte ich nicht, denn ich schloß die Tür lautlos hinter mir und ging, so schnell ich konnte, auf die Calçada do Tojal hinaus. Der Regen tanzte in durchsichtigen Fäden, und die Steine auf dem Fußweg waren sanft und fest auf der Haut. Ein kleiner Hund schnupperte an meinen Knöcheln, kläffte ein- oder zweimal und kehrte mir angewidert sein Hinterteil zu. In einem Lokal, das wie ein Café oder eine Taverne aussah, spielte ein Radioapparat einen der Grammophonwalzer, den, den ich immer sonntags hörte, wenn Messe war, während ich darauf wartete, daß mir der Sohn der Nähfrau die Wellen von

Peniche malte. Vielleicht sehnte ich mich deshalb nicht nach der Calçada do Tojal, nach den an den Federspiralen hängenden Kuckucken oder nach den in der Ferne dunkelnden Hügeln von Monsanto. Und so begann ich nach Venda Nova zu gehen, gab nicht auf die Menschen acht, die mir begegneten und sich nach mir umdrehten, um mir nachzustarren, der Walzer verlor sich hinter mir, ein Betrunkener in Smoking und Zylinder brummelte einen Satz, den ich nicht verstand, und als ich bei den Gebäuden von Amadora ankam, war es so dunkel geworden, daß sogar mein Schatten verschwunden war. Doch es gab erleuchtete Fenster, und der feine Oktoberregen stieg in der Dunkelheit auf. Die Finsternis ließ mich die Schiffe nicht deutlich sehen, ließ mich das Seenotrettungsboot, die Fischkutter, die Sturmschwalben, die Dünen, die römische Brücke und die Esplanade von Tavira nicht deutlich sehen, ließ mich die Bachstelzen auf den Felsen, die Fischkörbe, die Sonne auf den Wellen und die Ebbekrebse nicht deutlich sehen, ließ mich meinen Bruder Jorge nicht deutlich sehen, der lächelnd auf mich wartete, doch es lohnte nicht mehr, ihn zu rufen, denn ich war schon fast bei ihm, denn ich war schon fast am Meer.

Inhalt

Aleksandar Tišma im dtv

»Radikal und intelligent und künstlerisch groß.«
Ursula März, Frankfurter Rundschau

Der Gebrauch des Menschen
Roman · dtv 11958

Bis zum Zweiten Weltkrieg kommen die Menschen in Novi Sad relativ friedlich miteinander aus, Serben, Ungarn, die deutschsprachigen »Schwaben« und Juden. Erst durch die »neue Zeit« wird die aufstrebende Provinzstadt aus ihren Träumen gerissen, durch Krieg, Terror und Unmenschlichkeit. Am Ende gibt es keine Sieger, sondern nur Erniedrigte und Beleidigte.

Die Schule der Gottlosigkeit
Erzählungen · dtv 12138

In Extremsituationen zeigt sich die Natur des Menschen unverhüllt; deshalb sind die Geschichten aus dem Krieg so aufschlußreich für das menschliche Verhalten. In den vier vorliegenden Geschichten geht es nicht nur um den Krieg, auch wenn er überall zwischen den Zeilen durchscheint. Es geht um Menschen am Rande des Abgrunds.

Das Buch Blam
Roman · dtv 12340

Dieses Psychogramm eines Überlebenden spielt in Novi Sad nach dem Zweiten Weltkrieg. Blam durchwandert die bekannten Wege und Straßen seiner Heimatstadt als aufmerksamer, melancholischer Betrachter und kehrt in Gedanken zurück in eine untergegangene Welt, zu den Menschen aus der ehemaligen Judengasse, zu seinen Eltern, seiner Schwester, seinen Verwandten. Dann kam die Nazi-Okkupation in der Vojvodina 1941 bis 1944. Es entsteht das Bild einer geschichtlichen Epoche, deren Spuren nicht tilgbar sind.

Umberto Eco im dtv

»Daß Umberto Eco ein Phänomen ersten Ranges ist, braucht man nicht mehr eigens zu betonen.«
Willi Winkler

Der Name der Rose
Roman
dtv 10551
Daß er in den Mauern der prächtigen Benediktinerabtei das Echo eines verschollenen Lachens hören würde, damit hat der Franziskanermönch William von Baskerville nicht gerechnet. Zusammen mit Adson von Melk, seinem jugendlichen Adlatus, ist er in einer höchst delikaten Mission unterwegs ...

Nachschrift zum ›Namen der Rose‹
dtv 10552

Über Gott und die Welt
Essays und Glossen
dtv 10825

Über Spiegel und andere Phänomene
dtv 11319

Das Foucaultsche Pendel
Roman · dtv 11581
Drei Verlagslektoren stoßen auf ein geheimnisvolles Tempelritter-Dokument aus dem 14. Jahrhundert. Die Spötter stürzen sich in das gigantische Labyrinth der Geheimlehren und entwerfen selbst einen Weltverschwörungsplan. Doch da ist jemand, der sie ernst nimmt ...

Platon im Striptease-Lokal
Parodien und Travestien
dtv 11759

Wie man mit einem Lachs verreist und andere nützliche Ratschläge
dtv 12039

Im Wald der Fiktionen
Sechs Streifzüge durch die Literatur
dtv 12287

Die Insel des vorigen Tages
Roman · dtv 12335
Ein spannender historischer Roman, der das Zeitalter der großen Entdeckungsreisen in seiner ganzen Fülle erfaßt.

Gesammelte Streichholzbriefe
dtv großdruck 25139

Gabriel García Márquez
im dtv

»Gabriel García Márquez zu lesen, bedeutet Liebe auf den ersten Satz.«
Carlos Widmann in der ›Süddeutschen Zeitung‹

Laubsturm
Roman
dtv 1432

Der Oberst hat niemand, der ihm schreibt
Roman
dtv 1601

Augen eines blauen Hundes
Erzählungen
dtv 10154

Hundert Jahre Einsamkeit
Roman
dtv 10249
Die Geschichte vom Aufstieg und Niedergang der Familie Buendía und des Dorfes Macondo.

Die Geiselnahme
dtv 10295

Chronik eines angekündigten Todes
Roman
dtv 10564
Ein ganzes Dorf weiß von dem Mordplan. Schreitet niemand ein?

Das Leichenbegängnis der Großen Mama
Erzählungen
dtv 10880

Die unglaubliche und traurige Geschichte von der einfältigen Eréndira und ihrer herzlosen Großmutter
Erzählungen
dtv 10881

Das Abenteuer des Miguel Littín
Illegal in Chile
dtv 12110

Die Erzählungen
dtv 12166

Von der Liebe und anderen Dämonen
Roman
dtv 12272 und
dtv großdruck 25133
An ihrem zwölften Geburtstag wird Sierva María von einem tollwütigen Hund gebissen. Ärzte werden gerufen, doch niemand wird der Dämonen Herr, die Besitz von ihr ergriffen haben.

Isaac B. Singer im dtv

»Ohne Leidenschaft gibt es keine Literatur.«

Isaac B. Singer

Feinde, die Geschichte einer Liebe
Roman · dtv 1216

Das Landgut
Roman · dtv 1642
Kalman Jacobi, ein frommer Jude, pachtet 1863 ein Landgut in Polen und gerät mit seiner Familie in den Sog der neuen Zeit.

Das Erbe
Roman · dtv 10132
Kalman Jacobis Familie im Wirbel der politischen und sozialen Veränderungen der Jahrhundertwende.

Eine Kindheit in Warschau
dtv 10187

Verloren in Amerika
dtv 10395

Die Familie Moschkat
Roman · dtv 10650
Eine Familiensaga aus der Welt des osteuropäischen Judentums.

Old Love
Geschichten von der Liebe
dtv 10851

Der Kabbalist vom East Broadway
dtv 11549
Geschichten, die Singer in seiner geliebten Cafeteria am East Broadway erzählt bekam.

Der Tod des Methusalem
und andere Geschichten vom Glück und Unglück der Menschen
dtv 12312

Schoscha
Roman · dtv 12422
Eine Liebesgeschichte aus dem Warschau der dreißiger Jahre.

Meschugge
Roman · dtv 12522

Der König der Felder
Roman · dtv 24102
Mythenartig und humorvoll erzählt Singer von der Entstehung des polnischen Volkes.

Ein Tag des Glücks
und andere Geschichten von der Liebe
dtv großdruck 25142